PLATON

DANS LA MÊME COLLECTION

ARISTOTE. Une philosophie en quête de savoir, par R. Bodéüs, 2002.
AUGUSTIN. L'expérience du Verbe, par D. Doucet, 2004.
BERKELEY. Un nominalisme réaliste, par D. Berlioz, 2000.
BLONDEL. Un univers chrétien, par B. Saint-Sernin, 2010.
COURNOT. Le réalisme, par B. Saint-Sernin, 1998.
Daseinsanalyse. Phénoménologie et psychiatrie, par Ph. Cabestan et Fr. Dastur, 2011.
DELEUZE. La passion de la pensée, par P. Montebello, 2008.
DESCARTES. La règle de la raison, par M. Spallanzani, 2015.
DIDEROT. Un matérialisme éclectique, par A. Ibrahim, 2010.
DUNS SCOT. La métaphysique de la singularité, par G. Sondag, 2005.
MAÎTRE ECKHART. Une philosophie du christianisme, par K. Flasch, 2011.
ÉPICURE. La nature et la raison, par P.-M. Morel, 2010.
FICHTE. Réflexion et argumentation, par I. Thomas-Fogiel, 2004.
GADAMER. Une herméneutique philosophique, par I. Weiss, 2010.
HABERMAS. La raison publique, par R. Chennoufi, 2013.
HEGEL. Une philosophie de la raison vivante, par A. Stanguennec, 1997.
HEIDEGGER. La question du logos, par Fr. Dastur, 2007.
HOBBES ou l'œuvre de la raison, par M. Malherbe, 1983.
HUME. Une philosophie des contradictions, par J.-P. Cléro, 1998.
KANT. L'invention critique, par M. Castillo, 1997.
MALEBRANCHE. Une philosophie de l'expérience, par D. Moreau, 2004.
MONTAIGNE ou l'usage du monde, par P. Mathias, 2006.
MONTESQUIEU. Le droit et l'histoire, par Fr. Markovits, 2006.
NICOLAS DE CUES. L'homme, atome spirituel, par G. Federici Vescovini, 2016.
Les Néokantiens. Valeur et vérité, par É. Dufour, 2003.
Le Néostoïcisme. Une philosophie par gros temps, par J. Lagrée, 2010.
PASCAL. La force de la raison, par H. Bouchilloux, 2004.
PLATON. Le désir de comprendre, par M. Dixsaut, 2003.
La Philosophie romantique allemande. Un philosopher infini, par A. Stanguennec, 2011.
RICOEUR. Philosopher à son école, par J.-Ph. Pierron, 2016.
SARTRE. Liberté et histoire, par A. Guigot, 2007.
Le Scepticisme. Vivre sans opinions, par S. Marchand, 2018.
SPINOZA. Union et désunion, par P. Sévérac, 2011.
Les Stoïciens. La liberté et l'ordre du monde, par R. Muller, 2006.
VOLTAIRE. Du cartésianisme aux Lumières, par É. Martin-Haag, 2002.

BIBLIOTHÈQUE DES PHILOSOPHIES

Directeur : Michel MALHERBE

PLATON

LE DÉSIR DE COMPRENDRE

par

Monique DIXSAUT

PARIS

LIBRAIRIE PHILOSOPHIQUE J. VRIN

6, Place de la Sorbonne Ve

2018

ISSN 1281-5675
ISBN 978-2-7116-1637-4

www.vrin.fr

INTRODUCTION

Platon est la philosophie,
et la philosophie, Platon.
EMERSON, *Platon, ou Le philosophe*

Platon est assurément, de toute l'Antiquité grecque, le philosophe qui nous est le mieux connu. Pour les œuvres transmises sous son nom, nous en avons plutôt trop que pas assez, d'où les innombrables querelles d'authenticité, un peu apaisées depuis la mise au point de la méthode stylistique et son application informatique. La Lettre VII, qu'elle soit authentique ou non, nous offre un récit de sa vie, en particulier de ses aventures siciliennes, et Diogène Laërce nous fournit en abondance des anecdotes historiquement douteuses mais toujours significatives. Platon donc est bien connu, dans sa vie comme dans son œuvre. Pourtant, à l'en croire, il n'a jamais parlé, jamais écrit. Ses Dialogues sont remplis de noms propres mais le sien n'est mentionné que trois fois en passant (« Platon, je crois, était malade », dit par exemple Phédon). Il n'y a donc pas de philosophie de Platon. Pour une bonne raison : Platon est la philosophie. Avec lui, elle cesse d'être une enquête sur la Nature ou l'exploration sophistique des pouvoirs et des limites du langage, elle devient philosophique au sens où nous n'avons cessé depuis d'employer ce terme, au sens où en tout cas il faudrait peut-être que nous nous gardions de cesser de l'employer. La philosophie est pour Platon à la fois un « terrible amour » de la vérité et l'exercice d'une intelligence qui questionne pour comprendre ce qu'il en est vraiment de la réalité, que celle-ci puisse être pleinement intelligible ou que, changeante et mêlée de contingence, de particularité et d'incertitude, elle ne puisse l'être qu'approximativement. À ces questions, les Dialogues proposent des réponses toujours inséparables d'une perspective et toujours situées dans l'horizon d'un nouvel examen possible.

« Platon a-t-il dogmatisé ? » Diogène Laërce se fait déjà l'écho d'un problème qui a reçu, à différentes époques, des formulations diverses : peut-il se mettre en système, faut-il distinguer entre des Dialogues aporétiques, encore socratiques, et des Dialogues métaphysiques qui seraient, eux, platoniciens ? A-t-il rompu dans le *Sophiste* avec la théorie des Idées pour devenir plus raisonnablement empiriste, doit-on au contraire découvrir chez Aristote l'unité d'un système caché, ésotérique, dont les Dialogues ne seraient que des expressions plaisantes et partielles ? J'en passe, mais si autant de réponses contraires ont pu être données, c'est sans doute que le problème est mal posé. Platon n'est ni totalement ni à certaines époques (tardive pour les uns, médiane pour les autres) dogmatique, et moins encore sceptique. Car pour lui, savoir ce que n'est pas une réalité, c'est déjà savoir, et dire ce qu'elle est n'est possible qu'à la condition d'inventer des biais, des « machinations » aptes à la capturer. L'alternative n'est donc pas en son cas entre l'affirmation d'une ou plusieurs doctrines et la négation de toute doctrine. Même si l'examen n'aboutit qu'à des conclusions négatives, il a le résultat le plus positif de tous : libérer la pensée de ce qu'elle croyait savoir. Toute conclusion positive se sait par ailleurs être l'effet d'une pensée qui trouvera toujours en elle assez d'élan pour reprendre le problème autrement. Ce qu'il faut d'abord lire en tous les Dialogues est ce mouvement d'une éducation de la pensée par elle-même, qui saisit en toute question posée l'occasion de devenir plus intelligente et plus inventive. Platon reste socratique du début jusqu'à la fin, mais à cette conscience ironique, soupçonneuse à l'égard de toute opinion et de toute certitude, il ajoute la force d'élever toute réalité au maximum d'intelligibilité possible.

On l'aura compris, l'ouvrage qui suit n'est pas neutre. Platon est, a toujours été, le Platon de quelqu'un, d'une époque, d'une école philosophique, d'une méthode d'analyse. Il a même été un objet de vénération ou d'exécration, phénomènes assez remarquables s'agissant d'un philosophe. Il est impossible d'évoquer ici ces diverses interprétations, un livre entier y suffirait à peine. J'ai donc à mon tour proposé un Platon, ma seule excuse étant qu'il est probablement impossible de faire autrement car, de la manière dont il s'y prend, on ne peut pas exposer en résumant ce qu'il dit, il faut comprendre ce qu'il fait et comment il le fait, donc forcément comprendre à sa façon. Sur nombre de points j'ai donc tranché, mais on trouvera dans la bibliographie l'indication des principales, et divergentes, études portant sur les thèmes et les textes traités. J'espère simplement avoir réussi à dégager des fils conducteurs : les deux premiers chapitres mettent en évidence l'importance du langage dans son rapport à la pensée et à la langue commune ; les trois suivants traitent de la différence entre les essences et les choses en devenir, différence ontologique qui appelle des différences épistémologiques ; les deux derniers sont consacrés à des réalités qui ne peuvent donner lieu à un examen dialectique : l'âme, la cité et le Monde.

À la difficulté que présente toute entreprise d'introduction à un grand philosophe s'ajoutaient celles qui sont propres à Platon. La pensée platonicienne est constamment en dialogue avec celle de ses prédécesseurs, Héraclite ou Parménide, Protagoras ou Gorgias, entre autres ; j'ai précisé ce contexte quand il était indispensable, mais trop rarement et trop brièvement. Un exposé synthétique ne peut être que thématique : le mouvement propre à chaque Dialogue, avec ses détours et ses reprises, s'en trouve forcément désarticulé. Le va-et-vient des questions et des réponses est la plupart du temps omis, la nature des interlocuteurs exceptionnellement esquissée, les intermèdes sont tenus pour tels et les notations de temps et d'espace escamotées. Ce livre est donc en grande partie le résultat de multiples frustrations, dont la moindre n'est pas qu'il a fallu passer sous silence le ballet des sophistes autour de Protagoras, la bague et les chaussures d'Hippias, Socrate caressant les cheveux de Phédon, Alcibiade faisant irruption avec sa bande d'ivrognes, la fraîcheur ombragée des bords de l'Ilissos et le chant des cigales, l'aurore et le grand midi qui scandent jusqu'aux *Lois* – toute la présence d'un monde auquel le dialogue s'arrache et dans lequel pourtant il s'enracine, et tout le bruissement de la vie que la réflexion ne fait taire que pour lui donner une voix mieux articulée. À chaque lecteur de découvrir les phrases et les images qui l'habiteront à son tour. Il n'est pas nécessaire d'éveiller le désir de lire Platon ni de vanter le plaisir que cela procure, il s'en charge lui-même.

Je tiens à remercier bien sincèrement Jean-Yves Chateau, Dimitri El Murr et Annie Larivée qui ont lu l'ensemble de cet ouvrage et m'ont prodigué suggestions et encouragements. Luc Brisson a bien voulu revoir la bibliographie, qui a aussi grandement profité des informations communiquées par Fulcran Teisserenc. Enfin, une fois encore, merci à Jean, qui sait bien que sans lui rien ne serait possible.

ABRÉVIATIONS UTILISÉES

PLATON :

Apol.	*Apologie de Socrate*
Banq.	*Banquet*
Charm.	*Charmide*
Crat.	*Cratyle*
Critias	*Critias*
Crit.	*Criton*
Euthyd.	*Euthydème*
Euthyph.	*Euthyphron*
Gorg.	*Gorgias*
Hipp. Maj.	*Hippias Majeur*
Hipp. Min.	*Hippias Mineur*
Ion	*Ion*
Lach.	*Lachès*
Lois	*Lois*
Lys.	*Lysis*
Ménex.	*Ménexène*
Mén.	*Ménon*
Parm.	*Parménide*
Phéd.	*Phédon*
Phèdre	*Phèdre*
Phil.	*Philèbe*
Pol.	*Politique*
Prot.	*Protagoras*
Rép.	*République*
Soph.	*Sophiste*
Théét.	*Théétète*
Tim.	*Timée*

ARISTOTE :

EN	*Éthique à Nicomaque*
Mét.	*Métaphysique*
Part. An.	*Parties des Animaux*
Phys.	*Physique*
Réf. Soph.	*Réfutations sophistiques*

DIOGÈNE LAËRCE :

DL	*Vie et doctrines des philosophes illustres*

DIELS-KRANZ :

DK	*Die Fragmente der Vorsokratiker*

HOMÈRE :

Od.	*Odyssée*

PLOTIN :

Enn.	*Ennéades*

XÉNOPHON :

Mém.	*Mémorables*

AUTHENTICITÉ ET CHRONOLOGIE DES DIALOGUES

La ferveur dont Platon a été l'objet de la part des Écoles néoplatoniciennes et des chrétiens influencés par leur doctrine explique sans doute pourquoi l'œuvre de Platon a bénéficié d'une transmission continue.

La transmission

Après la mort de Platon, l'Académie se charge de la publication des œuvres posthumes, les *Lois* et le fragment du *Critias*, et, comme elle l'avait fait du vivant du Maître, assure la reproduction et la diffusion des Dialogues dans le monde grec. Le grand nombre de copies en circulation laisse supposer que devaient exister alors des manuscrits soignés, d'autres remplis de fautes grossières ou corrigés arbitrairement. La découverte de fragments de papyrus de qualité médiocre le confirme, et confirme l'excellence des manuscrits grâce auxquels nous lisons Platon. Les deux principaux datent de la fin du IXe siècle ; le plus ancien est le Parisinus 1807, conservé à la Bibliothèque Nationale de Paris ; le Bodleianus 39, légèrement postérieur, est conservé à la Bodleian Library d'Oxford. L'ancêtre de nos manuscrits est peut-être une copie du VIe siècle en usage dans les milieux néoplatoniciens, archétype lui-même copié du « Livre du patriarche », probablement l'exemplaire ancien que possédait Photius (artisan de la Renaissance byzantine), annoté et corrigé par lui.

L'œuvre de Platon rencontre un éditeur digne d'elle en Aristophane de Byzance (vers 257-180), qui répartit les Dialogues en cinq trilogies mais en laisse un certain nombre hors classement. Thrasylle (astronome de Tibère, Ier siècle après J.-C.), s'inspirant de l'édition de l'ami de Cicéron, Atticus, aidé de l'Académicien Dercyllidès, est conduit à admettre dans ses neuf tétralogies (classement conservé dans les manuscrits médiévaux) des œuvres que les Anciens eux-mêmes, pourtant moins soucieux que nous d'authenticité, avaient exclues ou suspectées. Les sous-titres donnés aux Dialogues ne sont pas l'œuvre des Alexandrins (Aristote, citant le *Phédon*, renvoie au dialogue « De l'âme ») mais le catalogue de Thrasylle donne systématiquement à chaque Dialogue un sous-titre précisant son sujet et un autre son « caractère » (logique, éthique, etc). Avec la traduction latine donnée par Marsile Ficin, parue à Florence en 1482, commence la transmission moderne des œuvres complètes. L'édition *princeps* du texte grec, due à Alde Manuce, paraît à Venise en 1513. En 1578, à Genève, Henri Estienne (Stephanus) dispose en deux colonnes sur une même page le texte grec et la traduction latine de Jean de Serres, chaque colonne étant divisée en cinq paragraphes, notés de *a* à *e* ; de là vient l'usage consistant à citer Platon d'après la pagination des trois tomes d'Estienne, suivie de la lettre du paragraphe. L'étude scientifique du texte commence avec la collation de Bekker qui, grâce aux rafles effectuées par Napoléon dans les bibliothèques d'Europe, put consulter soixante-dix-sept manuscrits.

Authenticité et chronologie

Un disciple de Platon ne se croyait pas faussaire quand il ajoutait l'*Epinomis* aux douze livres des *Lois* : il ne faisait selon lui que compléter l'enseignement du maître. Au cours du XIXe siècle chaque Dialogue transmis sous le nom de Platon a trouvé un philologue pour admettre ou refuser son authenticité. Le délire prend fin lorsque L. Campbell propose en 1867 un critère objectif : les particularités involontaires du langage (particules, formes syntactiques, hiatus...). Il sert de principe à la méthode stylométrique de Lutoslawski (en 1897), à laquelle l'Index informatique de L. Brandwood (1976) fournit un instrument incontestable. On s'accorde à présent généralement sur vingt-six dialogues.

Les successeurs de Platon et ses éditeurs antiques cherchaient plus à constituer un système qu'à restituer les étapes d'une pensée. C'est encore la perspective de Schleiermacher pour sa traduction allemande des œuvres complètes (en 1807), et K.F. Hermann (en 1839) est le premier à s'intéresser au développement chronologique. Les travaux de Brandwood, qui combinent la méthode stylométrique avec les allusions historiques contenues dans certains Dialogues, donnent une base solide à une division en trois périodes, la première divisée en deux.

Première période (399-385) :
[399 : mort de Socrate]
– Premières œuvres (399-390) :
Hippias Mineur, Euthyphron, Ion, Protagoras, Apologie de Socrate, Criton, Lachès, Charmide.
[388 : premier voyage en Sicile, 387 : fondation de l'Académie]
– Période de transition (390-385) :
Gorgias, Ménon, Hippias Majeur, Euthydème, Lysis, Ménexène, (République I : Thrasymaque ?).

Deuxième période (de maturité, 385-370) :
Banquet, Cratyle, Phédon, République, Phèdre.

Troisième période (370-347) :
[366 : deuxième voyage en Sicile, 361 : troisième voyage en Sicile]
*Parménide, Théétète, Sophiste, Politique, Philèbe, Timée, Critias, Lois, [*Lettres *VII et VIII ?].*

Œuvres probablement apocryphes :
Alcibiade I, Minos, Epinomis, Alcibiade II, Hipparque, Rivaux, Théagès, Clitophon, Lettres.

Œuvres certainement apocryphes :
Démodocos, Sisyphe, Alcyon, Eryxias, Axiochos, Sur le juste, Sur la vertu, Définitions.

Il est néanmoins possible que Platon ait retravaillé ses œuvres à des époques différentes : l'auteur anonyme d'un commentaire sur le *Théétète* avait connaissance de deux prologues différents, et les Anciens semblent avoir tenu le livre I de la *République* pour un Dialogue séparé, le *Thrasymaque*. L'ordre des Dialogues à l'intérieur de chaque période est, sauf indication explicite de Platon, laissé à l'appréciation des interprètes. Platon n'aurait rien écrit avant la mort de Socrate, bien qu'une anecdote rapportée par Diogène Laërce montre Socrate s'écriant à la lecture par Platon du *Lysis* : « que d'inventions fait à mon sujet ce jeune homme ! ». La prudence est donc de rigueur en toutes ces matières.

CHAPITRE PREMIER

ÉCRIRE DES DIALOGUES

« Le premier paradoxe du corpus platonicien, c'est qu'il existe. » Parmi les œuvres philosophiques de l'Antiquité, celles de Platon et de Plotin sont les seules à nous avoir été transmises intégralement. Or dans les écrits de Platon figure un refus de l'écriture comme instrument d'enseignement (*Phèdre*), comme outil de gouvernement (*Politique*) et comme moyen de communication (Lettre VII). Un second paradoxe est que la grande majorité des textes de Platon se présente sous forme de dialogues. Pourtant, lorsqu'au livre III de la *République*, Socrate et Adimante s'accordent à distinguer deux modes d'expression (*lexis*), la narration et le dialogue direct, Socrate déclare que dans l'État tel qu'il le conçoit seule la forme pure du récit sera admise, en vertu du double principe de la supériorité de l'unité (d'harmonie, de ton, de rythme) sur la multiplicité, et de la contagion de l'imitation : celui qui imite la manière de parler d'un autre se rend semblable à lui et devient autre. Le dialogue, forme de *mimèsis,* est un genre qui entraîne la perte d'identité du sujet parlant, sa dissolution au profit d'une diversité de voix étrangères. Au paradoxe d'une œuvre écrite comportant une critique de l'écriture viendrait donc s'adjoindre celui du rejet, exprimé au cours d'un dialogue, de la forme dialoguée. La façon dont on comprend ce qui paraît bien être un double reniement de l'œuvre par son auteur, qui semble désavouer à la fois la forme « imitative » qu'il a choisi de donner à ses ouvrages et la technique de transmission qu'il utilise, l'écriture, commande toute interprétation des Dialogues.

I. ÉCRIRE

Si la dernière partie du *Phèdre* et plus encore la Lettre VII présentaient une condamnation sans appel de l'écriture, la conclusion s'imposerait : les Dialogues, puisqu'ils sont écrits, ne nous livrent pas de leur auteur la pensée véritable, ou au moins la plus profonde. Dans le meilleur des cas, ils se contenteraient de faire allusion à des thèses enseignées oralement à un cercle restreint de disciples. Mais y a-t-il vraiment condamnation, et sur quoi exactement porte-t-elle ?

Que ne faut-il pas écrire (Lettre VII, 341b-345c) ?

La septième Lettre, dont on ne peut ni prouver avec certitude l'authenticité ni affirmer catégoriquement l'inauthenticité, contient le rejet le plus radical, non seulement de l'écriture mais, semble-t-il, de toute formulation en général. Platon, ou l'auteur de la Lettre, s'en prend à un écrit de Denys II, tyran de Syracuse, œuvre dont il déclare par ailleurs ignorer le contenu, et également à tous ceux qui « ont écrit ou écriront ... sur ce qui fait l'objet de mes préoccupations ». Or « là dessus, dit-il, de moi du moins, il n'y a aucun ouvrage écrit et il n'y en aura jamais ». De quoi l'auteur de la Lettre écrit-il non seulement qu'il n'a pas écrit, mais qu'il ne faut pas écrire ? S'agit-il des principes fondamentaux d'une doctrine secrète, ou au contraire de quelque chose qui ne peut justement pas prendre la forme d'une doctrine ? Selon les interprètes « ésotéristes », ce texte renvoie aux « doctrines non écrites » mentionnées par Aristote ; or toute doctrine, même philosophique, peut parfaitement se formuler. Par définition, une doctrine est un ensemble de dogmes, de thèses fondamentales et tenues pour certaines : elle est arrêtée. Sa fixation par l'écriture ne l'altérerait donc en aucune façon. La raison de ne pas la mettre par écrit serait plutôt le fait de juger le plus grand nombre incapable d'en comprendre le contenu. Force est alors de constater que le *Parménide*, le *Sophiste* ou le *Philèbe* sont des textes difficiles que Platon ne s'est pas privé d'écrire. Une doctrine n'est pas incommunicable en soi, elle peut simplement ne pas être entendue par tous et par n'importe qui. La principale raison avancée dans la Lettre de l'impuissance de l'écrit n'est d'ailleurs pas qu'il soit indifféremment accessible à chacun mais qu'il est « incapable de se mettre en mouvement », de changer.

Il faut replacer le passage dans son contexte. L'auteur vient de raconter ses entretiens avec Denys, au cours desquels il cherchait à s'assurer que l'âme de celui-ci était « sous l'effet de la philosophie comme sous l'effet d'une flamme » ; autrement dit, il tentait de lui faire comprendre tout ce que la philosophie exige d'études, d'efforts, de discipline, mais aussi de régime de vie et de dureté envers soi-même. Inséparable de l'amour de l'effort, la philosophie requiert de celui qu'elle anime le courage de remettre en question tout ce qu'il a pu croire savoir et même avoir à un moment compris. Il faut pour cela remplir deux conditions : posséder une parenté naturelle avec ce genre d'études et avoir échappé, ou résisté, à une éducation vicieuse. L'espèce de savoir propre à la philosophie est décrit comme une illumination dans l'âme, illumination de l'intelligence et par l'intelligence. Elle est le résultat d'une longue familiarité et, lorsqu'on a consacré sa vie à cette activité, « soudainement, comme s'allume une lumière lorsque bondit la flamme », le savoir « se produit en l'âme et désormais s'y nourrit tout seul de lui-même ». Immobile et immuable, toute formulation, écrite ou orale, arrêterait le mouvement d'un savoir qui, parce qu'il est intérieur à l'âme, se nourrit lui-même de lui-même. Toutefois, ajoute l'auteur, s'il fallait écrire ou formuler un tel savoir, c'est à coup sûr par lui-même que ce serait le mieux exposé. Mais il n'est pas certain que ce serait rendre un grand service à la plupart des hommes : seuls pourraient en tirer profit le petit nombre de ceux qui « sont capables, à l'aide d'une petite indication, de trouver par eux-mêmes ».

Ce n'est donc pas seulement l'écriture qui est incapable de transmettre un savoir de cette sorte, c'est tout autant la parole. On trouve moins dans cette Lettre une condamnation de l'écriture qu'une condamnation de toute formulation, écrite ou parlée, qui se voudrait définitive, et qu'un refus de s'adresser à tous ceux qui, quelles que soient leurs capacités intellectuelles (bonne mémoire, facilité à apprendre), sont naturellement étrangers à une certaine expérience. C'est cette expérience qui se révèle finalement incommunicable, et c'est son respect, sa « vénération » pour l'expérience de la pensée, qui fait que l'auteur de la Lettre s'interdit d'en parler. Expérience plus que toute autre intransmissible, elle sera cependant perçue, mais seulement par ceux qui la partagent. Le philosophe parle à partir d'elle, mais d'elle il ne saurait parler (peut-être faut-il voir là la raison pour laquelle Platon n'a jamais écrit le *Philosophe*). Tous ceux qui lui sont apparentés la reconnaîtront à son exercice sans qu'il soit besoin de la leur décrire, et s'ils sont capables de la reconnaître c'est qu'ils sont capables aussi de la faire.

*Comment bien écrire, bien lire et bien parler (*Phèdre, *274b-278e)*

Devant l'incertitude quant à son véritable auteur, la septième Lettre doit être utilisée avec prudence et seulement dans la mesure où elle recoupe des textes incontestablement authentiques. Or la dernière partie du *Phèdre* ne contient-elle pas une critique largement développée de l'écriture qui justifierait une lecture plus radicale que celle qui vient d'être présentée ?

Bien parler et bien écrire

Face à ceux qui se vantent de posséder et de théoriser un art des discours, Socrate pose cette question : « le discours, il faut examiner comment le parler et l'écrire de la belle façon ». Parler et écrire relèvent d'un même art et, de ce point de vue, leur différence est annulée. Un écrit, ce n'est rien d'autre qu'un discours composé par écrit. La distinction à effectuer n'est donc pas celle, empirique, entre la trace écrite et la profération phonétique, entre l'audible et le visible : la seule distinction pertinente oppose les discours tenus par ceux qui se soucient de vérité et disposent du savoir de ce dont ils parlent, et les discours de ceux qui estiment ce savoir inutile ou impossible et ne se soucient que de vraisemblance et de persuasion. Même si les maîtres de la parole judiciaire et politique méprisent le métier de logographe, qui met le rédacteur de discours à l'abri des luttes publiques et qui est rémunéré, donc honteux, ils ne méprisent nullement le fait d'écrire. Ils aspirent au contraire à la survivance de leurs écrits et y voient le moyen de se constituer en « un écrivain immortel, un égal des dieux ». Au cours de cette première analyse il n'est pas question de l'écriture mais de l'activité consistant à composer des écrits et des conditions permettant de bien les composer. « Écrit » prend alors un sens métaphorique : tout discours commandé par le double effet qu'il cherche à produire – sur les autres, en en faisant des spectateurs capables seulement d'approuver ou de rejeter, et sur son auteur, qu'il est censé immortaliser – est un « écrit ». Qu'il passe par des sons émis par la voix ou des signes tracés par la main ne change rien à la double erreur qui est à son principe ; car la valeur d'un discours ne dépend ni de sa puissance de persuader ni du fait qu'il subsistera dans la mémoire des hommes. Il n'y a donc « en soi, rien de honteux à écrire des discours », et par conséquent rien de beau non plus. Écrire est une activité qui n'a pas de valeur propre ; une bonne manière d'écrire des discours est possible au même titre et aux mêmes conditions qu'une bonne manière de parler. Ce sont certains théoriciens de la rhétorique qui revendiquent la supériorité de la parole sur la récitation d'un discours écrit, la première étant capable d'improvisation et d'ajustement aux auditeurs et aux circonstances. Mais, selon Socrate, la présence et l'absence du savoir dialectique et du contact avec la vérité peuvent seules servir de principes à une bonne division des discours. Ce qui manque aux poèmes d'Homère, à la législation de Solon, aux écrits de Lysias, manque tout autant aux discussions menées par des sophistes. L'oralité n'a pas le mystérieux pouvoir de garantir contre l'ignorance ni de conférer vie et vérité à n'importe quel discours.

Si l'acte d'écrire n'est l'objet d'aucune dévalorisation relativement à la parole, il n'en va plus de même lorsqu'intervient la question de savoir à qui parler. Non pas, répond Socrate, si on a quelque intelligence, à « ses compagnons d'esclavage, mais aux dieux ». Comment parler à des dieux dont Socrate a montré plus haut que l'intelligible était leur nourriture et que c'est à elle qu'ils doivent leur divinité ? Il n'y a pas de « psychagogie » qui tienne quand il s'agit d'êtres intelligents, et la question se détache de l'horizon rhétorique où elle était jusque là posée. Parler à des dieux, c'est non seulement ne plus parler à des hommes en cherchant à mener leurs âmes, donc en tenant compte de la fluctuation de leurs opinions et de la puissance de leurs appétits, c'est ne plus insérer son discours dans le temps des hommes, s'affranchir du devenir et de l'oubli dont tout devenir s'accompagne.

L'invention de l'écriture

Lorsqu'il présente au roi Thamous les nouvelles techniques qu'il a inventées, le dieu Theuth prétend justement avoir découvert, avec l'écriture, un remède à l'oubli. Le roi objecte alors que l'inventeur d'une technique n'est pas compétent pour apprécier ce qu'elle comporte de préjudice ou d'avantage pour ceux qui en feront usage. Toute *tekhnè* possède une certaine puissance et celle de l'écriture s'exercera sur l'âme des lecteurs. Selon Theuth, l'invention des caractères d'écriture rendra les hommes plus savants, car dotés d'une mémoire plus vaste, les connaissances ainsi fixées jouissant d'une durée indéfinie. L'écriture risque cependant d'engendrer l'illusion que lire, c'est apprendre, et qu'apprendre, c'est entasser dans sa mémoire une quantité de connaissances pour les avoir à sa disposition. L'âme aura alors en quelque sorte sa mémoire et ses connaissances hors d'elle-même, ceux qui liront auront certes « beaucoup entendu » mais ils seront habités d'une quantité de paroles étrangères et qui le resteront. Lire, en ce sens, ne fait pas penser : l'écriture n'engendrera pas des savants, encore moins des philosophes, mais des lecteurs. En outre, la résistance de l'écrit à cette destruction qu'est l'oubli, sa pérennité, n'est pas l'immortalité véritable : quelque chose persiste indéfiniment, d'où toute vie s'est retirée. Un discours en effet n'est vivant que s'il s'inscrit dans une âme, qu'elle découvre par elle-même ou qu'elle intériorise le discours d'un autre ; peu importe que cet autre s'adresse à elle par la médiation du souffle modulé ou par des signes sur un papyrus.

Lire, écrire et penser

Cependant, c'est bien à propos de l'écriture seule que se pose le problème de sa convenance ou de son inconvenance. La perspective change une fois encore : il ne s'agit plus de déterminer les conditions du bien écrire ou d'évaluer les avantages et les inconvénients de la technique de l'écriture, mais de savoir quelle attitude doit adopter envers elle celui dont l'ambition n'est pas d'être un écrivain. Quel risque court donc celui qui met « en jardins d'écriture » un discours, et d'abord « celui qui est en soi-même, toutes les fois qu'on l'y découvre présent » ? Ce discours premier et légitime que l'on découvre en soi-même, c'est la pensée. Que l'écriture soit incapable de le communiquer est bien ce que semble indiquer l'énumération des « terribles » propriétés de l'écrit : il signifie une seule chose, toujours la même, il va rouler auprès de n'importe qui et est incapable de se défendre. Il n'est pas certain cependant que la parole suffise à préserver de ces dangers : on peut fort bien répéter identiquement ce que l'on vient d'affirmer, et Socrate rétorque à Calliclès que non seulement il dit toujours les mêmes choses, mais sur les mêmes sujets; il déclare de plus dans l'*Apologie* qu'il parle à tous ceux qui désirent l'entendre, ce qui l'expose souvent au ridicule. Ces dangers sont propres à tout discours communiqué, l'écriture ne fait que les amplifier. Tout discours, écrit ou parlé, peut être incompris ou mal compris; de tout discours, lu ou écouté, on peut dire qu'il se répète, qu'il choisit mal ceux à qui il s'adresse et qu'il est incapable de se défendre, moins en raison de l'absence de son père qu'en raison de l'ignorance ou de la mauvaise foi de celui qui le reçoit. Tout cela ne peut être évité qu'à la condition que l'auditeur ou le lecteur se serve de sa « part divine », l'intelligence. Il y a une mauvaise manière d'écouter comme il y a une bonne manière de lire, celle qui prend les écrits comme occasions de se ressouvenir des choses mêmes dont ils traitent. La dernière opposition rencontrée dans le *Phèdre* ne joue donc pas entre la parole vive et l'écriture morte, ni entre l'écriture sensible et celle qui s'inscrit dans les âmes, mais entre la pensée, qui à travers tout problème fait l'expérience d'elle-même, de sa puissance de chercher le sens et de le produire au cours de cette recherche, et la trace qui prétend l'exprimer et la conserver. Le pensé se substitue alors au mouvement pensant, et le *tempo* inégal de ce mouvement – plus lent ou plus rapide, plus assuré ou plus hésitant – disparaît pour faire place à la progression continue de l'exposition. La temporalité pensante n'est restaurée que si celui qui lit prend le temps de la réflexion, bute, s'arrête, s'interroge, relit. Quant à celui qui a écrit, il éprouvera en se relisant, « lorsqu'arrive l'oublieuse vieillesse », du plaisir à se souvenir de ce qu'il a une fois pensé. S'il y a plaisir, c'est que l'activité qui le procure contient forcément une part de jeu. La comparaison de l'écrivain avec l'agriculteur qui se divertit à semer des jardins d'Adonis, au lieu d'ensemencer sérieusement ses champs et d'avoir la patience d'attendre que se lèvent ses semences, peut sembler discutable : les écrits ne périssent pas aussi vite que se fanent les jardins d'Adonis, ils semblent rester en fleur et pouvoir renouveler indéfiniment le plaisir qu'ils procurent. Ce plaisir n'étant précédé d'aucun grossier besoin, d'aucune douleur, ne peut qu'advenir et s'enfuir; or, pas plus que la pérennité, la répétition n'est une forme d'éternité. En outre, la spatialité de l'écrit permet de le retourner en tous sens, coupant et collant inlassablement. L'écrivain se prend ainsi au jeu, et la relation de paternité s'inverse : il n'est plus le père mais le fils de ses œuvres. Pour un homme sérieux, en revanche, ses ouvrages écrits ne sont pas ce qu'il y a de plus sérieux, seul mérite d'être pris au sérieux « ce qui se trouve dans la région de lui-même qui est la plus belle », c'est-à-dire la pensée intelligente. À condition d'en avoir conscience, on peut non seulement écrire ce qu'on pense mais écrire tout ce qu'on pense.

La fixation par l'écriture ne soustrait pas l'œuvre au temps successif, progressif, accumulatif, au contraire elle l'y inscrit, et par elle toute œuvre est d'abord une œuvre, « philosophique » n'étant qu'une différence spécifique (d'ailleurs malaisée à déterminer) au sein d'un genre commun. Ce genre implique succession dans un déroulement homogène et classification à l'intérieur d'un même espace. Selon le Socrate du *Phèdre*, la pensée ne se meut ni dans ce temps ni dans cet espace, elle trouve sa fermeté dans son mouvement même, non dans ses résultats, et l'immortalité qui lui est propre, c'est sa fécondité. Le Dialogue s'achève sur le parallèle entre l'écrivain, défini par l'espèce d'ouvrages qu'il produit (législation, poésie...), et celui qui juge plus précieuses la pensée et les réalités dont elle s'occupe. Ce dernier, qu'il parle ou écrive, se différencie non pas en fonction de sa manière de dire mais en fonction des réalités qu'il questionne. Lui seul ne se trompe pas d'immortalité, il la conçoit comme fécondation du discours par la pensée et de la pensée par la vérité, et « philosophe ou quelque chose d'analogue » est le nom qui lui convient le mieux. Il peut donc exister des textes écrits auxquels la pensée est présente. Ceux-ci ne cherchent pas à imposer la façon dont l'auteur conçoit telle ou telle réalité, ils s'efforcent d'éveiller toujours à nouveau, et de maintenir, le désir d'apprendre et de comprendre. Ce désir ne peut pas se formuler par écrit ni même se formuler tout court, il ne devient présent qu'à celui qui est capable de le percevoir dans ce qu'il entend ou lit. C'est ce désir qui rend tout discours vivant : un discours vivant n'est pas un discours tenu par un être actuellement vivant, c'est un discours animé par la pensée et apte à engendrer de la pensée. L'écriture ne nous en fournit assurément qu'une image, mais ce peut être une bonne image. Comment donc écrire sans qu'il en résulte un « écrit »? Ce problème, inséparable de la figure de Socrate, incarnation pour Platon du philosophe et qui n'a jamais rien écrit, n'est nullement un problème rhétorique. Il ne s'agit pas pour un philosophe de choisir une forme parmi d'autres formes possibles mais de réfléchir à la forme que lui impose sa conception de la philosophie, de la pensée et du savoir. Pour Platon, un discours animé par le savoir n'est pas celui qui exposerait un savoir détenu préalablement à ce discours, c'est un discours qui montre comment un savoir s'élabore et s'intériorise à partir de la conscience de ne pas savoir. Il faut donc écrire de telle sorte que ce qui est écrit garde la puissance de changer quelque chose en l'âme, tant dans celle de celui qui écrit que dans celles de ceux qui le liront.

La réponse à ce problème est le dialogue, mais le dialogue tel que l'écrit Platon. Il est pour lui le seul moyen de mener, comme fait l'aile, « vers le haut tout ce qui est pesant », d'alléger la pesanteur de l'écrit en mettant l'écriture en mouvement. Mais pourquoi est-il ce moyen privilégié, et de quelle sorte de dialogue s'agit-il ?

II. Écrire des Dialogues

La distinction posée dans le livre III de la *République* fait du dialogue une espèce d'imitation (*mimèsis*), opposée à la narration simple (*diègèsis*).

*Imitation et narration (*République*, III, 392c-398b)*

Toute forme d'art – poésie mais aussi peinture, sculpture, musique ou danse – relève selon Platon d'une *mimèsis* au sens large, c'est-à-dire d'une imitation ou représentation, dans la mesure où tout artiste est un producteur d'images imitant non des réalités mais des apparences, telles qu'elles lui apparaissent (voir p. 232-235). Au livre III, le terme *mimèsis* est pris dans son sens étroit, il désigne l'un des deux modes possibles d'expression, dont la polyphonie s'oppose à l'unicité du discours narratif. Quand il adopte ce dernier, l'auteur « ne se dissimule lui-même en aucun endroit de son poème », on n'entend de bout en bout que la voix du narrateur. Mais parfois la narration « procède par imitation », le poète ne raconte plus seulement des événements, il rapporte les discours tenus par différents personnages. Il fait alors œuvre mimétique puisqu'il « rend, autant qu'il le peut, sa propre façon de dire semblable à celle de chaque personnage dont il nous a annoncé qu'il va le laisser parler ». Il existe donc une espèce mixte, mélange de récit et de dialogues. Selon ces critères formels, on obtient une classification des genres poétiques : au discours à une seule voix correspond le dithyrambe, au discours polyphonique la tragédie et la comédie, et au discours qui combine les deux, l'épopée. La question se déplace aussitôt vers celle de savoir *ce qu*'il est tolérable d'imiter. Le retour à des considérations sur le contenu débouche sur l'établissement d'une hiérarchie où la forme pure du récit occupe le premier rang et la forme mixte le deuxième, car elle peut être acceptable dans la mesure où l'intervention du narrateur tempère les risques propres à l'imitation en empêchant que l'identification de l'auditeur ou du lecteur ne soit totale. L'absence d'identification du narrateur à ses personnages commande une distance analogue, et salutaire, chez le destinataire du récit. Tragédie et comédie se retrouvent au dernier rang, ce sont les genres les plus dangereux, bien que, ou parce que, les plus agréables. Cependant, de même que l'on ne rencontre pas dans ce passage une exclusion pure et simple des poètes et de la poésie, puisqu'y est affirmé le besoin, dans la cité, d'une espèce de poète « plus austère et moins plaisant » que celle des poètes du passé, de même il n'y a pas ici de rejet catégorique de la forme imitative dialoguée. Il n'y a aucune honte pour un homme mesuré à imiter un homme de bien agissant de façon sûre et sensée, et il est même permis de représenter, à condition que ce soit brièvement et par jeu, un individu de qualité inférieure. Si l'on combine règles formelles visant à l'instauration d'une distance et considérations sur le contenu (imiter ce qui mérite de l'être), l'usage du dialogue est relativement tolérable. Cela ne suffit évidemment pas à expliquer pourquoi Platon aurait opté pour les deux modes jugés par lui inférieurs au troisième, autrement dit à expliquer pourquoi il n'a pas écrit de traités faisant entendre uniquement sa voix propre, c'est-à-dire sa doctrine. Mais selon lui, alors même qu'il expose, l'auteur ne se cache « nulle part » : ce n'est pas lui qui fait entendre sa voix, c'est le narrateur, que le discours produit comme son sujet, qui en est l'effet, non la cause. L'anonymat obstiné de Platon trouve sans doute ici sa raison : même quand il a la forme d'un monologue, le discours n'exprime pas selon lui le sujet qui le tient, il le constitue ; sinon, ce qu'il exprimerait, ce serait des opinions propres à l'auteur ou même des passions, des humeurs. S'il est l'œuvre d'une intelligence qui cherche à comprendre et à se comprendre, rapporter cette démarche à un nom propre n'a pas grand sens. Et pourtant, Platon multiplie les noms propres : il ne s'approprie aucun de ses énoncés mais il les attribue toujours à quelqu'un comme si cette multiplication des locuteurs, propre au dialogue, était la meilleure garantie de son anonymat.

Est-il cependant légitime d'appliquer au discours de Platon les principes d'une poétique qui se trouvent énoncés dans un contexte politique, celui de la mise en question de l'autorité pédagogique des poètes ? Au livre II, Socrate rappelle à Adimante : « pour le présent, nous ne sommes, ni moi ni toi, des poètes, mais des fondateurs de cité ». Il leur revient, à eux et non pas aux poètes, de déterminer quelles formes ceux-ci doivent adopter ; ils doivent légiférer sur la poésie mais ce n'est pas à eux de composer des fictions. Les règles d'une bonne poétique ne s'appliqueraient donc qu'aux poètes. Ce serait se débarrasser un peu légèrement du problème, car au livre III Socrate affirme que tous « ceux qui disent quelque chose » doivent nécessairement opter pour l'une des trois formes d'expression qu'il vient de définir. S'il n'en existe pas d'autre, la classification des manières de dire doit s'appliquer aussi à Platon. Et de fait, il est possible de classer les Dialogues selon les trois genres définis :

Imitation (dialogues purs) :
Hippias Mineur, Hippias Majeur, Ion, Criton, Lachès, Euthyphron, Gorgias, Ménon, Cratyle, Phèdre, Sophiste, Politique, Philèbe, Lois.

Forme mixte (dialogues racontés) :
Protagoras (par Socrate, prologue direct), *Charmide* (par Socrate), *Lysis* (par Socrate), *Euthydème* (par Socrate, prologue direct), *Banquet* (par Apollodore rapportant le récit d'Aristodème), *Phédon* (par Phédon, prologue direct), *République* (par Socrate), *Parménide* (récité par Antiphon, prologue direct), *Théétète* (lu par un jeune esclave, prologue direct).

Narration pure (exposés continus) :
Apologie de Socrate (par Socrate), *Ménexène* (par Socrate, prologue direct), *Timée* (par Timée, prologue direct), *Critias* (par Critias, prologue direct).

(Par « prologues directs », j'entends des prologues adoptant la forme de « dialogues purs », le dialogue qui suit étant rapporté par un narrateur.)

On constate que quatorze œuvres (quinze, si on juge authentique le *Premier Alcibiade*), donc la moitié des Dialogues, sont des dialogues directs, sans narrateur, et l'on trouve parmi elles aussi bien la plupart des Dialogues dits « socratiques » que le *Sophiste*, le *Politique* et les *Lois,* dont Socrate est absent. La forme mimétique n'est donc pas le propre des Dialogues dits « socratiques » et elle est totalement indépendante de la chronologie (les *Lois* se trouvent relever du même mode d'expression que l'*Hippias Mineur* ou le *Lachès,* pour ne prendre que des œuvres dont la datation est peu contestée). En outre, il y a une prépondérance écrasante de la forme du pur dialogue et de la forme mixte sur celle de la narration pure : la fréquence de chacune des trois formes est donc en raison exactement inverse de la hiérarchie proposée dans la *République*. Enfin et surtout, il semble que la parenté formelle soit dépourvue de toute pertinence et que le classement des dialogues qui en résulte ne possède aucune signification. S'il y a parenté entre certains dialogues, ce n'est certainement pas ce critère qui permettra de la découvrir.

Neuf Dialogues adoptent la forme mixte, ce sont des dialogues racontés – cinq d'entre eux par Socrate, un par Phédon ; le recul propre à cette forme est redoublé dans le *Théétète* du fait que le récit du dialogue est lu par un jeune esclave, dans le *Banquet*, où on a affaire à un récit de récit, et dans le *Parménide*, où le dialogue originaire entre Socrate et Parménide est transmis par trois intermédiaires. Enfin l'*Apologie de Socrate*, le *Ménexène*, le *Timée* et le *Critias* se présentent comme de longs exposés comportant, pour les trois derniers, un prologue dialogué, mais même l'*Apologie* est coupée par un dialogue entre Socrate et l'un de ses accusateurs. Il serait donc possible de considérer ceux-ci plutôt comme une variante de la forme mixte, le dosage du dialogue et du récit ne s'inversant au profit du récit que dans des œuvres (*Ménexène, Timée* et *Critias*) dont Platon indique qu'elles comportent une forte part de divertissement (*paidia*).

Dialogue littéraire et dialogue philosophique

Si Platon « dit quelque chose », et en un sens imite ou représente, la mimétique qui lui est propre est-elle analogue à celle des poètes ? La composition littéraire tend à représenter des situations, des événements : « ce qui a été, ce qui est, ou ce qui doit être ». Elle met en scène des personnages (hommes ou dieux) avec leurs actes, leurs comportements, leurs passions, dont les paroles ne sont que l'expression et la manifestation ; le discours n'y a de statut que narratif ou dramatique. Or, s'il y a dans les Dialogues de Platon des personnages et des situations, on peut dire que s'y pratique une mimétique inversée. Le *Phédon* en est un exemple extrême : la situation – Socrate à son dernier jour – et l'événement – sa mort – sont purifiés de toute connotation tragique, le symbole en étant l'expulsion de Xanthippe pour laisser place à l'échange calme et raisonné des arguments. Le *Phédon* n'est pas une tragédie sur la mort de Socrate, il expose le refus, par Socrate, de la possibilité pour la mort de mettre la pensée en échec. Même la mort n'est pas impensable. De même, lorsque Platon représente ces deux personnages grotesques que sont, dans l'*Euthydème*, Euthydème et Dionysodore, l'objet n'est pas de nous en montrer le ridicule mais de nous faire comprendre qu'il y a matière à philosopher jusque dans leurs dérisoires paradoxes. Ce qui s'inverse dans cette mimétique platonicienne, c'est donc le statut même de la parole : elle n'est pas déterminée par une situation ou un personnage, c'est elle au contraire qui les détermine. Elle ne reflète ni des passions ni des caractères, elle ne renvoie qu'à de la pensée.

Or de manières de penser, il n'y en a pas qu'une. Les Dialogues platoniciens font s'affronter des types de discours et des modes de pensée. La pensée y est représentée comme une force à laquelle d'autres forces – désirs, peurs, appétits de plaisir et de puissance – résistent et s'opposent. Les personnages et leurs rapports sont l'incarnation de ce conflit, et c'est ce qui donne aux Dialogues de Platon leur caractère absolument singulier, incomparable. Penser ne s'y réduit pas en effet à énoncer des thèses et à les mettre en présence (ce qui rend artificiels tous les dialogues philosophiques écrits par la suite, où chaque personnage n'est que le porte-parole d'une doctrine à propos d'un sujet donné). Les personnages de Platon sont l'incarnation d'une attitude possible envers ce que c'est que penser, les interlocuteurs ne diffèrent et ne se singularisent que par leur manière de concevoir la nature et la puissance de la pensée et du logos. Plus le conflit est radical, entre Socrate et Calliclès, ou Socrate et Thrasymaque, par exemple, plus le dialogue est dramatique. Il est pourtant incontestable que dans certains Dialogues (jugés généralement tardifs) on assiste comme à une désincarnation des interlocuteurs. Le protagoniste – le Socrate du *Théétète* ou du *Philèbe*, l'Étranger d'Élée ou l'Athénien des *Lois* – choisit des interlocuteurs jeunes, bien doués et dociles, ou encore des hommes mûrs et sensés, quand il ne préfère pas parler tout seul lorsque le sujet lui semble le réclamer en raison de sa difficulté particulière (par exemple en *Lois*, 892d *sq*.). Faut-il alors estimer que la forme dialoguée n'est plus qu'un artifice rhétorique, une forme littéraire dont on pourrait faire abstraction sans rien perdre de l'essentiel ? Cela reviendrait à croire que les seules résistances que la pensée puisse rencontrer lui sont extérieures, et que, une fois assurée d'elle-même, elle n'a plus qu'à se déployer, déductivement ou dialectiquement, peu importe, dans un espace logique homogène et selon un mouvement régulier uniforme d'où toute interruption et toute rupture seraient bannies, la voix du répondant se contentant de faire écho à celle du protagoniste. Or, même lorsque la pensée ne dialogue plus qu'avec elle-même, quand elle n'est plus aux prises qu'avec ses questions et ses objets propres, elle revêt chez Platon une structure éclatée, affrontant sans cesse le caractère insuffisant de résultats qu'elle avait pu croire un moment acquis ou le caractère injustifié de postulats qu'elle n'avait pas encore aperçus, et n'en finissant pas de découvrir derrière un problème un autre problème.

Ce que chaque Dialogue de Platon « imite » et raconte, ce sont les aventures de la pensée. Mais cela doit s'entendre de deux façons. Tantôt est représenté ce qui advient lors de l'entrecroisement des différentes formes que peut prendre ce qu'on appelle pensée (opinion vraie, raisonnement discursif, savoir dialectique) avec celles de la non-pensée : ignorance, opinion fausse, raisonnement sophistique, ces dernières ayant leur racine dans les tendances irrationnelles de l'âme ; tantôt on n'a affaire qu'à des événements de pensée (le lecteur peut juger cela moins dramatique, mais il n'a pas forcément raison). À la difficile installation d'un espace socratique – comment articuler la parole de Socrate, essentiellement interrogative, à celle d'un ignorant ou d'un « sage », fermée sur la certitude de son savoir et de son pouvoir ? – succède l'instauration d'un espace dialectique où les difficultés auxquelles se heurtent les protagonistes ne sont plus incarnées par les interlocuteurs mais sont suscitées par les réalités elles-mêmes. Dans le premier cas, la forme dialoguée est évidemment justifiée. Mais l'objection du Socrate de la *République* envers la *mimèsis* semble garder alors toute sa pertinence : pourquoi la pensée authentique imiterait-elle ses formes inférieures ou ses contrefaçons ? Pourquoi le philosophe n'exposerait-il pas purement et simplement, de manière systématique et à coup sûr plus économique, ce qu'il pense être la vérité sur tel ou tel sujet ? De plus, donner la parole à ses différentes figures, vraies ou fausses, c'est pour la pensée courir le risque de s'identifier à elles, et, pour le sujet pensant, d'y perdre son identité : à force de vouloir réfuter la thèse de Protagoras, Socrate et Théétète finissent par argumenter comme lui (*Théét.*, 164c-d). La manière dont Platon procède montre que, pour lui, ce risque non seulement peut mais doit être couru. Il n'y a pas d'autre manière pour la pensée de discerner ses figures, de réfuter ses simulacres, d'apprécier correctement les forces qui s'opposent à elles et la sienne propre. Ce faisant, le péril est réel de ne pas revenir à sa véritable nature, et il est vrai que toute *mimèsis* met en danger l'être même, le soi-même. C'est en ce premier sens que l'on peut parler d'aventures de la pensée : chez aucun autre philosophe la possibilité pour la pensée de se perdre, de s'oublier, de s'identifier à une figure particulière ou à un simulacre, bref de se satisfaire de ce qu'elle n'est pas, n'est si constamment rappelée ni si obstinément présente. Et dans ce type de Dialogues, l'acharnement à ne pas s'en satisfaire a la figure de Socrate.

Pourquoi écrire des dialogues ?

Mais qu'en est-il de Dialogues comme le *Parménide,* le *Théétète* ou le *Sophiste* ? Qu'est-ce qui justifie la présentation dialoguée des hypothèses sur l'un, sur la nature du savoir, ou de ce qu'il est convenu d'appeler l'ontologie platonicienne ? On avance généralement deux raisons. La première est historique : ce choix presque constant du dialogue serait l'effet de l'influence de Socrate et le signe de la fidélité jamais démentie de Platon. Le point est incontestable, mais insuffisant. Il conduirait par ailleurs à admettre le caractère arbitraire d'une forme socratique appliquée à un contenu proprement platonicien. Certains commentateurs cherchent une raison plus profonde et voient dans la forme dialoguée l'effet d'une conception de la philosophie comme recherche en commun. Philosopher, pour Platon, serait parler avec un autre, on ne penserait bien qu'avec l'aide, les objections et l'accord d'autrui. On peut répondre à cela que la plupart des Dialogues nous peignent tout le contraire d'une entreprise de coopération entre hommes de bonne volonté désireux de trouver la vérité, et que, si bonne volonté il y a, elle semble être tout entière du côté de Socrate. Quant aux interlocuteurs dociles, leur part dans l'entreprise semble être en général extrêmement limitée. Mais ce ne serait pas un argument décisif, car on pourrait toujours évoquer Théétète, ou Simmias et Cébès dans le *Phédon*, dont la participation n'est pas négligeable. Un texte du *Gorgias* est souvent invoqué en faveur de cette interprétation : « ce n'est pas en prétendant savoir que je dis ce que je dis. Bien au contraire, je cherche, en commun avec vous ; de sorte que s'il m'apparaît qu'on me fasse une objection qui compte, je serai le premier à en convenir » (*Gorg.*, 506a). Cette déclaration de Socrate ne dit cependant pas qu'il est nécessaire de chercher en commun, mais simplement que Socrate n'en sait pas plus que ceux auxquels il parle, qu'il ne fait pas semblant de chercher, qu'il ne dissimule pas un savoir qu'il posséderait. Être en situation de chercher à savoir est au contraire toujours chez Platon le propre du protagoniste du dialogue et c'est ce qui le différencie d'interlocuteurs qui, eux, commencent par croire qu'ils savent.

Pour qu'un dialogue commence, il faut qu'une question soit posée. Celui qui la pose (généralement Socrate) n'interroge un autre que parce qu'il s'interroge et, dans bon nombre de Dialogues, sont questionnés ceux qui précisément croient pouvoir aisément répondre et jugent que la question ne se pose même pas. S'il y a dissimulation et feinte de la part de Socrate, donc ironie, elle tient bien à ce qu'il sait quelque chose que l'autre ne sait pas. Mais ce qu'il sait, ce n'est pas la réponse à la question; il ne cesse au contraire d'affirmer la nécessité de la chercher. Ce qu'il feint de ne pas savoir, c'est que celui qu'il interroge croit savoir mais ne sait pas. L'ironie n'est socratique que lorsqu'elle joue ce jeu-là : il ne s'agit pas de faire semblant de ne pas savoir, car on ne peut réellement rien savoir avant d'avoir décrit tout le parcours dialectique, mais de faire semblant de croire que l'autre sait alors que l'on sait pertinemment qu'il ne sait pas. Dans tous les Dialogues où Socrate est face à ce type d'interlocuteurs, et en particulier dans le *Gorgias*, la recherche en commun prend dans sa plus grande partie la forme de la réfutation par Socrate du pseudo-savoir de son interlocuteur.

Que signifie alors pour le Socrate de Platon « recherche en commun » ? Il ne suffit pas en effet de s'entretenir avec un autre pour qu'une telle recherche existe : elle n'est véritablement commune que si celui qu'on interroge admet la validité de la question, donc s'interroge lui-même. Cela suppose certaines conditions, qui se trouvent énoncées par Socrate dans le *Ménon* après son dialogue avec le petit esclave : « maintenant qu'il sait qu'il ne sait pas, il aura même sans doute du plaisir à chercher (...). Or te figures-tu qu'il eût entrepris de chercher à découvrir ou à apprendre ce qu'il s'imaginait savoir et qu'il ne savait pas avant d'en être venu à l'état de malaise où il se trouve après avoir jugé qu'il ne savait pas, et avant d'avoir éprouvé le désir de savoir ? » (84 b-c). Conscience de son ignorance, désir de savoir et plaisir pris à chercher : la recherche en commun n'est possible qu'à ce prix. Ces conditions sont celles de toute recherche; le fait qu'elle soit commune n'y change rien. Quel serait donc l'apport spécifique d'une recherche *commune* ? Il se résumerait au fait que l'accord de l'interlocuteur serait nécessaire pour établir la vérité des résultats obtenus lors de l'examen. C'est bien ce que semble déclarer Socrate dans le *Gorgias* : « de tous les jugements de mon âme, ceux sur lesquels tu seras d'accord avec moi, ceux-là dès lors seront la vérité. » Mais Socrate dit cela à Calliclès qui réunirait les trois conditions nécessaires pour être comme une pierre de touche de la vérité des jugements : savoir, bienveillance, franc-parler. Que le savoir soit la pierre de touche de la vérité, nul ne le conteste, mais que Calliclès possède un savoir touchant la nature du juste et de l'injuste, on a en revanche toutes les raisons d'en douter. Si on met de côté cette déclaration manifestement ironique, reste qu'il est indéniable que, dans maints Dialogues, on trouve la requête insistante de l'accord de l'interlocuteur. Cela signifie-t-il que le dialogue serait le moyen d'arriver à cet accord, l'instrument indispensable pour chercher et trouver une vérité qu'il serait impossible de découvrir tout seul et qui ne serait telle qu'à être communément reconnue? On peut lire justement dans le *Gorgias*, si souvent invoqué pour appuyer la thèse contraire, un démenti formel et parfaitement clair : « et je préférerais (…) que la majorité des hommes fût en désaccord avec moi et me contredise, plutôt que de n'être pas, à moi tout seul, consonant avec moi-même et de me contredire » (482b-c). Et Socrate, s'opposant aux « antilogiques » dans le *Phédon*, déclare ceci : « ce à quoi je vais, moi, employer toute mon énergie, ce ne sera pas à faire que mes paroles paraissent vraies à ceux qui m'écoutent (si un tel effet se produit, ce sera par surcroît), mais à faire qu'elles me paraissent le plus possible, à moi-même, être telles » (91a). L'accord d'autrui vient par surcroît. L'essentiel est d'être d'accord avec soi-même, là est la conséquence première de la vérité du discours (ou du moins, de ce qui, à un moment de l'examen, semble vrai).

À quoi sert donc l'accord de l'interlocuteur? Il est nécessaire à la poursuite du raisonnement, il signifie qu'aucune objection rationnellement valable et exprimable ne subsiste contre ce qui vient d'être établi, donc que ce n'est pas une thèse propre à Socrate, une simple opinion. L'accord de l'autre marque la validité, au moins provisoirement admise, de l'argument avancé. Il signifie que l'interlocuteur, s'il reste fondamentalement en désaccord, ne peut fournir de ce désaccord de bonnes raisons ni même de raisons tout court, que le principe de sa résistance est irrationnel. C'est pourquoi il peut tout à fait concéder la validité successive des arguments tout en continuant à s'opposer sur le fond. L'accord requis est une manière de contraindre l'interlocuteur à se soumettre à la force rationnelle du logos, il ne garantit en rien sa vérité. Les Dialogues abondent en exemples d'interlocuteurs convaincus par des arguments qui n'auraient pas dû les convaincre et dont la faiblesse ou le caractère erroné sera montré (mais jamais par eux) dans la suite de l'examen. Croire que philosopher signifie pour Platon conduire un échange avec un interlocuteur concret, capable de lui présenter des objections auxquelles il n'aurait pas songé tout seul, c'est en outre considérer ses Dialogues comme la transcription écrite d'entretiens oraux qui se seraient réellement tenus. Or d'une part les personnages des Dialogues sont tous morts depuis un certain temps, sans parler de ceux qui sont de pures fictions, et d'autre part les Dialogues sont bien écrits par le seul Platon. C'est lui et lui seul qui décide de la nature des interlocuteurs, de la situation dans laquelle il les place, de la brièveté ou de la longueur des répliques qu'il leur prête. Il est assez déconcertant de voir donner comme seule explication à l'issue aporétique de bon nombre de Dialogues, ou à la nature énigmatique de certaines affirmations, la stupidité du répondant (d'Hippias, par exemple, dans les deux *Hippias*, ou encore de Protarque dans le *Philèbe*), car il serait peut-être utile de se souvenir que Platon aurait pu, s'il l'avait voulu, mettre en scène un répondant plus intelligent.

Parler avec quelqu'un, chercher en commun, n'est donc ni une condition suffisante ni même une condition nécessaire pour atteindre la vérité, pas plus qu'il ne suffit de parler avec quelqu'un pour le convaincre. Le seul véritable moyen de conversion n'est pas selon Platon le dialogue (c'est ce que montre, dans le livre I de la *République*, l'échec de Socrate face à Thrasymaque) mais l'éducation, celle dont il retrace les étapes dans cette même *République*. Car ce n'est pas seulement avec son intellect, c'est avec son âme tout entière qu'il faut aller à la vérité, et l'âme humaine est une chose compliquée, elle est le théâtre de multiples forces et de multiples pulsions dont Platon tient toujours compte, ce qui n'est pas forcément le cas de ceux qui l'interprètent. Pour qu'un homme devienne capable de dialoguer, il faut d'abord l'éduquer, c'est-à-dire harmoniser son âme. La question revient : pourquoi alors la forme du dialogue ? Un dialogue platonicien n'est ni une conversation entre hommes de bonne ou de mauvaise volonté, ni un échange d'opinions au terme duquel les meilleures et les plus sensées finissent par prévaloir. Voir dans cette forme le résultat d'une influence socratique en fait comme une pieuse survivance, devenant de plus en plus inadéquate au fur et à mesure que Platon élabore sa propre doctrine. Quant à considérer le dialogue comme une entreprise de coopération sous prétexte que philosopher ne saurait être monologuer et qu'on ne saurait bien penser tout seul, c'est identifier la pensée à un monologue que seule la présence effective d'un interlocuteur contraindrait à se faire dialogue. À coup sûr, Platon oppose constamment le dialogue au monologue. Mais il est tout aussi certain que si pour lui philosopher signifie dialoguer, il entend d'abord par là un dialogue de l'âme avec elle-même.

III. PENSER

Dialogue silencieux et dialogue proféré
*(*Théétète*, 189e-190a,* Sophiste*, 263e-264b,* Philèbe*, 39c-e)*

Comment expliquer que, s'agissant de la poésie, ce soit le narrateur qui se trouve chargé d'établir la distance empêchant l'identification alors que le dialogue serait, en philosophie, ce moyen ? Lorsque Socrate récrit sous forme de narration simple un passage de l'*Iliade*, on se dit qu'il y a peu de chances que, sous cette forme, le poème soit passé à la postérité. Cela suffit à montrer que, pour un poème, ce n'est pas le contenu mais la manière de dire qui compte. Or on rencontre dans le *Théétète* un procédé exactement inverse : Euclide de Mégare dit qu'il a écrit l'entretien de Socrate avec Théétète et Théodore de telle façon que Socrate ait l'air de dialoguer avec eux, en supprimant pour cela les « et moi j'ai dit » et les « il en convenait ». Il a donc transformé le récit que lui en avait fait Socrate en dialogue direct, pour mieux restituer la forme originaire. On peut prendre ce texte littéralement et voir en Euclide quelque chose comme l'équivalent d'un magnétophone. Mais on peut aussi penser que ce qu'il a cherché à nous transmettre en préférant le dialogue direct, c'est l'énergie qui est à l'œuvre dans la pensée quand elle s'interroge et se répond.

C'est justement dans le *Théétète* que Socrate demande à Théétète s'il appelle « penser » ce que lui-même appelle ainsi. La question ne porte pas sur une essence ; la pensée, qui est une activité, ne peut faire l'objet d'un examen dialectique aboutissant à une définition. Socrate expose simplement la représentation qu'il se fait d'une âme en train de penser et précise qu'il s'agit bien d'une représentation, non d'un savoir : « une âme qui pense ne m'apparaît en effet ne rien faire d'autre que dialoguer, elle s'interroge elle-même et se répond. » Dans le *Sophiste*, l'Étranger d'Élée est plus catégorique : pensée (*dianoia*) et discours (*logos*) sont une même chose, sauf que « c'est au dialogue intérieur de l'âme avec elle-même qui se tient sans passer par la voix (*phônè*) que nous avons donné ce nom, pensée ». La pensée est un dialogue intérieur, silencieux, alors que le discours est un « courant qui émane de l'âme en passant par la bouche et en s'accompagnant de son ». Le *Théétète* peut laisser entendre que Socrate tire sa représentation de la pensée du dialogue empirique, qu'elle est comme une métaphore de l'échange oral entre deux interlocuteurs. Mais le *Sophiste* inverse clairement la relation puisque c'est le dialogue intérieur qui est nommé *dialogos*, le dialogue proféré se disant simplement *logos* et n'étant que l'image sensible d'une activité ayant son lieu en l'âme. La relation entre modèle et image se trouve renversée, et en fait redressée.

La conséquence est que la présence effective de l'interlocuteur ne semble pas être une condition nécessaire de tout dialogue car elle exigerait à l'évidence la traduction phonétique de la pensée silencieuse. Une telle affirmation est certes paradoxale : loin que le dialogue intérieur apparaisse comme un dialogue amputé de deux dimensions qui peuvent paraître essentielles, l'existence d'un interlocuteur et l'oralité, celles-ci sont présentées comme contingentes. Le *Philèbe* accentue l'étrangeté de cette conception du dialogue, conception étrange pour qui substitue sans y penser conversation, entretien, à dialogue. Socrate prend l'exemple d'un promeneur qui, voyant de loin, et pas très nettement, une chose qui se tient debout près d'un rocher sous un arbre, se demande ce que cela peut bien être ; il pourra se répondre à lui-même « c'est un homme », et tomber juste, ou se fourvoyer en croyant que c'est une statue, œuvre de quelque berger. « Si quelqu'un est présent à côté de lui, il transposera oralement ce qu'il se disait à lui-même », « il proférera exactement les mêmes choses, et son opinion deviendra discours ». Le discours proféré, passant par le corps, n'ajoute ni ne soustrait rien au dialogue intérieur. La pensée est donc décrite comme un dialogue non phonétique, qui se nomme *logos* quand il devient sonore, sans perte et sans gain. Ce ne serait évidemment pas le cas si l'autre était objet de désir, ou de colère, ou de flatterie. Mais ce qu'on lui dirait alors relèverait d'une impulsion ou d'une stratégie, et à vrai dire on lui parlerait moins qu'on ne tenterait d'agir sur lui. Intérieur ou extérieur, le discours n'est une pensée, c'est-à-dire un dialogue, qu'à la condition que soit présent le mouvement consistant à s'interroger et se répondre.

Le souffle émis et modulé par la bouche et qui va frapper l'oreille donne corps à ce qui était pensé sans pour autant le dénaturer. Son expression sensible ne modifie en rien le discours et, en ce cas, le corps est bien signe et non pas tombeau ou prison. Dans le *Cratyle* (400b-d), jouant sur l'étymologie *sôma* (corps) – *sèma* (stèle marquant l'endroit où un corps est enterré, d'où tombeau mais aussi signe), Socrate affirme que « si certains ont dit du corps qu'il est le sépulcre de l'âme », c'est cependant « au moyen du corps que l'âme signifie ce qu'elle peut avoir à signifier ». Si nous n'avions ni langue ni voix et si nous voulions nous montrer les choses les uns aux autres, nous essaierions, comme font les muets, de les signifier avec les mains, la tête et le reste du corps. Nous pourrions mimer le haut, le bas, un cheval en train de courir ou encore le cri du coq ou le son du tonnerre. Le discours articulé est différent de cette mimétique gestuelle : il n'imite pas des bruits, il ne signifie pas que des choses sensibles. Il est une pensée qui se fait parole (422e-424a). Quand l'âme pense, elle pense seule à seule, isolée du corps. Mais quand elle parle, sa pensée est portée par une voix qui va frapper le corps d'un autre. La traduction sonore ne la trahit pas, le corps alors ne fait pas obstacle, il est pure docilité expressive. Cependant, si le promeneur du *Philèbe* est seul, « c'est cette même chose que lui-même avec lui-même il tourne dans sa pensée, et parfois c'est plus longtemps que, ruminant cela en lui-même, il chemine ». Non seulement la présence d'un compagnon n'est pas condition de la rumination du promeneur mais elle risque de l'interrompre. Car celui qui est à ses côtés peut croire avoir de meilleurs yeux et trancher (à tort ou à raison), estimant ainsi que la question ne se pose pas puisqu'il a la réponse. S'il est convaincu par lui, le promeneur cessera de penser, car l'âme ne peut être dite penser que pendant le temps où elle s'interroge et se répond à propos d'une chose qu'elle examine. Demander et obtenir de quelqu'un un avis ou une information, cela ne fait pas un dialogue ; il n'y a là qu'une attente pratique à laquelle ne peut répondre qu'une opinion, vraie ou fausse. De même, recevoir de quelqu'un un ensemble de connaissances, cela ne s'appelle pas penser, c'est une transmission analogue à celle d'un liquide passant d'un vase plein dans un vase vide (*Banq.*, 175 d).

Division et dédoublement de l'âme

Enfin, tout ce que l'âme se dit ne doit pas davantage être appelé « penser » : lorsque Leontios, au nom du sens qu'il a de son honneur, injurie ses yeux, c'est-à-dire la partie appétitive de son âme qui le pousse à se repaître de la vue de cadavres, ou lorsqu'Ulysse, guidé par sa raison, exhorte son cœur à la patience, ils servent à illustrer certaines formes de conflits en l'âme (*Rép.*, 439e-441c). Mais ordres ou interdits, injures ou exhortations sont autant de manières d'agir (ce sont des performatifs), même s'ils s'expriment sous forme verbale. Tout ce qui a lieu en l'âme, même si cela parle, ne s'appelle pas « penser », et ses conflits ne sont pas des dialogues. Le dialogue intérieur ne fait pas appel à la division de l'âme en parties. Une âme qui dialogue avec elle-même ne se divise pas, elle se dédouble et reste même qu'elle-même lors de l'alternance entre questions et réponses. Pour dialoguer, il faut être deux en un. De soi-même à soi-même quelle différence peut-il pourtant bien y avoir ? Seulement celle qui consiste à entendre ses propres questions (*je me* demande), donc qui permet de *se* répondre (et de contester ses propres réponses). Le dédoublement signifie que la pensée, lors de son va-et-vient, se réfléchit perpétuellement sous la double forme de la question et de la réponse sans arriver à s'immobiliser dans aucune des deux. L'âme n'est donc pas unifiée, elle ne peut pas l'être et rester pensante : cette métamorphose continuelle est essentielle à la pensée.

Que se passe-t-il alors quand ce qui est déjà un dialogue va d'âme à âme par l'intermédiaire de la voix ? Faut-il supposer que l'une des deux âmes interroge, et que l'autre répond ? En ce cas, aucune des deux ne penserait, et aucune des deux ne communiquerait à l'autre ses pensées – seulement ses attentes (pour celle qui questionne) et ses opinions (pour celle qui répond). La condition d'un vrai dialogue est donc bien, comme l'affirme le *Cratyle* (390c), que ce soit le même qui interroge et qui répond. Savoir interroger et savoir répondre sont deux savoirs indissociables et constituent un même savoir, celui du dialecticien. La liaison nécessaire de ces deux actes vaut aussi pour la pensée la plus rudimentaire, comme le montre l'exemple du promeneur. Mais pour le dialogue oral, adressé à l'autre, il faut multiplier par deux : un qui parle, qui s'interroge et se répond ; un qui écoute, qui s'interroge et se répond – et ce, à la condition que celui qui parle comme celui qui écoute *pensent*. À quelle question pourrait en effet répondre celui qui ne *se* questionne pas, donc n'éprouve pas la validité de la question ? Et quelle réponse pourrait-il alors estimer recevable ? Pour dialoguer avec un autre, il faut donc qu'il examine la même chose, se pose la même question et de la même façon. C'est rarement le cas si on se rapporte à la plupart des Dialogues, mais un dialogue n'en reste pas moins un dialogue même si l'autre est sourd à la question posée. Sa surdité constitue un élément du dialogue intérieur, de ce qui est à penser. Ou bien l'autre ne comprend pas, et son incompréhension est intégrée, réfléchie, et on en recherche les causes, ou il comprend, et alors il est littéralement neutralisé. Si celui qui écoute est « bienveillant », c'est un autre soi-même, on peut lui parler comme on se parle. Peu importe finalement qu'il le soit, il suffit de faire comme s'il l'était. On peut penser à haute voix devant l'autre, ou penser en silence en écoutant un autre. On pense seul, mais si on pense on n'est pas un, mais deux.

*Ce qui invite à penser (*République*, VII, 523a-524d)*

À quelle occasion s'opère ce dédoublement ? Le promeneur du *Philèbe* est en proie à une perplexité née d'une perception obscure ne permettant pas d'identifier son objet, ce qui arrive lorsqu'une distance spatiale ou temporelle sépare de la chose et que, du fait de l'éloignement, la perception est indistincte. Mais en ce cas une perception plus nette réglerait la question. Dans la *République*, en revanche, la pensée ne se met pas en branle à l'occasion d'une perception dont la déficience est contingente et peut n'être que provisoire. Parmi les sensations, dit Socrate, certaines n'invitent pas à se poser des questions, mais d'autres si. Glaucon croit que Socrate parle de choses vues de très loin ou de peintures en perspective mais il se trompe, car dans ce genre de situation c'est la perception qui tranchera, non la pensée. La perception ne révèle sa véritable déficience que lorsqu'elle nous offre un objet paraissant doté simultanément de propriétés contraires. Quand l'identification d'une chose et sa désignation sont immédiates – quand, voyant un doigt, je me dis : c'est un doigt – aucune réflexion n'advient car aucune réflexion n'est nécessaire ou même utile. En revanche, si un doigt est perçu comme étant à la fois plus grand (que tel autre doigt) et plus petit (que tel autre), la contradiction invite l'âme à penser. Pour la plupart des gens, il n'y a pas lieu « de poser à l'intelligence la question de savoir ce que peut bien être un doigt, car nulle part la vue n'a, dans le même temps, signalé à l'âme qu'un doigt fût le contraire d'un doigt ». Mais comme c'est le même sens qui perçoit le grand et le petit, ou le dur et le mou, l'âme se trouve embarrassée quand la vue ou le toucher lui présentent confondues dans un même objet deux qualités contraires. L'intelligence, elle, ne peut que les distinguer et se trouve alors amenée à se demander ce que peuvent bien être le grand et le petit, le dur et le mou... La perception est impuissante à résoudre cette sorte d'apories mais elle les provoque et invite la pensée à agir. Elle l'invite seulement, car l'âme peut fort bien juger futile cette espèce d'embarras ou se plaire à l'exploiter sophistiquement. Les contradictions de la perception ne forcent pas à penser, elles sont seulement occasions d'interrogation, possibilités d'éveil de l'intelligence, qui se met en mouvement quand elle s'interroge sur les messages contradictoires transmis par la perception. Le plus souvent, cependant, les choses sensibles ne nous conduisent pas à nous interroger et la perception que nous en avons nous suffit. Quand elle est floue, peu nette, elle plonge l'âme dans l'incertitude, mais c'est seulement quand elle est contradictoire qu'elle permet à l'âme de rompre avec la croyance que percevoir, c'est savoir, donc avec la représentation d'un savoir immédiat. La pensée dont il est alors question est une pensée commune, courante, une pensée au sens faible, ce n'est pas celle qui tire d'elle seule ses propres questions et n'a plus besoin des apories de la perception. Mais même cette pensée faible n'advient que si elle est en proie à ce dédoublement consistant à s'interroger et à se répondre.

Ce n'est donc pas l'échange avec un autre qui est constitutif du dialogue : le dialogue de l'âme avec elle-même est le dialogue originaire et ce qui lui est essentiel est le mouvement de l'interroger-répondre. Cela seul mérite le nom de « pensée », et c'est cela qui impose à Platon son écriture dialoguée. Si Socrate n'est certes pas étranger à cette démarche, c'est parce que, au regard de Platon, c'est en lui que la pensée a manifesté son véritable mouvement.

CHAPITRE II

PARLER DANS UNE LANGUE

La conception de la pensée comme dialogue intérieur à l'âme suppose préalablement la conscience des problèmes que pose l'usage d'une langue. Si par *phônè* on entend l'oralité, comme le prouve l'opposition au silence (*sigè*), celle-ci, on l'a vu, est un élément parfaitement négligeable. En revanche, même silencieusement, on se parle bien dans une langue, ce qui est le second sens du terme *phônè*. Peut-on tenir pour négligeable que la pensée s'exprime nécessairement dans une langue ? Si la manifestation sensible, phonétique, du dialogue intérieur ne le modifie en rien, en va-t-il de même de la nécessité pour un discours rationnel (un logos), donc en droit universel, de se formuler dans la particularité d'une langue ? Car le logos n'est pas expression d'émotions, d'affects, de passions : son nom même signifie qu'en lui une rationalité, même pervertie, est à l'œuvre et commande toutes ses articulations. La voix peut tout exprimer, tout mimer, non le discours qui porte en lui une prétention d'intelligibilité, qui ne peut faire effet qu'à la condition d'être compris. Il a son origine en une âme qui pense, ce qui n'est pas le cas de la langue. Indissociable en elle-même du logos, puisqu'elle est dialogue, la pensée utilise une langue avec laquelle elle ne peut ni totalement ni toujours coïncider. Notre langue nous est donnée sans raison, déjà toute constituée dans son lexique comme dans sa syntaxe, et rien ne justifie qu'on en utilise une plutôt qu'une autre. Ce fait, qui a la contingence d'un fait, Platon ne le juge pas insignifiant et l'ensemble du *Cratyle* comme de l'*Euthydème* est consacré à le réfléchir.

I. La rectitude des noms de la langue (*Cratyle*)

Naturalité ou conventionnalité des noms : le contexte

Le Dialogue s'ouvre sur une alternative : y a-t-il, comme le soutient Cratyle, naturalité, ou, ainsi que le soutient Hermogène, conventionnalité des noms ? Comme dans les deux autres Dialogues où Socrate se voit d'emblée mis en demeure de choisir entre deux thèses (dans le *Ménon*, il doit décider si la vertu peut ou non s'enseigner, dans le *Philèbe*, si le bien est plaisir ou pensée), il refuse de prendre parti. Tout son effort consiste à montrer que le problème qu'on veut lui imposer est mal posé, ou qu'il suppose qu'on en résolve d'abord un autre. Refusant le débat d'école, il dépasse l'antinomie apparente et en repense les termes. Dans le *Cratyle*, la question est aussitôt déplacée de l'origine des noms vers leur rectitude.

Avant l'arrivée de Socrate, les interlocuteurs accordaient tous deux que les noms étaient correctement institués et leur débat ne portait que sur la raison de cette rectitude, tenant selon l'un à une origine naturelle, selon l'autre à une origine conventionnelle. La question avait déjà été abondamment disputée : au ve siècle émerge une conscience linguistique qui a déjà consommé deux ruptures fondamentales avec la conception archaïque du langage. Depuis Hérodote, c'est une notion acquise que celle de langue comme structure articulée : jusque là, les noms n'étaient envisagés que dans leur fonction de désignation, donc non pas comme éléments d'un système mais comme simples outils de référence aux choses. Parménide (frag. VIII, 38-41) conteste radicalement cette correspondance : les noms dénomment de simples apparences, ils sont institués par des mortels dupes de la variété du devenir et ignorants de l'unité et de l'immuabilité de l'être. De même, Empédocle (frag. 8 et 9 DK) affirme que ni « naissance » ni « mort » n'existent, que ce sont des noms donnés par des hommes dépourvus d'expérience de la réalité et que seuls sont réels le mélange et la séparation. Deux thèmes nouveaux affleurent avec lui : celui de la justesse des dénominations et de leur possible réforme – thèmes qui n'avaient aucune raison d'apparaître chez Parménide, puisque dans sa perspective aucun mot ne réfère à une réalité. Pour Démocrite (frag. 5 DK), en revanche, leur origine conventionnelle n'entraîne pour les langues ni fausseté ni nécessité de rectification, elle explique simplement leur diversité : tous les groupes humains n'usent pas du même idiome, chaque société s'est constitué son langage au petit bonheur. Mais c'est chez Protagoras que la réflexion sur le langage devient centrale : dans le mythe que lui attribue Platon, l'homme participe au lot divin parce qu'il a « l'art d'émettre des sons et des mots articulés » (*Prot.*, 322a). En articulant la voix en parole, l'homme s'éloigne de la nature et produit le langage ; il n'y a pas chez Protagoras opposition mais continuité entre nature et convention, la seconde s'enracinant dans la première et la perfectionnant. Avec la langue, l'homme dispose d'une des conditions fondamentales de sa culture : elle est le premier moment de toute éducation, mais personne en particulier ne l'enseigne à un enfant, qui l'apprend du simple fait de vivre en société. Pourtant, s'il y a quelqu'un qui dépasse, même de peu, ce niveau commun de savoir, il faut apprendre de lui tout ce qu'il est possible d'apprendre. Ce savoir de la langue, distinct de son usage commun, consiste essentiellement dans une réflexion sur la justesse des noms (*orthoepeia*).

Dans le *Cratyle*, Socrate fait remarquer à Hermogène que son frère Callias a dépensé beaucoup d'argent auprès des sophistes et qu'il se croit savant pour avoir appris de Protagoras « la rectitude des noms », ce qui, selon Prodicos, est la première chose qu'il faut apprendre. Or en quoi peut consister pour les sophistes, et pour Protagoras en particulier, une telle rectitude, si ce dernier a bien soutenu les trois thèses que Platon lui prête dans le *Théétète* : « jamais rien n'est, toujours cela devient », « ce qui apparaît n'advient ou n'est que pour celui à qui il apparaît – même s'il faut employer le terme “est” », « aucune des choses ne possède par nature une existence propre, mais ce qui apparaît à la communauté devient vrai au moment où il apparaît et pour tout le temps durant lequel il apparaît » ? Il existe cependant bien pour Protagoras une norme de la justesse du nom : ce n'est pas sa convenance à la chose (puisque pour lui il n'y a pas en toute rigueur de chose, seulement de l'advenir et de l'apparaître), mais sa conformité à l'usage en vigueur dans une communauté linguistique. Protagoras soutient une certaine conventionnalité, qui n'a rien d'arbitraire : le signe linguistique n'est pas totalement immotivé, il a pour origine une structure et une tradition sociale particulière.

Au Ve siècle donc, et surtout avec la sophistique, on assiste à l'autonomie progressive de la sphère linguistique par rapport aux sphères de la pensée et de l'être, dont, d'après Parménide, le langage des hommes est irréversiblement coupé. Le maintien d'un ancrage des noms dans la nature des choses entre alors en conflit avec l'affirmation de leur institution conventionnelle, mais leur rectitude n'est pas mise en doute : un critère social et culturel s'est simplement substitué à un critère naturel. Socrate ne va pas choisir son camp ; comme à son habitude, il fait reculer le problème d'un cran : pour savoir si un nom est juste, il faut d'abord savoir ce qu'est un nom.

*Nature et fonction du nom (*Cratyle, *387a-389c)*

Le nom est la plus petite partie du discours, mais cela ne nous dit toujours pas ce qu'est un nom. L'assimilation de la parole à une action (*praxis*) permet de le définir comme instrument (*organon*) de cette action. Chaque action possède sa nature propre et s'ajuste à la nature de ce sur quoi elle agit. Tout comme un menuisier, quand il fabrique une navette, regarde vers la forme de la navette et non pas vers une navette brisée, le législateur des noms, quand il les institue, doit regarder vers la forme du nom. Celui-ci a donc sa nature, son mode d'être (*ousia*), et possède une puissance (*dunamis*) liée à cette nature, qui consiste à distinguer le caractère propre d'une chose et à le faire connaître. Toutes les actions (couper, tisser, etc.) s'effectuent conformément à leur propre nature et non pas conformément à notre opinion : nommer, « il faut donc le faire aussi conformément à la nature des choses avec l'instrument convenable, et non pas comme nous, nous le voudrions ».

En entrant dans une opposition qui n'est plus celle entre la nature (*phusis*) et la convention (*nomos*) mais entre la nature et l'opinion (*doxa*), la nature change de sens et signifie « ce qui résiste à un tiraillement en tous sens au gré de notre imagination ». La thèse de Cratyle s'en trouve transformée : la naturalité des noms ne tient plus à leur origine naturelle, première et transcendant toute variation culturelle, elle s'identifie à leur fonction et signifie leur capacité de nommer les choses selon la nature, c'est-à-dire l'essence, de chacune. La nature ainsi redéfinie, il faut entendre la rectitude comme un accord, non pas avec les objets d'une expérience singulière ou commune, mais avec les choses qui sont, et sont naturellement toujours. La vérité sur la justesse des noms passe par une décision ontologique, une option prise sur la nature des choses, et d'abord sur la nature de la nature. Or, comme il faut nommer aussi les choses qui nomment, autrement dit les noms, ceux-ci doivent mériter leur nom : pour ne pas être un simple son, un nom doit remplir une fonction diacritique, c'est-à-dire démêler correctement les choses.

Le nomothète et le dialecticien (389c-391a)

Mais qui alors sera juge du fait qu'un nom exerce correctement sa fonction ? C'est, dit Socrate, à celui qui en use qu'il revient d'apprécier la valeur de son instrument : c'est le joueur de lyre et non pas son fabricant qui est juge de la qualité d'une lyre, comme le pilote de navire est juge de la qualité d'un gouvernail. Qui jugera de la qualité d'une langue et des mots qu'elle fournit, qui pourra dire si elle a été bien instituée, que ce soit chez les Grecs ou chez les Barbares ? La réponse semble être : ceux qui la parlent. Mais ce n'est pas le mauvais joueur de lyre qui sera bon juge : c'est le bon joueur de lyre, celui qui dispose d'un savoir général et sait jouer de n'importe quelle lyre. Seront donc juges de leur langue non pas tous ceux qui la parlent mais ceux qui *savent* parler au moyen de cet instrument particulier qu'est une langue. Ils seront capables de voir si le « nomothète », le législateur des noms, de quelque façon qu'on le conçoive, « a inscrit la forme du nom qui convient à chaque chose dans les syllabes, quelles qu'elles soient ». Cette inscription exige une double adaptation de la forme générale du nom : au matériel phonétique, d'abord (comme la forme de la navette doit s'adapter à la nature du bois dont elle est faite), et à la chose à nommer (comme la navette doit s'adapter à la nature de ce qu'elle doit tisser, fil ou laine). Ce juge de la langue, celui qui sait ce que parler veut dire, c'est le dialecticien. Est dialecticien qui sait interroger et répondre. Un texte des *Lois (*895d) précise en quoi consiste ce savoir : il y a, dit l'Athénien, « pour la pensée trois points de vue sur chaque chose », le nom, la définition ou explicitation (*logos*) et l'essence (*ousia*). En conséquence, il n'y a que deux manières possibles de poser une question : ou bien, partant du nom on en cherche la définition, ou bien, tenant la définition on cherche le nom qui lui correspond. Dans les deux cas, il faut tenir compte de l'essence de la chose. Dans le premier, il faut ajuster le nom à l'essence par l'intermédiaire de la définition, dans le second, il faut, à partir d'une connaissance de l'essence, en donner la définition et trouver dans la langue le nom approprié ou, à défaut, le fabriquer. Le dialecticien doit donc soit donner au nom sa signification véritable (ce qui n'est pas le cas lorsqu'on définit par exemple l'âme comme une harmonie ou le sophiste comme un savant), soit expliciter une réalité dont le nom existe ou n'existe pas dans la langue (ainsi, le nom qui convient à celui qui aspire à tout connaître, mais sans réfléchir, est « philodoxe » et non pas philosophe).

Le problème empirique de l'origine des langues est donc pour Platon second, et à vrai dire accessoire par rapport à celui de leur rectitude et de leur valeur d'usage. Toute langue est l'œuvre d'un nomothète mais que l'on voie en ce législateur des noms un peuple ou un dieu, la Nature, la convention ou l'usage ne change rien à l'affaire. L'opposition entre Cratyle et Hermogène reposait sur un accord implicite quant au fait que convention et nature ne peuvent que s'opposer. Or si la rectitude du nom relève, non pas de l'arbitraire, mais de la science du dialecticien qui lui permet de « l'instituer » correctement (pas nécessairement en le fabriquant, mais en lui donnant son juste référent), la parenté qui unit la nature de celui-ci à la nature des choses fait tomber la contradiction entre le naturel et l'institué. À la fin de la première partie du *Cratyle*, il est acquis que la naturalité du nom signifie autre chose que ce que pensait Cratyle : un nom est juste s'il manifeste la nature, donc l'essence de la chose, et s'il est conforme à sa nature de nom, c'est-à-dire à la fonction diacritique qui lui est propre. De telle sorte que l'activité originelle qui a produit les noms et rendu possible cette activité consistant à dénommer peut désormais être évaluée selon la rectitude de l'activité qu'elle a rendue possible. Le nomothète, l'agent de cette activité originelle d'institution des noms, se voit donc soumis au jugement du dialecticien. Toute science de la production est subordonnée à la science correspondante de l'usage.

La partie étymologique (396d-428c)

Admettons qu'un nom juste soit un nom approprié à ce qu'il dénomme. Quels seraient les noms par excellence les plus justes? Les noms propres. C'est ce que soutenait Antisthène : tout nom est un nom propre ou ce n'est pas du tout un nom, ce qui suppose une correspondance biunivoque entre la chose et le nom et exclut l'homonymie (un seul nom pour plusieurs choses) comme la polyonymie (plusieurs noms pour une même chose). Cependant, dans l'hypothèse d'un universel devenir, hypothèse qui est celle des poètes et de tous les philosophes de la Nature à l'exception des Éléates et que Platon résume sous l'étiquette « Héraclite », la conformité à la nature n'a pas de sens puisque, au sein d'un tel flux, rien ne pourrait acquérir ni conserver de nature propre (« on ne descend pas deux fois dans le même fleuve » disait Héraclite, et son disciple Cratyle aurait rectifié « pas même une fois »), et puisque ce qui est contre nature est tout aussi naturel que son contraire, l'un ne cessant de se renverser dans l'autre. Or c'est cette hypothèse qui est au fond de la « sagesse d'Euthyphron » qui inspire brusquement Socrate et le fait vaticiner au cours de la très longue partie étymologique du Dialogue. Pourquoi est-elle si longue? Il semble qu'elle ne laisse, en fait d'interprétation, qu'un seul choix : la prendre comme un divertissement laborieux ou la décrypter comme une accumulation d'allusions historiques. Trouvant un peu légère la thèse d'une fantaisie qui serait vraiment étirée sans mesure, les commentateurs les plus sérieux n'arrivent à trouver de sérieux dans cette seconde partie du *Cratyle* qu'à la condition d'y lire une attaque du parti religieux, une encyclopédie des doctrines théologiques et philosophiques du temps, ou encore l'exposé d'une doctrine, celle d'Euthyphron, mêlant la physique ionienne à des éléments pythagoriciens. Mais ce serait bien le seul exemple d'un Platon purement historien, exposant des doctrines pour elles-mêmes indépendamment de l'examen de leur vérité et de leur signification pour sa philosophie.

Le *Cratyle* arrive à un moment où la pratique étymologique connaît une sorte d'inflation résultant de la convergence de deux courants, le premier lié à l'interprétation allégorique d'Homère pratiquée par Anaxagore et son École, le second hérité des orphico-pythagoriciens. La recherche de l'étymologie procédait de deux idéologies contradictoires, l'une cherchant à rationaliser le sacré (à prendre Héra comme symbole de l'air), l'autre à sacraliser la réalité profane (à faire d'Aphrodite l'étymologie d'*aphrodi-*

siazein, du rapport sexuel), mais qui partageaient néanmoins le même présupposé d'une sagesse originaire déposée dans les mots de la langue, sagesse qu'une autre sagesse aurait pour fonction de mettre en évidence. Le sens premier d'un mot serait donc son sens véritable et il tiendrait sa profondeur et son autorité d'une valorisation mythique de son origine : les Dieux, les Muses, les Anciens, les Sages. Le sens étymologique rend le discours définitivement transcendant à lui-même puisque son origine transcende tous ses usages. En décelant la parole authentique qui se serait déposée et concentrée une fois pour toutes dans les noms de la langue, l'entreprise étymologique voit dans tout nom comme une définition enroulée : le discours n'a donc pas à la chercher, encore moins à la produire, il n'a qu'à l'extraire du nom lui-même. Le sens originaire exprime donc la vérité de la chose et l'étymologie est le moyen privilégié de la connaissance des choses elles-mêmes. La partie étymologique du *Cratyle* a pour fonction, non seulement de réfuter la thèse de Cratyle mais de liquider une prétendue science et une prétendue sagesse en démontrant l'inanité de tous ses postulats. Qu'elle contienne une part de jeu et d'ironie est peu contestable, mais cela n'exclut pas que les finalités en soient parfaitement sérieuses. On peut donc prendre ce long développement pour ce qu'il se donne : pour une réflexion critique sur le sens et les présupposés de la pratique étymologique, réflexion qui doit s'appuyer sur l'analyse d'une multiplicité d'étymologies.

La première critique porte sur la thèse d'une origine divine de la langue, qui entraînerait qu'elle soit toujours bien fondée. À la manière des songes, des oracles, des poèmes, les étymologies révéleraient la parole authentique enfouie dans les noms, leur *etumos logos* (*etumos*, « authentique », est un terme poétique absent non seulement de la langue philosophique mais de toute la prose attique : jusque dans son étymologie, « étymologie » renvoie au poétique). Alors que le discours situe sa vérité dans l'élément de la discursivité, avec ce que cela comporte de rigueur dans les relations, les différenciations et les oppositions, la parole authentique, elle, ne peut se chercher et se découvrir que dans chaque nom du lexique. Sous la temporalité extensive de la discursivité, productrice de significations superficielles puisque liées à des articulations de surface, l'étymologie suppose un enracinement dans un temps plus profond. Loin de pouvoir se déployer selon des séquences et des structures indéfiniment autres, la parole originaire, oraculaire, se serait concentrée et déposée une fois pour toutes dans ces unités discrètes que sont les dénominations.

Il est normal que la pratique de l'étymologie ait d'abord eu pour objets les noms divins, c'est-à-dire les noms de réalités impérissables, pouvant en cacher d'autres qui sont affirmées l'être tout autant. L'incorruptibilité de la chose garantit en effet l'incorruptibilité du sens, et c'est elle qui légitime la recherche et l'énoncé du logos véritable, que nulle altération et nulle corruption ne menacent. Elle pouvait s'étendre aux noms propres (on en trouve de multiples exemples chez Homère, par exemple Ulysse, *Odusseus* : le détesté des hommes et des dieux), mais l'extension de l'étymologie aux noms communs réclame un autre fondement : celui de la propriété de *tous* les noms. Les noms communs ne peuvent devenir objets pour la recherche étymologique qu'à la condition d'être propres, donc de n'être pas communs. Si le rapport entre la chose et le nom est un rapport d'univocité et de propriété, les noms communs contiennent alors eux aussi leur logos authentique, authentique en ce que chacun n'a qu'un seul référent. L'étymologie constitue ainsi une voie possible pour déterminer ce référent. Si c'est le cas, l'herméneutique de la différence comprise dans le nom suffit à saisir la chose et rend inutile la recherche de sa définition (selon Antisthène, la définition ne peut définir qu'une propriété de la chose, non ce qu'elle est). Le nom est droit en tant qu'il est propre, il est propre parce qu'il contient la vérité de la chose : son unicité, sa différence. L'étymologie ne se contente plus de restituer leur vérité aux noms, elle se fait recherche de la vérité par les noms : comprendre les noms, dit Prodicos, c'est apprendre les choses (*Euthyd.,* 277e). C'est ce second postulat que la partie étymologique a pour tâche de réfuter.

Elle va en troisième lieu établir un point capital : pour Cratyle comme pour Hermogène la dénomination est un rapport entre deux termes, elle relie immédiatement le mot à la chose. Or un nom n'est pas un simple signal pointant vers la chose qu'il désigne (on dit qu'à la fin de sa vie Cratyle se contentait de pointer son index vers elles), et il n'est pas davantage un signe interchangeable que l'on aurait décidé d'imposer à une chose. Entre le mot et la chose, il existe une médiation : la représentation que les hommes se font des choses. C'est elle qui confère sa signification aux noms, leur permet de signifier et non pas seulement de désigner, mais comme elle est irréfléchie cette représentation est une simple opinion. Au début de sa vaticination, Socrate précise que son enquête ne portera pas sur les dieux (dont il ne sait rien) mais « sur l'opinion que les hommes peuvent bien en avoir lorsqu'ils ont imposé les noms ». Celui qui a imposé les noms l'a fait « selon ce qu'il croyait que les choses étaient », ce qu'il les tenait pour être (401a, 436b, 411b-c). Le problème de la rectitude se déplace du nom vers la valeur de l'opinion qui, commandant toutes les autres, constitue la langue en système. La succession des étymologies va montrer que la langue charrie une « métaphysique spontanée », qu'elle est le produit d'une interprétation qui impose sa marque dans toutes les dénominations.

La longue partie étymologique constitue donc, si l'on veut, une encyclopédie, à condition d'ajouter que ni l'intention ni la finalité ne sont encyclopédiques mais qu'il s'agit, d'un même mouvement, de montrer quelle opinion est à la source de tous les noms de la langue et de la dénoncer en la tournant en ridicule. La première de la longue série d'étymologies donne le ton : ces réalités éternelles que sont les dieux (*theoi*) reçoivent pour étymologie « ce qui court (*thein*) toujours » ! Socrate va dans tout ce qui suit s'employer à montrer que si on appelle « nature » ce qui est lié à la contingence d'un devenir et à un perpétuel écoulement, le nom ne sera droit que par hasard. La rectitude du nom n'est garantie que si la nature de la chose est immuable. Or, et là réside tout l'enjeu de la partie étymologique, lorsqu'on analyse les noms de la langue, non seulement ils ne manifestent pas une nature de cette sorte mais ils révèlent une perspective exactement inverse (y compris s'agissant des noms des Dieux). Cette perspective est celle du mobilisme universel. La langue fait à peu près système parce que ses significations comme ses valorisations implicites découlent de cette opinion dominante. Elle impose insidieusement la croyance que le devenir sensible seul est réel et que l'essence stable est une fiction. C'est cette « petite erreur initiale inaperçue » – l'identification de la Nature à un flux incessant – que le nomothète a pris pour principe, et c'est sur lui qu'il a réglé de force tous les autres termes pour qu'ils s'accordent entre eux. De cette erreur découlent toutes les autres, c'est elle qui fait que la langue, la langue grecque, transmet des opinions peu divines sur la nature des dieux, des opinions peu intelligentes sur la Nature qui en devient inintelligible, des opinions immorales sur la morale, et surtout l'opinion quant à l'identité de l'opinion et du savoir : ils ont exactement la même démarche, épouser le cours des choses.

Cependant, une langue n'est ni simple ni inerte : elle résulte d'une évolution, elle comporte des stratifications; langues barbares, ancienne, moderne se superposent. Les mots peuvent contenir ainsi des couches de signification mais celles-ci procèdent toujours de la même faute fondamentale, ce que Socrate s'amuse à abondamment démontrer : stratifications « barbares » (la théologie des « Anciens », la divinisation des astres et des éléments physiques), stratifications poétiques, mythologiques et théogoniques (Homère-Hésiode-Orphée), stratifications philosophiques enfin (« Héraclite », Anaxagore), tout cela revient finalement au même. Les anciens sages n'ont fait que théoriser l'opinion de celui qui, manquant de savoir, ne pouvait avoir que des opinions : Homère, et qui les a transmises à tous les Grecs, d'où l'assimilation réitérée des Anciens aux Barbares. Quant à la plupart des sages d'à présent (ces météorologues bavards dont Anaxagore sera, dans le *Phèdre*, l'exemple) qui croient élaborer une langue nouvelle, ils ne diffèrent nullement des hommes très anciens qui ont institué les noms. Anciens poètes et nouveaux philosophes ne font donc qu'exprimer ou raffiner une même *doxa* qui, loin d'être conforme à la nature des choses, n'en dérive même pas.

On assiste en effet à un retournement assez remarquable : la thèse de l'universel écoulement, du flux incessant, prétend Socrate, ne naît pas du spectacle de la fugacité ou de la précarité des choses. Elle ne prend pas sa source dans la nature des phénomènes, elle est la conséquence du processus que les hommes nomment primitivement « connaissance » : « à force de tourner en rond en cherchant à comprendre comment sont les êtres, ils sont pris de vertige, et par suite il leur semble que les choses aussi tournent en rond. » Or ce n'est pas cet état intérieur, qui leur est propre, qu'ils rendent responsables de cette opinion, ils pensent que ce sont les choses elles-mêmes qui sont naturellement ainsi et ils affirment que « parmi elles il n'y aurait rien de stable ni de constant », qu'elles s'écoulent, emportées par un mouvement total et perpétuel. À la fin du Dialogue (439b-c), Socrate se demande si, loin que les choses se trouvent être ainsi, ce n'est pas ceux qui ont institué les noms « qui sont tombés dans une sorte de tourbillon, qui s'embrouillent, et qui nous entraînent à y tomber avec eux ». La thèse du mobilisme universel est primitive, elle n'est pas « naturelle ». Loin d'être l'expression de la nature des choses elle n'est que la transposition d'un «*pathos* intérieur» : la croyance à la mobilité des choses naît de la projection, par l'opinion, de sa propre mobilité sur les choses. Ce ne sont ni les fleuves, ni les planètes, ni les vivants qui sont en perpétuel devenir; ce sont les opinions qui ne tiennent pas en place. La Nature n'est en proie à un constant rhume de cerveau que pour qui cherche à se faire une opinion sur elle, opinion qui ne sera jamais que le reflet de la nature de l'opinion.

Chaque nom de la langue contient une opinion sur la nature de la chose, cette opinion s'ordonne à une opinion générale sur la nature des choses, l'opinion sur la nature des choses ne traduit que le tournoiement de l'opinion. Ce qui donc parle dans la langue, ancienne ou nouvelle, c'est un même vertige, celui de la connaissance, lorsque, cherchant à déterminer le mode d'être des choses, elle ne conçoit pas l'idée de ce qui est véritablement étant.

La guerre civile entre les noms (436e-437d)

Une langue n'est pas un système clos, et une preuve supplémentaire en est qu'elle n'est même pas totalement en harmonie avec elle-même et que certains noms la mettent en insurrection : « D'ailleurs, cela m'étonnerait beaucoup que les noms eux-mêmes soient d'accord entre eux. » L'origine de cette « guerre civile où sont entrés les noms » est que certains peuvent être analysés selon une autre hypothèse que celle du mobilisme et que leur étymologie n'est pas seulement multiple, elle est contradictoire. Le premier nom « amphibologique » examiné par Socrate est, comme par hasard, celui de la science, *epistèmè* : son nom « a l'air d'être le signe que la science "arrête" notre âme "sur" les choses (*histesin épi)*, plutôt qu'elle n'accompagne le mouvement de l'âme autour d'elles ». Il est gênant que se contredisent précisément les opinions sur la nature du savoir. Or si, dans la perspective du flux, tous les termes désignant un mode de connaissance expriment l'accompagnement de l'écoulement alors que tous ceux qui dénomment l'ignorance ou l'erreur contiennent une idée de repos ou d'arrêt, dans la reprise effectuée par Socrate c'est le contraire qui devient vrai. La guerre fait rage dans le vocabulaire de la connaissance car, selon l'hypothèse adoptée (mobilité ou stabilité), la science de l'un sera l'erreur ou l'ignorance de l'autre, et réciproquement. L'ironie de Socrate marque que la science étymologique trouve sa limite dès lors qu'il s'agit de savoir ce qu'est la science. Elle se manifeste alors pour ce qu'elle est : une opinion qui croit à la vérité de l'opinion.

Parce qu'elle se construit au cours du devenir, la langue ne peut avoir qu'une origine, ou qu'une multiplicité d'origines, mais pas de principe. Rien d'autre ne s'y fait entendre que les vérités et les erreurs successives de la *doxa*. Le primitif n'est pas le propre, les mots ne recèlent aucune vérité originaire. À vouloir trouver le signifié dans le signifiant, le logos – définition et raison – dans le mot et jusque dans les lettres et les syllabes, on ruine ce qui permet à chaque terme de se définir en se différenciant d'un autre. Pourtant, dire que tout dans la langue relève de l'opinion ne signifie nullement que tous les noms soient mal institués ou que la langue soit toujours maîtresse de fausseté. Elle est l'héritage d'opinions qui, comme telles, peuvent être vraies ou fausses, bien ou mal inspirées. C'est pourquoi Platon reprendra certaines des étymologies envisagées, mais jamais comme point d'appui pour la recherche dialectique. Le recours à l'étymologie peut se justifier exactement comme peut se justifier le recours au mythe : comme moyen d'une « bonne persuasion ». Même s'il n'est pas justement institué, chaque nom tend à discriminer et à enseigner ce qu'est la chose. Si toute langue comporte une part irréductible d'accidents – mutilations, adjonctions, collisions – tant phonétiques que sémantiques, elle comporte également une volonté d'intelligibilité. L'erreur des savants étymologistes est de croire que cette intention d'intelligibilité, essence même du langage, s'est déjà une fois pour toutes réalisée dans la langue.

De cette langue le dialecticien est contraint de faire usage, car de noms il n'en existe pas d'autres que les noms de la langue. Il peut changer la signification d'un nom en changeant son référent (dire que « sophiste » renvoie au commerçant et non au sage, par exemple), forger de nouveaux composés sémantiques (comme Platon le fera largement dans le *Sophiste* et dans le *Politique*), il ne peut pas refaire entièrement la langue, faute de se condamner à être incompréhensible. Il est impossible, il serait surtout insensé, de vouloir rectifier tous les mots du lexique, de vouloir tous les guérir, et avec eux les énoncés qu'ils servent à former dont Platon diagnostique dans la Lettre VII le caractère faible, ou malade (*asthenes*). Les mots sont remplis de contenus hérités : le travail du dialecticien doit prendre ce passé en compte et il doit en vider le mot qui l'occupe, le libérer pour un autre sens, philosophique, qu'il est seul à pouvoir lui conférer. La recherche platonicienne de la définition implique ce double mouvement. Le dialecticien doit regarder à la fois en avant, lorsqu'il recherche au moyen du logos une définition qu'il sait ne pas encore tenir, et en arrière, vers les significations passées véhiculées par la langue. Tout mot soumis par lui à examen est donc à la fois l'avenir de son sens, qui lui adviendra au terme ou plutôt au cours de la recherche dialectique, et le passé de ses contenus, résultat d'une élaboration antécédente opérée par l'usage et par l'opinion. Le nom est à la fois terme de la langue, résultat d'une culture, et ouverture d'un sens possible dans un autre langage qui s'applique à la connaissance d'êtres différents.

Pour découvrir si « ont été institués droitement les noms qui ont été donnés aux êtres qui sont éternels et le sont par nature », il faut une « capacité plus divine ». Faute de cette puissance, celle du dialecticien, le déplacement du divin – des dieux de la mythologie, des astres ou des éléments physiques vers les réalités intelligibles – ne peut s'effectuer, et les hommes continueront à le chercher là où il n'est pas, à « regarder en l'air ». Mais le langage philosophique ne fera jamais une langue. Le dialecticien-philosophe possède certes le droit de rectifier, même celui d'imposer un sens nouveau à un mot, et même celui de fabriquer un nom. Mais il ne doit user de ce droit qu'avec mesure et quand l'exige la recherche qui est actuellement la sienne; c'est ce qui explique pourquoi Platon ne fait pas *toujours* usage des distinctions précises qu'il a lui-même élaborées : indispensables dans un certain contexte, elles seraient inutiles dans un autre. Le philosophe n'a pas, selon lui, à substituer à l'incohérence de la langue la cohérence systématique d'un langage « techniquement » institué. La cohérence qu'il recherche est d'un autre ordre, c'est celle de la pensée, qui ne peut penser qu'avec la langue et contre elle, mais dans ce cas elle ne peut pas se battre sur tous les fronts : les rectifications sont ponctuelles et ne sont imposées que par le mouvement d'un discours centré sur la recherche d'une réalité particulière.

Les mots et les choses (435d-439b)

La conclusion du *Cratyle* est qu'il faut partir des choses et non pas des noms. Ces choses sont sans aucun doute des « êtres », des réalités intelligibles, des essences. On peut les comprendre « sans les noms », mais pas sans le logos (il arrive souvent que le dialecticien, tenant le logos d'une réalité, le juge suffisant et estime inutile de forger un nom correspondant). Mais cette affirmation, « il faut partir des choses », fait que le nom qui avait d'abord été défini par sa fonction se révèle, une fois la nature identifiée à l'essence de la chose, être une imitation (*mimèma*) de cette essence (et non pas, comme la peinture, de ses propriétés). Le nom possède donc deux fonctions : instrument diacritique, il sert à démêler, à différencier les choses ; instrument d'une mimétique de l'essence, il identifie la chose avec ce qu'elle a de plus propre et de plus stable. Les noms sont-ils des imitations ressemblantes ? Et s'ils le sont, dans quelle mesure présentent-ils les dangers propres à la ressemblance ? La ressemblance est un « genre glissant », d'une part parce qu'elle conduit à se tromper, à confondre, à dire c'est un chien quand c'est un loup ou c'est un philosophe quand c'est un sophiste, d'autre part parce qu'on peut la croire totale alors que toute image, si c'en est une, implique une différence par rapport à son modèle. Toute ressemblance, pour être droite, implique nécessairement une sélection dans ce qu'on va imiter : « Dans le cas où quelque dieu, dit Socrate à Cratyle, non content de produire une ressemblance de tes couleurs et de tes formes, ce que font les peintres, en réaliserait de plus, ce qu'ils ne font pas, tout le dedans tel précisément qu'est le tien, rendant, jusqu'à l'identité, ce qu'il enferme de mou et de chaud ; y introduirait enfin le mouvement, l'âme, la pensée, tels précisément qu'ils existent chez toi », il y aurait, non pas Cratyle et une image de Cratyle, mais deux Cratyle (432b). L'image doit donc être semblable mais non pas identique à son modèle. Or certains arts s'efforcent de dissimuler la différence que celle-ci comporte et tentent de la faire passer pour l'original : toute l'entreprise des sophistes et l'art des peintres consiste à produire ce type d'illusion. Ce faisant, ceux-ci nous enferment dans le rêve : « rêver ne consiste-t-il point en ceci, que, soit dans le sommeil, soit à l'état de veille, on tient ce qui ressemble à quelque chose, non pour ressemblant à ce dont il a l'air, mais pour identique à lui ? » (*Rép.*, 475c).

C'est pourquoi il faut non seulement partir des choses (et non des images ou des mots) mais comprendre que seul le savoir de la chose – savoir élaboré par le discours rationnel – permet d'apprécier la rectitude de l'image, donc la justesse des noms.

II. LES APORIES DE LA LANGUE (*EUTHYDÈME*)

On ne peut pas penser sans (se) parler, et on ne peut se parler sans se parler dans une langue. Celle-ci peut induire en erreur, soit par des dérivations incorrectes (dont le terme « sophiste » est l'exemple le plus éclatant), soit par une fausse polyonymie (il n'y a pas lieu de distinguer entre plaisir, joie, allégresse) ou au contraire par fausse synonymie (entre non-être et rien, par exemple). Elle contient en outre des difficultés, des pièges sémantiques et syntaxiques qu'on ne peut déjouer qu'à la condition d'en prendre conscience. Cette prise de conscience a été le fait des sophistes, mais eux n'ont pas cherché à déjouer les ambiguïtés de la langue, ils en ont joué comme d'autant d'armes pour démontrer à tous et à chacun qu'ils ne savent pas ce qu'ils disent, prouvant ainsi leur propre supériorité.

Tel est le sujet de l'*Euthydème* : c'est un dialogue marqué par l'ambiguïté. Même les protagonistes vont par deux : Euthydème et son frère aîné Dionysodore, le jeune Clinias et son amoureux Ctésippe, Socrate (qui raconte) et Socrate (qui dialogue). Le dédoublement est tel que parfois on ne sait plus au juste qui parle. Or sont justement mis aux prises l'art de dialoguer et son double le plus caricatural, qui n'est pourtant pas que cela, « l'éristique », l'art « des combats de parole ». Si Platon veut certes établir la différence entre deux pratiques du dialogue, il montre également qu'elles sont en apparence formellement identiques.

Sophia *et philosophie*

Mais l'*Euthydème* a une autre visée. Il a été tenu pour un modèle de protreptique, d'exhortation à la philosophie et à la vertu. « Il faut philosopher », « il est nécessaire de philosopher » y affirme à plusieurs reprises Socrate. Pour justifier cela, Platon s'y prend d'une curieuse façon : il n'enracine pas ce « il faut » dans la finitude de l'existence humaine ou dans un désir de connaître qui serait naturel à l'homme, il ne le fonde pas sur la supériorité de la philosophie relativement à toute autre science ou à toute autre activité. La nécessité de philosopher est affirmée d'emblée, mais l'ensemble du Dialogue est plutôt consacré à démontrer la manière dont il ne faut pas philosopher et dont il ne faut pas concevoir la philosophie. Dans sa dernière réplique, Socrate réfléchit ainsi ce qu'il vient de faire : « ayant envoyé promener ceux qui se consacrent à la philosophie, qu'ils soient honnêtes ou qu'ils soient méprisables », reste à mettre à l'épreuve la chose même ; si, dit-il à Criton, « elle paraît être ce que moi, je pense qu'elle est, poursuis-la et pratique-la hardiment ». Dans la nécessité de philosopher est comprise la nécessité de mettre en question cette chose, la philosophie.

Deux sortes de « savants » s'en disputent la définition, mais tous deux la conçoivent comme la recherche et l'acquisition de la *sophia* qu'ils pratiquent. Les deux éristiques, Euthydème et Dionysodore, déclarent posséder une science universelle, une *passophia*, et ils prétendent également avoir le pouvoir de convaincre les jeunes gens de s'engager dans la philosophie et de cultiver la vertu. À la fin du Dialogue intervient une autre figure, celle d'un anonyme, tenant d'une discipline hybride à la frontière entre philosophie et politique, qui ne professe que mépris pour les arguties éristiques. Serait-ce donc à ce savoir sérieux – puisqu'il s'occupe des affaires les plus importantes, celles de la cité – que le philosophe doit aspirer ? Sous le nom de *sophia,* éristiques et philosophes politiques mettent certes deux choses totalement différentes, mais ils s'accordent sur le fait que philosopher veut dire aspirer à la *sophia*. Leur conception de la philosophie dérive de l'étymologie de son nom. Cette étymologie (remarquablement absente du *Cratyle*) fait de l'acquisition de la *sophia* le but et le terme du philosopher. À la différence des autres termes du vocabulaire cognitif, *sophia* n'est pas formé à partir d'un verbe mais à partir de l'adjectif *sophos* : la *sophia* est la propriété de certains, des savants, des experts, des sages. Est *sophos* celui que son habileté personnelle (naturelle, acquise, ou les deux) rend capable de dominer par une forme n'importe quel contenu. C'est pourquoi, comme le retrace Aristote (*De la philosophie*, frag. 8 Ross), le *sophos* a pris successivement les figures de l'artisan habile (chez Homère), du poète (qui sait imposer au langage sa forme la plus difficile), du législateur (qui sait donner à la cité sa structure la plus rationnelle et la plus juste), du penseur de la Nature (ceux que nous appelons les « philosophes présocratiques »). La *sophia* connote donc le savoir mais surtout la valeur, elle renvoie à la compétence du *sophos*, garantie de l'éminence de son activité et de ce qu'elle produit. Elle est liée à sa célébration, à sa reconnaissance par l'opinion, et le sophiste prétend en être la dernière figure et la plus achevée. L'*Euthydème* en récuse deux figures possibles mais il met surtout en question l'étymologie du mot *philosophia*, qui sera définitivement rejetée au livre V de la *République*.

Pour « envoyer promener » le savoir des éristiques il suffit à Platon de les montrer à l'œuvre, rendant ainsi manifeste que, loin d'avoir le pouvoir d'inciter à philosopher, ils contribuent à discréditer la philosophie, ou ce qu'ils nomment tel ; pour le philosophe politique, il lui faut démontrer que ce n'est pas réellement un philosophe mais un être « intermédiaire » qui n'arrive à prendre la philosophie au sérieux et qui n'arrive à trouver de sérieux à la philosophie qu'en la dénaturant. Moins qu'un protreptique, l'*Euthydème* est une défense de la philosophie contre ceux qui en usurpent le nom. Ce qui est ainsi défendu est cette étrange chose qui est et reste pour elle-même une question, présente en toute autre question.

La sophia *éristique*

Les deux controversistes, Euthydème et Dionysodore, prétendent, non pas savoir ou savoir faire quelque chose en particulier, mais qu'ils savent tout, depuis toujours, en tout domaine, parce qu'ils savent dialoguer. Socrate semble accorder sans réserve l'existence d'un tel savoir et ne cesse de proclamer son admiration (tout le Dialogue est d'ailleurs ponctué d'applaudissements). Il est donc admis par Socrate qu'Euthydème « sait dialoguer d'une plus belle façon que lui », c'est pourquoi il se soumet volontairement, et même avec empressement, aux règles d'une *sophia* étrangère dont il ne cesse de déclarer qu'il la désire, l'envie, souhaite l'acquérir. Les règles en sont que l'interlocuteur consente seulement à répondre, qu'il ne fuie ni n'esquive la question ; qu'il ne réponde pas à une question par une autre, n'inverse pas les rôles du questionnant et du répondant ; enfin qu'il ne réponde pas en ajoutant un mot en trop, qu'il n'ajoute aucune détermination ni aucune restriction (ne commette aucun « paraphtegme »). Ces règles permettent le déploiement, la démonstration (*epideixis*) du savoir éristique (démonstration qui ne va pas porter sur sa nature mais sur sa toute-puissance). L'initiation aux mystères sophistiques est initiation à un art de combat : les deux frères, Euthydème et Dionysodore ont d'abord pratiqué l'hoplomachie, le combat en armes, puis le débat devant les tribunaux, et ont découvert sur le tard le fin du fin de l'art du pancrace : l'art de réfuter dans une discussion tout ce qui est dit, que ce soit vrai ou faux. Ils savent donc tout dans la mesure où ils peuvent démontrer qu'ils en savent plus que n'importe quel interlocuteur puisque, même si celui-ci énonce une chose qu'il sait, ils sont capables de le terrasser (Protagoras aurait écrit des *Discours terrassants*).

Dans la cinquième définition du *Sophiste*, Socrate définit également l'espèce de sophistique qu'est l'éristique comme un art de la lutte : « le sophiste est, semble-t-il bien, la variété pécuniairement profiteuse de l'art de la dispute, qui entre dans celui de la controverse, puis de la contestation, de la contestation combative, lequel art est une espèce de l'art de la lutte, qui est lui-même une espèce de l'art d'acquérir » (*Soph.*, 225a). L'éristique est un art d'acquisition (non de production), un art de combat (non de compétition), procédant par argumentation (et non par force brutale), lors d'une réfutation privée (et non pas lors d'un débat public comme le débat judiciaire), qui revêt une forme technique (et non pas spontanée), et qui enfin est lucratif. Cette définition résume l'ensemble des caractéristiques que l'*Euthydème* avait mises en évidence. Alors que la sophistique, finalement capturée dans la septième et dernière définition, est définie dans le *Sophiste* comme un art de production, l'éristique, art d'acquisition, est la forme stérile de la sophistique, aussi stérile que la maïeutique de Socrate. Car l'éristique ne contredit même pas, auquel cas il dirait quelque chose, il force à se contredire celui qui entre en dialogue avec lui ; l'émerveillement devant son art ne peut naître qu'en privé, il résulte de cette contrainte exercée sur le discours de l'autre – d'où le conseil de Socrate aux deux frères : « ne parlez pas en public, mais entre vous. » L'art éristique ne produit aucun discours, il fait exploser tout discours, et pourtant il finit par en produire une image ; c'est en ce sens qu'il relève de la sophistique : il produit l'image d'un logos tout entier soumis à la contradiction et incapable de s'en préserver.

Ce faisant, il rend manifeste que rien de ce qui est énoncé ne peut rester même donc exclure la contradictoire, dans la mesure où, précisément, c'est dit. Dès que quelque chose est dit, quelque chose peut être contredit. Or « faire apparaître le même autre, en même temps et n'importe comment, et l'autre même, et le grand petit, ou le semblable dissemblable, prendre plaisir à offrir perpétuellement ces contradictions dans le discours, non, ce n'est pas là de la réfutation véritable, c'est le fait de celui qui, nouvellement né, vient tout juste d'entrer en contact avec ce qui est » (*Soph.*, 259d). L'éristique est toujours un nouveau-né, son rapport au réel est toujours celui d'un néophyte, car quel que soit le temps passé à « rouler dans les discours » il n'apprend jamais rien. Les deux protagonistes de l'*Euthydème* sont deux vieillards qui sont devenus savants « en un rien de temps ». Ce qu'ils ont ainsi acquis, ils peuvent l'enseigner de même, et ceux qui les écoutent pourront les imiter instantanément. Le paradoxe est que l'éristique ne désire pas savoir, ni même paraître savoir quelque chose, il veut juste paraître savant. « Réponds, puisque tu reconnais que je suis savant (*sophos*) » dit Dionysodore à Socrate. Face à la multiplication de questions saugrenues (combien existe-t-il de grains de sable ou d'étoiles, combien Dionysodore a-t-il de dents…), les deux frères persistent à affirmer savoir bien réellement toutes choses, disent « oui, nous savons », mais ne se croient pas pour autant tenus de dire ce qu'ils savent, c'est-à-dire de répondre. Ils se donnent pour unique rôle d'interroger, dissociant ainsi ce qui est inséparable dans ce dialogue véritable qu'est la pensée. En mimant l'opinion qu'il a de ce que c'est que savoir, l'éristique mime jusqu'à l'absurde un savoir qui se donne pour l'absolu contraire de l'ignorance.

C'est justement cette contrariété qui sous-tend le premier paradoxe : il est impossible d'apprendre. Que Platon l'envisage avant tous les autres signifie que l'éristique est pour lui ce simulacre d'un philosophe qui ne pourrait ni ne voudrait apprendre. Or le philosophe est par nature désireux d'apprendre (*philomathès*).

Les paradoxes

Première série

1) *Apprendre (275d-278a).* Euthydème et Dionysodore commencent la parade de leur savoir en marquant l'amphibologie du terme apprendre (*manthanein*). L'ambiguïté sémantique ou syntaxique des termes auxquels ils s'attaquent permet une technique de la double réfutation, du « double tour » : « à la façon des bons danseurs, autour du même point, il faisait faire double tour à l'objet de ces questions. » Dans la suite du dialogue, le premier tour (accompli généralement par Euthydème) consiste à réfuter la réponse de bon sens (celle que fournit spontanément l'interlocuteur). Le second (accompli par Dionysodore) réfute la réponse opposée, ce qui opère donc un retour au bon sens, mais comme celui-ci a été fortement ébranlé lors du premier tour l'interlocuteur ne peut pas plus être certain de cette première réponse (de bon sens) que de la seconde (paradoxale).

Or, s'agissant du terme apprendre, c'est l'inverse qui a lieu. Euthydème pose cette question : quels sont entre les hommes ceux qui apprennent ? Ceux qui savent ou ceux qui ignorent ? La réponse de bon sens devrait être que celui qui peut apprendre est celui qui ignore ; pourtant le jeune Clinias répond que celui qui peut apprendre est le *sophos*. C'est qu'il ne donne pas à ce mot le sens de « celui qui sait », mais le sens de « celui qui est assez avisé pour être capable d'apprendre », qui en sait déjà suffisamment pour savoir qu'il a à apprendre. À bien entendre la réponse de Clinias, elle est l'annonce par Platon que la *sophia* est, non pas l'objet ou le but de la philosophie, mais sa condition : il faut posséder déjà une espèce de sagesse pour obéir à l'impératif « il est nécessaire de philosopher ». Encore faut-il ne pas identifier cette sagesse première à une science (*epistèmè*), mais à la vertu même de l'intelligence qui consiste à ne pas croire qu'on sait. En revanche, pour les deux sophistes, la réponse est que ce ne peut être ni l'un ni l'autre, et Socrate résume ainsi la thèse dans le *Ménon* : « il est impossible à un homme de chercher, ni ce qu'il sait, ni ce qu'il ne sait pas. Ni, d'une part, ce qu'il sait – il ne le chercherait pas en effet, car il le sait, et, en pareil cas, il n'a pas du tout besoin de chercher ; ni, d'autre part, ce qu'il ne sait pas, car il ne sait pas davantage ce qu'il devra chercher » (*Mén.*, 80e).

Dans l'*Euthydème*, Socrate ne se contente pas de juger la thèse « captieuse », il montre la réelle ambiguïté sémantique contenue dans le verbe. Celui-ci peut s'employer dans le cas où quelqu'un, qui n'avait au début aucune connaissance concernant une certaine matière, en acquiert ensuite la connaissance, mais aussi dans celui où, la connaissance étant déjà possédée, on examine cette même matière, qu'elle soit objet d'action ou bien de discours, au moyen de la connaissance qu'on en possède. De préférence à « apprendre » cela s'appelle alors plutôt « comprendre » (*sunienai*), bien qu'il y ait aussi des cas où l'on emploie « apprendre ». Le paradoxe est ainsi clarifié par Socrate mais il n'est pas supprimé pour autant. Les deux étrangers ont mis en évidence qu'apprendre peut se dire *aussi bien* de celui qui sait que de celui qui ne sait pas, et non pas, comme ils le soutiennent, que cela ne peut se dire *ni* dans un cas *ni* dans l'autre. Le second volet du paradoxe est qu'on n'apprend pas plus les choses qu'on ne sait pas que celles qu'on sait. Selon Euthydème, Socrate sait toutes choses si seulement il en sait une, car s'il ignorait une seule chose, même s'il savait toutes les autres, il serait à la fois savant et ignorant.

L'aporie résulte dans les deux cas du fait que savoir et ignorer sont posés comme des états contradictoires, ce qui ne laisse aucune place à apprendre. Cette logique d'exclusion des contraires est à la racine de toutes les apories de l'*Euthydème,* qui en ce sens est l'exploration des paradoxes découlant d'une logique éléatique du tiers-exclu. Mais ce premier paradoxe est loin d'être insignifiant et il ne faudra pas moins que l'hypothèse de la réminiscence pour le résoudre, à supposer que la réminiscence le résolve et ne soit pas la simple transposition du paradoxe.

2) *Devenir (283a-e).* Devenir, c'est ne plus être (ce qu'on était), être détruit, donc périr. Si Socrate veut que Clinias *devienne* vertueux, il faudra donc qu'il cesse d'être, et c'est sa mort que souhaite Socrate. À nouveau, être et ne pas être sont pris dans un sens absolu et le tiers – le devenir – est exclu. « Devenir » ne peut vouloir dire que le contraire de « être ». Pour la solution donnée par Platon, le fait que « ne pas être » ne signifie pas le contraire de l'être, il faudra attendre le *Sophiste* et le parricide de Parménide.

3) *Dire faux (283e-284a).* On dit toujours quelque chose, donc on dit quelque chose qui est; on ne peut pas dire ce qui n'est pas, parce que parler, c'est agir et agir, produire, or on ne peut pas produire ce qui n'est absolument pas. Dionysodore ne va pas cette fois soutenir la contradictoire, mais affirmer qu'on ne peut pas dire les choses comme elles sont, car la modalité de la chose devrait alors se communiquer au discours et au sujet du discours : il faudrait parler chaudement du chaud, et être échauffé, dire du mal du mal et être mauvais etc. Dans la *République,* Platon refuse cette transitivité de la propriété de l'objet au discours qu'on tient sur lui : le discours du médecin sur la maladie n'est pas malade.

4) *Contredire (286a-b).* Il est impossible de contredire. En effet : si on parle de la même chose, on dira nécessairement les mêmes choses ; si on

parle de choses différentes, on ne se contredira pas davantage (c'était la thèse d'Antisthène). Cette thèse-là se réfute elle-même : en affirmant qu'il est impossible de réfuter, ces techniciens de la réfutation se cousent bien gracieusement à eux-mêmes la bouche.

Cette première série de paradoxes établit quatre impossibilités : il est impossible d'apprendre, de devenir autre, de dire faux, de contredire. Elle énonce les principes de la théorie sophistique du discours, découlant de l'affirmation de son autonomie. Pour Gorgias « celui qui dit, dit, mais non pas une couleur ou une chose » : le discours ne peut pas sortir de lui-même. Le dit ne dit que du dire, il est étranger aux choses et celles-ci ne lui offrent aucune résistance. Tout ce qui peut être dit nécessairement est (conséquence du : « il est impossible de dire ce qui n'est pas » des Éléates), donc ou on dit vrai, ou on ne dit rien, on ne parle même pas; le discours faux est impossible, et avec lui le jugement faux et l'ignorance. S'il est impossible de se tromper en parlant, il est tout aussi impossible de se tromper en agissant et en pensant. À quoi donc peut servir le savoir des éristiques puisqu'il n'existe aucune possibilité d'erreur ou d'ignorance? « Qu'êtes-vous venus enseigner en qualité de maîtres ? » Non seulement les éristiques parlent sans penser, mais ils parlent pour ne rien dire, pour le plaisir de parler (« Dionysodore, est-ce pour le plaisir de parler que tu tiens ce langage ? »). Selon Platon, aucune analyse linguistique ou logique ne suffit à réduire cette conception sophistique du discours; il faut passer à un autre plan, ontologique.

Deuxième série

1) *Différence et identité (298d-e).* Celui qui est autre qu'un père n'est pas un père. Mais s'il est même qu'un père, alors il est même que tout père, et il est père de toutes choses. Être autre qu'un père, c'est ne pas du tout être un père. Être différent d'un terme donné, c'est ne pas être ce terme. L'argument de Dionysodore est absurde parce qu'il nie la différence entre le singulier et le général : ne pas être le père de tel fils n'implique nullement qu'on ne soit pas le père d'un autre, de même qu'être père n'entraîne pas qu'on le soit de tous les hommes et de tous les animaux sous prétexte qu'on ne peut à la fois être père et ne pas l'être. Cependant, l'analyse de la négation dans le *Sophiste* fait de la différence le seul sens possible de l'expression négative : être non grand signifie bien être autre que grand. Le misérable paradoxe : s'il est autre qu'un père, il n'est pas un père, n'est donc pas si misérable que cela, à condition d'introduire la distinction modale entre le particulier et le général. De même, on ne peut pas être et ne pas être un père *sous le même rapport* : il faut aménager le principe de

non-contradiction, comme le fait Platon au livre IV de la *République*, et ce qui impose cet assouplissement, ce sont les sophismes des éristiques.

2) *La participation (300e-301a).* Les belles choses sont autres que le beau, du moins, répond Socrate à Dionysodore, autres que le beau « pris en soi, mais toutefois, en chacune d'elles se trouve présente une certaine beauté ». Le sophiste en déduit que si « un bœuf se trouve présent auprès de toi, tu es un bœuf ». La difficulté de concevoir la participation comme la présence d'une réalité en soi à une multiplicité de choses singulières est une difficulté réelle, et l'aporie du voile présentée par Parménide dans le *Parménide*, si elle est plus raffinée, marque le danger qu'il y a à utiliser des termes spatiaux comme être dans, ou sur, ou auprès, pour dire la présence de l'intelligible au sensible.

Cette deuxième série s'ordonne autour de la question du même et de l'autre, donc de la relation. Il est facile de montrer qu'une relation d'altérité ou d'identité n'a de sens que si on précise le terme auquel elle se réfère, déjà moins facile d'établir qu'une « présence à » n'est pas forcément la juxtaposition de deux choses. Mais il est encore beaucoup plus difficile de déterminer ce qui est même et ce qui est autre, et comment – ce sera la tâche attribuée par Platon à la science dialectique –, et de définir le sens de l'Autre et du Même et la relation qu'ils entretiennent. Ce problème sera repris dans le *Sophiste* lorsque Platon déterminera l'Autre et le Même comme deux des plus grands parmi les Genres.

Troisième série

1) *La distinction actif-passif (300a).* Dire que des manteaux se prêtent à la vue peut vouloir dire qu'ils sont capables d'être vus, mais aussi bien qu'ils sont capables de voir. L'ambiguïté tient à la construction grecque (*dunatos* + inf.), mais elle reflète celle, essentielle, de la notion de puissance ou capacité, ambiguïté liée à la difficulté de déterminer si cette capacité est capacité d'agir ou de pâtir. Lorsque j'agis sur une chose, cette chose, réciproquement, agit sur moi : comment décider si c'est ma main qui frappe le bois ou si elle est frappée par lui ? La thèse des raffinés du *Théétète* affirme une relativité totale, conséquence de la réciprocité de l'agir et du pâtir : « on ne peut concevoir l'agent avant qu'il se soit rencontré avec le patient, et rien non plus n'est patient avant de s'être rencontré avec l'agent, et ce qui, en telle rencontre, est agent s'est inversement révélé patient en une autre rencontre » (*Théét.*, 157a). Si aucun agent ne possède, par lui-même, la puissance de voir, pourquoi les êtres animés disposeraient-ils seuls de la capacité de voir et d'être vus, pourquoi pas les manteaux ? La réponse évidente est que ceux-ci ne possèdent pas par nature l'organe de la vision. Pour attribuer à une chose une puissance il faut passer

par la connaissance de sa nature, connaissance qui est loin d'être toujours évidente et indiscutable. L'aptitude des philosophes, même si ce sont des femmes, à gouverner est une affirmation moins risible mais pas moins scandaleuse que celle qui prête à des manteaux la capacité de voir.

2) *La relation sujet-objet (301c).* S'il convient au forgeron de forger, il convient de forger le forgeron. L'ambiguïté tient également au grec, lorsque l'accusatif peut être aussi bien le sujet du verbe dans une proposition infinitive (il convient « que le forgeron forge ») que le complément d'objet de ce verbe (il convient « de forger le forgeron »). Mais on ne peut s'en débarrasser en la jugeant purement grammaticale : qu'est-ce qui empêche un sujet déterminé par une action qui lui est propre de retourner sur lui cette action ? Pourquoi l'agent ne serait-il pas l'objet de son action, pourquoi ne conviendrait-il pas à celui qui connaît de se connaître soi-même, ou à ce qui est principe de tout mouvement, l'âme, de se mouvoir elle-même ? Ce paradoxe est lié au précédent : si un sujet peut aussi bien pâtir qu'agir, cesse-t-il, en pâtissant, d'être sujet pour devenir objet de l'action d'un autre, et même, dans certains cas, de la sienne propre ?

3) *La permanence de la puissance (300c-d).* Quand on se tait, fait-on taire tout ce qui parle, et quand on parle, fait-on parler même ce qui se tait ? Quand une chose perd-elle sa puissance ? Si elle la possède naturellement, elle doit toujours la posséder, ce qui parle doit toujours continuer à parler. Et si elle ne la possède pas par elle-même, peut-on lui en conférer une qui lui est étrangère, faire parler ce qui est muet ?

4) *La limite de la puissance (299a-e).* S'il est bon d'avoir beaucoup de bonnes choses, il faut boire la plus grande quantité de médicament possible, aller à la guerre avec le plus de lances et de boucliers possible, avoir le plus d'or possible toujours et partout, jusque sur son estomac, son crâne et chacun des deux yeux ! Quand, en effet, une chose qui est bonne cesse-t-elle d'avoir le pouvoir de faire du bien ? Comment déterminer une quantité excessive quand il s'agit de ce qui est bon, et comment l'excès peut-il retourner le bon effet d'une puissance en son contraire ? Socrate explique à Clinias qu'aucune chose ne nous est bonne si on n'en fait pas bon usage, et que le bon usage implique savoir, réflexion et intelligence. Ce savoir de la juste mesure, distincte de la mesure quantitative, appartient à l'intelligence, il est dans le *Politique* le propre du bon gouvernant, et le *Philèbe* fera de la juste mesure la principale manifestation de la puissance du Bien.

Tous ces paradoxes mettent en question la relation d'une nature à sa puissance et, s'agissant de cette relation, Platon ne se fie pas plus que Nietzsche à la grammaire. Les catégories grammaticales de l'actif et du passif, du sujet et de l'objet, non seulement ne permettent pas de l'analyser mais elles conduisent à des confusions et à des erreurs. La question de la puissance traverse l'ensemble de l'*Hippias Mineur*, du *Charmide,* elle fonde la distinction des trois classes de l'État dans la *République,* et c'est le fait de posséder une puissance, aussi minime et précaire soit-elle, qui, dans le *Sophiste*, est le critère de l'existence.

Quatrième série

Les paradoxes de l'âme (301e-303a). Nous parlons de nos animaux ou de nos esclaves, mais également de nos dieux. Étant animés, les dieux sont des vivants comme les autres, donc nos dieux sont nos possessions – et non pas nous les leurs – au même titre que nos chiens ou nos chevaux. Est à nous ce dont nous avons la possibilité de faire tout ce qui nous plaît, nous pouvons donc faire des dieux tout ce qui nous plaît. Le paradoxe ne tient qu'à la condition que l'âme soit une réalité univoque, la même en tout être vivant, qu'elle soit seulement un principe d'animation, de mouvement, un principe vital identique en tous ces vivants que sont dieux, hommes et bêtes ; à la condition aussi que l'âme soit une chose que nous possédons. Lorsque Socrate avait employé le terme (en 295b), il faisait de l'âme ce par quoi on peut être savant, le lieu et le moyen de la pensée et de la science. Dionysodore n'avait donc pas entièrement tort de dénoncer l'expression – et avec elle toute métaphore – « que veut dire cette phrase », car seule une âme peut vouloir dire quelque chose, et une phrase n'a pas d'âme. Le dernier paradoxe n'est pas un simple paralogisme, il porte sur la nature même de la chose en question – principe de vie et principe de pensée – et sur notre rapport à elle : nous ne la possédons pas, elle est nous-mêmes. L'ensemble du *Phédon* sera consacré à examiner ces paradoxes-là.

La sophia *du philosophe politique*

Derrière son apparence de comédie bouffonne, on voit que ce Dialogue contient toutes les questions fondamentales de la pensée platonicienne. L'*Euthydème* est comme le pendant de ce qu'est le livre B de la *Métaphysique* d'Aristote : un catalogue d'apories qui seront toutes reprises et examinées dans des Dialogues ultérieurs. Il pourrait s'arrêter après l'énoncé du dernier paradoxe. En ce cas, le philosophe ne pourrait opposer à sa caricature que son sérieux. Mais le brave Criton fait tout basculer en rapportant les propos d'un anonyme, savant d'une autre *sophia* que celle des éristiques, qui a tout entendu et s'indigne de ce que Socrate ait accepté de se prêter à ces futilités. À Criton qui lui demande : « c'est pourtant une chose bien séduisante que la philosophie ? », il rétorque : « dis plutôt qu'elle ne vaut rien », elle est le fait de gens qui ne savent ce qu'ils disent et se jettent sur le premier mot venu.

Ce censeur de la philosophie n'est ni un rhéteur ni un sophiste, et on s'accorde à l'identifier à Isocrate (auteur d'un *Contre les sophistes*). Selon Isocrate, bien penser, c'est bien décider, se décider pour le plus avantageux, la valeur du résultat sanctionnant celle de la réflexion (qui n'a pas de valeur par elle-même). La philosophie telle qu'il l'entend est un art du jugement droit, non une science, car non seulement la science est impossible en raison de l'imprévisibilité et de la diversité du cours des choses, mais elle serait inutile ; ce n'est pas la connaissance que recherchent les hommes, leur fin est de rendre leur vie vivable et belle, et seuls l'art et le discours fait avec art peuvent y réussir. Le rappel à la faillibilité de toute science et au risque de toute pratique donne un autre contenu à la *sophia* : non pas la science mais la réflexion (*phronèsis*), « l'aptitude à tomber le plus souvent sur le meilleur » ainsi que la définit Isocrate (*Sur l'échange*, § 271). Éristiques et philosophes promettent plus qu'ils ne peuvent tenir, ils promettent d'enseigner la vérité et la vertu ; mais si celles-ci sont rapportées à la vie, comme elles doivent l'être, seul l'art peut embellir la vie en créant des modèles de civilisation, d'hommes, de discours. Persuader ne consiste donc pas à imposer une opinion (but de la rhétorique des orateurs), ni à montrer les contradictions inhérentes à toute opinion (but des éristiques), mais à créer des modèles. En fait, si le personnage s'inspire très probablement d'Isocrate, l'anonyme est surtout un type, il est l'homme d'un juste milieu pour qui la philosophie est une affaire de bon sens et de prudence. Pour évaluer sa prétention à un savoir supérieur à celui de la philosophie comme de la politique, Socrate élabore une logique de la valeur de l'intermédiaire (*metaxu*) :

– si l'intermédiaire est intermédiaire entre deux choses bonnes, alors il vaut moins que chacune des deux ; celui qui s'occupe modérément de politique et de philosophie vaudra donc moins que celui qui ne s'occupe que de l'une ou de l'autre ;

– s'il est intermédiaire entre une bonne et une mauvaise chose, il est supérieur à la seconde (à la philosophie, qu'il ferait mieux d'abandonner) mais inférieur à la première (à la politique, qu'il devrait choisir, avec les risques qu'elle comporte) ;

– c'est seulement dans le troisième cas, si les deux extrêmes, philosophie et politique, sont tous deux mauvais, que l'intermédiaire sera supérieur au philosophe et au politique.

Or l'anonyme ne pense pas que philosophie et politique n'ont pas de valeur en elles-mêmes, il souhaite prendre une juste part de l'une et de l'autre activité. Il veut limiter de l'extérieur la démesure interne à toute pratique philosophique, l'éristique, en empruntant ses contenus à la politique, en traitant de « grands sujets », d'affaires importantes, au lieu de batailler sur des mots. Symétriquement, il prétend limiter la démesure interne qui guette toute action politique – le conflit, la guerre – en réfléchissant et non pas en prenant parti, c'est-à-dire en se tenant en retrait de la « politique politicienne » et de ses combats. Il estime ainsi participer autant qu'il faut à l'une et à l'autre, et, se tenant en dehors des risques et des luttes, il espère cueillir les fruits de son savoir. La volonté de sérieux de l'anonyme le détourne de tout affrontement. Or on ne peut pas défendre la philosophie contre l'éristique en se contentant de revendiquer le sérieux contre le jeu, surtout quand c'est l'opinion que l'on prend pour mesure. Il n'y a rien à penser de la sagesse des philosophes politiques : on ne peut que les laisser en jouir paisiblement. La philosophie politique peut dire des choses vraies mais elle n'a aucun véritable rapport avec la vérité puisqu'elle ne la questionne pas. La dénégation éristique de la vérité donne plus à penser que les opinions vraies de la philosophie politique, car même ces pitoyables philosophes que sont les éristiques représentés dans l'*Euthydème* révèlent quelque chose d'essentiel. L'éristique parle assurément sans penser, mais il ne parle finalement pas pour ne rien dire; il dit les pièges de la langue, des noms, de la grammaire. Ce sont autant de difficultés que le philosophe ne peut pas ignorer, mais, comme le mathématicien, l'éristique doit apporter ses résultats au dialecticien pour qu'il en fasse bon usage, c'est-à-dire pour qu'il pense les paradoxes et ne se contente pas de les aligner. Les penser ne consiste pas à les réfuter logiquement mais à dégager leur véritable sens et surtout leur véritable utilité. Le paradoxe est utile parce qu'il ébranle l'opinion et met en évidence son absence de fondement; l'éristique a le tort de s'en tenir là au lieu de se servir de cet ébranlement pour se mettre à philosopher.

Le *Cratyle* fait de la langue le principal véhicule de l'opinion, l'*Euthydème* prend acte des innombrables ambiguïtés qu'elle recèle. C'est pourquoi le philosophe doit intégrer à sa démarche la conscience de la langue qu'il parle, conscience qui ne se résume pas à une simple défiance mais qui implique la connaissance de sa nature, de sa structure et de son fonctionnement. S'il peut la transcender, c'est en en faisant un certain usage (le thème de la supériorité d'une science de l'usage est présent dans les deux Dialogues), non en en fabriquant une autre. Cet usage est nécessairement paradoxal, et les paradoxes platoniciens ne sont pas moins déconcertants que ceux des savants étymologistes et des éristiques : ils le sont plus profondément.

CHAPITRE III

SAVOIR

Du savoir, il y en a partout, dans les sciences, les arts, les techniques et les savoir-faire. De savants, la cité est remplie et il ne cesse d'en arriver d'ailleurs. Socrate, pourtant, n'en trouve nulle part. Est-ce parce que selon lui il manquerait quelque chose qu'il suffirait d'ajouter pour que ces savoirs soient véritables et que les savants le soient réellement ? Est-ce dans ce supplément que résiderait la différence entre le savoir cherché et tous les autres ? C'est tout le contraire. Ces savoirs et ces savants, il faut les purger, les purifier de ce qu'ils ont en trop : trop de certitudes, de convictions, d'évidences, d'inspirations, d'affirmations, trop de positivité. Socrate n'est cependant pas le premier à accomplir ce travail et, s'il s'en tenait là, il ne serait qu'un « noble sophiste ». Il n'en est pas un parce que, de son impuissance à découvrir le savoir dans les savoirs existants et de son incapacité à définir ce que c'est que savoir, il ne conclut pas l'impossibilité ou l'inutilité de ce savoir introuvable et indéfinissable. Il le met perpétuellement en question. Mais la question qui porte sur le savoir ne porte pas sur un objet, le savoir n'est ni chose ni Idée, il fait pour lui-même question, il est en question en lui-même. On ne peut pas déterminer sa différence, c'est sa différence qui questionne et produit ses effets dans un discours qui ne ressemble à aucun autre. Socrate sait que savoir n'est pas croire, affirmer, nier, déduire, construire : « que l'opinion droite et le savoir soient différents, cela, il ne me semble pas du tout que je me le figure, mais s'il y a une chose que j'affirmerais savoir – et il n'y en a pas beaucoup dont je l'affirmerais –, c'est celle-là seule que je placerais au nombre des choses que je sais » (*Mén.*, 98b).

Ce savoir négatif de la différence du savoir est la force qui le pousse à inlassablement s'enquérir, interroger, errer, inventer des arguments et les rejeter, ouvrir des voies, en suivre certaines, en abandonner d'autres. Il est à la recherche d'un savoir que l'âme puisse intérioriser, non d'un savoir que la raison pourrait déployer en une multiplicité de sciences. C'est pourquoi, si Platon confie à Parménide la question de l'Un, à l'Étranger d'Élée celle de l'Être, c'est à Socrate et à nul autre que revient, dans ce Dialogue éclatant et inépuisable qu'est le *Théétète*, non pas de traiter, mais d'incarner cette question qu'est pour lui-même le savoir.

I. LA DIFFÉRENCE DU SAVOIR

Savoir et opinion

L'héritage sophistique

La conscience de l'instabilité et de la mutabilité de l'opinion, qui permettent à certains discours d'avoir tout pouvoir sur elle, et sa différence d'avec le savoir sont des thèmes déjà élaborés par les sophistes quand ils cherchent à fonder le pouvoir et les avantages de l'art rhétorique. Dans sa *Défense de Palamède*, Gorgias introduit dès le début une distinction entre savoir et opinion : la persuasion d'opinion est chose qui de toutes est la moins digne de confiance, et le discours qui enseigne la vérité et procède d'un savoir lui est incontestablement supérieur. Mais l'ignorance de la plupart des hommes frappe la vérité et le savoir d'impuissance. « S'il était possible que la vérité des faits devienne, par le moyen du discours, claire et évidente pour ceux qui écoutent », il serait facile d'arriver à un verdict – « mais il n'en va pas ainsi ». Selon Gorgias, le discours qui enseigne le vrai n'a pas de puissance persuasive : en admettant que la vérité existe et soit connue, elle est d'une nature telle qu'elle ne peut pas être communiquée (c'est la troisième thèse de son *Traité du non-être*). La perception procure une connaissance directe des événements, mais, de la théorie de la sensation empruntée par Gorgias à Empédocle, il découle que toute sensation dépend intégralement de la nature et de l'état particulier et momentané du sujet percevant; il est donc impossible que la même représentation, issue de la sensation, soit simultanément en deux sujets distincts. En outre, les choses et les événements ne peuvent pas plus se métamorphoser en mots que les couleurs en sons. Personne ne peut rendre manifeste à quelqu'un d'autre ce qu'il a perçu, d'abord parce que personne ne perçoit, donc ne conçoit, la même chose qu'un autre, ensuite parce que les faits ne sont pas des discours. Impuissant à sortir de lui-même, le discours a cependant toute puissance sur les hommes et sur la cité car les décisions et les actes des hommes ne sont pas guidés par du savoir mais par des opinions, et le discours manié avec art en est maître.

Cependant, si la différence entre le savoir et l'opinion, même vraie, n'est pas une croyance propre au seul Socrate, de quelle sorte de savoir cette différence peut-elle être le contenu ? Un tel savoir devrait pouvoir embrasser et comparer la nature de l'opinion et celle du savoir, ce qui implique d'une part que l'opinion puisse être objet de connaissance, et d'autre part qu'il y a un savoir possible de ce que c'est que savoir. Ces deux postulats sont également problématiques.

L'ambivalence de l'opinion droite (Euthyphron, *11b-c,* Ménon, *97b-98a)*

Dans le *Ménon*, l'opinion n'est pas définie mais jugée : elle est irrationnelle, instable et néanmoins figée tout le temps que je la fais mienne. Semblables aux statues de Dédale, les opinions, immuables tant qu'elles sont en l'âme, ne cessent de s'enfuir pour laisser place à d'autres. Une opinion ne s'évade pas de la même façon si elle est fausse, car alors on en change volontairement parce qu'on a compris qu'elle l'était, ou si elle est vraie (*Rép.*, 412e-413e). La perte d'une opinion vraie ne peut être qu'involontaire car personne ne peut consentir à être privé de quelque chose de bon. Celui à qui cela arrive est victime d'un vol, ou d'un sortilège, ou d'une violence ; il est volé s'il se laisse dissuader ou s'il oublie, violenté s'il change d'opinion sous l'effet d'une douleur ou d'un chagrin, ensorcelé s'il est séduit par un plaisir ou ébranlé par une crainte. Les faux arguments et le temps sont des voleurs, la douleur est plus forte que toute croyance vraie, le plaisir et la peur sont naturellement trompeurs. Il est peu probable que l'opinion vraie résiste à ces assauts, tant extérieurs qu'intérieurs, ce qui la rend aussi et même plus instable que l'opinion fausse. Il est donc rare que l'on change volontairement d'opinion, les changements sont le plus souvent l'effet de forces étrangères à toute considération de vérité ou de fausseté.

Si, contrairement au savoir, les opinions ne cessent de s'évader, c'est qu'elles ne sont ni liées entre elles – c'est pourquoi elles peuvent se succéder sans s'apercevoir qu'elles sont contradictoires – ni liées à l'âme qui les affirme. Le lien capable de les attacher est « un raisonnement sur la cause ». Lorsque l'on réfléchit à la cause, c'est-à-dire à la raison pour laquelle on a telle opinion plutôt que telle autre, donc pour laquelle cette opinion nous semble vraie, on cesse d'affirmer pour se mettre à interroger. Mais dès lors qu'on réussit à rendre raison d'une opinion, et qu'on est capable de comprendre et de faire comprendre pourquoi on en est arrivé à affirmer ce qu'on affirme à propos d'une réalité donnée, on n'a plus d'opinion sur cette réalité, on en a un savoir. Le raisonnement sur la cause ne s'ajoute pas à l'opinion droite pour la *transformer* en savoir, il fait qu'à une opinion droite se *substitue* un savoir. Il n'y a pas de transition continue, il y a destruction de l'une (l'opinion droite) par l'autre (le savoir). Voilà, conclut Socrate dans le *Ménon*, ce qu'est la réminiscence. La réflexion de l'âme sur les raisons du discours qu'elle tient ou se tient est un ressouvenir car elle ne tire ces raisons que d'elle-même. La réminiscence est à l'origine d'un savoir, elle n'est pas la justification d'une opinion vraie.

Tant qu'elle reste en place, cependant, l'opinion droite produit de grands bienfaits, elle a la même utilité pour l'action que le savoir : l'homme qui ne connaît pas la route de Larissa, qui n'en a jamais eu la perception directe, peut néanmoins être un bon guide s'il a une opinion droite quant au chemin à prendre. D'où peut venir à l'opinion sa rectitude ? Socrate parle dans le *Ménon* d'inspiration divine, manière de dire que dans certains cas l'opinion n'est droite que par hasard. Mais il existe également des situations où les opinions tirent leurs contenu du savoir d'un autre, celles où nous nous en remettons à des hommes compétents. Chacun confie plus volontiers sa santé à un médecin qu'à un charlatan, sa survie à un pilote de navire expérimenté qu'à un amateur. Personne ne peut être compétent en tout et la reconnaissance de l'existence de savoirs techniques fait que ce sont à des spécialistes que nous demandons leur avis : nous sommes parfois contraints de former l'opinion que l'opinion droite n'est pas le savoir. Cet avis, qui procède chez certains d'un savoir, devient opinion vraie chez ceux qui ne le possèdent pas. L'appropriation par des ignorants de résultats ponctuels de la science des spécialistes explique la coexistence surprenante de l'ignorance et de la vérité, d'une vérité qui, n'étant que celle de l'opinion, est tout aussi instable et peu liée que l'est l'opinion elle-même. Les opinions droites sont néanmoins d'aussi bons guides pour la pratique et pour la conduite de la vie que le savoir. Une même valorisation positive se rencontre dans la *République* et le *Politique,* car éduquer ceux qui ne sont pas, ou pas encore, philosophes consiste à donner à leurs âmes la « teinture indélébile » de l'opinion vraie. Mais ce jugement de valeur ne concerne que les résultats : parce qu'elles sont privées de savoir, les opinions sont toutes sans valeur et les meilleures d'entre elles, les vraies, sont aveugles; il n'y a pas de différence entre un aveugle qui suit le bon chemin et une opinion vraie privée d'intelligence (*Rép.*, 506c). L'opinion droite peut être bonne dans ses conséquences mais aucune opinion n'a de valeur en elle-même. Qu'elle lui vienne par chance ou qu'elle naisse de la confiance accordée aux savoirs des autres, la « vérité » propre à l'opinion lui est extrinsèque. Cette vérité n'est qu'une rectitude, pas un prédicat logique : si nos jugements, expressions de nos opinions, se trouvent être vrais, l'origine de leur vérité est illogique, elle relève de la perception, de la chance ou de la croyance au savoir d'un autre.

Une telle croyance n'existe d'ailleurs pas chez le plus grand nombre en ce qui concerne les affaires les plus importantes, le gouvernement de la cité et le soin de leur âme ; ils s'en remettent aux sophistes, aux rhéteurs et aux flatteurs de toute espèce, c'est-à-dire à l'opinion. En les confirmant dans leur opinion que l'opinion est un savoir, ceux-ci font que l'opinion, doublée d'une opinion sur elle-même, représente la pire forme de l'ignorance car ce n'est pas une ignorance localisée et consciente d'elle-même, c'est une ignorance envahissante qui rend l'âme inaccessible à toute raison. Celui qui est mené par ses opinions est tyrannisé par elles et tyrannise les autres en leur nom.

Genèse de l'opinion

Comment en vient-on à affirmer péremptoirement ce dont on n'a pas de savoir ? Ce problème est abordé par Platon d'un double point de vue. Dans le *Théétète*, le *Sophiste* et le *Philèbe*, on trouve une même séquence : dialogue intérieur et, après cela, arrêt sur une opinion (voir p. 33-36). Lorsque la pensée s'est déterminée, elle affirme désormais la même chose et ne doute plus ; c'est cette opinion qu'elle pose comme étant la sienne. L'opinion se traduit par une affirmation ou une négation, elle apparaît comme « un achèvement de la pensée ». En se décidant plus ou moins rapidement pour un jugement affirmatif ou négatif, la pensée supprime son mouvement antérieur, celui du questionner et du répondre. Le dialogue intérieur s'arrête et apparaît, de ce point de vue, comme un temps pour rien. Quand elle s'achemine vers une opinion, la pensée ne s'achemine vers rien d'autre que vers sa propre suppression, elle veut la sécurité et la certitude du jugement.

L'arrêt sur une opinion est toujours possible en fait, mais c'est un fait qui n'a aucune possibilité logique ou transcendantale ni aucune légitimité. L'âme a la possibilité d'affirmer et de nier quoi qu'il en puisse être du contenu de son affirmation et de sa négation. Celles-ci peuvent être vraies ou fausses, leur contenu existant ou inexistant (imaginaire), l'acte d'opiner n'en a pas moins une réalité. Sa réalité tient tout entière au sujet de cet acte : « or, il était entendu que la réalité de l'acte d'opiner appartient toujours à celui qui, absolument, se forme une opinion », « l'instance qui juge, qu'elle juge correctement ou non, ne perd du moins jamais la réalité de l'acte de juger », même si « parfois, l'objet de ce jugement est une chose qui n'existe pas, qui n'a pas existé non plus, ou qui pas davantage n'existera » (*Phil.* 37a-40c). Le sujet qui juge tranche dans une double absence : celle d'un savoir véritable qui atteindrait l'essence, dont il ne se soucie pas et ne soupçonne sans doute même pas l'existence, et celle d'une perception actuelle. Or il est sûr que chacun préférerait toujours pouvoir aller y voir plutôt que de se retrouver avec une âme ballottée à hue et à dia par le doute, l'espérance ou l'oubli, sûr que chacun préférerait percevoir que penser, parce que chacun commence par croire que percevoir, c'est savoir. Que savoir soit percevoir est l'opinion implicite en toute opinion ; l'opinion est cette nostalgie d'un savoir immédiat, d'une perception si évidente et si incontestable qu'elle dispenserait l'âme de se parler, de penser même cette pauvre pensée à laquelle nous sommes condamnés quand nous percevons mal ou pas du tout. Dans la mesure où l'opinion qui achève la pensée est, pour le sujet qui affirme ou qui nie, *son* opinion, elle a un effet en retour sur l'âme. Quand elle juge, l'âme surmonte son dédoublement et se réunifie, elle ne se parle plus, elle affirme tout court. Face à cette « chose jugeante », l'objet lui aussi s'unifie, il ne provoque plus l'incertitude et est enfin tenu pour être tel qu'il apparaît. L'inquiétude de la pensée naissait de la possible différence entre l'être et l'apparence. En supprimant cette différence, l'opinion achève, au double sens du terme, la pensée qui la précédait : elle y met fin, et elle remplit son attente.

La genèse de l'opinion est analysée du point de vue de la pensée, des différentes formes – dialogue intérieur, opinion, imagination – qu'elle peut prendre et qui, étant toutes des espèces du discours silencieux en l'âme, sont toutes susceptibles de vérité et de fausseté. Il en ressort que l'opinion est irraisonnée, mais le problème de savoir quelles forces irrationnelles peuvent conduire à la former est un problème différent. Platon le traite rarement de front mais il le met en scène dans tous ses premiers Dialogues.

*Origine des opinions : persuasion et rhétorique (*Gorgias*, 449c-461b)*

Dans un des rares textes où se trouve explicitée la différence entre le savoir et l'opinion vraie (*Tim.*, 51d-e), Timée donne les raisons pour lesquelles il les tient pour deux genres distincts. Leur dissemblance tient à la présence ou l'absence de raison vraie, à la nature inébranlable du savoir alors que l'opinion se laisse retourner par la persuasion, enfin à ce que, si tout homme a part à l'opinion, à l'intelligence ce sont les dieux, et parmi les hommes un tout petit nombre. La persuasion a le pouvoir d'ébranler l'opinion parce qu'elle en est l'origine, alors que c'est par le moyen de l'apprendre que le savoir naît en nous. La persuasion peut être l'œuvre du sujet lui-même : s'il est persuadé de ce qu'il affirme c'est qu'en lui une certaine sorte de désir prédomine. Chacun tient le discours qu'il tient en fonction de ce qu'il croit savoir, mais c'est une certaine orientation du désir qui détermine la figure propre de son ignorance : celui qui s'accroche à la vie croit savoir que la mort est un mal, celui qui aime l'argent tient pour bavardage la philosophie, l'ami de la gloire estime que la victoire et la réputation sont les seules preuves de valeur. Quand il est celui d'une opinion, l'énoncé est inséparable du sujet de l'énonciation. Ce sujet est constitué par ses désirs et ses passions, c'est cela qu'il croit être lui-même et qu'il affirme à travers toutes les opinions qu'il soutient : la racine profonde de l'opinion est l'absence de connaissance de soi. Avec l'opinion se constitue la particularité du sujet ; toute opinion est une croyance, cette croyance a pour origine les valeurs auxquelles le sujet adhère, ces valeurs sont l'expression des pulsions irrationnelles qui jouent en son âme ; ce sont elles qui le persuadent, et d'abord du fait que ce soi-même irréfléchi qu'elles constituent est réellement lui-même.

Mais la persuasion a ses experts. Lors de son entretien avec Gorgias, Socrate lui demande qui il est, et celui-ci répond : un rhéteur ; son art, la rhétorique, est la science qui s'y connaît en discours. Socrate opère alors des restrictions successives, dissociant les discours qui selon lui savent vraiment quelque chose, comme la médecine ou les mathématiques, afin de ne plus laisser à la rhétorique que le domaine de la persuasion qu'aucune science n'accompagne. La rhétorique en effet n'est pas une science des discours, c'est une puissance d'agir par le discours. Elle est définie par Gorgias comme une « ouvrière de persuasion », non pas privée mais publique, politique au sens large, c'est-à-dire qu'elle s'exerce partout où des citoyens sont rassemblés et se parlent. Quel genre de persuasion produit-elle ? Quand on a appris, on sait, et quand on est persuadé, on croit. Une espèce de persuasion procure une conviction sans s'appuyer sur un savoir, une autre procure un savoir. Seule la première est possible devant de larges assemblées, en particulier devant les tribunaux : statistiquement, on a forcément affaire à une majorité de gens qui ne savent pas. La seconde espèce, la persuasion qui enseigne fait, selon Socrate, naître un savoir. Or on peut fort bien admettre qu'un énoncé scientifique produise un affect théorique, une conviction intellectuelle, mais celle-ci est en quelque sorte extra-scientifique. Pourtant, l'enseignement engendre dans l'âme de l'« étudiant » la conviction qu'il a affaire à une science, qu'il lui faut apprendre pour la savoir et la comprendre. La persuasion didactique fait naître la conscience que la vérité doit se chercher méthodiquement, qu'elle est problématique, qu'elle n'est pas de l'ordre de la vraisemblance : elle a finalement pour contenu la différence entre savoir et opinion, vérité et vraisemblance. C'est pourquoi elle produit du savoir, non de la croyance. Telle est la manière propre à Platon de renouer le lien entre persuasion et vérité établi par Parménide – dans son *Poème* (frag. II, 4), la déesse dit au jeune homme qu'elle va initier que le chemin qu'elle lui ouvre « est chemin de persuasion, car il suit la vérité » – et rompu par Gorgias. Car la vérité, dit Gorgias, n'a pas de force, bien qu'elle soit vraie. C'est pourquoi l'art du rhéteur consiste en un déplacement de forces grâce à une logique de la vraisemblance. Le discours rhétorique se déploie dans un espace où il n'y a que des forces à faire prévaloir, aucune n'ayant par elle-même une quantité de force déterminée, et certains moments du temps jouent eux-mêmes comme des forces (il faut avoir le sens du moment opportun, du *kairos*). L'usage rhétorique du discours est un usage débarrassé de la charge du vrai, un discours irresponsable et violent qui juge impossible qu'on lui résiste, de telle sorte que celui qui est convaincu par lui est nécessairement innocent puisqu'il ne pouvait faire autrement (c'est ainsi que Gorgias défend Hélène). Avec Platon s'inaugurent un autre espace et une autre temporalité, donc une autre situation de parole, un champ dans lequel, avant même de commencer à parler, on est tenu par l'exigence du vrai.

Pourtant, ce que le Socrate de Platon oppose dans le *Phèdre* (270c-274a) au discours rhétorique, ce n'est pas un discours de vérité : il entreprend de définir les conditions d'une bonne rhétorique, qui sera donc encore une rhétorique. De même dans le *Philèbe* (58a-e), où resurgit la vieille querelle entre dialectique et rhétorique, Socrate ne récuse pas la valeur de cette dernière pour les hommes. L'opinion est l'élément dans lequel baigne la cité, le consensus social ne peut se faire que sur des opinions, non sur du savoir. L'opinion se croit particulière mais elle est en fait générale et commune, comme le sont les besoins, les appétits et les passions des hommes. Ceux qui prétendent en être maîtres en sont en fait esclaves : aussi déconcertantes qu'elles puissent lui paraître, Calliclès est incapable de résister aux décisions et aux opinions du peuple d'Athènes et lui dira ce que celui-ci souhaite entendre (*Gorg.*, 481e-482a). L'art des sophistes n'est rien d'autre que leur habileté à flatter ce « gros animal » qu'est la foule (*Rép.*, 493a-e). Mais peut-être, après tout, Gorgias a-t-il en un sens raison, et Platon semble lui accorder que, dans la cité des hommes, c'est son art qui constitue la seule manière de se défendre et de se préserver. Le philosophe, en particulier, est seul face à la folie du grand nombre : il « est comme un homme tombé au milieu de bêtes féroces, qui ne consent pas à se faire complice de leurs injustices, mais qui, seul comme il est, ne se sent pas capable de faire face à ces bêtes sauvages » (*Rép.*, 496c-d). On peut donc accorder à Gorgias que la rhétorique est l'art qui a le plus d'utilité pour les hommes et il y a chez Platon l'acceptation d'un bon usage de la rhétorique. Socrate ne conteste pas la prémisse de Gorgias, que l'opinion est le mode de pensée habituel à la plupart des hommes, car cette prémisse est aussi la sienne. Simplement, au cours de son dialogue avec Gorgias, le savoir a changé de sens et d'objets. C'est pourquoi, après l'avoir amené à préciser que l'objet du discours rhétorique était le juste et l'injuste, le dialogue entre eux ne peut que s'interrompre. Le juste et l'injuste ne peuvent faire pour Gorgias l'objet d'un savoir ; on peut seulement, dans une circonstance donnée, convaincre les auditeurs de ce qui semble juste et de ce qui semble injuste et arriver ainsi à un accord. Comme va le dire Pôlos, Gorgias n'aurait jamais dû concéder la possibilité d'un savoir du juste, et s'il ne l'avait pas concédée, Socrate n'aurait pas pu le réfuter. En fait, Socrate n'a pas réellement réfuté Gorgias, il a simplement affirmé l'existence d'un autre savoir dont le juste et l'injuste peuvent être les objets, mais non pas des objets empiriques : des Idées, des réalités « divines ».

*Nature intermédiaire de l'opinion (*République*, V, 476b-479a)*

Peut-on dire que, lorsque l'opinion est vraie, elle a une connaissance de ses objets ? Opinion et savoir sont des puissances, comme la vision ou l'ouïe, et une puissance ne se définit et ne se distingue d'une autre que par les objets auxquels elle s'applique et par ce qu'elle a la capacité d'accomplir. Le savoir est infaillible, un savoir faux n'est pas du tout un savoir, alors que l'opinion peut être vraie ou fausse. Si leurs effets sont distincts, leurs objets doivent l'être aussi : le savoir porte sur ce qui existe et sur le mode d'existence de cet existant ; si c'est l'existant qui est connaissable, l'opinable est autre chose que de l'existant. Ce ne peut être de l'absolument non existant, car alors ce ne serait même pas « quelque chose » sur quoi se faire une opinion. Ni ce qui existe absolument ni ce qui n'existe absolument pas ne sont objets pour l'opinion. Celle-ci n'est donc ni connaissance ni non-connaissance ; plus obscure que la connaissance mais plus claire que la non-connaissance, intermédiaire entre les deux, elle doit s'appliquer à des choses elles-mêmes intermédiaires, qui tiennent le milieu entre l'existence pure et ce qui est totalement non existant. De ce mélange résulte pour ces choses l'impossibilité d'être parfaitement ce qu'elles sont. Ce sont des choses ambiguës, pareilles à l'eunuque et à la chauve-souris de la devinette enfantine : d'aucune d'elles on ne peut affirmer fermement ni qu'elle existe ni qu'elle n'existe pas, ni qu'elle est l'un et l'autre, ni qu'elle n'est ni l'un ni l'autre. De même que l'eunuque n'est pas homme et femme, et pas non plus ni homme ni femme, qu'il est une autre manière d'être un homme, de même l'opinion n'est pas à la fois connaissance et non-connaissance, pas davantage ni l'une ni l'autre, elle est une autre manière de se rapporter à des objets. Pouvoir « de capter ce qui erre dans un lieu intermédiaire », l'opinion est un mélange indéterminable de connaissance et de non-connaissance auquel on ne peut appliquer ni la logique du « et aussi » ni celle du « ni ceci … ni cela ».

L'opinion est sans intelligence d'elle-même et de ses objets ; elle affirme sans raison ; issue de forces irrationnelles, elle est impuissante à leur résister. Toutes ses déterminations sont négatives, et pourtant elle est la positivité même. Elle peut être bien utilisée, comme le font les gouvernants philosophes, ou manipulée, comme le font les rhéteurs. Mais on ne peut pas plus dire ce qu'elle est que la circonscrire : elle est la pente naturelle de la pensée ; même la pensée dialectique, lorsqu'elle s'immobilise ou s'oublie, risque de croire à ses résultats et de les transformer en opinions vraies. C'est pourquoi le savoir de la différence du savoir d'avec l'opinion n'est jamais acquis : le savoir ne cesse d'avoir à se différencier, certain de sa différence et pourtant toujours menacé dans sa différence.

Savoir et sciences

Savoir est un terme équivoque, dont le sens varie en fonction des différents champs où il s'exerce et de la grande diversité possible de ses objets. Est-il possible de reconduire cette multiplicité à l'unité, d'unifier sous un même genre les différentes espèces de savoirs ? L'*Hippias Mineur* fournit une première tentative de solution.

Savoir et capacité : l'Hippias Mineur

Dès l'*Hippias Mineur*, en effet, le savoir est identifié à une puissance. La question d'ouverture du Dialogue semble pourtant n'avoir aucun rapport avec celle du savoir ; il y est traité d'un thème favori des commentateurs d'Homère : d'Achille ou d'Ulysse, lequel vaut le mieux ? Ulysse est un homme divers alors qu'Achille est le plus simple et le plus véridique de tous les hommes. L'homme divers est celui qui dit faux et qui ment. Mais pour dire faux, objecte Socrate, il faut savoir le vrai, sinon, voulant dire le faux on pourrait par hasard affirmer le vrai et, voulant tromper les autres, on risquerait de leur dire la vérité. Seul peut dire faux celui qui sait le vrai, et c'est le même qui est également capable des deux. Ulysse vaut donc mieux qu'Achille, homme d'une conscience immédiate soumise à la fluctuation des circonstances et de ses propres émotions : victime de ses sincérités successives, il ne cesse de se contredire sans jamais voir la contradiction. Sa conscience est une conscience oublieuse, trop contemporaine d'elle-même et de chacun de ses moments pour être cohérente. Une conscience sans mémoire est non seulement incapable de cohérence, c'est une conscience inconsciente, incapable de savoir ce qu'elle dit ou fait. La mémoire est ce qui complique la conscience, l'arrache à son immédiateté et la rend capable des contraires en le sachant. Il vaut donc mieux être divers comme Ulysse, mentir en sachant qu'on ment et surtout être capable d'explorer de multiples possibles, et de s'en souvenir.

Si tous les savoirs et tous les actes procèdent d'une capacité des contraires, il résulte que celui qui peut délibérément mal faire vaut mieux que celui qui, par impuissance, n'est capable que d'un seul contraire. Celui qui volontairement court lentement vaut mieux que celui qui ne peut faire autrement, mais il faut alors affirmer que celui qui commet intentionnellement une injustice est meilleur que celui qui la commet sans le vouloir. Ni Hippias ni Socrate ne peuvent accorder cela, et l'aporie demeure. Repoussé de la connaissance vers la maîtrise et de la maîtrise vers la capacité, le savoir ainsi défini devient extérieur à lui-même, à ce qu'il sait et au sujet qui le possède. À la fin de l'*Hippias Mineur*, on se retrouve en effet avec trois sortes de savoir : un savoir défini comme maîtrise en tous domaines, théoriques ou pratiques, savoir encyclopédique que se vante de posséder Hippias ; un savoir identifié à la puissance permanente de dire ou de faire les contraires à volonté ; ce qui ouvre la question d'un troisième savoir comme principe de choix entre les contraires. Un problème subsiste en effet : pourquoi celui qui est capable de courir vite ou de chanter juste choisirait-il de courir lentement ou de chanter faux ? D'où l'intention tire-t-elle son orientation vers un contraire plutôt que l'autre ? Faire du savoir une puissance ne suffit donc pas à l'unifier.

Le Dialogue s'achève sur « l'errance » de Socrate ; elle fait écho à son enquête dans l'*Apologie* (21c-22e), enquête qui le fait tourner en rond dans la cité à la recherche de savants qui le soient vraiment. Si chez les politiques il n'y a qu'apparence et réputation de savoir, il n'en va pas de même des poètes et des artisans. Les premiers disent beaucoup de belles choses mais ne savent rien des choses dont ils parlent ; leur puissance leur vient d'ailleurs et ils sont trop proches de leurs discours et trop habités par eux pour pouvoir en rendre raison. Quant aux artisans, ils savent faire ce qu'ils font mais ce savoir partiel leur donne la prétention de tout savoir, preuve que leur savoir-faire ne leur confère en rien la connaissance de la différence entre savoir et ne pas savoir quelque chose. Excès de proximité dans le cas des inspirés, ou excès de distance dans celui des savoir-faire : dans les deux cas le savoir est tel qu'il ne peut se différencier de l'ignorance. Socrate oppose son errance, qui consiste à chercher à apprendre, s'informer, interroger. Elle permet de rencontrer le vrai (*Parm.*, 136e), mais seulement si elle se double de la mémoire des directions écartées, des apories et de la question elle-même. C'est cette mémoire qui permet à Socrate de dire « je suis exactement celui que je suis » (*Hipp. Min.*, 372d), et tous les termes qu'il utilise pour caractériser son non-savoir caractérisent en fait le mouvement du savoir. Ils en indiquent aussi l'effet véritable, qui n'est pas de le rendre savant mais différent des savants : il en sait assez pour ne pas être d'accord avec eux.

Il existe cependant une différence plus difficile à établir. On pourrait croire que, lorsque Platon distingue le savoir de l'opinion, de l'inspiration et du savoir-faire, il pense à la sorte de savoir qui s'exerce dans les sciences mathématiques. Abandonnant, elles aussi, le « domaine de la génération » pour se tourner vers des êtres immuables et totalement intelligibles, utilisant un discours rationnel, elles peuvent se poser en sciences rivales, et il se trouve même des gens pour ériger l'astronomie en philosophie (*Rép.*, VII, 529a).

*Lieu visible et lieu intelligible : la Ligne (*République*, VI, 509d-511e)*

Un passage du livre VI de la *République* a pour fin de marquer clairement la différence d'une certaine sorte de savoir par rapport aux autres façons possibles qu'a l'âme d'appréhender des objets. Socrate propose d'imaginer une ligne continue, que l'on divise en quatre segments selon la vérité ou l'absence de vérité. Il faut prendre ce dernier terme en son sens ontologique, les coupures entre les deux grandes sections comme celles à l'intérieur de chaque section s'effectuant entre « ce qui semble » et « ce à quoi ce qui semble est semblable ». La distinction entre originaux et reflets s'applique non seulement à l'intérieur de chacune des deux parties de la Ligne, mais à la Ligne tout entière : tout le domaine de l'opinable et du visible est rejeté du côté de ce qui est fait à la semblance des êtres intelligibles. Les quatre états de l'âme distingués par le sectionnement de la Ligne se caractérisent tous par un certain rapport à l'image ; dans chaque grande partie, on trouve des originaux (sensibles ou intelligibles) et leurs reflets. À chaque section correspond à la fois un genre d'objets et une affection de l'âme, et il existe entre tous les segments une relation de proportionnalité. C'est bien une seule et même Ligne qui fait l'objet de découpages successifs, sinon rien ne fonderait les rapports précis d'analogie établis entre les quatre états (*Rép.*, 533e-534a). Ceux-ci ne peuvent être que les figures différentes d'une même activité : l'acte de penser (*dianoeisthai*). Il se retrouve partout dans la Ligne, en fait il est la Ligne elle-même.

La première grande coupure divise la Ligne en deux lieux, deux genres : le visible et l'intelligible. Socrate coupe de nouveau, selon la même proportion, la partie du visible : dans le premier segment, l'âme n'ayant affaire qu'à des images se trouve dans un état de conjecture (*eikasia*). Par images il faut entendre « les ombres, les reflets (...) et toute réalité de même sorte, si tu comprends ce que je veux dire ». Ombres et reflets ne sont que des exemples permettant de saisir la caractéristique principale de l'image, qui consiste à référer à autre chose et dont toute l'existence dépend de celle de l'original qu'elle figure. L'image a donc un domaine plus étendu que celui des exemples donnés par Socrate : une description est une image au même titre qu'un reflet dans un miroir. Le propre de l'image est de faire apparaître la chose là où elle n'est pas, et de pouvoir se multiplier indéfiniment. Le caractère peu clair de l'image et la diversité des reflets font que l'âme ne peut que supposer, imaginer la nature de la chose. La conjecture ne renvoie donc pas à la perception d'images mais à l'incertitude de l'âme quand elle est face à des images. Ce dernier sens s'impose du simple fait que l'état qui succède à la conjecture est la conviction. La seconde section de la partie visible comprend les choses dont les images sont la semblance : les animaux, tout ce qui pousse, et les objets fabriqués. L'état correspondant de l'âme est la croyance, la conviction (*pistis*). À l'objet lui-même il semble en effet qu'on puisse se fier ; l'âme, ayant affaire aux choses qu'elle percevait confusément à travers leurs images, atteint un état de certitude à leur égard. Prises ensemble, ces deux sections constituent le royaume du visible, de l'opinable, du devenir, et l'état de l'âme correspondant est caractérisé d'un seul mot : opinion.

Le principe de sectionnement de la partie intelligible est d'abord que l'âme se serve ou non d'images. Dans la section inférieure de cette partie, l'âme utilise les « originaux » de la section précédente comme autant d'images ; la pensée dianoétique a comme double caractéristique de déréaliser la chose en l'utilisant comme image et de ne pas être adéquate à l'essence intelligible qu'elle vise. Contrainte de se servir d'images, elle est forcée de chercher à partir d'hypothèses pour aboutir à une conclusion. La pensée dianoétique se caractérise par un usage « savant » de l'image – qu'elle connaît pour telle – et par un usage « ignorant » de l'hypothèse – qu'elle est bien obligée de tenir pour une vérité tout le temps qu'elle raisonne à partir d'elle et en tire les conséquences. À la différence de ce qu'il fait pour les autres sections, Socrate ne précise pas alors quel genre d'objets correspond à cet état de l'âme. C'est seulement pour répondre à Glaucon qui n'a pas bien compris que Socrate énumère : « le pair, l'impair, les figures, les trois espèces d'angles et d'autres choses parentes de celles-là », sans unifier ces objets sous un terme commun. Mais des exemples pris par Socrate on pourrait déduire que, si la pensée dianoétique est dite « intermédiaire entre l'opinion et l'intelligence », c'est parce qu'elle s'applique à des objets eux-mêmes intermédiaires, à des Idées mathématiques. Existe-t-il donc deux espèces de réalités intelligibles ? Cette interprétation a été maintes fois avancée, elle a reçu des Néoplatoniciens ses lettres de noblesse. Cependant la position de réalités intelligibles inférieures, intermédiaires entre les réalités sensibles et les Formes, n'a aucun fondement textuel. Le Pair, l'Impair, tout comme le Deux ou le Trois, sont dans le *Phédon* des exemples de ces Formes qui confèrent leur nom ou leur propriété aux choses qui en participent. Il est donc bien plus probable que la différence entre les deux segments de l'intelligible ne tienne pas à la nature des objets mais à la façon de les connaître. Tout effort pour considérer le sensible non pas comme se suffisant à lui-même mais comme l'image d'un rapport ou d'une réalité intelligibles relève de cette manière de connaître que Platon nomme simplement « pensée » (*dianoia*). Elle ne se limite pas aux objets mathématiques, mais elle ne connaît ses objets que mathématiquement. La pensée dianoétique peut s'appliquer à tout l'intelligible, en donner des définitions et en déduire, selon des règles, des propriétés ou des conséquences. La troisième section de la Ligne ne renvoie pas à une espèce particulière de réalités intelligibles, plutôt à un état particulier de l'âme à l'égard de l'intelligible, celui où elle est forcée d'utiliser pour le saisir hypothèses et images. C'est pourquoi la pensée dianoétique est l'analogue de la conjecture : elles représentent toutes deux un degré imparfait d'appréhension de leurs objets; l'une manque de la fermeté de la perception directe, l'autre de celle de l'intelligence.

De même que le dialecticien pose le Beau en soi comme quelque chose qui est, le géomètre ou l'expert en arithmétique commencent par poser l'existence de quelque chose comme le Pair ou le Carré; mais, « ayant fait de ces objets des hypothèses », ils les traitent « comme s'ils en avaient un savoir, sans estimer qu'il faille en rendre raison ni à eux-mêmes ni aux autres, comme s'ils étaient évidents à chacun ». Le mathématicien ne rend pas raison des *objets* posés par lui comme autant d'hypothèses : il ne s'agit donc pas d'hypothèses entendues comme propositions, définitions ou axiomes. C'est pourquoi Socrate peut dire que le mathématicien ne donne pas la raison de ce qu'il pose, affirmation qui n'aurait aucun sens si Socrate voulait dire qu'il ne donne pas la définition du pair ou du carré. Ce que le mathématicien ne cherche ni ne donne à comprendre est pourquoi et comment, selon lui, ces réalités existent. La science arithmétique peut définir (dianoétiquement) le nombre et chaque nombre, mais elle ne peut rendre raison du fait qu'elle tient les nombres pour des réalités qui existent en elles-mêmes. On comprend alors en quel sens les mathématiciens « semblent ne pas avoir l'intelligence de leurs objets » : ce n'est ni parce que les objets sur lesquels ils raisonnent ne sont pas intelligibles, puisqu'ils le « seraient, accompagnés de leur principe », ni certes parce que les mathématiciens sont, au sens commun du terme, dépourvus d'intelligence. C'est parce qu'« ils ne touchent pas à leurs hypothèses ». Ainsi, celui qui possède la science des nombres se moque de tous ceux qui prétendent diviser l'unité, qu'il pose comme parfaitement égale à toute autre et sans partie (*Rép.*, 525d-526a). Il appelle « unités » les éléments identiques et homogènes entrant dans la composition des nombres entiers. Tenant pour évident que l'unité est exclusive de toute multiplicité, l'arithméticien est aveugle au fait qu'une unité peut parfaitement intégrer une pluralité sans pour autant cesser d'être une. Grâce à sa définition, l'arithméticien rend sa science possible parce que c'est de cette unité-là qu'il pourra tirer quantité de conséquences, mais il ne cherche nullement à comprendre ce qu'il ne pose que pour en tirer des conséquences. Il ne voit pas qu'il existe d'autres espèces d'unité et que le domaine de cette Forme qu'est l'Un déborde largement celui de la science des nombres. L'unité arithmétique serait intelligible si on n'y voyait qu'une espèce d'unité, qu'une manière d'être un, liée à d'autres manières également possibles de l'être. Mais le mathématicien se contente de la poser et d'opérer à partir d'elle.

Mathématiques et dialectique

En ce qu'elles ont un pouvoir de conversion, détournent l'âme du sensible vers l'intelligible, les cinq sciences mathématiques analysées au livre VII (522b-531c) – arithmétique, géométrie plane, géométrie des solides ou stéréométrie (qui commençait à se développer grâce à Théétète et Eudoxe), astronomie, harmonie – ne sont pas tant envisagées du point de vue de leur puissance de connaître que de celui de leur utilité propédeutique. Il s'agit de prescrire la bonne manière de les étudier et de les enseigner, en les détachant autant que possible de toute application concrète, de toute pratique trop empirique : l'observation des mouvements des astres doit avoir pour but d'en chercher la structure géométrique, l'étude des sons musicaux, de dégager leurs rapports numériques ; révolutions astrales, consonances et dissonances ne sont que des paradigmes à propos desquels il faut poser des problèmes. Toutes ces sciences ne doivent pas être étudiées « en vue de la pratique » mais « en vue de la connaissance ». C'est la condition pour qu'elles remplissent leur véritable fonction, préparer au savoir dialectique. Le dialecticien doit non seulement les apprendre, il doit les réfléchir dans leur ensemble, synoptiquement, pour enfin passer au savoir qui mérite seul ce nom. Car les sciences propédeutiques doivent plutôt s'appeler d'un nom qui marque plus de clarté que celui d'opinion, mais plus d'obscurité que celui de savoir.

La quatrième et dernière section de la Ligne se nomme en effet au livre VI (511e) « intelligence » (*noûs*) ou « intellection » (*noèsis*), puis, lorsque Socrate rappelle les divisions de la Ligne au livre VII, « savoir » (*epistèmè,* 533e). Le savoir n'est pas l'opinion et leurs objets diffèrent ; on le savait déjà, et le véritable but de la Ligne n'est pas celui-là mais la distinction entre deux manières d'aborder les réalités intelligibles. En quoi le savoir le plus haut diffère-t-il de l'activité qui consiste à enchaîner des propositions de façon cohérente ? La manière dianoétique de penser se sert d'images et maintient ses hypothèses à titre de principes, et l'autre non. Cette dernière n'est déterminée que négativement ; le fait de ne pas se servir d'images et de ne pas prendre ses hypothèses pour des principes (ce qui enferme le mathématicien dans un « rêve ») suffit à en faire un savoir plus exact que les sciences mathématiques. Car si les mathématiciens prennent comme principe une chose dont ils n'ont pas de savoir, toutes leurs déductions pourront bien être cohérentes, cela ne fera jamais un savoir. En revanche, les hypothèses dont part le dialecticien sont pour lui des points de départ pour aller vers un principe. « Supprimer » les hypothèses ne signifie donc pas pour lui les rejeter : l'hypothèse des mathématiciens n'est pas une « supposition », c'est une position, et c'est ce caractère définitivement thétique qui est supprimé par le dialecticien. Les mathématiciens ne prennent pas la peine de rendre intelligibles, même à eux-mêmes, les réalités qu'ils posent, parce qu'ils s'arrêtent à une trop facile évidence. Dialectiser signifie précisément refuser qu'il y ait là évidence. On ne peut pas avoir vraiment de savoir de ce que le discours n'a pas mis en question : c'est ce discours-là qu'il faut parcourir et ne pas se contenter de déterminer l'objet par une proposition définitionnelle.

Pour distinguer les deux segments de l'intelligible, Socrate fait intervenir le mouvement de l'âme, la manière dont elle chemine. Dans la section inférieure, elle part d'hypothèses pour descendre vers une conclusion. Dans la partie supérieure, qui est la partie supérieure de l'ensemble de la Ligne, elle va d'une hypothèse à un principe. Son mouvement a un sens exactement contraire à celui parcouru dans la section précédente, mais l'âme ne s'en tient pas là : une fois que le raisonnement a saisi le principe, « il descend ainsi jusqu'à la conclusion, sans se servir d'absolument rien de sensible, mais [en se servant] des Formes elles-mêmes, passant à travers elles pour aller vers elles et aboutir finalement à des Formes ». La dialectique fait de ses hypothèses non pas des principes mais bien réellement des hypothèses, qui sont comme des points d'appui et des élans « pour aller jusqu'à ce qui est anhypothétique afin de chercher le principe de l'ensemble », et, ayant atteint un principe, elle redescend aux conséquences. Ce principe n'est pas qualifié d'anhypothétique : le raisonnement va jusqu'à ce qui n'est pas hypothétique pour chercher ce qui est le principe de l'ensemble. Rien n'empêche en effet qu'une hypothèse soit tenue pour un principe, puisque c'est ce que font les mathématiciens. Un principe n'est donc pas en soi anhypothétique, puisqu'une hypothèse peut parfaitement en remplir la fonction. C'est la puissance dialectique qui localise le principe dans ce qui n'est pas hypothétique, elle poursuit sa marche jusqu'à ce qu'elle trouve de l'anhypothétique. Le fait d'être « anhypothétique » n'est pas une propriété naturelle ou essentielle de tout principe, il est la condition pour que le dialecticien, à la différence du mathématicien, accepte de parler de « principe ». Il ne s'agit donc pas de remonter vers un principe qui serait anhypothétique en soi et par soi, mais d'aller vers de l'anhypothétique, autrement dit de substituer à un terme qu'on se contente de poser comme évident – une hypothèse – un terme de l'être duquel on peut rendre raison parce qu'on a d'abord commencé par se demander ce qu'il est.

La pensée dianoétique conserve les formes originaires de l'opinion, l'affirmation et la négation ; la science dialectique rompt avec elles en procédant par questions et réponses. La supériorité du savoir dialectique sur les sciences mathématiques tient à sa puissance de mettre en question ce que les autres ne font que poser. C'est pourquoi la science dialectique est la seule à pouvoir atteindre ce qui est réellement principe et à avoir ainsi pleinement l'intelligence de ce qu'elle dit.

La hiérarchie des sciences

La division de la partie intelligible de la Ligne débouche sur une sommaire classification des sciences, sommaire puisque ne sont envisagées que les sciences mathématiques et la science dialectique, et cette classification est en fait une hiérarchie. Dans le *Sophiste* comme dans le *Politique*, la division de la science n'aboutit pas à des sciences qui en seraient les espèces. Mais lorsque dans le *Philèbe* Socrate se demande quelles connaissances contribuent à rendre la vie bonne, il semble bien avoir pour but de classer les différentes sciences existantes. Une première division sépare la partie artisanale de la science de celle qui concerne l'éducation et l'élevage, puis la partie « démiurgique » est divisée en arts métriques et arts stochastiques. Les premiers sont hégémoniques par rapport aux seconds : plus il y aura de métrique dans les art démiurgiques, plus ils seront purs. Leur pureté est liée à la plus grande précision et finesse des instruments utilisés : le charpentage et la construction navale seront donc plus purs que la musique, la médecine ou l'agriculture. Pour les mathématiques pures, elles ne sont pas plus pures parce qu'elles utiliseraient des méthodes ou des instruments plus précis, elles sont plus pures parce qu'elles ne traitent pas des mêmes objets. Or ces objets sont identiques à ceux de la science dialectique. La question de la prééminence de la dialectique fait de nouveau basculer l'entreprise de classification vers l'établissement d'une hiérarchie. Les deux différences posées dans la *République* (510b-511b) : le dialecticien ne se sert pas d'images et ne prend pas ses hypothèses pour des principes, sont alors omises. Le véritable critère est une détermination « subjective » : la dialectique est l'exercice le plus « pur » de l'intelligence et de la pensée, la science la plus haute, parce qu'elle manifeste seule ce désir (*erôs*) exclusif d'une sorte de vrai qui n'est ni le résultat d'une démonstration ni la propriété d'énoncés exacts, mais une vérité ontologique, celle qui dans la *République* est le premier effet de la puissance du Bien (508d). Pour découvrir la science véritable, on doit considérer seulement « s'il existe une certaine puissance naturelle de notre âme d'aimer le vrai et de tout faire en vue de lui » (*Phil.,* 58d). La seule science capable d'exprimer pleinement cette puissance naturelle en l'âme est la dialectique. Les coupures étant effectuées en vertu d'un principe de pureté-vérité, les sciences ne sont pas différenciées quant à leur nature mais quant à leur valeur : Socrate n'opère donc pas ici une véritable division, il établit une échelle graduée analogue à celle de la Ligne, la différence étant que les sciences sont examinées du point de vue de leur utilité pour la vie. La puissance dialectique se situe au sommet, suivie des mathématiques philosophiques, de ces arts plus obscurs que sont les arts métriques (comme la construction navale), enfin des arts stochastiques (comme la musique). La supériorité de la dialectique est maintenue grâce à la différence entre deux sortes de désir qui introduisent une différence dans la vérité (ontologique ou logique), et non plus en raison de deux manières de procéder.

Selon le schéma de la Ligne comme selon la hiérarchie du *Philèbe*, le savoir ne diffère pas seulement de l'opinion mais de sciences qui peuvent prétendre elles aussi à être des savoirs et non des opinions, qui semblent même incarner cette différence de la manière la plus indiscutable. Quel sens peut-il y avoir à les couronner d'un savoir supérieur auquel elles ne serviraient pas de paradigme mais seulement de prélude ? Il semble que pour répondre à cette question Platon doive dire enfin ce que c'est que savoir, obéissant ainsi à sa propre règle selon laquelle il est impossible d'affirmer quoi que ce soit d'une chose avant de savoir ce qu'elle est. Cependant, à la question : un savoir de ce qu'est le savoir est-il possible, Platon, dans le *Charmide* et dans le *Théétète*, répond par deux fois que non.

II. L'IMPOSSIBLE SAVOIR DU SAVOIR

Le Charmide

De l'avis général, le jeune Charmide est sage, modéré : si la sagesse, ou la modération (le terme *sôphrosunè* se prête à ces deux traductions), lui est présente, il doit avoir une opinion sur elle, une opinion modérée. Tel est bien le caractère des deux premières définitions qu'il en propose : la sagesse consiste à agir avec tranquillité, posément, c'est un style de comportement ; puis, la sagesse est la pudeur, la réserve. Socrate n'a pas de mal à les réfuter en montrant que les comportements contraires sont tout aussi sages en certains cas. Critias, sophiste ou disciple des sophistes, prend le relais ; la sagesse n'est pas pour lui, comme pour Charmide, une vertu sociale, elle consiste à « faire les choses qui relèvent de soi-même ». L'incertitude sur la nature de ce soi-même et sur ce qui en relève conduit à une dernière définition : la sagesse est la connaissance de soi (166b-175a). Or pour le sage, se connaître lui-même est se connaître comme sage. La science qu'il possède et qui le rend sage peut donc faire pour lui l'objet d'une autre science, réflexive, qui sera science d'elle-même. Pourtant, toute science est science de quelque chose, elle a des objets spécifiques et propres, ce qui n'est pas le cas de cette science qu'est selon Critias la sagesse. Pour surmonter l'objection, celui-ci détermine la science d'elle-même non comme une science d'objets mais comme une science de toutes les autres sciences. Présente en chacune des sciences quelle que soit la diversité de leurs objets, la science s'appréhende elle-même dans toutes les sciences et dans chacune. En les connaissant toutes, elle sait ce que c'est que savoir et se connaît elle-même.

La science, cependant, est une puissance : une puissance peut-elle s'appliquer à elle-même ? Pour que la vision, qui ne voit que des couleurs, puisse se voir elle-même, il lui faudrait être colorée, et de même il faudrait que l'audition soit sonore, etc. Quand il applique son raisonnement à la science, Socrate reste muet sur la propriété qu'elle devrait posséder pour pouvoir se connaître elle-même. Il renvoie la question d'une possible réflexivité de la puissance à un homme plus savant que lui et préfère opérer un passage à la limite en accordant l'existence d'un savoir ayant pour objet toutes les sciences, qui sera aussi savoir de ce qu'elles savent, et savoir de ce qu'elles ne savent pas. Ce savoir serait savoir de sa forme, immanente à toutes les sciences, savoir également de tous les contenus des sciences, et il serait capable en plus de déterminer ce qu'elles ne savent pas. Il est en effet impossible de savoir *qu'on sait* si on ignore *ce qu'on sait*, impossible de savoir si un autre sait ou ne sait pas sans savoir ce qu'il sait ou ne sait pas (seul un médecin peut choisir à coup sûr son médecin, les autres ne peuvent se fier qu'à une réputation). La science des autres sciences acquiert ainsi une extension totale, elle est puissance de connaître le savoir comme le non-savoir, de discerner leur présence ou leur absence. Si c'est bien à une telle définition que le nomothète a fait correspondre le nom de sagesse, celle-ci aura pour conséquence que toute action sera correctement effectuée; la sagesse réglera toutes les sciences, tous les arts, toutes les techniques, empêchera tout débordement des compétences. Socrate va jusqu'à l'étendre au passé, au présent et à l'avenir, éliminant ainsi tous les risques de l'action, toutes les erreurs de perspective que le devenir peut engendrer. Grâce à cette instance régulatrice, chaque tâche ne sera effectuée que par ceux qui sont compétents et les autres s'en remettront à eux en fonction non pas d'une opinion mais d'un savoir. Toute possibilité d'usurpation, d'illusion, d'erreur sera exclue.

Surgit alors une étrange question : une telle science, qui ferait de l'homme qui la possède le « vivant le plus savant qui soit », lui serait-elle avantageuse, le rendrait-elle heureux ? Le bonheur en serait en effet le bénéfice propre, le signe auquel on reconnaîtrait la présence en un homme de ce savoir du tout, différent de la possession de la somme de tous les savoirs particuliers. La question a pour conséquence d'introduire une hiérarchie dans les sciences – le trictrac ne contribue pas au bonheur au même titre que la médecine – et elle introduit surtout une relation différente entre celui qui sait et son savoir. La science capable de nous rendre heureux saurait à quoi les multiples savoirs sont bons, elle connaîtrait ce qui est bon pour notre âme. Le savoir du bon et du mauvais est donc différent de la science de toutes les autres sciences et d'elle-même, et différent aussi du savoir mis en œuvre par chaque science particulière. La notion conserve sa plurivocité. Même si ce savoir de rêve était possible, il ne serait pas un savoir de ce que c'est que savoir.

Le Théétète

La question est reprise tout au long du *Théétète*. Socrate va y soumettre à examen un jeune homme, Théétète, élève du grand mathématicien Théodore, et lui pose une première question : si apprendre, c'est devenir plus savant, et si c'est par le fait d'être expert en quelque chose, par une maîtrise (*sophia*), qu'on est savant, savoir (*epistèmè*) et maîtrise (*sophia*) sont donc une même chose ? La question est d'emblée celle de l'identité ou de la différence du savoir d'avec une science positive dont les sciences mathématiques fournissent le modèle et qui n'est nullement incompatible avec la conception sophistique du savoir. Mathématiciens et sophistes se partagent le champ de la *sophia*, les premiers abandonnant aux seconds toutes les questions générales qui relèvent selon Théodore de « simples discours », de débats pour lesquels il estime avoir passé l'âge. La précision scientifique coexiste tout naturellement avec des discours jugés incapables d'atteindre une précision identique puisque leurs objets, mal définis ou indéfinissables, sont par essence discutables. Théodore a abandonné pour la géométrie ce genre de discussions (sophistiques et rhétoriques), et entre celles-ci et l'examen socratique il ne semble pas voir de différence. Le savoir du mathématicien n'exclut pas, en lui-même, la conception sophistique du savoir, d'un savoir auquel il abandonne tout ce qui ne relève pas de la rigueur « scientifique ». De ce partage des territoires découle l'identité entre science et maîtrise, savants et sophistes étant maîtres et experts en leur domaine. Cette étonnante alliance objective de la sophistique et des sciences mathématiques explique pourquoi c'est à Protagoras que Théétète emprunte le contenu de sa première réponse à une question embarrassante parce que générale, pourquoi Protagoras en appelle à Théodore pour reprocher à Socrate son manque d'exactitude démonstrative, et pourquoi Théodore se fait tant prier pour servir de répondant lors de la réfutation de son ami Protagoras. Toute la suite va montrer que le savoir selon Socrate ne ressemble ni à celui des uns, ni à celui des autres.

En posant sa question habituelle, « le savoir, qu'est ce que cela peut bien être ? », Socrate va bouleverser ce partage à l'amiable. Théétète, comme Ménon, commence par lui fournir du multiple à la place de l'un, par énumérer des sciences et des arts, chacun spécifié par ses objets. Mais Socrate ne demande pas ce qu'est un savoir, ensemble d'hypothèses, de méthodes, de procédés et de résultats appropriés à un certain type d'objets, il demande ce qu'est cet état de l'âme que l'on appelle savoir. Il se refuse ainsi la facilité, qu'il se donne dans la *République*, de définir la science comme la connaissance des réalités en soi, réponse aussi peu satisfaisante que celle qui définit la cordonnerie comme science de la chaussure. Les Formes intelligibles seront donc absentes de l'ensemble du *Théétète*, non parce que Socrate aurait renoncé à les poser mais parce qu'elles n'ont rien à y faire. Théétète comprend que Socrate lui demande quelque chose de comparable à ce qui a été fait pour les lignes irrationnelles, unifiées sous le nom de « puissances » par une forme unique. Moyennant quoi, il continue de croire que le savoir doit se chercher dans la pluralité des sciences, qu'il est constitutif de chacune et même en chacune. L'existence d'une autre manière de savoir, différente de celle qui est propre à tous les savoirs constitués et qui serait le savoir véritable, se trouve ainsi écartée d'emblée et le Dialogue se voit du même coup condamné à être aporétique.

En un sens, Théétète a pourtant entendu la question de Socrate ; ses trois tentatives de réponse portent bien sur la manière qu'a l'âme de se rapporter à un objet : la perception, l'opinion vraie, l'opinion vraie accompagnée de son logos sont trois activités de l'âme.

1. *Savoir, c'est percevoir (151e-160e)*

Le jeune homme commence par déclarer que « celui qui perçoit quelque chose perçoit ce qu'il sait » : savoir, c'est percevoir. Socrate va alors construire un bloc de trois thèses dont chacune implique l'autre. Si savoir est percevoir, comme l'affirme Théétète, Protagoras a raison et l'homme est mesure de toutes choses ; telle une chose m'apparaît, telle elle est pour moi ; être, c'est apparaître à un sujet, et apparaître, c'est être perçu. La thèse de Protagoras identifiant l'être et l'apparaître suppose à son tour la « thèse secrète » du perpétuel changement de toute chose. Tout ce que nous disons être n'est qu'un advenir et un devenir, le mouvement est à l'origine de l'infinie diversité des phénomènes, comme l'ont déclaré depuis Homère les poètes et tous les savants à l'exception de Parménide. C'est cette « science » constituée solidairement par la poésie, la « physique » des anciens savants, la sophistique et la rhétorique, autant dire par toute la culture qui l'a précédé, que Platon va s'employer à réfuter lors du long examen de la première définition.

Le paradoxe engendré par la double relation – un ensemble de six osselets est plus grand comparé à un ensemble de quatre, plus petit comparé à un ensemble de douze – sert à contester que tout changement de qualité résulte d'un mouvement : l'ensemble de six en réalité ne devient pas, il demeure égal à lui-même. Cet argument, jugé d'ailleurs par Socrate purement verbal, ne tient pas si on raffine la thèse. Car ce ne sont pas alors seulement les qualités qui sont tenues pour être les produits de rencontres entre un flux extérieur et un organe, tout est mouvement, et le mouvement a deux formes, l'agir et le pâtir. Aucune chose n'est, de façon fixe, agent ou patient, ce qui est agent lors d'une rencontre peut devenir patient lors d'une autre; il n'y a ni sujet ni objet, seulement une multiplicité de genèses instantanées, d'événements sensoriels se dédoublant provisoirement en senti et sentant. L'atomisation et la variabilité s'étendent des qualités à ce qu'Aristote nommera des substances, rien n'a de consistance ni d'unité propres, ce que nous croyons être des choses – un homme, une pierre, un osselet – ne sont que des agrégats. Rien n'est et tout devient, et ne devient que relativement à ce qui se trouve percevoir ce devenir. Peut-on se satisfaire, demande Socrate, de refuser l'être et de n'accorder qu'un perpétuel devenir au beau, au bon ? L'introduction des valeurs pourrait ouvrir une voie mais elle est aussitôt abandonnée au profit de l'objection des erreurs des sens, des maladies, des songes. Ce qui n'entame pourtant pas la thèse, car si la perception peut entraîner la formation d'opinions fausses elle n'en paraît pas moins toujours vraie à celui qui la perçoit, elle et l'opinion qui la traduit.

L'apologie de Protagoras (165d-168a)

Cette vérité devrait valoir pour tout être percevant, aussi bien pour le pourceau que pour le cynocéphale. L'homme n'a pas le privilège d'être mesure, et aucun homme n'a de privilège relativement aux autres. Si l'opinion de chacun est vraie quand elle est conforme à son impression, il n'y a pas de savants : la thèse de Protagoras annule toute différence, spécifique ou individuelle. La démarche socratique devient ainsi totalement ridicule : pourquoi chercher à réfuter les représentations et les opinions des autres, alors que toutes sont justes pour chacun ? Théétète commence à être ébranlé, et Protagoras se fâche : les arguments employés déshonoreraient un mathématicien. Socrate l'admet, cependant ses deux arguments suivants : il est possible de percevoir une langue étrangère sans la savoir (la comprendre), et, lorsqu'on se souvient, il est possible de savoir ce qu'on ne perçoit pourtant pas, lui semblent encore plutôt sophistiques. C'est en procédant de façon antilogique qu'il a jusqu'ici réussi à détruire l'histoire contée par Protagoras et Théodore, « histoire » qui n'aurait pas été réfutée, ou pas si aisément réfutée, si son père était encore en vie. Il a donc attaqué une thèse orpheline, et comme personne d'autre ne le fait « c'est nous qui, pour la justice, nous risquerons à lui porter secours ». Il faut donc prononcer à sa place l'apologie de Protagoras.

Rappelé du royaume des morts grâce à la volonté de Platon de lui rendre justice, Protagoras accorde ce qui faisait l'objet de la plus terrible question : tout sujet, étant une pluralité, tolère tous les états contraires; il est donc possible de ne pas savoir ce qu'on sait. On ne peut avoir d'opinion que sur ce qui affecte, donc sur ce qui est, et pour cette raison toutes les opinions sont vraies. Il existe néanmoins des hommes plus savants que les autres, mais le vrai et le faux ne sont pas leur affaire : ils ne s'occupent que d'opérer le changement d'une disposition pire en une disposition meilleure, ce que fait le médecin grâce à ses remèdes et le sophiste par ses discours. La défense de Protagoras recentre sa thèse : c'est l'homme qui est le sujet du savoir, c'est lui qui est seule mesure de chaque chose et de lui-même. Toute mesure transcendante est exclue, et pour un homme plongé dans l'immanence le problème n'est pas de connaître la vérité en elle-même mais de faire prévaloir le meilleur sur le pire, l'humain sur l'inhumain.

Examen sérieux de la thèse de Protagoras (170a-172b, 177c-179d)

Après l'apologie de Protagoras, Socrate demande à Théodore d'être son répondant pour faire de la thèse un examen sérieux, et il pose en passant une question qui suffirait en fait à la renverser : Théodore est-il mesure pour les figures géométriques, ou tous les hommes le sont-ils ? Or, si le géomètre est mesure, il l'est de la vérité et de la fausseté, non du meilleur ou du pire. Cette piste est à nouveau abandonnée et Socrate en appelle à l'opinion commune : tous, quand il sont pris dans une guerre, une tempête sur mer, ou en proie à une maladie, considèrent comme des sauveurs ceux qui ont un savoir en ces domaines. La distinction entre savoir et ignorance, vérité et fausseté semble cependant n'être reconnue par tous que lors d'expériences exceptionnelles; Socrate va tenter de remédier à la faiblesse de son argument en généralisant et quantifiant son recours à l'opinion. Si quelqu'un juge vraie sa propre opinion, mais que des milliers de gens la jugent fausse, autant de fois cette vérité ne sera pas. Protagoras doit donc reconnaître pour vraie l'opinion qui le contredit, il devra accorder qu'est vraie aussi l'affirmation que personne n'est mesure d'aucune chose s'il ne l'a pas apprise. Pourtant, lorsqu'il s'agit de choses chaudes, sèches, douces…, telles elles apparaissent, telles elles sont. L'auto-contradiction de la thèse met en évidence que vérité et mesure sont des notions auxquelles elle retire tout sens (si tout est vrai, rien ne l'est, et si tous sont mesure, il n'y a pas de mesure), mais l'argument n'a pas de prise sur les opinions qui naissent de sensations actuelles. En revanche, pour le sain et le malade et pour ces valeurs politiques que sont le décent et le honteux, le juste et l'injuste, est-il légitime d'affirmer que tout cela est tel qu'il apparaît ? Un médecin ne prescrit, une cité ne légifère qu'en vue de ce qui est avantageux, non pas pour le seul présent mais aussi pour l'avenir. Il est évident que le médecin est seul compétent pour pronostiquer l'évolution d'une fièvre, le cuisinier pour prévoir le plaisir qu'une nourriture apportera, et Protagoras le meilleur juge de l'effet que produiront ses discours. Pour ce qui est de l'avenir, chacun n'est pas mesure de ce qu'il éprouvera, c'est un autre, un expert, qui l'est.

Ce dernier examen, qui se prétend sérieux, conforme à la manière de procéder des mathématiciens, et trop rigoureux pour que le jeune Théétète puisse le suivre, laisse perplexe. Le recours à des expériences limites n'établit qu'exceptionnellement la supériorité du savoir sur l'ignorance ; montrer le caractère auto-contradictoire de la thèse est un procédé typiquement sophistique, et même protagoréen. L'argument du pronostic semble plus solide mais il n'infirme en rien la thèse de l'infaillibilité de la perception sensible actuelle. Qui plus est, Socrate paraît avoir oublié les rapports établis dans le *Gorgias* (465a-e) entre les arts véritables et leurs contrefaçons : gymnastique / cosmétique = législation / sophistique ; médecine / cuisine = technique judiciaire / rhétorique. La cuisine, cette sorte de flatterie, est mise ici sur le même plan que la médecine. Tout cela prouve au moins une chose : qu'en usant d'une méthode « mathématique » Socrate n'a réussi ni à infirmer la vérité de la perception sensible présente, ni à réfuter que, concernant la plupart des expériences humaines, ce n'est pas la vérité qui est recherchée mais l'opinion et la décision les meilleures. Il va donc continuer à chercher la faille, et se tourne pour cela vers la thèse secrète.

Critique de la thèse du mobilisme (179e-183c)

Sur ce point Théodore est de bon conseil : les Héraclitéens, dit-il à Socrate, ne te rendront jamais raison mais te répondront par énigmes. Il faut les étudier comme on ferait d'un problème. À ceux qui affirment que tout se meut, il faut demander de quelle sorte de mouvement. Il en existe en effet deux espèces, selon l'espace : le déplacement, et selon le temps : l'altération. Si tout se meut, tout doit se mouvoir toujours des deux espèces de mouvement à la fois, sinon les choses mues d'un seul mouvement seraient en repos relativement à l'autre. En outre, s'il est interdit de fixer quoi que ce soit, il sera impossible de parler : tout nom immobilise une chose ou une qualité, le langage est faux dans sa structure même. Les mobilistes cohérents proscriront le verbe être et tout ce qui pourrait passer pour un état stable, tout « ainsi », la seule ressource étant sans doute pour eux de ne dire que « pas même ainsi », ce qui entraîne l'équivalence de tous les énoncés. Rien ne mérite alors le nom de perception plutôt que celui de non-perception, et une perception n'est pas plus une vision qu'une audition ou une non-vision. La thèse ne ronge pas seulement l'être et le langage, elle ruine la sensation elle-même. Le mobilisme intégral, loin de leur apporter un fondement, fait imploser aussi bien la thèse de Protagoras que celle de Théétète.

Examen de la thèse de Théétète (184b-186e)

Socrate revient alors à cette dernière. À vrai dire, on a le sentiment qu'il en arrive enfin à ce par quoi il aurait dû commencer : à une analyse de la perception. Pourquoi donc ce passage par les longues réfutations de la thèse de l'homme-mesure et de celle du « tout se meut » ? La première raison est qu'il fallait arriver à réduire la thèse de Protagoras en la limitant au domaine de la perception sensible. Percevoir n'implique pas en soi cette limitation mais désigne n'importe quelle saisie immédiate, quel qu'en soit l'objet, et c'est à une telle saisie que Théétète donnait le nom de savoir. Socrate devait donc montrer que tous ceux qui perçoivent une langue, et *a fortiori* un triangle, ne saisissent pas le sens de ce qu'ils perçoivent ; que tous ceux qui parlent de beauté et de justice ne connaissent pas la signification de ces mots et ne s'accordent pas sur eux ; et, pour les prévisions concernant l'avenir, qu'elles relèvent de certains savants. En tous ces domaines, il ne suffit pas de percevoir pour savoir, il faut s'être donné la peine d'apprendre.

Mais quand il s'agit de ce rapport direct d'agent à patient qu'est la perception sensible, son immédiateté la rend infaillible ; on pourra faire varier l'agent et le patient autant qu'on voudra, et même les rendre interchangeables, il reste que seul celui qui pâtit sent qu'il pâtit au moment où il pâtit, et comment. Aucun discours ne pourra le dissuader ni le convaincre, et tout ce que pourront faire médecin et sophiste sera d'agir sur la disposition mais non sur l'affection elle-même. Tant que le malade ne sera pas guéri, la douleur sera là et aucun médecin ne pourra démontrer le contraire ; de même, tant qu'une cité subira les malheurs causés par une guerre, elle en souffrira et aucun sophiste ne pourra la persuader qu'elle ne souffre pas, il pourra seulement faire adopter aux cités les moyens qu'il juge utiles pour mettre fin au conflit (les sophistes étaient souvent des ambassadeurs, comme Prodicos ou Hippias). La perception sensible actuelle paraît bien être à l'origine d'un savoir. Limitée au sensible et au présent la thèse de Protagoras semble imprenable, mais elle ne l'est pas si on l'étend aux figures mathématiques, aux valeurs, et au futur. La seconde raison de ce long parcours est que, tant qu'on n'a pas réfuté l'hypothèse ontologique selon laquelle rien n'est en soi et par soi mais tout devient, la négation de la différence entre devenir et être continuera à entraîner la négation de la différence entre être et apparaître, donc à donner raison à Protagoras. Ayant dégagé les présupposés de la définition de Théétète et restreint la perception à celle des réalités sensibles, Socrate peut enfin examiner pour lui-même le terme auquel le savoir est identifié. Que la sensation sente ce qu'elle sent est irréfutable, mais que sentir soit savoir est discutable.

Par quoi voyons-nous ou entendons-nous ? En 295b, la réponse semble être « par les yeux et par les oreilles ». Or nos sens ne sont pas ce *par quoi* nous voyons, mais ce *au moyen de* quoi nous voyons, et ils tendent tous vers une instance (*idea*) unique, âme ou quel que soit le nom qu'il faille lui donner, par laquelle nous sentons tout ce qui peut être senti. Socrate distingue ici deux médiations nécessaires : les sens (yeux, oreilles…) au moyen desquels nous sentons, et une instance une par laquelle nous sentons. La distinction grammaticale a pour fin de subordonner une multiplicité de capacités différentes et incoordonnées – les organes sensoriels, qui ont chacun leurs sensibles propres (les yeux ne peuvent pas voir des sons) – à une seule faculté qui n'est pas corporelle, celle, disons, de l'âme. Cela ne signifie pourtant pas que l'âme seule sentirait, les différents sens étant réduits à des instruments insensibles transmettant les excitations extérieures, à des sortes de portes et fenêtres. Affirmer que c'est l'âme qui sent et que les organes sensoriels sont de simples canaux de transmission, c'est croire qu'elle est dans son corps comme un pilote dans son navire, ou comme le seul guerrier vivant dans un cheval de bois. Or sentir est un phénomène commun à tous les vivants. L'instance unique vers laquelle toutes leurs sensations convergent est bien l'âme, mais entendue comme un principe de vie et de sensibilité, ce qui explique sans doute l'hésitation de Socrate : le seul nom d'« âme » risque d'introduire de la connaissance dans la sensation. Étant donné que tout ce passage du *Théétète* vise précisément à exclure toute trace de connaissance dans la sensation, il serait incohérent de prêter à l'âme un savoir qu'on sent, même si ce n'est pas un savoir de ce qu'on sent. Sentir, ce n'est ni savoir ni même être conscient qu'on sent, mais sentir, par son âme, qu'on sent, grâce à son corps : l'âme ne sent que pour autant que son corps sent, et réciproquement. Les animaux et les nouveau-nés éprouvent des sensations qui ne sont ni conscientes ni représentatives, mais ils sentent néanmoins. C'est le vivant qui n'est pas un cheval de bois dans lequel les sens seraient assis, c'est lui tout entier qui est sentant, et il est d'autant plus sentant qu'il y a en lui plus d'âme, donc plus de vie (voir p. 248-250). L'âme qui intervient dans la sensation n'est ni une âme rationnelle ni une âme consciente, elle s'identifie à sa fonction naturelle, innée, d'animation d'un corps, qui en fait un corps naturellement réceptif et sélectif. Elle est ce terme unique de convergence qui assure aux sensations le seul trait commun qu'elles puissent avoir : être senties et non pas seulement vues, entendues, reniflées, goûtées. C'est « nous » qui sentons et non pas notre âme, mais nous sentons au moyen des facultés de notre corps et par notre âme, puisque c'est elle qui fait de notre corps un corps sensible et sentant.

Les notions communes (184b-186e)

En revanche, Platon accorde bien à l'âme humaine seule la puissance de se séparer, mais alors elle prend sa distance vis-à-vis du corps et sentir devient pour elle pour elle un moyen de juger. Tout sens est spécifique, donc incapable d'appréhender une qualité commune à des espèces différentes de sensations (la vue ne peut rien percevoir de commun entre des couleurs et des odeurs). Tous les sensibles ont pourtant en commun certaines propriétés : existence ou inexistence, identité ou différence, nombre, similitude ou dissimilitude ; ces propriétés enlèvent aux qualités perçues leur indistinction et leur instabilité, et seule l'âme peut les appréhender, par le moyen d'elle-même. Une âme capable de percevoir une qualité commune à divers sensibles est une âme qui dispose de mémoire pour comparer et est capable de juger, non pas une âme qui sent. Immédiatement après avoir donné à l'âme seule la capacité de saisir les qualités communes à tous les sensibles, Socrate rappelle que le pouvoir de sentir est naturel, inné aux hommes aussitôt nés et à toutes les bêtes et, ajoutera le *Timée*, aux plantes. La sensation ne comporte donc, en elle-même et par elle-même, aucune désignation verbale, aucun concept, aucune mémoire, aucun jugement. Mais l'âme qui appréhende les propriétés communes est une âme séparée du corps, qui ne découvre ces propriétés qu'en raisonnant. Il lui faut pour ce faire une éducation et du temps – elle doit « mettre en rapport, à l'intérieur d'elle-même, les choses passées et présentes avec les choses à venir ». Nos perceptions, telles que nous les percevons et non pas telles que les « raffinés » les théorisent, sont pénétrées du travail de l'âme, de tout ce qu'elle a appris, non pas en se soumettant à l'écoulement du temps mais en s'en dégageant pour mettre en rapport ses différentes dimensions et découvrir des sortes de permanence. Sentir suppose pour nous autre chose que du sentir, pour percevoir il faut aux hommes une espèce de savoir, celui des notions communes.

L'existence et la vérité en faisant partie et étant inaccessibles à la sensation, celle-ci ne peut en conséquence être un savoir : Théétète est réfuté. Protagoras l'est aussi, puisque l'âme est une instance unique et non une multiplicité. Et Héraclite également car, sans la transcendance de l'âme qui juge, le flot du devenir pourrait bien couler, l'altération perpétuelle qu'il est censé imposer serait insensible. Mais ce qui sous-tend toute cette première partie du *Théétète* est une représentation du savoir comme saisie immédiate, évidence jugée seule capable de fonder cette médiation infinie qu'est le discours. Qu'il en procède ou qu'il y aboutisse, il ne serait qu'un moyen, nécessairement imparfait, de la traduire ou de l'atteindre. Or cette représentation, Protagoras ne l'a pas détruite, il l'a seulement ébranlée en montrant l'absolue relativité de l'évidence. En réfutant Protagoras, Socrate a montré que la sensation n'était pas un savoir mais il n'a pas rompu avec l'image prégnante du savoir comme perception, puisqu'il n'a toujours pas découvert ce que c'est que savoir. Il a au moins découvert ce qu'il n'est pas, et on aura appris qu'il fallait le chercher, non dans la sensation, mais dans l'activité de l'âme quand elle s'applique, seule et par elle-même, à ce qui est.

2. *Savoir, c'est avoir une opinion vraie (187e-195a)*

Malheureusement, selon Théétète, cette activité se nomme opiner ou juger (*doxazein*). Le savoir, c'est l'opinion, à condition d'ajouter « vraie ». Le chemin qu'ouvrait Socrate est aussitôt fermé, car dans l'hypothèse où savoir c'est juger, face à toutes choses ou bien on sait, ou bien on ne sait pas. Cette opposition massive, qui laisse de côté ces intermédiaires que sont apprendre et oublier, s'impose du fait que tout jugement est affirmatif ou négatif. Toute opinion postule qu'elle connaît la chose à propos de laquelle elle affirme ou elle nie. Pourtant, on peut juger faussement. Comment peut-on prendre ce qu'on ne sait pas pour ce qu'on sait, ou porter un jugement sur des choses qui, relativement ou absolument, n'existent pas ? L'erreur n'est possible ni du côté du sujet, certain qu'il sait de quoi il parle, ni du côté de l'objet, puisque affirmations et négations portent toujours sur des choses qui sont. La seule possibilité d'erreur serait donc la méprise, qui consiste à porter un jugement sur une chose en la prenant pour une autre. Mais cela ne fait que reculer le problème : je ne peux pas prendre l'une pour l'autre deux choses que je sais, pas non plus deux choses que je ne sais pas, et si je prends l'une, que je ne connais pas, pour une autre, que je connais, alors je saurai et ne saurai pas en même temps.

Il faut donc réintroduire les deux termes écartés, apprendre et oublier, qui ne sont pas des états mais des actes, des mouvements. Ils introduisent des dimensions temporelles qui rendent la plus terrible question moins terrible, car l'on peut savoir ce qu'on ne sait pas encore, c'est-à-dire apprendre, et ne plus savoir ce qu'on sait, c'est-à-dire oublier. Si on s'en tient à l'hypothèse, apprendre ne peut signifier que « acquérir un souvenir », et l'erreur réside dans le mauvais ajustement d'un souvenir à une perception. Après une combinatoire étourdissante, Socrate conclut que ceux qui savent sont ceux qui ont une bonne mémoire et que sont ignorants ceux dont « la cire qui est en l'âme » est velue, encrassée ou trop dure, donc inapte à bien conserver les empreintes des sensations. Selon la qualité de la cire, l'empreinte de la perception pourra être nette et profonde, ou brouillée, effacée et même inexistante. C'est donc l'impression actuelle qui est critère de la vérité et de la fausseté de l'opinion, et la deuxième définition renvoie à la première. Si, percevant Théodore, c'est le souvenir de Théétète que je projette sur lui, je me tromperai. Mais en admettant que cela rende compte des erreurs empiriques, cela n'explique pas les erreurs de pensée. Si je dis 7+5 = 11, je me trompe, mais pour me tromper il faut que j'aie une connaissance des nombres. C'est ma science qui rend mon erreur possible, et, confondant 11 et 12, je confonds une chose que je sais avec une autre chose que je sais. Seuls les mathématiciens pourront se tromper en mathématiques, et les grammairiens en grammaire. On se retrouve devant cette alternative : ou bien la pensée ne peut pas se tromper, ou bien il est possible de ne pas savoir ce qu'on sait.

Pour en sortir, Socrate va « oser dire » ce que c'est que savoir : c'est le fait d'avoir, ou plutôt de posséder une science. L'image du colombier vient remplacer celle de la cire : dans le colombier qui est en chaque âme, imaginons des oiseaux que l'on posséderait et que l'on aurait la puissance de capturer, donc d'avoir, à volonté. Tout comme on peut posséder un vêtement et ne pas le porter, on peut avoir acquis des connaissances et les conserver en son âme sans pour autant les avoir actuellement toutes ensemble. Savoir suppose ainsi que l'on se livre à deux chasses, la première pour acquérir et posséder des connaissances, entasser des colombes dans le colombier, la seconde afin de mettre la main sur ce qu'on possède. La distinction entre posséder et avoir résout la terrible question car il n'arrivera jamais qu'on ne possède pas ce qu'on possède, donc qu'on ne sache pas ce qu'on sait, et elle explique comment il est possible d'attraper une colombe à la place d'une autre, le 11 au lieu du 12, donc d'avoir une opinion fausse. L'opinion sera vraie ou fausse selon qu'on réactualise la bonne ou la mauvaise connaissance. Pourtant, cela ne supprime pas un fait encore plus redoutable : c'est toujours la possession d'un savoir qui rendra possible l'erreur et l'ignorance. La suggestion de Théétète, mettre dans le colombier des non-savoirs, nous renvoie au *Charmide* et à un doublement absurde puisqu'il faudrait construire un autre « ridicule colombier » où mettre des sciences de ces sciences et de ces non-sciences. Le raisonnement « fait remarquer » à Socrate que c'est ce qui arrive quand on commence par chercher à définir l'opinion fausse avant de déterminer ce qu'est le savoir, c'est-à-dire l'opinion vraie. Cependant, quand on se place dans cette hypothèse, la question est celle du critère permettant de discerner le vrai du faux ; ou bien ce critère est l'invérifiable conformité ou non-conformité à la sensation, ou bien il est l'introuvable savoir du savoir et du non-savoir. Dans les deux cas, l'opinion fausse et l'opinion vraie relèvent d'une même possibilité, et définir l'une, c'est définir l'autre, mais Socrate n'est arrivé à définir ni l'une ni l'autre.

Théétète s'obstine et maintient que l'opinion vraie est infaillible et n'a que de belles et bonnes conséquences. Or l'art qui suffit à le contredire est paradoxalement la rhétorique, en particulier judiciaire. Comment un juge arrive-t-il à un verdict ? Il n'a pas été témoin des faits : c'est donc la persuasion exercée sur lui par les témoins et par les avocats qui détermine son jugement. Nul n'a mieux posé ce problème que Gorgias dans son *Palamède*. Accusé par Ulysse de trahison au profit des Troyens, Palamède lui dit : « car si tu sais, tu sais parce que tu as vu, ou parce que tu as pris part ». Mais il est impossible de communiquer à un autre ce que l'on a vu, commis ou subi, de transmettre des affections par des mots. Un témoin ne peut pas dire ce qu'il a vu, mais il peut préciser dans quelles circonstances il a vu, dire le lieu, le moment, quand, où, comment il a vu, seule manière de convaincre ceux qui l'écoutent qu'il a effectivement vu, donc qu'il connaît la vérité. C'est à cette condition qu'on accordera foi à *ce* qu'il dit qu'il a vu. Le contenu du discours reste incommunicable parce qu'il est le contenu d'une expérience sensible absolument singulière, mais le discours peut dire et convaincre les autres que l'expérience qu'on a faite, on l'a faite. On peut donc faire connaître le vrai à celui qui n'a ni vu ni pris part en lui donnant la certitude qu'on est un témoin oculaire, garantie que c'est bien la vérité que l'on va dire. Socrate arrive à la même conclusion : il demande à Théétète s'il pense qu'il y a des gens assez habiles pour, en peu de temps, enseigner suffisamment à des gens qui n'y assistaient pas la vérité de ce qui s'est produit – il s'agit des rhéteurs et de ceux qui plaident (200d-201c). Théétète estime que cela ne peut se faire, et il a raison, car, poursuit Socrate, « il y a des choses que seul peut savoir celui qui a vu, autrement c'est impossible ». Les juges émettent donc généralement leur verdict par ouï-dire, en fonction de l'opinion vraie qu'on leur a transmise et sans avoir de savoir : la science dont ils sont dépourvus, c'est la science telle que Gorgias la conçoit, celle de ceux « qui y étaient », la connaissance perceptive. Le jugement judiciaire suffit à démontrer que l'on peut arriver, comme le juge, à une opinion droite sans avoir ce « savoir » que procure la perception.

L'opinion doit être d'autant plus assurée d'elle-même qu'elle doit toujours surmonter son absence de fondement. Quand elle ne le trouve pas du côté de la perception, sa vérité est une vérité jamais confirmée, ou plutôt dont la seule confirmation est d'être partagée. Gorgias le sait, c'est-à-dire sait que l'espace du jugement est celui du vraisemblable et non du vrai, de l'opinion qui, même vraie, n'est pas un savoir. Théétète pense qu'il faut donc adjoindre à l'opinion quelque chose pour qu'elle en soit un.

3. *L'opinion vraie accompagnée de sa raison (201c-210a)*

Il a entendu dire que les choses dont on ne peut rendre raison ne sont pas objets de savoir mais que le sont celles qui comportent une raison. Le savoir est l'opinion vraie accompagnée de sa raison, ou de sa justification, ou de sa définition (*logos*). Les éléments des choses, réplique Socrate, n'ont pas de raison, on ne peut pas les définir et les prédiquer car tout prédicat en ferait non plus des éléments mais des choses composées. Les éléments sont donc inconnaissables, bien qu'il soit possible de les percevoir et de les nommer. Leurs assemblages, par contre, sont connaissables, on peut en avoir une opinion vraie. Pourtant, comment un assemblage d'éléments inconnaissables peut-il être connaissable ? Si on réfléchit sur ce qui fournit à cette théorie son modèle, les lettres et les syllabes, la raison (*logos*) de la syllabe SO, c'est S et O. Or ce sont de simples bruits, des sons sans signification. Pour que la syllabe qu'ils composent en acquière une, doit-on la concevoir comme leur somme ou comme une forme (*idea*) se surajoutant aux éléments ? Si c'est la simple somme des deux, somme homogène à ses éléments, elle sera aussi inconnaissable qu'eux. Si c'est un tout, une forme qui les articule, ce tout est une unité sans parties, il est assimilable à un élément et aussi inconnaissable que toute réalité élémentaire. Théétète semble néanmoins avoir une bonne idée quand il différencie la somme quantitative, qui est une simple addition, du tout entendu comme un principe d'organisation se surimposant aux éléments. Mais pour toutes les choses qui relèvent du nombre, le tout est identique à la somme. On est donc conduit à l'alternative : si la syllabe est connaissable et est la somme de ses éléments, ces éléments doivent être connaissables ; si elle est un tout dont la nature est différente de la leur, elle est une et indivisible, mais elle est alors une espèce d'élément et est aussi inconnaissable qu'eux.

Ce n'est donc pas le simple fait d'assembler des éléments dépourvus de signification (*logos*) qui leur en donnera une. Socrate envisage alors trois sens du mot *logos* (le plus grec des termes grecs, et pour cela intraduisible). Si par là on entend cette articulation de verbes et de noms qu'est la parole, n'importe qui, à condition de n'être ni sourd ni muet, exprime ses opinions en parlant, sans que cette traduction phonétique leur ajoute rien. Mais *logos* peut aussi signifier le compte, l'énumération complète des éléments. Lorsqu'on est interrogé sur ce qu'est un chariot, en rendre raison sera, comme dit Hésiode, être capable d'en nommer les cent pièces. Or on peut en être capable pour tel ensemble mais non pour tel autre : celui qui écrit correctement THE(étète) peut se tromper et écrire TE(odore). Dans le premier cas il est capable d'énumérer les bons éléments mais pas dans le second, preuve que cette capacité ne lui donne pas le savoir général de la syllabe THE. Le savoir que suppose l'énumération des éléments est lié à un objet particulier (savoir énumérer les pièces d'un chariot n'implique pas qu'on puisse le faire pour un navire), il est incapable de s'en détacher, donc incapable de généralité. C'est l'opinion vraie qui est particulière et qui possède cette capacité d'énumération : en la lui ajoutant, on ne lui a rien ajouté. Le *logos* consiste alors peut-être dans le fait de saisir la marque, le signe distinctif de l'objet : rendre raison du soleil, c'est le connaître comme le plus brillant des corps. Mais toute opinion, si elle est droite, saisit cette différence : juger droitement que Théétète est Théétète consiste à le distinguer non seulement de tous les autres hommes mais même de tous ceux qui ont avec lui des traits communs, et cela ne suppose qu'une seule chose, que la perception de la singularité de Théétète se soit gravée en mémoire. L'opinion est droite quand elle appréhende ce par quoi un objet diffère des autres, et ce qu'on prétend alors lui adjoindre, c'est elle-même. Tout comme la deuxième définition renvoyait à la première, la troisième renvoie à la deuxième, et l'ensemble du Dialogue procède de cette démarche régressive qui reconduit l'opinion à la perception.

Il se conclut sur cette aporie et sur le fait que Théétète n'a accouché que d'enfants mort-nés. En nommant son art « maïeutique », en l'assimilant à celui d'une accoucheuse, en rappelant sa stérilité et son non-savoir, qui est un savoir ne pas savoir, Socrate entrelace ce qui au cours de la deuxième définition paraissait impossible à entrelacer, la science et la non-science. En lui se trouve réalisée l'unité du savoir et du ne pas savoir, mais selon une modalité qui n'est pas celle de l'opinion. En tenant les deux ensemble, sa conscience est au contraire la figure même de la rupture d'avec l'opinion. Elle est double, comme celle d'Ulysse le menteur, mais sa duplicité est différente car la conscience philosophique ne cesse, en apprenant, d'évacuer son non-savoir sans jamais pouvoir l'évacuer complètement. Il y a toujours en elle comme une opacité interne qui fait que jamais le savoir n'est complètement en possession de lui-même, transparent à lui-même, puisqu'il a toujours à détruire des images et ses images. Sans cela, il pourrait se savoir une fois pour toutes et l'*epistèmè* s'identifierait à la *sophia*.

Le savoir comme intelligence de sa différence

La destruction des fausses images que l'on a du savoir, illusions toujours renaissantes, est la seule manière, pour le savoir, de marquer sa différence. Si celle-ci était définitivement conquise, elle n'aurait plus à se produire dans des discours. Il ne resterait qu'à élaborer, à partir d'elle, de multiples sciences que ne troublerait pas la question du savoir. Pourtant, le *Théétète* n'est pas un dialogue complètement négatif. Tout au long, le savoir n'a cessé de se présupposer (196e), mais il n'a présupposé que sa différence car tout ce qu'il n'est pas, cela, il le sait. On y trouve en outre, non pas des indications de ce que serait un savoir du savoir, mais les conditions d'un autre savoir, véritable. Lorsque Socrate parle de son « terrible » amour pour la vérité, il n'emploie pas ce terme par hasard, il l'oppose à ce que Protagoras appelait les « terribles discours », ou discours terrassants : ce ne sont pas les discours du sophiste ou les arguments que Socrate vient lui-même d'utiliser qui sont irréfutables, c'est son amour pour la vérité. Le rapport de l'âme au savoir n'est pas un rapport de possession mais de désir : ainsi se trouve définitivement exclue l'identité de la maîtrise ou de l'opinion vraie avec le savoir.

Ce qui cependant ouvre vraiment le Dialogue à une autre dimension est ce que Socrate appelle lui-même une digression (172c-177b), alors que c'est sans doute là, dans le désir, la hauteur, l'intelligence du philosophe qu'il convient de reconnaître les effets de cette force qu'est le savoir. Socrate craint qu'à un argument ne succède un argument encore plus long, et Théodore répond : « n'en avons-nous pas le loisir ? ». Socrate prend prétexte de ce mot pour dresser deux paradigmes. Il y a d'ailleurs là tout autre chose qu'un prétexte, puisque ce qui suit a pour but de substituer une mesure à une autre : à l'humaine mesure de Protagoras s'oppose une mesure « divine ». L'homme qui se règle sur la première vit dans un temps mesuré par la nécessité, il est toujours asservi au verdict d'un autre et son discours est toujours intéressé, dirigé vers un avantage à obtenir ; à lui s'oppose l'homme libre, libre de son temps, libre de l'opinion d'autrui et même libéré de lui-même puisqu'il ne parle jamais d'affaires qui le concernent. Ce texte splendide, où l'on voit le philosophe regarder en haut et tomber dans le puits, mais surtout regarder de haut les valeurs dérisoires des hommes et tout ce qui les agite (leurs généalogies, leurs fortunes, leurs lois, leurs décrets), bref être étranger à l'humain trop humain et à la cité, affirme que si un tel homme ignore son voisin et ignore même si c'est un homme, il se soucie en revanche d'explorer en détail « ce que peut bien être un homme ». Il se demande ce qu'il convient à une telle nature de faire et de quoi il lui convient de pâtir.

D'après tout ce qui précède, on peut déduire qu'il convient à l'homme de pâtir de ce qui est – des réalités véritables qu'il est seul capable de connaître. L'homme n'est pas mesure, il doit se mesurer et être mesuré par une autre mesure, celle de l'intelligible. Il aura alors l'intelligence de ce que c'est que savoir, et l'intelligence de ce que c'est que savoir n'est pas un savoir du savoir, c'est une intelligence qui sait qu'il n'y a de savoir que de ce qui est intelligible.

CHAPITRE IV

ESSENCES ET FORMES

La diversité et la relativité ne sont pas le propre des seules réalités sensibles : les valeurs (le vrai, le juste, le beau, le bon) donnent autant, sinon plus, prise à la multiplicité des opinions. La distinction requise par la différence entre l'opinion et le savoir n'est donc pas celle du sensible et de l'intelligible, puisque des réalités non sensibles peuvent présenter la même espèce d'inintelligibilité si on les juge soumises au devenir, source de la pluralité contradictoire de leurs manifestations. La véritable distinction requise par la différence du savoir n'est pas celle du sensible et de l'intelligible, c'est celle qui sépare l'être toujours même du devenir, lequel engendre des phénomènes pouvant toujours apparaître autres. Croire que rien n'est soustrait à l'action du devenir, c'est faire de l'opinion et de sa variabilité le seul savoir possible. Telle est la signification du *Théétète*, et elle implique, entre autres choses, que réduire la pensée platonicienne à un dualisme de deux mondes revient à manquer ce qui constitue son ressort essentiel : l'affirmation d'un mode d'existence que ne menace pas l'altération du devenir. Mais cette affirmation, qui semble aller à l'encontre de toutes nos expériences et que ne contredit pas seulement l'évidence sensible, n'est peut-être que le contenu d'une hypothèse difficile, sinon impossible, à justifier.

Le *Cratyle* s'achève précisément sur trois hypothèses (439e-440d) : si tout change et rien ne demeure, aucune chose ne peut s'arrêter dans un même état, donc être quelque chose ; à son devenir propre s'ajouterait l'altération que lui ferait chaque fois subir le sujet connaissant en en prenant connaissance. Cette première hypothèse admet que la connaissance, pour sa part, conserve sa forme de connaissance : « alors on pourra toujours dire que la connaissance demeure et qu'il y a connaissance. »

Or, si on affirme que tout change, cela vaut aussi pour la connaissance. Dans sa version forte, l'hypothèse du mobilisme s'auto-détruit car si la connaissance « change toujours, toujours on pourra dire qu'elle n'est pas connaissance » et il ne sera même pas possible de *savoir* que tout change. L'affirmation de l'universel écoulement suppose au moins une exception, celle de la connaissance permettant de le saisir. Sinon, tout pourrait bien, effectivement, changer sans cesse, nous pâtirions de ce changement incessant sans pouvoir nous en dégager pour le totaliser et dire que *tout* change. L'hypothèse du mobilisme universel implique que celui qui la formule se place dans celle d'un mobilisme restreint. Ce ne sont pourtant pas les seules hypothèses possibles : « En revanche, si d'une part ce qui connaît existe toujours, et si d'autre part ce qui est connu existe toujours, par exemple le beau, le bon et chacun des êtres dans son unité », leur mode d'existence n'offre aucune ressemblance avec un flux. Socrate ne tranche pas et conclut : « peut-être qu'il en est ainsi, mais peut-être pas » ; il faut examiner la question courageusement.

I. Essences et Formes dans les premiers Dialogues

Dans le *Cratyle*, l'existence d'êtres qui sont toujours reste donc hypothétique et n'est posée que comme condition de la possibilité d'une connaissance stable. Lorsqu'on rencontre dans certains Dialogues de la même période les termes « essence (*ousia*) » ou « forme (*eidos*) », faut-il penser, selon une interprétation remontant à Aristote, qu'ils ne renvoient pas à des « Idées » platoniciennes, à des réalités ontologiquement supérieures, transcendantes aux réalités sensibles et séparées d'elles, mais désignent simplement des notions communes ? La théorie des Idées, ou Formes intelligibles, ne s'élaborerait que dans le *Phédon* ; auparavant, il ne s'agirait que d'idées générales, dégagées par induction (*epagôgè*) à partir de cas particuliers empiriques. Il est certain que dans aucun de ces premiers Dialogues Platon ne détermine, quand il emploie ces termes, leur mode d'existence comme un mode d'existence séparée. Mais il est tout aussi certain que, lorsque Socrate dit de l'objet qu'il soumet à examen que c'est une essence ou une Forme, ce n'est pas une induction qui l'y conduit.

Dans le *Protagoras* (349b), Socrate demande à Protagoras si sous le nom de chaque vertu se trouve une essence particulière ayant sa puissance propre, ou si tous les noms des vertus se rapportent à une essence unique. Dans l'*Euthyphron* (11a), il reproche à Euthyphron le fait que celui-ci, interrogé sur ce que peut bien être le pieux, ne lui en a pas révélé l'essence mais seulement une de ses qualités, être cher-aux-dieux. De même, dans le *Ménon* (71e-73c),

Socrate déclare que la question définitionnelle « qu'est-ce que la vertu ? ». est nécessairement première par rapport à celle de ses propriétés (apte ou non à s'enseigner, par exemple) ; mais, n'ayant obtenu de Ménon qu'un « essaim de vertus », une énumération et non une définition, il tente de faire entendre l'objet de sa question. Elle porte sur ce que peut bien être l'essence, par exemple de l'abeille, ce qui implique qu'on ne tienne pas compte des différences singulières entre les multiples abeilles. C'est également ce qu'il cherche concernant la vertu : son essence, qui est la même en chaque vertu. Et pareillement pour le courage : si la réponse à la question « qu'est-ce que le courage ? » est « une capacité de résister à la peur mais aussi au plaisir, à la peine, aux convoitises », il faut découvrir ce qu'il y a d'identique dans toutes ses variétés (*Lach.*, 191b-192b).

De tout cela, on peut déjà conclure que l'essence, *ousia* – terme formé sur le participe présent du verbe être – est ce qui est visé par une certaine question, « qu'est-ce que », et qu'elle est seule à pouvoir véritablement y répondre. L'*Hippias Majeur* est sans doute celui des Dialogues de cette période où se trouve le plus fortement affirmée cette liaison et où sont le plus clairement dénoncées toutes les erreurs entraînées par le fait de la méconnaître.

*L'*Hippias Majeur

La question posée par Socrate au sophiste Hippias est : qu'est-ce que le beau ? Elle n'est pas posée à propos de choses perçues comme belles (ou laides) mais à propos d'énoncés qui les affirment telles, de jugements dont on exige le *logos*, la raison : « lors d'un entretien où je louais certaines choses comme belles, et blâmais certaines choses comme laides… – D'où sais-tu quelles choses sont belles ou laides ? ». La multiplicité n'est pas donnée, elle est posée ; ce n'est pas une multiplicité simplement sentie – la sensation ne pose rien, elle affecte –, c'est la multiplicité que nous posons quand nous attribuons une même propriété à une pluralité de choses. Il s'agit donc d'examiner le bien-fondé d'une opinion, de résister par exemple à la séduction du discours d'Hippias qui, de l'avis général, a fait de beaux discours sur de belles choses. Les choses, en elles-mêmes, n'ont pas de propriétés : ce sont nos discours qui les leur prêtent, et il s'agit de savoir pourquoi. L'attribution d'une propriété n'est légitime que si on en connaît la véritable nature, ou essence. Le beau est ainsi d'emblée supposé être l'objet d'un savoir possible auquel il faut se référer pour prédiquer correctement « beau ». Il doit donc être « quelque chose », et ce « quelque chose » acquiert au cours du Dialogue le statut d'essence (en 302c).

Les définitions données par Hippias (287d-295b)

Questionné par Socrate, Hippias propose successivement trois définitions : le beau est une belle jeune fille, car personne ne contestera qu'un tel objet possède la qualité en question. La réfutation de Socrate est que c'est aussi le cas d'une belle jument, d'une belle lyre ou d'une belle marmite : aucun objet particulier n'a le privilège d'exemplifier une qualité ou une valeur. Il y a donc une différence entre la qualité et l'essence, et de cette différence Socrate tire deux conséquences. La première est que l'essence possède une unité indépendante de ses multiples manifestations, et que c'est cette unité qu'il faut définir; la seconde est que l'opinion, même droite, est incapable de déterminer son objet de façon à exclure le prédicat contraire (la plus laide des femmes est belle comparée à une guenon, la plus belle des femmes paraît laide comparée à une déesse). L'erreur d'Hippias consiste donc à chercher l'universel dans des jugements portant sur des réalités empiriques. Si le beau est une valeur universelle qui s'ajoute à la chose, l'or, dit alors Hippias, est bien une valeur universelle puisque, s'adjoignant à n'importe quelle chose, il lui confère une valeur. Socrate oppose à cette deuxième définition l'argument de la convenance : Phidias n'a pas fait en or les yeux de sa statue d'Athéna mais leur a donné la couleur qui convient à des yeux, et une cuillère en bois d'olivier donne un meilleur goût à la purée qu'une cuillère en or, qui risque en outre de casser la marmite. Il n'est donc pas vrai que l'or soit une valeur universelle. Hippias croit avoir enfin compris : « Tu cherches, à mon sens, que, dans la réponse, le beau soit quelque chose qui en aucun temps, en aucun lieu, aux yeux d'aucun homme, ne doive apparaître laid ? » (291d). Être riche, bien portant et honoré est ce qui est jugé beau par tous, c'est donc cela qui est le beau. Socrate le conteste à nouveau grâce au contre-exemple d'Achille : aucune qualité n'a été de tout temps tenue pour belle par tous les hommes.

Les trois définitions proposées par Hippias sont réfutées grâce à la reconnaissance de la relativité et de la variabilité de toute qualité, naturelle ou culturelle. Les choses belles sont seulement les choses tenues pour belles dans une culture donnée, et ce sont aussi des choses impuissantes à exclure la qualité contraire, qu'elles acquièrent celle-ci au cours du devenir (Hélène vieille sera-t-elle toujours la plus belle des femmes?) ou par comparaison (comparée à Aphrodite, Hélène est laide).

Les définitions avancées par Socrate (295c-303d)

Une quatrième définition est alors proposée par Socrate : le beau est ce qui est utilisable, ce qui exerce bien, au bon moment, sa capacité (*dunamis*) propre. Mais Socrate s'objecte à lui-même qu'une belle capacité peut s'exercer indifféremment pour le bon et le mauvais, elle est ambivalente.

Posséder une belle capacité n'est en soi ni bon ni mauvais, c'est la manière dont on en fait usage qui en détermine la valeur (avoir, par exemple, le « beau don » de faire des discours n'implique pas que ces discours soient bons). Le beau et le bon se trouvent ainsi dissociés. Socrate change de perspective et définit le beau comme ce qui est immanent aux plaisirs de la vue ou de l'ouïe. La vue et l'ouïe sont les seuls sens accessibles au beau alors que les autres sens ne le sont qu'à l'agréable. Le plaisir de voir et d'entendre circonscrirait ainsi le domaine (que nous dirions « esthétique ») où parler de beauté a un sens. Pourtant, le beau ne peut être défini ni par ce que ces deux plaisirs ont en commun (le fait d'être des plaisirs), ni par ce qu'ils ont de différent (des autres plaisirs). Supposons en effet que ces deux plaisirs soient beaux et que les autres ne le soient pas, les dira-t-on beaux tous les deux parce que chacun d'entre eux est beau, ou est-ce l'ensemble qu'ils forment qui est beau ? Y a-t-il nécessairement transitivité de la qualité de chacun des éléments au tout ? Hippias le pense, mais l'introduction de propriétés mathématiques (être un ou deux, pair ou impair) démontre l'intransitivité de certaines qualités ; Socrate et Hippias sont, chacun, un, mais l'ensemble qu'ils forment fait deux : « être deux ensemble n'est pas une propriété qui suive de l'existence séparée de chacun des deux. » Certaines qualités peuvent être transitives, mais d'autres non. L'exemple de la statue de Phidias montre également qu'un ensemble n'est pas nécessairement beau s'il est constitué de beaux éléments ; encore faut-il qu'il soit constitué selon de bonnes proportions et que ses éléments possèdent les qualités convenables.

Aucune de ces définitions n'est hors de propos ; elles disent bien quelque chose sur ce que c'est qu'être beau, mais elles ne disent pas ce qu'est le beau. Or une pensée qui a l'intelligence d'elle-même et de ce qu'elle dit exige l'essence ; l'essence exige de la pensée qu'elle soit capable de faire valoir, contre l'opinion, son exigence d'universalité et d'intelligibilité. L'essence visée ne peut pas être un caractère commun abstrait d'une multiplicité de choses dans la mesure où ces choses possèdent simultanément, ou successivement, des qualités contraires. L'intransitivité de certaines propriétés achève de rendre impossible l'identification de l'essence avec une notion commune. Le beau n'est pas plus induit à partir d'une multiplicité d'objets qu'à partir d'une multiplicité de jugements empiriques. Ni l'essence, ni la forme, ni le caractère essentiel ne sauraient être extraits de réalités qui ne tiennent leurs noms et leurs propriétés que de l'opinion et du langage commun. L'*Hippias Majeur* infirme donc la thèse du passage progressif d'une conception socratique de l'essence comme notion abstraite et générale à une conception proprement platonicienne. La notion abstraite ne peut pas répondre à la question « qu'est-ce que » parce que la notion, si elle est abstraite, l'est à partir de propriétés relatives, variables et dans certains cas intransitives, et parce que, s'agissant des valeurs, la valeur devrait être inconditionnelle; or l'introduction du convenable et de l'utile introduisent autant de conditions et de restrictions.

Revient donc la question « qu'est-ce que »; elle porte sur ce qui fait qu'on est fondé à dire belle une chose qui l'est effectivement : « Mais ce que je vous demandais, ce n'est pas ce qui est beau d'après l'opinion générale, c'est quelle est la nature du beau. » Hippias avait tort de chercher l'universel dans l'empirique, mais Socrate apprécie encore mal la liaison des intelligibles entre eux : celle du bon et du beau, du beau et du convenable, du beau et de l'utile; tous ces termes, assurément liés, ne sont pourtant pas identiques.

La puissance causale de la Forme

La plupart des interlocuteurs de Socrate commettent dans les premiers Dialogues l'erreur d'Hippias, qui consiste à substituer à la question « qu'est-ce que » la question « qu'est-ce qui est », c'est-à-dire à répondre par un cas particulier ou une énumération de cas particuliers. La seconde erreur dénoncée par Socrate dans l'*Hippias Majeur* est la confusion entre l'essence et une propriété considérée comme essentielle. Mais dans ce Dialogue l'essence n'est pas seulement ce qui est en question, elle possède un pouvoir causal (287b-d). Un impertinent interrogateur, double de Socrate, demande en effet : est-ce par la justice que les justes sont justes, et par la sagesse que les sages sont sages, par le bien qu'est bon tout ce qui est bon, par la beauté que toutes les belles choses sont belles? Selon certains, ce passage devrait faire douter de l'authenticité du Dialogue car la théorie des Idées y aurait atteint une maturité peu compatible avec le caractère socratique de l'œuvre. Or l'*Hippias Majeur* n'est pas le seul Dialogue « socratique » où l'on rencontre une telle affirmation : dans l'*Euthyphron* la piété est « cette forme (*eidos*) par quoi sont pieuses toutes les choses pieuses » (6d-e); dans le *Ménon* (72c), il faut découvrir une même forme « qui est la cause du fait que toutes les vertus qui la possèdent sont des vertus » et, même si elles sont multiples et de toutes sortes, la possession de cette forme est ce « à cause de quoi elles sont des vertus ». L'*Euthyphron* précise que c'est par un caractère essentiel (*idea*) unique que les choses pieuses ou impies le sont, qu'il faut donc le déterminer afin que « tournant son regard vers lui et s'en servant (...) comme d'un modèle on puisse déclarer pieux tout ce qui est tel que ce modèle et impie tout ce qui ne l'est pas ». La connaissance de la Forme est le critère de la justesse de la dénomination et de la rectitude de la prédication. Il faut d'abord savoir ce que sont la piété, la beauté ou la vertu pour décider droitement si des actes ou des hommes sont pieux, si des choses sont belles, et si toutes les choses qu'on appelle communément ainsi sont bien réellement des vertus.

Le *Cratyle* (439d-e, 440b) précise que les essences exerçant cette sorte de causalité sont « toujours », ce qui n'implique pas forcément leur éternité mais qui implique leur immuabilité et leur stabilité. Cela ne suffit pas à leur donner une existence séparée, mais cela suffit à leur conférer une existence différente, soustraite au devenir et aux fluctuations des opinions humaines. Cette existence, ni l'expérience sensible ni les noms de la langue ne peuvent permettre de l'appréhender, seulement une certaine question, « qu'est-ce que », qui la pose comme son corrélat et s'efforce de la définir. Délibérément ou non, Platon, avant de préciser quelle sorte d'existence il leur accorde, montre donc d'abord ce qui le conduit à poser des essences, qu'il nomme Formes quand elles sont envisagées dans leur fonction causale, c'est-à-dire quand elles imposent à une multiplicité un caractère essentiel identique. Faut-il juger que cette espèce de cause est immanente et qu'il faut se garder de la confondre avec la causalité transcendante qu'exercent les Formes intelligibles dans les Dialogues de la maturité ? Ce que tous les premiers Dialogues nomment « forme » n'est peut-être pas une réalité séparée des choses auxquelles elle confère ses qualités, mais elle en est assurément distincte, comme une cause l'est de son effet. On pourrait objecter qu'elle n'en est alors que *logiquement* distincte, ce qui revient à différencier ce que l'on appellera plus tard « distinction de raison » et « distinction réelle », mais cela ne tient qu'à la condition de négliger l'identité établie entre *eidos* et *ousia*. Car si une cause peut en effet n'être que logiquement distincte de ses effets, l'essence ne le peut pas, précisément parce qu'elle est une manière d'*être*. Dans tous ces Dialogues, l'essence n'est caractérisée que comme étant la même en toutes ses manifestations, et comme n'étant saisissable que par la question qui la vise et par le logos. Ces deux déterminations requièrent une sorte de séparation, à condition de n'entendre par là que la différence radicale entre deux modes d'être et non pas leur localisation en deux mondes. La question « qu'est-ce que » vise l'être de la chose, ou plutôt la chose en question *comme un être* ; elle ne vise pas une Forme séparée si l'on entend par là une chose située dans le ciel des Idées.

La position de Formes intelligibles ne résulte pas d'une décision métaphysique instaurant une coupure entre l'intelligible et le sensible (rien de tel ne figure dans ces premiers Dialogues), elle est appelée par une certaine question qui n'a de sens que si elle porte sur une certaine manière d'être. La question de l'essence ne se situe pas d'abord dans l'horizon d'une distinction ontologique, les distinctions qu'elle impose sont celles du même et de l'autre, de l'un et du multiple (d'un multiple qui n'est pas nécessairement sensible : chaque vertu particulière n'est pas plus sensible que la vertu elle-même). Poser l'objet à examiner comme une essence, c'est en poser l'unité et présupposer qu'il reste même que lui-même tout au long de cet examen. Découvrir l'unité constitutive de toute multiplicité, l'identité derrière les innombrables différences apparentes, est le propre d'une certaine manière de penser, celle du dialecticien. Quand l'intelligence désire comprendre ce qu'est vraiment une réalité, elle pose son existence essentielle, c'est-à-dire pose une réalité qui ne changera pas au fur et à mesure qu'on s'interroge sur elle, qui est toujours vraiment et pleinement ce qu'elle est, et qui est complètement saisissable, mais par la pensée seule. C'est la pensée, comprise comme un désir de comprendre ce qu'est réellement la chose dont on parle, qui conduit à poser des essences, et si cette position engage une ontologie ou une métaphysique, celles-ci n'en sont que les conséquences et non pas la raison première.

II. L'ASCENSION ÉROTIQUE VERS CE QUI EST (*BANQUET,* 201d-212a)

L'essence est la manière d'être qui convient à la pensée, dans la mesure où celle-ci n'y rencontre rien d'inintelligible. C'est bien ainsi que la très sage Diotime, prêtresse inspirée, la détermine : négativement. Mais, parce que ce qu'elle prononce a la forme d'une révélation, d'une initiation, le lien à une certaine sorte d'interrogation est presque effacé pour laisser place au mouvement d'un désir qui ne sera vraiment satisfait que par la vision soudaine d'une réalité différente, existant « elle-même par elle-même ».

Erôs

Ce qui est capable de conduire l'homme à un tel savoir est une force qui, comme toute force, cherche à aller jusqu'au bout d'elle-même. Cette force est erôs, et l'ensemble du *Banquet* est destiné à en faire l'éloge. Les cinq premiers discours en décrivent les effets et explorent les multiples domaines où elle s'exerce : en ce qu'il est pédagogue et incite à la vertu, erôs est générateur d'une éthique (discours de Phèdre et de Pausanias); en ce qu'il est élan et puissance d'attraction, c'est une force cosmique et biologique (discours d'Erixymaque et d'Aristophane) ; son pouvoir de création et d'apaisement fait qu'il peut maîtriser le tragique de l'existence humaine (discours d'Agathon). Aucun de ces discours ne nous dit cependant ce qu'est erôs ; chacun n'en parle que par métaphore, le transportant dans un domaine particulier, et chacun n'en loue qu'un aspect, donc n'en parle que par métonymie.

Socrate déclare que lui va en dire la vérité, et il énonce son plan : il va d'abord en exposer la nature, puis les effets. Au lieu de quoi il commence par raconter le mythe de sa naissance, mythe qui a pour fin de détruire nos illusions : erôs n'est ni beau, ni jeune, ni divin, ni immortel. Fils de Penia (Pauvreté) et de Poros (Expédient), ce n'est pas un dieu mais un Démon, un être intermédiaire dont la fonction est de lier les mortels aux Immortels. Il est dans un état d'inquiétude permanente, toujours mourant et toujours renaissant, il n'est ni absolument ignorant ni absolument savant : philosophe. Mais sa fécondité a pour condition la beauté, de telle sorte que s'engendre une nouvelle illusion : nous croyons que ce qu'erôs désire, c'est le beau. Diotime rectifie : ce que nous désirons, c'est ne pas mourir. Erôs, désir d'immortalité, est aussi ce qui, en leur permettant d'engendrer, assure aux mortels la seule forme d'immortalité dont ils soient capables. Cependant, ni la continuité de l'espèce ni la perpétuité de la mémoire et des œuvres ne sont l'immortalité véritable. Celle-ci est l'objet d'une révélation suprême au cours de laquelle Diotime va montrer la voie droite, régler l'impulsion donnée par erôs afin qu'elle conduise l'homme aussi loin qu'il peut aller.

L'ascension érotique

Il faut qu'étant jeune l'amoureux soit d'abord amoureux d'un seul beau corps, et erôs lui fera alors enfanter de beaux discours. Mais s'il réfléchit, il comprendra qu'une beauté semblable réside en tous les corps, il deviendra amoureux de tous les beaux corps, ce qui diminuera sensiblement la violence de son amour pour un seul. Après cela, estimant plus précieuse la beauté de l'âme, il engendrera des discours qui rendront la jeunesse meilleure et sera nécessairement conduit à considérer la beauté existant dans les occupations et dans les maximes de conduite. Après quoi encore il s'élèvera aux belles connaissances, ce qui élargira son horizon « à l'océan du beau » et le détachera définitivement de l'esclavage résultant de la fixation du désir sur un seul être ou une seule occupation, esclavage qui n'engendre que des discours mesquins ; dans son désir généreux du savoir, il enfantera en grand nombre des pensées et des discours emplis à la fois de beauté et de grandeur, jusqu'à ce qu'enfin il porte les yeux sur une science unique, celle du Beau.

À chaque étape, erôs pousse à parler : il n'y a pas d'amour sans discours amoureux et le discours amoureux rompt avec tous les usages communs du discours. Les différentes étapes définissent une orientation, qui est en même temps une délivrance. Le désir doit se délivrer de l'illusion d'unicité qui advient lorsque, tombant amoureux d'un beau corps ou d'une belle âme, ou se livrant à une belle occupation, on les croit incomparables et absolument singuliers. En constater la multiplicité, quantitative dans le cas des beaux corps, qualitative dans celui des belles âmes et des belles occupations, c'est prendre conscience que tous les éléments de cette multiplicité présentent une même sorte de beauté, et que si chacun de ces éléments est un, il n'est certes pas unique, la croyance à son unicité étant due à une illusoire fascination ou à la contingence d'un choix. Chacun ne fait alors que nier, provisoirement et pour soi seul, une multiplicité qui néanmoins subsiste. Les belles sciences sont exemptes de cette illusion mais elles la remplacent par une autre : leur diversité provoque le désir de toutes les acquérir, avidité dont le livre V de la *République* nous dit qu'elle est le propre de l'amateur de spectacles, non du philosophe. Car le savoir n'est pas un océan, il ne se définit pas en extension, la science n'est pas l'ensemble des belles sciences, elle est ce qui s'attache à un certain type d'êtres. L'ascension du désir est donc le passage de l'un, qui n'est que l'un d'une multiplicité dont toutes les unités sont semblables, à l'unique. Tout désir désire ce qui est unique, et il faut le guider de telle sorte qu'il passe de ce qui ne l'est qu'en apparence à ce qui l'est réellement. Si erôs permet ce passage, c'est qu'il ne se satisfait pas des illusions qu'il fait naître pourtant. Il est ce que toute multiplicité équivalente déçoit et, rendu à sa vérité, il est naturellement aspiration à une réalité qui est vraiment ce qu'elle est, en soi-même et par soi-même. Erôs est donc naturellement philosophe. Le déroulement continu trouve alors son terme dans une discontinuité, une brusque interruption : l'homme arrivé à ce point verra « soudain » la nature du Beau.

Diotime déclare en premier lieu qu'une telle nature « est toujours », c'est-à-dire qu'elle ne connaît « ni la génération, ni la corruption, ni l'accroissement, ni la diminution » : la réalité vraie ne pâtit pas des changements internes qu'impose le devenir, elle ne commence pas plus à être qu'elle ne cesse d'exister, elle ne subit ni croissance ni décroissance. Ensuite, ce beau qui est toujours beau « n'est pas beau par un côté et laid par un autre, ni tantôt oui et tantôt non, ni beau relativement à une chose mais laid relativement à une autre, ni beau ici et laid là, en tant que ce serait pour certains qu'il serait beau, mais pour d'autres, laid ». La relativité de la beauté des choses belles est le fait de la diversité des sujets qui la perçoivent (comme le montre le « en tant que »). Ce sont eux qui adoptent des perspectives différentes, considèrent un aspect plutôt qu'un autre, ont des opinions différentes à différents moments, établissent telle ou telle comparaison, jugent une même chose belle ou laide selon qu'ils habitent une région ou une autre. Le *Cratyle* le formule nettement : les choses qui ont une réalité ne sont pas « relatives à nous ». La série de négations énoncée par Diotime soustrait l'essence à l'emprise du devenir et à la particularité contingente du sujet, donc à toute espèce possible d'inintelligibilité.

Mais le *Banquet* fait un pas de plus : la chose « en elle-même » présente toujours un même aspect, une même forme (elle est *monoeides),* et les autres choses en participent sans qu'elle pâtisse en rien de leur participation. La causalité exercée par la Forme sur la multiplicité des choses trouve son nom propre : participation; ce rapport n'acquiert cependant que son nom, et rien de plus ne nous en est dit. Le plus important en effet n'est pas là : ce qu'ajoute le *Banquet* à tous les Dialogues précédents est que pour atteindre ces réalités toujours mêmes il faut le mouvement, conduit jusqu'à son terme, du désir. Une nécessité purement épistémologique comme celle qu'énonçait le *Cratyle* ne suffit pas : la position d'essences resterait alors une simple hypothèse, possible au même titre que l'hypothèse contraire. Pour passer à une autre sorte de connaissance, il faut la désirer, il faut laisser agir en soi toute la force d'erôs. Cela, nous dit le *Phédon*, c'est être philosophe : le philosophe est amoureux ou il n'est pas philosophe. Le livre VI de la *République* nous dit de quoi : de ce que chaque réalité est en elle-même. Dans le *Phèdre*, le délire philosophique est une espèce du délire amoureux, et Socrate y dit être animé par « un terrible erôs » pour les divisions et les rassemblements; à son retour comme protagoniste dans le *Philèbe*, il définit la science dialectique comme « la puissance d'aimer le vrai ».

Penser le désir de comprendre comme un rapport érotique de l'intelligence aux seuls objets en lesquels elle puisse se reconnaître – les réalités totalement intelligibles – n'est pas la moindre singularité de la philosophie de Platon. Mais à purifier, comme on le fera par la suite, la connaissance de tout aspect « psychologique » pour n'en garder que l'aspect purement « rationnel », est-il sûr que l'on gagne quelque chose? Le désir qui oriente l'intelligence en l'âme vers les intelligibles n'est d'ailleurs pas irrationnel, il implique simplement le refus de constituer l'intelligence en pur sujet connaissant, la privant ainsi de son élan. Or c'est avec son âme tout entière qu'on va, selon Platon, vers la connaissance, car il ne saurait exister d'intelligence séparée de l'âme.

III. L'ÂME, LES ESSENCES ET LA PARTICIPATION (*PHÉDON*)

Ce que se trouve être chaque réalité est pour certains l'objet d'une aspiration, d'une chasse et, pendant la plus grande partie du *Phédon*, cette réalité se dit « essence » (*ousia*). Le terme est précisé à plusieurs reprises : « Si c'est quelque chose, cela ne peut se saisir par aucune perception ayant le corps pour instrument et cela vaut pour le bon, le beau (...) c'est-à-dire pour l'essence de toute chose, pour ce que chaque chose se trouve être. ». L'essence a pour signification « ce que c'est », elle ouvre à la pensée l'horizon de la vérité, elle est ce qu'il y a de plus vrai dans la chose, ce que seule peut atteindre la pensée pure. Elle ne supporte aucun changement, et « c'est de son être que nous donnons la définition (*logos*) quand nous questionnons, et quand nous répondons ». Essence renvoie à être, mais à un être pluralisé et distribué en une multiplicité d'êtres. L'essence est donc la manière d'être propre aux êtres dont Platon affirme « qu'ils sont au plus haut degré possible ».

Une essence ne saurait être séparée de la démarche qui la vise, de la manière de la connaître. Le discours que se tiennent à eux-mêmes et qu'échangent les philosophes qui le sont vraiment pose un double impératif : se séparer du corps autant qu'il est possible, et considérer les réalités elles-mêmes par la pensée seule.

La parenté de l'essence et de la pensée (76d-77a, 79d-80a)

Quand elle recherche ce qu'est une chose, l'âme détermine l'objet de sa recherche comme une essence, et réciproquement chaque essence centre sur elle-même la pensée. De l'une à l'autre, il y a donc exigence réciproque et Platon parle d'affinité, de parenté. De l'essence à la pensée la relation n'est cependant pas d'évidence mais de recherche et d'examen, de questions et de réponses. Le rapport à l'essence n'est pas spectaculaire, c'est une relation d'agir et de pâtir : l'âme pense « chaque fois précisément qu'elle se concentre elle-même en elle-même (...). C'en est fini alors de son errance : dans la proximité de ces êtres, elle reste toujours semblablement même qu'elle-même puisqu'elle est à leur contact. Cet état de l'âme, c'est bien ce qu'on appelle la pensée ? ». La pensée constitue pour l'âme la possibilité de se rapprocher du mode d'être de l'essence, en étant à son tour « elle-même en soi-même ». Certaines choses ne sont « pour ainsi dire jamais et en aucune façon les mêmes, pas plus vis-à-vis d'elles-mêmes que les unes par rapport aux autres ». Être sur le mode de l'essence, c'est, en revanche, « se comporter toujours semblablement, selon les mêmes déterminations, vis-à-vis de soi-même », être soi à partir et en vue de ce soi-même, ne pas accueillir ou donner prise à ce qui pourrait l'altérer. On ne peut plus dire laquelle, de l'âme ou de l'essence, est intérieure à l'autre. La position d'essences contredit l'évidence sensible du devenir universel et se révèle être la seule condition compatible avec l'expérience que la pensée a d'elle-même : celle de la réminiscence. On ne peut pas en effet parler des Formes en faisant abstraction de ce qui conduit Platon à les poser : du ressouvenir que la pensée a d'elle-même.

La réminiscence

Dans le *Ménon*, la réminiscence est la solution apportée à l'aporie sophistique mentionnée dans l'*Euthydème* : il est impossible d'apprendre, puisqu'on n'a pas à apprendre ce qu'on sait et qu'il est impossible d'apprendre ce dont on ignore tout, même qu'on l'ignore. Dans le *Phédon*, elle est l'une des preuves de l'immortalité de l'âme. La différence de contexte explique la différence de traitement.

La réminiscence selon le Ménon *(80d-86c)*

Des prêtres et des prêtresses, et aussi des poètes divins, révèlent que l'âme a eu de multiples naissances; elle a donc vu toutes choses, celles d'ici et celles de là-bas; elle a tout appris. « Ainsi donc, puisque l'âme est immortelle et maintes fois renaissante, et puisqu'elle se trouve avoir vu toutes choses, aussi bien celles d'ici-bas que celles qui sont dans l'Hadès, il n'est pas possible qu'il existe une chose qu'elle n'ait pas apprise. » Ce que nous appelons « apprendre » n'est rien d'autre que se ressouvenir, ressaisir cette vision que l'âme a eue du tout. La nature entière étant « d'une même famille », il suffit que nous nous ressouvenions d'une réalité vraie pour que nous puissions retrouver tout le reste, à condition d'être courageux et de chercher. Mais Socrate ajoute : « sans doute y a-t-il des choses dans cette thèse que je ne défendrais pas jusqu'au bout ».

Pour faire la preuve que la réminiscence existe bien « en fait », Socrate demande à un jeune esclave ignorant tout de la géométrie de construire un carré double d'un autre. Comme le dit Olympiodore dans son commentaire du *Phédon*, en ces matières, « la voie est unique et droite ». Il n'y a qu'une seule réponse correcte, et la figure géométrique impose déjà en elle-même le passage du percevoir au concevoir. Celui qui n'a que des notions rudimentaires de géométrie, ou même aucune notion, sait bien qu'il voit une *figure*, pas une chose. Tracer une figure n'est pas dessiner un carré, c'est faire une construction graphique en vue d'une preuve. Cet usage de la figure force la translation dans le « lieu intelligible » où un cercle reste toujours un cercle, même vu en perspective, et où une tangente reste une tangente même si, comme le disait Protagoras, on ne trace jamais que des sécantes. Les figures mathématiques imposent le passage du sensible à l'intelligible. Cette nécessité ne s'impose cependant qu'à celui qui se pose des questions à propos de telle ou telle figure. Il faut qu'il s'interroge, et même s'il est interrogé par un autre, il doit faire sienne la question. Mais, dans le *Ménon*, le questionnement n'aboutit qu'à la formulation d'une opinion droite. Le petit esclave a compris la fausseté de certaines solutions et a reconnu en quoi consistait la véritable (construire le carré double sur la diagonale du premier). C'est en cela qu'il a fait acte de réminiscence, il l'a prouvée, non parce qu'il a découvert la solution, mais par sa capacité de comprendre la question posée et de discerner le vrai du faux. Rien ne garantit qu'il se posera de lui-même d'autres questions du même genre. Or c'est à cette condition qu'un savoir pourra se substituer à cette opinion droite, mais ponctuelle, qui est désormais la sienne. Socrate pose les conditions de cette substitution : 1) il faut que l'âme fasse effort, qu'elle ait le courage par elle-même de reprendre d'elle-même le savoir enfoui à l'intérieur d'elle-même, 2) il faut qu'elle prenne à un moment conscience de son ignorance, qu'elle cesse de croire savoir pour désirer apprendre et prendre plaisir à chercher, et 3) il faut que l'interrogation bien conduite, « maintes fois répétée et par tous les biais possibles », lui permette de tout réacquérir. Le point de vue est celui du sujet de la connaissance, et l'effort de réminiscence constitue le moyen de transformer l'extériorité des opinions droites – leur extériorité mutuelle, et leur extériorité à l'âme – en intériorité d'un savoir impossible à perdre parce que « lié », c'est-à-dire vraiment compris et devenu consubstantiel.

La réminiscence dans le Phédon *(72e-76d)*

Lorsque, dans le *Phédon*, Cébès prétend résumer les conclusions du *Ménon*, il définit ainsi la réminiscence : il y a un savoir de toutes choses qui est présent en nous et qui nous permet de donner les bonnes réponses, si on nous pose les bonnes questions; si on est mis face à des figures mathématiques ou à quelque chose de semblable, on répond donc d'emblée « tout ce qui est comme c'est ». Il manque à l'exposé de Cébès deux choses surprenantes : la précision que ce savoir qui permet de répondre, on ne l'a pas acquis au cours de la vie présente ; et la nécessité d'avoir oublié pour se ressouvenir. Cébès donne de la réminiscence un exposé où l'âme brille par son absence. Il omet les points les plus importants : le passage par l'aporie, la conscience de ne pas savoir, et le fait que le savoir est oublié. De plus, « tout » est pris par lui en un sens distributif et successif et non comme cette « parenté de la nature tout entière » propre à la nature intelligible (qui deviendra chez Plotin la coprésence et l'interpénétration de tous les intelligibles), parenté en vertu de laquelle un seul ressouvenir suffit, à condition « d'avoir le courage » de chercher pour tout réacquérir. Il manque le mouvement de concentration de l'âme en elle-même et sur elle-même au fur et à mesure qu'elle découvre l'identité entre chercher, désirer, apprendre et se ressouvenir. Extérieur, superficiel, l'exposé de Cébès manque l'orientation même de la réminiscence, « reprise » de soi par soi qui fait retourner en soi, mouvement vers l'intérieur et en profondeur, bref l'*ana* de l'*anamnèsis*. Comment parle-t-on du ressouvenir quand on ne se ressouvient pas ? Comme Cébès.

Son résumé a pourtant une fonction : permettre justement à Platon de dissocier la réminiscence de sa caricature. Car Socrate va, dans le *Phédon*, s'y prendre autrement : il va parler non plus de carré ou de diagonale (seules occasions de réminiscence mentionnées par Cébès) mais de lyre, d'amant, d'aimé, de portrait. Prendre la perception comme point de départ, c'est montrer qu'il existe un autre passage que celui de « la voie unique et droite » des sciences mathématiques. En continuant dans le sens de Cébès, on pourrait en effet réduire la réminiscence à la possession d'idées innées ou à la possibilité d'une connaissance pure *a priori*, indépendante de l'expérience. En parlant de manque, d'aspiration, d'amour et d'images, Socrate restitue les médiations omises et indique ce qui, en définitive, manquait le plus au résumé de Cébès : le mouvement de l'âme qui dans ce qui est là voit précisément ce qui n'est pas là, et qui ne manque qu'à celui qui le désire. Les figures géométriques s'auto-dépassent en ce qu'elles forcent à réfléchir sur la réalité intelligible qu'elles figurent. Le sensible en revanche ne contraint à aucun dépassement, il n'est qu'occasion de dépassement. Pour qu'il fournisse cette occasion, il faut le considérer d'une certaine façon. Partir de la sensation rend – ou devrait rendre – évident que le ressouvenir requiert une double médiation : une relation de désir à une réalité qui manque, et une réflexion permettant de comprendre que ce manque est aussi aspiration à ressembler.

Les exemples pris par Socrate vont préciser qu'il faut pour cela le regard et la réflexion d'un amoureux. Car pas plus que le spectacle d'une lyre n'affectera celui qui n'est pas amoureux de son propriétaire et ne le portera à en concevoir l'idée, la perception de choses égales ne conduira celui qui n'a pas l'idée d'Égal à concevoir ce qui leur manque. « Tu sais, dit Socrate, ce qu'éprouvent les amoureux à la vue d'une lyre ou d'un vêtement » appartenant à leur bien-aimé ; ils perçoivent la lyre et en même temps ont dans la pensée la figure (*eidos)* du garçon dont elle est la lyre : « voilà ce qu'est une réminiscence. » Dans le *Phédon*, la réminiscence n'est pas la faculté qu'a l'âme de se remémorer un souvenir acquis grâce à l'expérience sensible (ce qu'elle est dans le *Philèbe*), mais un état réservé aux seuls amoureux, et aux philosophes. Elle est conscience d'une autre présence dont ce qui est présent fait ressentir l'absence. On éprouve quelque chose de tel quand, voyant une chose, on pense « cet objet souhaite être tel qu'une autre réalité, mais il lui manque quelque chose, il ne peut pas lui être semblable ». La réminiscence est une affection, un *pathos*. Se ressouvenir, c'est éprouver le manque de réalité vraie et de qualité parfaite des choses sensibles.

Cela peut se produire à partir du semblable ou du dissemblable. À partir du dissemblable si, face à la perception d'une chose (une lyre), on passe à la conception d'une autre (l'objet aimé à qui la lyre appartient) ; ou encore si, contemplant une image (le portrait de Simmias), on pense à une chose différente (à Cébès). Cela peut aussi se produire à partir du semblable, mais en ce cas le passage se fera toujours de l'image (le portrait de Simmias) à la chose (Simmias lui-même). Dans ce dernier cas, on est nécessairement conduit à réfléchir à ce qui manque à l'image du point de vue de sa ressemblance avec la chose. Qui éprouve une telle nécessité ? Pas l'amateur d'art, qui trouve certainement moins d'imperfection dans le portrait que dans l'original, mais l'amant, qui préférerait sans nul doute être en présence de l'aimé « en personne » et se répand alors en réflexions amères sur ce qui manque, qui n'est rien d'autre que la réalité elle-même. Le sentiment du manque tient à l'orientation du désir. De telle sorte que la ressemblance se révèle toujours être une dissemblance, d'autant plus sensible qu'elle est plus dissimulée derrière une ressemblance apparente. Ressouvenir à partir du semblable ou du dissemblable : « il n'y a, en fait, aucune différence. » La réminiscence propre au philosophe est comme la généralisation de l'expérience de l'amoureux. En se ressouvenant, il cesse de croire à la présence suffisante et pleine des choses sensibles pour les métamorphoser en signes d'une autre présence. La totalité de la réalité sensible devient pour lui l'occasion de se reporter à une autre réalité, qu'on ne peut percevoir, non parce qu'elle serait provisoirement absente mais parce qu'elle est en elle-même impossible à percevoir. Le point de départ n'est donc pas la sensation en elle-même, mais le sensible réfléchi dans sa déficience, ce qui le constitue tout entier en image imparfaite.

Dans le *Ménon*, la réminiscence a pour condition la conscience de ne pas savoir. Dans le *Phédon*, à cette conscience doit s'ajouter celle du manque de réalité véritable des choses sensibles. La perspective du *Ménon* était celle d'une âme qui cherche à savoir et qui apprend. L'attention, dans le *Phédon*, se déplace vers la nature des objets pouvant donner lieu à un savoir de cette sorte. La position de réalités en soi rend possible l'extension du point de départ : le ressouvenir peut s'opérer à partir de n'importe quelle sensation parce que toute réalité sensible peut devenir une figure, un chiffre de l'intelligible. Mais dans les deux Dialogues la réminiscence a comme postulat, mythique et su comme tel, celui de la préexistence de l'âme.

L'affirmation selon laquelle, pour pouvoir rapporter les choses perçues aux réalités dont elles sont les imparfaites manifestations, il faut avoir connu ces réalités « avant », se retrouve dans le *Ménon*, le *Phédon* et le *Phèdre*. Puisqu'il est établi que le savoir de la nature « en soi » des réalités doit être antérieur à l'expérience sensible, cela suppose que nous l'avions avant d'être nés. Ce savoir, demande dans le *Phédon* Socrate, tous naissent-ils en le possédant, et le conservent-ils tout au long de leur vie ? Ou le perdons-nous en naissant, auquel cas nous avons à le réacquérir et apprendre équivaut alors à se ressouvenir ? Il est manifestement faux de dire que tous savent toutes choses sans avoir à apprendre. Donc tous oublient. Si l'oubli tient à l'incarnation, toutes les âmes d'homme doivent être victimes d'un oubli égal, ce qui est à nouveau démenti par l'inégale capacité à réapprendre. On pourrait alors imaginer, comme Socrate le fera dans le *Phèdre*, que certaines âmes, avant leur incarnation, « ont vu » plus que d'autres, mais le *Phédon* ne dit rien de tel. La question ne peut être résolue qu'à la condition de préciser à quoi se reconnaît le savoir : l'homme qui sait se reconnaît à son aptitude à rendre raison de ce qu'il sait. Tous n'en sont évidemment pas capables et il est même à craindre que, « demain », une fois Socrate mort, plus personne ne désire en être capable. Tous, en droit, doivent pouvoir se ressouvenir, mais tous en fait ne le peuvent pas ou ne le désirent pas, ce qui finalement revient au même. L'oubli ne signifie pas la perte d'un contenu, ce qui est oublié n'est pas une somme de connaissances mais la puissance de l'âme d'atteindre « la vérité des êtres ». L'interprétation de la réminiscence en terme d'innéité des Formes introduit une hypothèse dont Platon, ici comme dans le *Ménon*, fait l'économie : les Formes sont posées par « l'élan » de l'âme quand elle se ressouvient de sa puissance de saisir ce qui est véritablement, par elle seule et sans le secours des sens. Quand on se ressouvient que l'âme a en propre, et même est essentiellement cette capacité de s'interroger sur l'essence, on cesse d'oublier qu'on est capable d'apprendre. Pour s'en persuader l'âme se raconte une histoire, celle de sa préexistence. Platon joue sur l'ambiguïté du terme « avant » : entendu comme ce qui précède la naissance, « avant » désigne un temps pendant lequel l'âme existait sans être unie à un corps ; pris au sens d'une priorité ontologique et épistémologique, « avant » signifie simplement que l'essence – l'Égal en soi, par exemple – ne peut être abstraite de la perception de choses égales, qu'elle est au contraire condition pour que ces choses nous semblent telles. Dans le *Phédon*, Socrate peut dissocier préexistence de l'âme et réminiscence : dire que notre âme existait « avant », c'est dire qu'elle existe au même titre et de la même façon qu'existent les réalités en soi. Il dépouille ainsi la réminiscence de toute connotation mythique en pensant l'existence de l'âme comme semblable (mais non pas identique) à celle des réalités en soi, et il peut en conclure leur « égale nécessité d'existence ». Ce qui signifie que la préexistence ne doit pas s'entendre chronologiquement mais comme une existence indépendante de tout devenir et de toute naissance. Ce faisant, Socrate effectue la démarche même de la réminiscence : il s'y prend avec elle de telle manière qu'elle devienne réminiscence de sa propre vérité. La « nécessité égale » invoquée par Socrate – celle de l'existence des Formes et celle d'une âme pensante – pose cependant problème : il est difficile d'affirmer une égalité entre une éternité ontologique et atemporelle, celle des Formes, et le mode d'existence de l'âme, à moins d'accorder à l'âme une sorte d'éternité, au moins tant qu'elle est en contact avec les Formes, et pense.

Il reste bien encore quelque chose de « mythique » : la représentation d'un savoir total que l'âme aurait possédé et perdu. Ce qui est mythique est l'idée même d'un savoir total. La réminiscence le projette au passé (dans un temps « antérieur », dans le « temps de toujours »), dans un passé qui ne peut pas constituer partiellement la pensée mais la constitue au contraire si complètement qu'elle ne peut que, d'un coup, l'oublier et prendre chaque fois tout son temps pour penser, c'est-à-dire apprendre, sans se soucier du temps. L'*anamnèsis* fait que l'on n'a pas à enchaîner puisqu'on suppose que la liaison est toujours déjà faite. Toutes les ruptures, toutes les discontinuités sont permises, puisque toutes les divagations du discours, toutes ses divergences, convergent : proviennent d'un même tout et y reviennent sans que la pensée ait à le vouloir – cela se fera sans elle – ni à s'en soucier. Il en résulte que chaque mouvement vers la connaissance d'un être est indissolublement progrès et retour. On avance à reculons, on apprend en se ressouvenant, et réciproquement. Ces processus sont temporels, même si le temps qu'ils supposent est incontestablement un drôle de temps. Car si le temps impliqué par la réminiscence n'est pas le temps empirique irréversiblement orienté – ce temps-là n'est pas celui de la pensée –, la réminiscence n'implique pas davantage que la pensée se meuve dans une éternité atemporelle. Elle signifie que la pensée a son mode de temporalité propre, commandé par ses propres exigences et non par l'écoulement du temps. Chaque pensée postule sa capacité de réapprendre toute la pensée. Le postulat d'un savoir possédé par l'âme en totalité, et perdu, revient finalement à affirmer que vivre n'apprend rien (si ce n'est, peut-être, à vivre, mais rien n'est moins sûr) et que c'est d'elle-même et seulement d'elle-même que la pensée a tout à apprendre. Il nous est imposé par le fait d'être né, c'est-à-dire de vivre dans le temps. La pensée doit prendre tout son temps, bien qu'elle sache qu'elle n'a pas, n'a pas eu, n'aura pas tout le temps. Elle se le donne quand même, puisque, en toute rigueur, elle n'est pas plus née qu'elle ne mourra. Vie et mort sont des affaires de vivant, ce ne sont pas les affaires de la pensée, et ce temps-là n'a pas de sens pour elle. Pas de sens, mais une réalité : « Où prendrons-nous, Socrate, un exorciste habile en ce genre de questions, puisque toi tu nous abandonnes ? … ».

L'existence des essences se révèle dans le *Banquet* au terme de l'ascension érotique. La même dimension érotique est présente dans le *Phédon*, où s'ajoute ce qui a l'allure d'un mythe, la réminiscence. Tout cela ne semble pas très sérieux, et personne, même parmi les successeurs immédiats de Platon, n'a plus osé soutenir sans la modifier une théorie aussi fantastique. Pourtant, l'existence des essences et des Formes n'est pas présentée par Platon comme un fait mais comme une interprétation, ou si on préfère une hypothèse, qui n'a rien d'arbitraire puisqu'elle découle du pouvoir qu'ont certaines âmes de se ressouvenir. Elle ne relève pas d'une décision ontologique, pas non plus d'une « théorie de la connaissance », elle est l'affirmation d'une puissance en l'âme, de sa double puissance de pâtir de l'intelligible et d'être affectée par le manque d'intelligibilité et de réalité du sensible. Les deux évidemment ne font qu'un : on ne peut pas éliminer de la connaissance les affects et les événements.

Les Formes et la participation

Dans le *Phédon*, le terme *eidos*, Forme, ne désigne jamais l'objet de la réminiscence, jamais le mode d'existence auquel l'âme doit s'apparenter, jamais la nature de ce à quoi le philosophe aspire : dans tous ces cas, Platon dit essence (*ousia*). *Eidos* ne signifie Forme intelligible, et non plus aspect sensible ou espèce, qu'à partir de 102b, lorsqu'est mise en question l'articulation entre les deux sortes d'êtres si fortement opposées par Socrate.

L'autobiographie et la seconde navigation (95e-99d)

Le terme *eidos* au sens de Forme intelligible n'apparaît en effet que dans le dernier argument, dans le contexte de la causalité, de la participation et de l'éponymie. Il est appelé par le récit que fait Socrate de sa déception face aux sciences de la Nature, qui apportent des solutions physiques à des problèmes physiques. Cette « autobiographie » de Socrate est elle-même amenée par une question de Cébès portant sur « la cause qui, d'une manière générale, préside à la génération et à la corruption ». Socrate raconte alors ses expériences, dresse un catalogue de tous les problèmes scientifiques du temps et surtout apporte des exemples du caractère contradictoire des solutions « scientifiques » (par exemple, si 10 est supérieur à 8 de 2, c'est aussi de 2 que 8 est inférieur à 10 : on donne une même cause à deux effets opposés). Socrate a donc pris son élan pour dépasser ce type d'explications et se réfugier du côté des raisonnements (*logoi*). Il a éprouvé sa plus grande déception face à Anaxagore, qui fait de l'Intelligence la cause ordonnatrice de toutes choses. Socrate espérait donc découvrir chez lui la « meilleure manière pour chaque chose d'être ». Or il trouve « un homme qui de son intelligence ne fait aucun usage » : Anaxagore confond cause et condition (ce sans quoi la cause ne produirait pas son effet), en ne conférant aux phénomènes que des causes matérielles et mécaniques. Frustré de ce qui est réellement cause, Socrate entreprend une « seconde navigation », il renonce aux causes finales et se tourne vers les Formes et la participation comme mode véritable de causalité. La causalité formelle ne serait donc qu'un pis-aller par rapport à la causalité finale si l'on en juge par le sens courant de l'expression « seconde navigation » : on recourt aux rames lorsque le vent ne gonfle plus les voiles. Cependant la même expression est employée dans le *Philèbe* (19c) : « mais s'il est beau pour le sage, dit Protarque, de tout connaître sans exception, il existe pour lui, à mon sens, une "seconde navigation" qui consiste à ne pas ignorer ce qu'il est en lui-même. » Il est clair qu'on n'a pas alors affaire à un pis-aller, et il en va probablement de même dans le *Phédon* : le changement de moyens donne dans les deux cas une nouvelle, et en fait meilleure, orientation à la connaissance même si la nature de ces moyens implique un effort plus grand.

L'autobiographie de Socrate pose la question suivante : quel est le statut de la science de la Nature par rapport à la connaissance des Formes ? La réponse est donnée à un moment du *Timée* (59c-d) ; Platon rappelle qu'il s'agit là d'un délassement par rapport « aux discours qui portent sur les êtres qui sont toujours », procurant un plaisir « qui ne tire pas à conséquence », bref d'un divertissement (*paidia*), puisque, au lieu de penser les êtres intelligibles, on se sert d'eux pour expliquer les choses sensibles. La science des choses sensibles est seconde, et même si, dans le *Timée*, l'explication par le meilleur vaut pour le monde pris dans son ensemble comme pour le détail des phénomènes cosmologiques, physiques et biologiques, la finalité n'est affirmée que sur le mode d'un récit vraisemblable. Timée nous expose la façon dont il faut *imaginer* la production du monde pour *se le représenter* comme étant le meilleur possible, c'est-à-dire comme un tout ordonné et non comme un chaos. Mais le calcul finaliste prêté mythiquement au Démiurge suppose une causalité première qui la sous-tend et qui reste celle des Formes. L'ensemble du *Timée* montre qu'il ne peut y avoir finalité que s'il y a d'abord causalité eidétique. La liaison entre les deux ne peut être faite que par l'âme : seule une âme est capable de se déterminer en posant des Formes qui sont des fins. Si Socrate reste assis dans sa prison, ce n'est pas parce qu'il possède des os et des tendons (il n'y a là qu'une condition nécessaire), c'est en vertu d'une décision sur le meilleur. Ce qui mérite véritablement le nom de cause n'est pas ce qui engendre ou fait être, même de la meilleure manière possible – l'engendrement est la forme mythique de la causalité –, mais ce qui rend intelligible. Il faut donc concevoir autrement la cause et fuir vers les raisonnements.

L'éclipse du soleil (99e-100a)

Socrate va faire comme ceux qui, étudiant une éclipse de soleil, prennent la précaution, par peur d'être aveuglés s'ils observent l'astre directement, de regarder son image dans l'eau. Le propos est clair : il s'agit de montrer qu'à vouloir regarder en face, sans employer de médiations, on court le risque de ne plus rien voir du tout et de ruiner l'organe de la vision. Cependant, aussitôt après avoir établi sa comparaison, Socrate prend soin d'en limiter la portée. Il se proposait d'examiner les êtres réellement existant (*ta onta*) ; mais les instruments utilisés – les sens – ne peuvent en fait atteindre que des choses (*pragmata*). Il se tourne alors vers les raisonnements pour atteindre les êtres réels dans leur vérité : les raisonnements affectent les choses d'une vérité qu'elles n'avaient pas au départ. Or c'est précisément ce mot – vérité – qui appelle aussitôt la rectification de Socrate : la comparaison n'est pas ontologiquement adéquate car elle dénature le rapport véritable entre les êtres réels et les raisonnements. Elle ne se justifie que parce qu'il y a une même erreur : vouloir regarder directement. Mais l'analogie s'arrête là, car si la médiation utilisée lors d'une éclipse se justifie par l'impuissance des yeux à supporter une vision directe de la chose, ce qui contraint l'observateur à se contenter d'une image, Socrate « n'accorde pas du tout que, lorsque l'on examine les êtres à l'intérieur d'un raisonnement, on ait plus affaire à leur image que lorsqu'on les examine dans des expériences directes », c'est-à-dire sensibles. La vision dans l'eau, indirecte, n'atteint que l'image du soleil, alors que les raisonnements (médiats, donc indirects) saisissent les êtres réels, ou en tout cas en saisissent une image plus adéquate que celle donnée par la perception. Croire qu'une saisie directe, perceptive, des êtres réels est possible, c'est risquer de détruire l'organe de connaissance, et c'est ce risque qu'encourent les savants en science de la Nature.

L'hypothèse des Formes-causes (99e-102b)

En chaque cas, Socrate prend son élan pour poser un logos, un raisonnement, ayant pour contenu une chose qui est toujours même qu'elle-même. C'est par le biais de l'opposition entre causes véritables et conditions nécessaires que Socrate est revenu « à ces formules cent fois ressassées » par lesquelles il pose que le Beau en soi, le Bon en soi, bref les Formes, sont quelque chose. Il ne semble pas y avoir d'innovation sur ce point dans le *Phédon* : « je ne dis rien de nouveau », « toujours », « maintes fois ailleurs », « ressassées », ne sont pas précisément des expressions servant à marquer une rupture ou même une étape décisive, même si la majorité des commentateurs est d'un avis opposé. Les points de départ ne sont pourtant pas les Formes mais, comme il le dit, les

« formules » posant l'existence de réalités qui sont « en soi », sont causes, et causent en étant participées.

Socrate donne alors pour conseil à Cébès de s'en tenir à la sécurité de l'hypothèse. Celle-ci se résume à affirmer que toute possession ou acquisition d'une manière d'être ou d'une propriété doit être tenue pour une participation ou une entrée en participation d'une chose à une Forme. Le conseil a une finalité défensive, il donne le moyen d'échapper au « discours contradictoire », et Échécrate le juge lumineux « même pour quelqu'un qui n'est pas très intelligent ». Il permet d'esquiver grâce à une réponse simple – c'est par le Grand, et par rien d'autre, que les choses grandes sont grandes –, une multiplicité de questions compliquées. Une seule et même hypothèse, celle de la causalité des Formes, permet de formuler une multiplicité d'énoncés ayant tous la même structure. La réponse de Socrate au problème soulevé par Cébès, celui de la génération et de la corruption, est donc qu'il faut changer de perspective, rapporter tout devenir à une Forme comme à sa cause au lieu de le rapporter lui-même à lui-même et de ne chercher à l'expliquer que par lui-même. Cela ne supprimera pas les contradictions propres à tout devenir, mais cela mettra le logos à l'abri des contradictions du devenir (à l'abri de l'antilogie, qui débouche sur la haine des raisonnements, la misologie, 89c-91b).

Si quelqu'un s'attaque à l'hypothèse elle-même, Cébès ne devra pas répondre avant d'avoir examiné si les conséquences qui en découlent sont consonantes ou dissonantes. Socrate ne prescrit pas de déduire les conséquences de l'hypothèse, il prescrit d'en examiner les conséquences ; il ne dit pas davantage que l'hypothèse sera validée par la cohérence de ses conséquences, il ne parle que de la consonance ou de la dissonance des conséquences *entre elles*. Procèdent de l'hypothèse tous les mouvements allant de l'unité d'une Forme-cause (par exemple le Beau) à une multiplicité de choses (belles). La causalité des Formes n'explique pas *comment* une chose est, devient ou cesse d'être ce qu'elle est, elle dit *pourquoi* cette chose est ou devient telle : par participation. Elle permet donc de dénommer droitement et de prédiquer correctement. Les Formes sont des causes « simples » parce qu'elles n'expliquent pas, mais permettent de tenir un langage correct et cohérent même s'il porte sur des choses en devenir. Ce qui découle des Formes, ce sont donc des dénominations droites (la Forme est « éponyme ») et des prédications vraies. Si, dans l'ensemble des choses dites belles, ou grandes, ou justes, on constate des dissemblances ou des oppositions telles qu'il devient impossible de les référer à une même Forme, il y aura dissonance. C'est toujours par le Beau que les belles choses sont et deviennent belles – il ne s'agit nullement de rejeter cette hypothèse-là – mais encore faut-il que la « sûre réponse » s'applique à des choses qui soient effectivement belles : l'or n'est pas toujours beau (*Hippias Majeur*), la retenue n'est pas toujours une belle chose puisqu'elle ne sied pas à celui qui est dans le dénuement (*Charmide*), les beaux discours des rhéteurs ne sont pas beaux parce qu'ils ne sont pas vrais (*Phèdre*). Nommer tout cela beau, c'est introduire de la dissonance dans ce qui « découle » du Beau. Examiner la consonance ou la dissonance entre les choses procédant de l'hypothèse revient donc à considérer s'il y a conformité entre ces choses et les dénominations ou les prédicats qu'on leur accorde.

En affirmant, par l'intermédiaire du nom, la présence de la Forme à la chose, la chose elle-même prend forme de cette dénomination, et, en ce sens, elle « procède » de l'hypothèse. L'appréhension directe ne permettra jamais de savoir si ces choses participent vraiment de cette Forme : il faut que les choses passent par le discours pour que la question se pose et que consonances et dissonances se révèlent. C'est pourquoi il convient d'abord, avant d'examiner l'hypothèse elle-même, d'en contrôler les applications et de réduire l'écart entre les noms et les choses. Il faudra, en cas d'écart, non pas évidemment changer d'hypothèse mais rectifier certaines dénominations. Rien de plus. Les conséquences contradictoires n'invalident pas l'hypothèse, ce sont elles qu'il faut rendre cohérentes.

Chaque fois que Simmias éprouvera le besoin de « rendre compte » de son hypothèse, il le fera « exactement de la même façon », c'est-à-dire en posant à nouveau une hypothèse. Il s'agit effectivement de la même démarche puisqu'il faut rattacher un terme à un autre terme pour le rendre plus intelligible. Le mouvement est le même, ce sont les points de départ et les points d'arrivée qui diffèrent. La première hypothèse est que toute détermination d'une chose résulte de la participation. La seconde consiste à relier la Forme posée par la première hypothèse (la Beauté) à une autre permettant de mieux la comprendre (en introduisant la Proportion, par exemple). Dans les deux cas il s'agit de rendre plus intelligible. Il n'y a pas là remontée, la première hypothèse doit être rattachée à une hypothèse « d'en haut » (*anôthen* : le suffixe indique la provenance, non la direction où aller), donc à une autre Forme et non pas à une hypothèse « plus haute ». Il ne s'agit pas d'élaborer une systématique de la remontée telle que toute Forme inférieure se trouverait englobée dans une Forme « supérieure » parce que possédant plus d'extension. Rendre compte équivaut à relier des Formes entre elles, non à faire de chaque Forme l'espèce d'un Genre.

Quelle finalité Platon donne-t-il, en conclusion, à cette exigence de « rendre compte » ? « Désirer vraiment découvrir quelque chose de ce qui est. » Rendre raison de l'hypothèse ne consiste pas à la remplacer par une autre, mais à l'approfondir ; pas à la défendre, mais à la comprendre. Même si ne s'est jamais révélée aucune « dissonance » entre les ensembles de choses qui paraissent être deux, si on veut comprendre et définir la Dyade, il faut introduire la Parité. Si on désire comprendre, il faudra bien qu'au lieu de se contenter de la poser on articule son hypothèse à une ou plusieurs autres. Dans les deux exemples – Beauté/Proportion, Dyade/Parité – on aura atteint « quelque chose de suffisant ». Personne n'aurait songé à suggérer un autre sens pour cette expression s'il n'avait pas lu la *République*. L'idée qu'il puisse s'agir ici d'un principe anhypothétique ou, encore mieux, du Bien lui-même, suppose que Socrate est en train de prescrire à ce pauvre Cébès que, chaque fois qu'il aura à répondre pourquoi il y a là deux pommes, ou pourquoi deux est un nombre pair, il devra remonter jusqu'au Bien par delà l'essence. En revanche, il est possible que, plus loin, l'injonction de Socrate d'avoir à examiner plus avant les hypothèses en question implique, elle, une remontée de ce genre.

Quels moyens Socrate conseille-t-il pour choisir l'hypothèse à laquelle relier la première ? Aucun. Le choix relève de la capacité de celui qui, vraiment, est philosophe. Dans les deux textes du *Phédon* dits « méthodologiques » (100a-b et 101d-e), cela se marque par l'emploi de verbes à la première puis à la deuxième personne. L'usage d'une « méthode », – si méthode il y a, disons d'une voie de recherche –, ne peut jamais être dissocié chez Platon de la nature, du désir et de la capacité de trouver par soi-même propres à celui qui l'utilise.

La participation (102b-105c)

La première occurrence du terme *eidos* pris dans sa signification de Forme est liée à la participation : la Forme est participée par d'autres choses, qui en tiennent leur éponymie (on peut remarquer que c'est Phédon, et non pas Socrate, qui, dans un passage de transition et sans avoir l'air d'y toucher, affirme la causalité des Formes, la participation et l'éponymie). La participation permet de parler des choses en devenir dans un langage tel qu'aucune réalité ne puisse, simplement et sans restriction, être dite posséder une propriété et son contraire. Si une chose peut devenir petite après avoir été grande, ou être simultanément plus petite et plus grande (relativement à deux choses différentes), la Grandeur en soi ne saurait devenir petite, mais pas davantage la grandeur en nous. Ces deux Formes, Grandeur et Petitesse, sont directement contraires et elles s'excluent. Elles devraient imposer à leurs participants de se comporter de la même façon, mais l'ennui est que non seulement aucune chose n'est le contraire d'une autre, donc n'en exclut une autre, mais que rien dans la chose elle-même ne lui interdit de posséder deux propriétés contraires. Le caractère composé des choses sensibles et la multiplicité des relations dans lesquelles elles peuvent entrer rendent possible la possession simultanée de deux propriétés contraires, possession partielle dans le premier cas (comme la toupie de la *République*, 436c-e, immobile par son axe et en mouvement par sa circonférence), et relative dans le second. La participation n'exclut que relativement la contradiction car au sein du visible chaque partie d'un tout peut posséder une propriété opposée à celle d'une autre partie, tout peut entrer en relation et tout peut s'altérer, mais la participation a pour effet de limiter cette division, cette relativité et cette altération ; les choses ne les subissent plus « sans cesse, en tous points et de toutes les façons ».

Ce qui est vrai des Formes – elles excluent leurs contraires directs – ne l'est pas des choses, qui n'ont pas de contraires. Il y a pourtant des exceptions. Quand une chose participe essentiellement à une Forme éponyme qui n'a pas de contraire direct mais qui possède indirectement un contraire, elle acquiert elle aussi un contraire indirect et ne peut pas « rester et le recevoir ». Ainsi, la neige participe à la Forme Neige qui lui donne son nom et n'a pas de contraire direct, mais en y participant, elle participe aussi nécessairement du Froid. La Forme Neige, participant essentiellement du Froid, a pour contraire indirect le Chaud ; en conséquence, toute neige sensible s'enfuit ou périt à l'approche de la chaleur : elle a aussi pour contraire indirect le chaud. Les Formes directement contraires s'excluent, et elles excluent tout autant leur contraire indirect (le Feu, inséparable du Chaud, exclut le Froid, comme la Dyade, liée essentiellement à la Parité, exclut l'Imparité). Si certaines Formes (le Chaud ou le Froid, le Grand ou le Petit) sont impuissantes à imposer à leurs participants leur pouvoir d'exclusion (puisque ceux-ci peuvent présenter les deux qualités contraires sous deux rapports différents ou successivement), d'autres (la Neige, le Feu, la Dyade) les rendent incapables de recevoir une propriété qui est le contraire direct d'une propriété qui leur est essentielle. La règle de l'exclusion des contraires vaut donc,

– s'agissant des Formes : pour les contraires directs (Chaud-Froid) et pour les contraires indirects (Neige-Chaud) ;

– s'agissant des choses qui en participent, elle vaut seulement pour celles qui possèdent un contraire indirect (neige-chaud).

Outre la participation essentielle qui leur confère leur nom et leur structure, certaines réalités tiennent de leur participation essentielle à une autre Forme l'impossibilité de recevoir une propriété qui leur est indirectement contraire (il n'existe pas de neige chaude, pas plus que de cercle carré). Participer essentiellement de deux réalités (comme la neige participe de la Neige et du Froid) n'empêche pas les choses de ce genre de devenir : elles sont dans le devenir, puisqu'elles peuvent naître ou périr, mais elles ne peuvent pas devenir autres qu'elle étaient. Elles ne peuvent que « périr ou s'enfuir » : se sauver en quittant la place, ou périr en cessant d'être ce qu'elles étaient. Paradoxalement, leur surdétermination essentielle fait que ce sont les choses les plus menacées : tout corps peut devenir froid après avoir été chaud et rester le corps qu'il était, mais pas la neige, qui à l'approche du chaud risque de perdre jusqu'à son nom, qu'elle ne mérite que tout le temps qu'elle est froide. Les cas de ce genre sont ceux où l'action des Formes sur les choses est la plus forte ; elles contraignent la chose à posséder sa propre *idea*. L'*idea* est la mainmise d'une Forme sur une chose, elle est le résultat de l'action de cette Forme qui donne à la chose son caractère propre. L'*idea* est ce qui permet à la chose de résister aux altérations venues du dehors ; plus le pâtir eidétique est grand, moins la chose pâtit de l'altération et du changement, moins elle « s'écarte du caractère essentiel (*idea*) qui est le sien » (*Crat.*, 439e, *Rép.*, 380d-e). Le caractère essentiel, ni Forme, ni chose, est l'instance du lien entre les deux. Il permet de mieux comprendre le type d'effet produit par une cause de cette espèce : la chose contrainte d'acquérir un caractère essentiel n'est plus un processus, elle se trouve « œuvrée » par la Forme et « conformée » à elle. En forçant la chose à avoir son caractère essentiel et à s'y tenir, la Forme la contraint à correspondre à son nom autant qu'il est possible. Il y a comme une nature conquérante de la participation. S'emparer d'une chose, la contraindre, marcher sur elle : qu'est-ce donc qui, dans la chose, peut ainsi résister à la Forme et justifier le vocabulaire guerrier du *Phédon* ? Rien qui vienne de la chose elle-même (qui n'est elle-même que du fait de la participation), mais son devenir, qui la fait indéfiniment se dérober. Les Formes contraires s'affrontent donc pour s'emparer de la chose par *ideai* interposées. Si une chose a été investie par le caractère essentiel du trois, ce caractère, devenu constitutif de la chose – disons, du trio – interdit à cette chose de recevoir le caractère du pair, qui lui est indirectement contraire. D'où un corollaire sémantique : les termes im-pair, in-culte, in-juste etc. ne signifient pas simplement qu'une chose n'est pas paire, cultivée ou juste, ils indiquent que cette chose se refuse à recevoir le prédicat contraire.

Socrate peut alors rattraper les causes raffinées qu'il avait poliment envoyé promener. Il peut rompre avec le modèle binaire de la causalité naïve (Chaleur-chaud) et construire un modèle ternaire plus raffiné (chaleur-feu-chaud). On peut désormais dire en toute sécurité que le feu est la cause de l'échauffement d'un corps puisqu'il existe une relation essentielle Feu-Chaleur. Le feu est une cause efficiente possible (la friction en serait une autre) de l'échauffement. La réponse raffinée est donc une réponse technique, savante. Elle constitue la possibilité du discours du savant en science de la Nature aussi bien que de celui du politique ou du médecin.

Mais elle n'est pas la condition de la pensée qui se désire elle-même en désirant ce qui est en vérité; elle n'est pas la condition du discours qui interroge et qui répond, la condition du discours du philosophe. *Eidos* et *idea* apparaissent dans le *Phédon* lorsqu'il s'agit de poser des principes de détermination, donc d'intelligibilité des choses. Mais le désir qui relie l'âme de certains à ce que se trouve être chacun des êtres n'a de conséquence que pour l'âme, en l'apparentant à l'*ousia.* Si la métaphysique est une affaire de principes, donc de Formes-causes, la philosophie est une affaire de parenté entre l'âme et les essences.

On se demande cependant comment une coupure à ce point tranchée entre l'intelligible et le sensible peut être surmontée, donc comment il peut y avoir participation. Dans le *Phédon,* il est juste indiqué qu'il peut s'agir de communauté ou de présence de l'un à l'autre. La participation est le seul fondement possible d'une connaissance des phénomènes, mais Socrate ne précise pas comment cette participation s'effectue. Ainsi posée, la question est insoluble. Pourtant, c'est bien dans le *Phédon* que se trouve la solution : il n'y a participation que pour l'âme qui est en état de réminiscence et sait voir que les choses aspirent à être intelligibles. La participation n'est pas une relation entre deux espèces de choses, elle suppose la médiation de l'âme qui la conçoit comme l'aspiration d'un mode imparfait et déficient d'existence à une manière d'être essentielle. Si l'on fait abstraction de la réminiscence et de la perspective de cet amoureux qu'est le philosophe, il arrive ce qui arrive dans la première partie du *Parménide* : on va d'une impossibilité à une autre.

IV. LES CRITIQUES DE LA PARTICIPATION (*PARMÉNIDE*)

Le *Parménide* est le plus relayé de tous les Dialogues : un certain Céphale récite une récitation qu'il tient d'Antiphon, lequel l'avait apprise enfant de Pythodore, qui avait assisté au dialogue. Mais on a une neutralisation complète des relais de transmission : ce dialogue, éloigné de trois degrés du dialogue originaire et historiquement improbable entre le vieux Parménide et le jeune Socrate, il ne semble pas nécessaire de le comprendre pour le restituer, et on peut, comme Antiphon, le savoir par cœur et passer le reste de sa vie à s'occuper de chevaux. Quant à Céphale, son récit ne s'adresse ni à un auditeur ni à un groupe d'auditeurs, il ne parle à personne – et c'est bien cela qu'est le *Parménide*, un exercice pour tous et pour personne. En outre, on trouve parmi les personnages une quantité d'homonymes : Céphale n'est pas le Céphale de la *République*, Antiphon pas Antiphon le sophiste, « Aristote n'est pas, dit Hegel dans ses *Leçons sur Platon*, l'Aristote que nous connaissons ». Mais Parménide, qui semble ici accepter la pluralité des Formes, donc de l'être, est-il le Parménide que nous connaissons, et Socrate le Socrate que Platon nous fait habituellement connaître ? Si tous les personnages, à l'exception de Zénon d'Élée, sont des homonymes, y compris des homonymes d'eux-mêmes, n'est-ce pas pour indiquer que les Formes dont il est tout au long question ne sont elles aussi que des homonymes des Formes telles que Platon les conçoit ?

Socrate et Zénon (127d-130a)

La première partie se compose de deux dialogues, le premier entre Zénon et Socrate, le second entre Socrate et Parménide. Pour renforcer la thèse de son maître – le tout est un, l'être est un – Zénon a écrit un traité démontrant l'inexistence de la pluralité. Car s'il existe une pluralité de choses, les mêmes choses peuvent être à la fois unes et multiples, semblables et dissemblables, en repos et en mouvement : on pourra leur donner tous les prédicats contraires, donc tenir un discours contradictoire à leur propos. Zénon applique le principe de contradiction fort hérité de Parménide, exempt des restrictions apportées par Platon puis par Aristote (une chose ne peut être A et non-A en même temps et sous le même rapport). Le dilemme posé par Zénon est le suivant : ou bien la pluralité existe, et elle est la négation du principe de non-contradiction, ou bien elle n'existe pas et il n'y a comme le dit Parménide qu'un seul être à penser et à dire. Selon Socrate, Zénon a raison s'il parle des réalités sensibles, mais la présence en elles de caractères opposés ne permet pas de conclure à l'identité de ces opposés pris en eux-mêmes. Si en effet ces propriétés opposées sont des Formes, distinctes des choses qui en participent et séparées d'elles, il serait étonnant que l'on puisse montrer que des Formes contraires sont capables de se mélanger : s'il existe une Forme de la Ressemblance, elle ne pourra jamais être dissemblable.

La distinction ontologique entre les Formes participées et leurs participants permet à Socrate de lancer à Zénon un défi : il ne pourra affirmer que toute multiplicité transgresse le principe de non-contradiction qu'à la condition de démontrer que cela vaut également pour les Formes intelligibles.

Socrate et Parménide (130b-135c)

C'est Parménide qui relève le défi. Tout en admirant l'élan qui pousse Socrate à poser des Formes, il lui fait préciser de quoi elles sont séparées : non seulement des multiples choses qui en participent mais aussi des propriétés qu'elles confèrent à ces choses ; la Forme de la Ressemblance est séparée de la ressemblance qui est en nous, et il en va de même de toutes les propriétés dont a parlé Zénon. Socrate l'admet, comme il admet l'existence séparée du Beau, du Bon et de toutes les valeurs. Il avoue en revanche son embarras quand il s'agit de poser une Forme de l'homme, du feu ou de l'eau, et juge carrément absurde d'envisager des Formes de la boue, de la crasse ou du poil : il est tenté, parce que ce sont des choses sans valeur, de ne leur accorder d'existence que sensible. Son hésitation touchant l'homme ou le feu s'explique du fait qu'il ne lui semble pas nécessaire de poser des Formes quand la contrariété ne menace pas. Pour la crasse ou le poil, Parménide lui inflige une leçon : Socrate est encore assez jeune pour se soucier de l'opinion des hommes et de leurs jugements de valeur. Jeune à coup sûr, car il ne se prive pas de parler ailleurs d'une Forme de l'Abeille, du Feu ou de la Neige, de la Terre, de l'Eau et de l'Air, de l'Homme et du Bœuf, ou encore de la Navette, du Lit et de la Table. Toute Forme ne possède donc pas nécessairement un contraire, et toute Forme n'est pas forcément noble (*Soph.*, 227a-b, *Pol.*, 266d). Socrate n'a pas donné de bonnes réponses à la question. Mais la question était-elle bien posée? Parménide demande : de quoi y a-t-il Forme? Il se représente donc la Forme comme ce qui correspond à un substantif ou à un adjectif présents dans la langue courante, expression de l'expérience commune. La question de Parménide suppose la double priorité de cette expérience, censée fournir tous les objets dont il pourrait y avoir Forme, et de la langue commune, tenue pour être bien faite, sans lacunes et sans confusions. Les Formes ne seraient que des noms communs et des propriétés hypostasiés. Poser une telle question revient donc à inverser la relation entre le sensible et l'intelligible, puisque l'on va alors de l'empirique à l'intelligible, au lieu de voir l'empirique à la lumière de l'intelligible.

Les apories de la présence et de la communauté

Selon Socrate, certaines Formes existent, des choses en participent et en reçoivent leurs noms. Mais, objecte Parménide, si chaque participant participe à la totalité de la Forme, celle-ci sera tout entière présente à chacun de ses participants. Étant tout entière en chacun, elle se trouvera multipliée en autant d'unités distinctes qu'il y a de participants. Cela peut être évité, répond Socrate, si la présence de la Forme est analogue à celle du jour : il est présent en de multiples lieux sans pour autant perdre son unité. Parménide substitue aussitôt à l'image du jour celle du voile : quand un voile s'étend sur une multiplicité d'objets, c'est seulement une partie de lui-même qui recouvre chacun d'eux. Or si participer veut dire prendre une partie de la Forme, c'est, par exemple, par une partie de la Grandeur que chaque chose sera grande. Comme une partie est nécessairement plus petite que le tout, cette partie sera à la fois grande (par participation à la Grandeur) et petite (en tant que partie). En partageant la Forme, la participation la rend une et multiple, même et autre. Elle entraîne ainsi ce que la séparation était censée empêcher : la prédication simultanée des contraires aux Formes elles-mêmes.

Parménide soulève ensuite une seconde difficulté : lorsque de multiples choses paraissent grandes, c'est une seule et même propriété que l'on voit étendue sur toutes, ce qui fait penser que la Grandeur est une. Ce caractère commun est commun à la multiplicité des choses estimées les posséder toutes (la communauté est horizontale, entre choses de même nature et situées sur un même plan), et c'est lui qui se trouve hypostasié en Forme (la communauté est alors verticale). Mais si un second regard de l'âme embrasse ce Grand posé comme distinct des choses et les choses auxquelles il est immanent, alors apparaîtra une nouvelle unité par laquelle tout cela sera grand, et encore au dessus de toutes les précédentes une autre, et ainsi à l'infini. La Forme participée et ses participants possédant la même propriété, il faudra bien en effet trouver à nouveau une cause de cette propriété commune : la Forme participée de niveau 1 devra elle-même (avec ses participants) participer à une Forme de niveau 2, et ainsi à l'infini. C'est ce qu'Aristote appellera l'argument du troisième homme (*Réf. Soph.*, 22, 178b37-179a, *Mét.*, A, 9, 990b17, Z, 13, 1038b35-1039a3). En conséquence, chaque Forme ne sera plus une mais pluralité illimitée.

Là encore, Socrate tente de trouver une issue : cela ne se produira pas si chaque Forme est un objet de pensée (un noème) et n'advient nulle part ailleurs que dans les âmes : si la Forme est dans les âmes et non pas dans les choses, elle ne peut pas pâtir directement de sa participation par des choses, et elle ne peut pas avoir non plus les mêmes propriétés qu'elles. Mais, selon Parménide, toute pensée est pensée de quelque chose : le noème se dédouble donc en activité pensante et en contenu pensé. Si c'est à la Forme entendue comme activité pensante que toutes les choses participent, alors toutes penseront ; et si c'est à la Forme entendue comme contenu pensé, toutes seront des pensées, mais qui ne pensent pas. Toutes les Formes se diviseront en forme et contenu d'elles-mêmes et perdront leur unité.

Socrate fait une dernière tentative et propose la solution qui lui semble la meilleure : les Formes sont des modèles, des paradigmes, auxquels les choses ressemblent et dont elles sont les images ; la participation se fait par la ressemblance. Parménide oppose un principe de réciprocité : si les choses ressemblent aux Formes, les Formes ressemblent aux choses. Il faudra donc qu'une Forme (de niveau 1) et ses participants participent à une Forme (de niveau 2) qui leur confère cette similitude. C'est cette autre Forme qui sera la vraie, c'est-à-dire le vrai modèle auquel choses et Forme de niveau 1 participent et dont elles sont les images. Mais si la participation se fait par ressemblance, cette nouvelle Forme ressemblera à son tour à ses images, il faudra poser à nouveau un modèle, et ainsi de suite à l'infini. Chaque Forme sera tour à tour modèle et image, participée et participant. On a là une seconde version de l'argument du troisième homme.

L'aporie de la séparation

Voilà donc, conclut Parménide, les multiples apories qui surgissent lorsque l'on veut poser une Forme une et séparée de chacun des êtres. Mais la difficulté la plus grave tient à la séparation elle-même. De la séparation radicale des choses sensibles et des Formes il résultera que les Formes n'entretiendront de relations que mutuelles : le maître en soi sera le maître de l'esclave en soi, la science en soi ne connaîtra que la vérité et les réalités en soi, etc. À l'étage inférieur, celui des réalités sensibles, le maître empirique le sera d'un esclave empirique, la science empirique ne connaîtra que la vérité et les réalités d'ici-bas. N'ayant pas part à la science en soi, nous ne connaîtrons aucune Forme, toutes seront pour nous inconnaissables. Et, réciproquement, un dieu lui-même ne connaîtra pas tout, puisqu'il ne connaîtra ni la vérité ni les réalités d'ici-bas. L'hypothèse de la transcendance absolue des Formes, en coupant la science d'en haut de la science de chez nous, aboutit à détruire la notion même de science : la science d'en haut n'en sera pas une faute d'avoir accès à la totalité de ce qui est, et la science d'en bas encore moins, car elle ignorera de quoi elle manque et doublera son manque de totalité de la croyance à sa totalité.

La raison de ces apories

Toutes ces apories sont-elles insurmontables ? Parménide dit lui-même que celui qui aurait l'expérience de ces questions, une bonne nature et la capacité d'argumenter à partir de points de départ plus éloignés (moins immédiats), pourrait réfuter ses objections. On peut au moins repérer l'erreur fondamentale dont elles procèdent toutes : par Formes séparées, Parménide entend des choses métaphysiques éternelles venant doubler les choses données dans l'expérience. De cette réification de la Forme découle le caractère physique du langage qu'il leur applique de bout en bout : participer, c'est littéralement prendre sa part, prendre une partie de ; être présent à, c'est être dans ou s'étendre sur. De plus, un terme a selon lui le même sens si on l'applique à une Forme ou à des choses sensibles : la Grandeur est grande comme le sont les choses grandes, la Ressemblance semblable comme le sont les choses semblables entre elles – cette identification de la Forme à un caractère commun hypostasié est le fondement des deux versions de l'argument dit du « troisième homme ». Enfin, Parménide fait de la science une Forme et non pas une puissance et une activité de l'âme : on ne voit pas comment une Forme pourrait avoir d'autres Formes pour objets. Ses objections ne sont valables qu'à une condition : que l'on ait, face à face, deux espèces de choses, dont on ne peut alors qu'envisager de l'extérieur soit la séparation radicale, soit au contraire l'immanence (celle des Formes dans les choses sensibles), ce qui entraîne dans les deux cas une multitude d'apories.

Une instance manque, l'instance du lien, qui voit les unes à la lumière des autres, et cette instance est l'âme. Pour comprendre que la participation n'est pas une relation positive et statique entre deux espèces, mutuellement extérieures, de réalités, mais une relation négative et dynamique de manque ou d'aspiration, il faut une âme. Socrate l'introduit à un moment, en émettant l'hypothèse que la Forme serait un intelligible présent dans l'âme, mais Parménide ne relève pas ce dernier terme et fait du noème soit une activité subjective de pensée soit le contenu de cette activité. Or pour Platon les Formes sont bien dans l'âme (« Ne poses-tu donc pas l'Être dans l'âme comme un troisième terme en dehors de ceux-là [le Repos et le Mouvement] ? » demande l'Étranger dans le *Sophiste*, 250b), ce qui ne signifie pas que leur réalité dépend d'elle ou est produite par elle, mais que l'âme est une médiation nécessaire – que serait un intelligible inaccessible à l'intelligence qui est en l'âme ? – et que c'est pour une âme pensante, et non en soi, que la participation a un sens.

Les critiques formulées dans le *Parménide* à l'encontre de la théorie des Formes et de la participation ne marquent donc pas la rupture d'avec une théorie métaphysique jugée désormais insoutenable. Cependant, si Platon pensait que ces objections ne sont pas valables, pourquoi les a-t-il laissées sans réponse ? La question n'est pas de savoir si elles sont pertinentes ou non, mais de comprendre comment il faut se représenter les Formes pour qu'elles semblent l'être. La critique de Parménide ne porte pas sur les Idées telles que Platon les conçoit mais sur les manières possibles de se représenter les Idées quand on ne les pense pas. En conséquence, la première partie du *Parménide* n'est pas une autocritique, elle est au contraire la démonstration négative de la nécessité, non seulement de poser des Formes, mais de leur donner le mode d'existence que Platon leur accorde. Cela permet tout d'abord d'expliquer pourquoi cette « absurde » théorie des Idées resurgit dans le *Sophiste* ou le *Philèbe*, sans parler du *Timée*, et de prendre au sérieux quelques phrases du *Parménide* : si pourtant, demande Parménide à un Socrate rebuté par toutes ces difficultés, tu ne poses pas de Formes, la pensée ne saura plus où se tourner, la puissance dialectique tout entière sera abolie, et que feras-tu de la philosophie ?

Parménide nous fournit comme un inventaire des questions qu'il ne faut pas poser à propos des Formes et des manières dont il ne faut pas les poser parce qu'il cherche à se représenter ce qu'est une Forme en faisant abstraction de l'âme qui la pense et des raisons pour lesquelles, cherchant à penser ce qui est, elle est amenée à conférer un certain mode d'être à ce sur quoi porte sa question. On touche là à une erreur encore plus fondamentale que celle qui consiste à réifier les Formes : celle qui entreprend de constituer un genre, ou une classe des Formes. Une Forme serait alors un individu, membre de la classe des Formes et qui en aurait les prédicats communs. Or aucun des prédicats énumérés dans le *Banquet* ou dans le *Phédon* – unité, immuabilité, identité à soi – n'est propre à la dite classe des Formes et ne suffit à la différencier : ils s'appliquent tous non seulement aux Formes mais aussi bien aux choses sensibles qui conservent leur essence tant qu'elles en participent, sans parler des dieux. Être une Forme, ce n'est pas posséder les prédicats communs à toutes les Formes, c'est avoir une manière d'exister différente de celle des choses sensibles, donc immuable, certes, mais surtout intelligible. La réalité de la Forme consiste en ceci : c'est un objet pour l'intelligence, elle est pleinement, en soi, intelligible, elle ne se dérobe pas à la pensée qui la questionne et lui offre la résistance du « ce que c'est vraiment ». Une Forme n'est pas une Forme *parce qu'elle* possède telle ou telle propriété, auquel cas elle se scinderait en forme et contenu (ou matière intelligible). On ne peut pas plus déterminer la Forme de la Forme (se demander ce qu'est ce « ce que c'est ») que l'on ne peut dédoubler l'essence en essence et essence de l'essence. Car non seulement il y aurait régression à l'infini mais la question serait dépourvue de sens, puisqu'une essence est ce qui donne son sens à la question « qu'est-ce que ». Une Forme n'est donc pas une réalité individuelle que des propriétés générales viendraient qualifier. D'où tirerait-on d'ailleurs ces propriétés communes : à partir d'une multiplicité de réalités par définition *essentiellement* différentes, comment pourrait-on abstraire un genre commun ? Ce que chacune communique aux réalités sensibles, ce n'est pas une intelligibilité en général, c'est l'intelligibilité propre et particulière qui est liée à sa nature. Platon ne pose pas que la Forme de la Beauté est une Forme, il pose la Beauté comme Forme – il ne pose pas une Forme qui se trouve être celle de la Beauté parce qu'elle a la Beauté pour contenu, il pose que pour penser ce qu'est vraiment la Beauté il faut la poser comme une essence. Il pose la Beauté « en soi » comme ce qu'est vraiment la chose dont on parle et qu'on cherche à comprendre. La Forme de la Beauté, c'est la Beauté, l'existence véritable de la Beauté est son essence et tout ce que l'on affirme de vrai de la Beauté on l'affirme nécessairement de *ce qu'est* la Beauté.

Chercher à se représenter, en général, le mode d'existence des Formes en général, c'est chercher à se représenter de l'extérieur ce qui donne son sens à un effort, toujours nécessairement limité et déterminé, de compréhension. Il n'y a pas de pensée en général : quand elle pense, la pensée s'oriente vers *une* essence. Parler des Formes, c'est se condamner à les décrire sans les comprendre. Ce que le philosophe recherche, ce n'est pas la Forme de la Forme mais la définition de chaque Forme, la compréhension de l'essence distincte qu'elle est. Ce qui exige que soit examinée la question de l'unité de l'être et suppose que l'on arrive, en démontrant l'existence de la Différence, à établir celle d'une multiplicité d'êtres dont chacun est autre que tous les autres.

CHAPITRE V

L'UN ET LE MULTIPLE

Livré à lui-même, le devenir sensible n'est ni un ni multiple : il n'est que diversité, dispersion, foisonnement. Même ce navire qu'est le Monde risque, lorsqu'il est abandonné des Dieux, de sombrer dans le « lieu des dissemblances ». Il n'y a de multiplicité que s'il y a un certain nombre d'unités, et il n'y a d'unité que pour la pensée. L'un et le multiple ne sont pas seulement pour elle des problèmes fondamentaux, ils sont sa structure même comme ils sont la structure de tout discours : pas de discours qui ne comporte la distinction entre singulier et pluriel, distinction grammaticale qui à la fois exprime et renforce notre croyance à la multiplicité des choses et à l'unité de chacune. Tous les penseurs présocratiques, et principalement Héraclite, ont ébranlé cette croyance, ne laissant subsister qu'unité et multiplicité apparentes, et le vénérable Parménide n'a pensé pouvoir sauver l'Un qu'en en faisant la négation absolue de toute pluralité. Dans les deux cas, le logos est en porte-à-faux : sa structure multiple lui interdit aussi bien de dire l'incessante et indéfinie diversité du devenir que l'unité absolument une. Profitant de l'autonomie du langage, débarrassé par Parménide de tout ancrage ontologique, les sophistes avaient fini par identifier dialectique et querelle verbale (éristique). Restituer au discours son enracinement dans l'être ne va pas sans problème. Si la pensée et le logos ne trouvent leur fondement ni dans l'hypothèse de la diversité ni dans celle de l'unité, ils le trouvent selon Platon dans celle de la multiplicité des êtres. Pourtant, si penser consiste à reconduire le multiple à l'un et à diviser une unité en sa multiplicité propre, la multiplicité des êtres ne doit-elle pas, elle aussi, être ramenée à l'unité de l'être ? La dialectique suppose la parfaite réciprocité de l'un et du multiple, mais peut-être est-il impossible de maintenir leur égale dignité ontologique ; or, si l'un est principe, il ne peut être principe ni de la possibilité ni de l'existence du discours. Ce problème, exploré dans le seconde partie du *Parménide*, est résolu dans le *Sophiste* dont le but est de « mettre le logos au nombre des Genres qui sont », sans quoi nous serions privés de philosophie.

I. DÉDUIRE À PARTIR D'HYPOTHÈSES (*PARMÉNIDE*)

Il n'y a de science véritable que celle qui procède dialectiquement. Si Platon a fait de la dialectique la science la plus haute, il ne l'a pas inventée. C'est à sa conception éléatique, en particulier à celle de Zénon, qu'il s'attaque dans la deuxième partie du *Parménide*. La méthode qui permettra « de discerner à coup sûr la vérité », fait-il dire à Parménide, consiste à poser en chaque cas l'existence de l'objet en question, en l'occurrence l'un, mais aussi son inexistence, et à examiner quelles conséquences en résultent pour lui et pour les autres, dans leurs relations avec lui et entre eux. Gorgias, dans son *Traité du non-être*, avait parodié la méthode et fait du même coup exploser l'ontologie, et en un sens c'est aussi à une parodie que se livre Platon. Mais il nous dit qu'il faut voir là un jeu sérieux, et sérieux il l'est en effet puisqu'il en ressort que, quelle que soit l'hypothèse envisagée, la dialectique n'y est pas possible comme science.

Dans son Discours de vérité, le grand Parménide avait affirmé l'unicité d'un être inengendré, impérissable, immobile, d'un seul tenant, rejetant hors de lui tout devenir et toute multiplicité comme autant d'illusions propres à l'ignorance des mortels. C'est à lui que Platon confie, dans le seconde partie du *Parménide*, le soin d'explorer les conséquences de cette position. À supposer que l'unité existe, qu'en est-il de son être, de l'être, et de tous « ses autres », c'est-à-dire de la multiplicité des phénomènes ? En revanche, si l'unité n'a aucune réalité, qu'en est-il alors de l'être, et peut-on même parler d'une multiplicité de phénomènes ?

Il est donc plus exact, contrairement à une tradition très ancienne, de parler non pas de huit (ou neuf) hypothèses, mais de deux, positive et négative. Chacune comporte deux versions, l'une radicale et l'autre modérée, et ces quatre versions s'accompagnent de leur contrepartie où est examiné ce qui advient « aux autres » de l'un ainsi déterminé. On retrouve ainsi les huit hypothèses traditionnelles :

– I. Hypothèse positive

(1) Si l'un (est) un, il ne souffre aucune détermination et n'entre dans aucune relation (137c-142a), et

(4) il en va de même des autres de cet un (159b-160b).

(2) Si l'un est, il possède toutes les déterminations et entre dans toutes les relations (142b-155e), et

(3) il en va de même des autres de cet un (157b-159b).

– II. Hypothèse négative

(5) Si l'un n'est pas mais participe néanmoins en quelque façon à l'être, on peut lui attribuer toutes les déterminations et relations imaginables (160b-163b), et

(7) les autres de cet un n'ont pour existence que leur altérité mutuelle (164b-165e).

(6) Si l'un n'est absolument pas (163b-164b),

(8) rien n'est (165e-166c).

Parménide va donc jouer ce « jeu laborieux » en partant de ce qui, selon Platon, est sa propre hypothèse : « s'il y a un, n'est-il pas vrai que l'un ne saurait être multiple ? »

Les deux versions de l'hypothèse positive

La première version affirmant l'existence de l'un est radicale et aboutit à la conclusion que l'un ainsi posé n'a aucune détermination et ne peut entrer dans aucune relation, ni avec lui-même ni avec les autres. L'impossibilité d'être multiple entraîne en effet celle d'avoir des parties, donc d'être un tout, et celle d'être identique à soi-même ou aux autres, ou différent de soi-même ou des autres. En venant se greffer sur l'opposition un-multiple, deux couples d'opposés, tout-parties et identité-différence, engendrent tous les autres. Si être un ne signifie pas être un tout, ce qui est un ne peut avoir ni limites, ni figure, ni localisation et ne peut être ni en mouvement ni en repos. Si le fait d'être un exclut d'être identique à ou différent de (soi-même ou autre chose), il n'est possible d'être ni semblable ni dissemblable, ni égal ni inégal à quoi que ce soit.

Cet un qui n'est que un, « à n'être nulle part il ne serait rien » ; non seulement il n'existe pas parce qu'il n'est nulle part, mais, ne participant à aucune des trois dimensions temporelles – passé, présent et avenir – il ne participera pas à l'existence (*ousia*), car il n'y a pas d'autre manière d'y participer que d'advenir à présent, d'être advenu jadis, de devoir advenir à l'avenir. Le temps apparaît d'emblée comme un pouvoir de liaison, reliant (en la différenciant ou en l'identifiant) une chose à elle-même ou à d'autres sous le triple point de vue du plus vieux, plus jeune, de même âge. Puisque l'un repousse toute espèce de relation, « il ne pourrait donc pas non plus être dans le temps, l'un, s'il était tel ? » demande Parménide. N'étant pas dans le temps, il ne participe pas à l'existence : l'un n'est donc pas tel qu'il puisse *être* un, et qu'il puisse être. S'il n'est pas, il ne peut y avoir de lui ni nom, ni définition, ni science, ni sensation, ni opinion. Inaccessible à toute forme de connaissance, indéfinissable, innommable, telle serait une unité que l'on voudrait si parfaitement une qu'elle serait irrémédiablement séparée de l'être. Quant aux autres choses, ainsi coupées de l'un, elles ne sont unes sous aucun rapport et ne sont même pas multiples, puisque toute multiplicité est multiplicité d'unités; tout comme l'un, elles ne sont affectées d'aucune détermination et ne sont connaissables en aucune façon.

D'un tel un il est donc impossible de parler, et la version radicale de l'hypothèse a pour seul contenu cette impossibilité. Ce discours impossible et qui s'annule lui-même impose donc la nécessité de formuler l'hypothèse autrement. Selon la première version, dire « l'un est » revenait à dire l'« un un ». Dans la seconde version, on suppose que l'être de l'un n'est pas identique à l'un; affirmer l'être de l'un signifie autre chose qu'affirmer simplement l'un, c'est affirmer la participation de l'un à l'être. Quand on pose l'un-qui-est, c'est une totalité qu'on pose, ayant comme parties l'un et l'être. Toutes les déterminations et toutes les relations exclues par la première formulation sont alors possibles, et on aboutit à des conclusions exactement contraires aux précédentes. Comme il reçoit toutes les déterminations, quantitatives et qualitatives, cet un se situe dans l'espace et dans le temps : ayant limite et figure, il est quelque part; s'il est vrai qu'il participe à l'être, il participe au temps et ne cesse d'être et de devenir plus vieux, plus jeune, de même âge que lui-même et que les autres. De lui il y aura science, opinion et sensation, et il sera nommé et défini. Les autres de cet un formeront une totalité multiple dont chaque partie possédera une unité lui venant de sa participation à l'un, mais comme chaque chose ne reçoit de toutes les autres parties et du tout qu'une limitation extrinsèque et qu'elle est dépourvue d'unité interne et propre, elle sera divisible à l'infini.

Dans le premier cas, il est donc établi que, puisque l'un ne participe à aucune des formes du temps, il ne peut pas être. Dans le second, que, puisqu'il est, il a de toutes les façons possibles part au temps. La question du temps n'est pas une question annexe, la participation au temps apparaît soit comme la médiation nécessaire de la participation à l'être, soit comme la conséquence nécessaire de cette participation.

Être dans le temps (140e-141d, 151e-155c)

Qu'en est-il du temps, si toute forme d'unité en est absente ? C'est un devenir pur qui n'aboutit jamais à un état (vieillir à *être* vieux, par exemple), dans lequel il n'y a ni choses ni qualités permanentes. Être vieux, cela peut recevoir une mesure (avoir tel âge), être plus vieux de (tant d'années) aussi, mais pas « devenir plus vieux » : dans ce dernier cas, la seule référence est à « devenir plus jeune ». Le devenir (*genesis*) relève, comme dira le *Philèbe* (24b-25a), du genre de l'illimité, et un processus qui passe par le plus et le moins ne peut se qualifier que relativement à un processus simultané de sens contraire. L'emportement de son mouvement exclut toute quantité définie, toute mesure par rapport à laquelle apprécier le « plus ». Un processus est donc toujours simultanément orienté en deux sens opposés : en devenant plus vieux, on devient plus jeune relativement à ce plus vieux ; en devenant plus savant, on devient toujours plus ignorant, car plus on apprend et plus grandit corrélativement l'ignorance de ce que l'on ne savait pas encore. Tout devenir entraîne ce dédoublement, aucune unité ne peut devenir et rester une. Mais pour pouvoir affirmer que l'un n'est pas dans le temps, il faut donner une signification à ce mot, être. En catégorisant le temps selon trois dimensions – jadis, après, maintenant –, la langue rend le devenir habitable et en fait du temps. Elle permet de *dire* qu'on est, était, sera, et que c'est cela, être dans le temps. La condition à laquelle une chose doit satisfaire pour *être* dans le temps est de pouvoir *être dite* comme se manifestant à un moment du temps. L'un n'est pas dans le temps dans la mesure où ne peut *dire* de lui ni qu'il est, ni qu'il a été, ni qu'il sera : les divisions temporelles feraient éclater l'unité de l'un.

Lorsque Parménide reformule l'hypothèse, il pose d'emblée la participation de l'un à l'être. Si l'un participe à l'être, il participe donc aussi au temps, à un « temps qui s'avance », structuré selon trois dimensions. Mais si une chose s'avance du passé à l'avenir, elle ne peut pas sauter par dessus le maintenant. Maintenant est l'intervalle entre était et sera, ce qu'une chose *est*, elle l'est maintenant : l'un « est toujours maintenant, chaque fois qu'il est ». Dans le « maintenant » le devenir se suspend et se réduit à un passage entre des maintenants successifs : le maintenant, on le lâche, l'après, on le saisit, et entre les deux on devient, mais ce devenir aboutit toujours à de l'être, à un « être maintenant ». Ce maintenant n'est plus rongé par une division interne, comme dans la première version de l'hypothèse où il n'était, simultanément, que le futur du passé et le passé du futur ; c'est un maintenant à la fois immobile et toujours en mouvement, chaque fois autre et cependant chaque fois identique à lui-même à travers la translation continue de sa position dans le cours du temps. Dire qu'une chose « est », c'est donc dire qu'elle participe à l'existence au présent. Mais être, au présent, ne désigne qu'un moment fugitif et indéfiniment renouvelé du devenir. L'un-qui-est est dans le temps de deux façons : à la fois il y devient et il y est, et en devenant il n'y est pas, mais comme il y est (au présent), il n'y devient pas.

Dans cette version de l'hypothèse, on a une totalité dont l'unité et l'être sont les parties, chaque partie possédant à son tour à la fois existence et unité. L'un-qui-est se morcelle donc, ou se multiplie, à l'infini. Car si l'un et l'être sont un couple, il y a deux, et s'ils sont différents l'un de l'autre, il faut poser leur différence comme un troisième terme. À partir de là, on a tous les nombres, ordinaux et cardinaux. L'un-qui-est engendre ainsi à la fois le continu spatio-temporel (si l'un est dans l'espace et le temps, le temps et l'espace participent de l'un, et pour eux, être uns, c'est être continus), et les nombres, donc la discontinuité. Les nombres sont pris comme des structures immanentes et qu'on peut néanmoins abstraire. Ce qui impose au temps sa structure et son orientation, ce n'est plus la langue et ses catégories grammaticales, c'est le nombre et ses règles de succession. L'un, compris cette fois comme un nombre, accompagne le temps en sa genèse, il est immanent à ce temps progressif et y exerce un triple pouvoir, constituant, synthétique, et totalisant. Les Formes sont bien, comme le disait en commençant Parménide, « les réalités que, par excellence, le logos peut saisir », mais ces réalités saisissables seulement par une réflexion et un discours rationnels sont des nombres, des structures immanentes aux choses, comme les conçoivent les Pythagoriciens (Aristote, *Mét.*, A, 6, 987b 27-28).

En l'absence de l'un, l'être disparaît pour laisser place à un devenir impensable ; mais si l'un est présent à l'être dans le temps, il le multiplie en une infinité d'« être-maintenant » qui se substituent sans cesse les uns aux autres.

Construire des mondes possibles

Si pour être il faut être dans le temps, dans le temps il n'y a pas d'être essentiellement étant, pas d'être qui, d'une manière ou d'une autre, ne pâtisse du devenir, et pas d'être qui soit capable d'agir sur lui. Se trouve donc exclue l'existence de ces êtres que Platon appelle « réellement étant » : les Formes. Les deux versions de l'hypothèse positive constituent une preuve indirecte, ou négative, que la philosophie exige des « idées », mais non pas telles qu'elles ont été conçues jusqu'alors. La démarche peut se résumer ainsi : admettons, dit Platon, que les Formes ne soient pas telles que je prétends qu'elles sont et que ce que je nomme participation soit impossible, dans quel monde conceptuel serions-nous ? Il ne s'agit pas de cosmologie, de monde physique, mais de savoir quelle forme de pensée et de connaissance autorise telle ou telle conception de l'être, de son unité ou de sa pluralité. La seconde partie du *Parménide* construit les mondes conceptuels dans lesquels nous serions si les Formes, totalement séparées, n'existaient pas, ou si, complètement immanentes, elle ne pouvaient se constituer que par abstraction.

Dans le monde où il y a séparation radicale entre l'un et les autres, tout devient sans cesse et rien n'est. Cependant, le langage réussit à produire des semblants de réalités, dont les seules déterminations sont des déterminations temporelles de telle sorte que le discours ne parle que des événements qu'il produit en les localisant dans le passé, le présent et l'avenir. Dans ce monde-là, on peut raconter des histoires, et même l'Histoire, mais on ne peut rien connaître, ou plutôt connaître s'identifie à retracer un devenir qu'on pose comme étant la seule réalité de la réalité et de chaque réalité. Dans l'hypothèse où l'un est, tous les contenus possibles sont donnés à la pensée puisque, dédoublant l'être (un) et l'un (qui est), elle a aussi la possibilité de les relier, elle est la pensée de leur infinie liaison dans l'espace et dans le temps. Une genèse simultanée de l'unité et de la pluralité s'opère dans un temps qui est forme d'ordre et de toute synthèse possible. La pensée a donc à la fois la possibilité d'opérer toutes les liaisons abstraites, ordonnant nombres et figures, déduisant et classant concepts et relations ; et la possibilité d'opérer toutes les liaisons empiriques entre des déterminations qualitatives ou quantitatives qui peuvent être contraires sans contradiction puisque, contraires, elles ne le sont pas en même temps. Ce monde permet donc deux sortes de discours : de chaque être qui est un on peut avoir perception et opinion, avoir une connaissance empirique. Sur chaque unité qui est, qu'elle soit obtenue par addition, multiplication ou division, on pourra tenir un discours de type mathématique. En articulant les deux, on pourra élaborer une physique. Mais, extérieure à ses contenus qu'elle ne pénètre pas mais relie du dehors, la pensée devient du même coup extérieure à elle-même : elle produit indéfiniment des rapports sans jamais revenir à soi. L'un-qui-est autorise toutes les formes de connaissance, empiriques ou scientifiques, toutes sauf une, la connaissance dialectique.

L'instant du changement (155e-157b)

On peut parfaitement se contenter de ces mondes, et beaucoup, de tout temps, s'en contentent, qu'ils aillent dans le sens d'un mysticisme et d'une théologie négative, ou dans celui d'un monde sensible ne recevant d'intelligibilité que des sciences mathématiques, pures ou appliquées. Pourquoi ne pas en faire autant ? Parce que, selon Platon, quelque chose fait exception. Après l'examen de la première hypothèse vient en effet un bref passage où certains, à la suite des néoplatoniciens, ont cru reconnaître une troisième hypothèse, d'autres un corollaire de l'hypothèse positive prise dans son ensemble ou seulement de sa seconde version. Si l'un participe du temps, parce qu'il *est* un, il participe à un moment à l'existence (*ousia*), et parce qu'il *n'est pas*, à un moment au contraire il n'y participe pas. Ces deux moments, celui où il participe à l'existence et celui où il la quitte, sont nécessairement différents. Or participer à l'existence, c'est advenir, et la quitter, périr. Pour l'un, advenir, c'est advenir comme un, s'unifier, et périr, c'est devenir multiple. De même, devenir semblable c'est s'assimiler, de dissemblable qu'on était; devenir plus grand, c'est croître à partir du plus petit qu'on était, devenir mobile, c'est se mettre en mouvement alors qu'on était en repos, etc. Quel verbe convient pour nommer ce passage d'un moment où on était immobile au moment où on est en mouvement? Aucun autre que le verbe changer. Ce n'est pas un verbe d'état, ce n'est pas non plus un verbe qui, comme les précédents (s'assimiler, croître...), aboutit à la possession d'une qualité (semblable, plus grand...) et suppose pour s'effectuer une certaine durée : « changer, on ne peut le faire sans changer. » Il n'y a pas là de tautologie, l'expression signifie qu'il n'y a pas de cause du changement (bien qu'il puisse avoir des conditions), qu'il ne résulte pas de ce qui précède et n'y était pas contenu. Si donc changer, on ne peut le faire sans changer, quand change-t-on ? Il n'y a pas de réponse à cette question, car changer, on ne peut le faire que si on n'est dans aucun temps : « n'est-ce donc pas dans cette étrange chose qu'on serait quand on change ? ». Tout changement suppose cette chose atopique, insituable, qu'est l'instantané (l'*exaiphnès*), qui, par sa nature, « n'est dans aucun temps ».

L'instant n'est pas introduit pour rendre compte de l'articulation de l'éternité et du temps, comme il est d'usage de le supposer depuis les Néoplatoniciens et nommément depuis Proclus, et pas davantage pour résoudre le problème physique du passage du repos au mouvement, et réciproquement, puisque Parménide déclare que cela vaut pour toutes les espèces possibles de changement. L'instant n'intervient que pour rendre possible le changement, qui n'est pas une espèce d'altération continue mais le saut d'un état à un autre état. Le changement est cet événement pur qui interrompt le cours et la succession du temps qui s'avance – comme le passage qui lui est consacré interrompt le déroulement des hypothèses. Cette interruption ne découle pas de ce qui précède et ne prépare pas ce qui suit, c'est un intervalle qui ne relie pas, une coupure par rapport à quoi se détermine un avant et un après. Si tout changement est sans cause, certains ne se produisent qu'à certaines conditions. Pour le dire comme Hegel : une mutation qualitative suppose une maturation quantitative, mais elle lui est radicalement hétérogène. Les changements apparents n'ont de réalité que pour ceux à qui ils apparaissent, et c'est bien ce qu'a compris Protagoras qui réclame pour sa *sophia* la maîtrise du changement (*Théét.*, 166d-167a) ; les changements réels, eux, ne sont pas de simples renversements du contraire au contraire, ils dépendent d'une durée antérieure qu'ils interrompent pourtant. L'instantané n'est plus alors (comme il l'était dans d'autres Dialogues) identifié à l'irréfléchi, l'inexplicable ou l'apparent : le prisonnier délivré de la Caverne « est contraint de se dresser et de regarder soudainement vers la lumière » ; à la fin de l'ascension érotique du *Banquet* advient la « soudaine » vision d'une Beauté merveilleuse. Conversion ou illumination de l'âme ne se produisent pas dans le temps qui s'avance. Mais celui qui comprend le mieux l'instantané est peut-être Alcibiade lorsqu'il dit de Socrate : « avec ta façon ordinaire de te montrer soudain là où moi je pensais le moins te trouver… » (*Banq.,* 213c). Cette façon de surgir dans l'histoire là où, et quand, on l'attendait le moins est sans doute le propre du philosophe. Même si on affirme que tout être est dans le temps, et même si on se refuse à reconnaître toute autre manière d'être, ne voyant là que fantaisie métaphysique, quelque chose en tous cas n'y est pas, et c'est le changement. Il requiert pour advenir l'instant, qui n'est pas éternel mais qui est un saut hors du temps qui s'avance.

Les hypothèses négatives

Après cette interruption du déroulement continu des hypothèses, Parménide en reprend le cours et envisage les conséquences de l'inexistence de l'un. La première version, atténuée, de l'hypothèse négative est que pour pouvoir énoncer que « l'un n'est pas », il faut au moins en avoir une représentation : cet un dont on dit qu'il n'est pas doit bien être quelque chose, il lui faut participer à l'être en quelque façon. Quant aux autres de cet un à la fois inexistant et existant, ils n'ont pour déterminations que celles que leur donne leur altérité mutuelle. Chaque chose est différente, non pas de l'un, mais de toutes les autres, « car c'est tout ce qui leur reste, à moins de n'être autres que rien ». Elles existent, mais seulement pour un regard émoussé et lointain qui perçoit des masses dont l'unité n'est qu'apparente et dont l'altérité relative n'est qu'un « fantôme de différence ». Ces « amas » que sont les choses se révèlent, même très petits, illimités en pluralité, et chacun d'eux « instantanément, comme en rêve, au lieu de l'unité qu'il semblait former, apparaît être multiple, et d'extrêmement petit, extrêmement grand, du fait de son émiettement ». Le contraire se métamorphose soudain en son contraire, l'unité apparente en poussière illimitée. Évanescentes, les masses disparaissent aussi instantanément qu'elles sont apparues, il n'y a plus que de l'advenir et du disparaître, des métamorphoses incompréhensibles : on est en effet dans la logique du rêve, et on pourra donner à ces amas toutes les déterminations qu'on voudra. Ce monde, gros de toutes les oppositions imaginables, autorise le jeu sans mesure de l'apparaître et du fantasme, le jeu du sophiste, qui peut ramener tout autre au même et tout même à l'autre et pour lequel toute chose n'est que la diversité infinie de ses apparaître, non pas seulement réels (perçus) mais fictifs.

Si l'un n'est absolument pas, rien n'est. La version absolue rejoint le point de départ et la conclusion du *Traité* de Gorgias. Les autres ne sont pas non plus, car si l'un n'est pas présent dans les autres, les autres ne sont ni multiples ni uns, et en conséquence ne sont pas. « On a tout dit, dit Parménide, quand on a dit l'un et les autres » : ou bien l'un, ou bien les autres, mais ni l'un (par hypothèse) ni les autres (en conséquence), donc rien n'est. Le rien résulte d'un « ni…ni », il signifie la possibilité de répéter indéfiniment la négation de chacun des deux termes constituant une disjonction exclusive quelconque. Il résulte donc de l'application du tiers-exclu. En effet « rien » n'est pas, comme être et non-être, un terme en attente de détermination, c'est un opérateur : l'opérateur du ni (A) ni (non-A). Il fait passer de l'impossibilité d'une détermination quelconque (« n'est rien ») à l'impossibilité de l'existence (« rien n'est »). De rien, opérateur logique, on passe au rien, négation existentielle : si l'un n'est pas, « rien » (*ouden*, pas même une chose) ne peut être. Rien n'est mais rien non plus n'apparaît tel ou tel. D'une version de l'hypothèse négative à l'autre, on va de la « phénoménologie » et du relativisme de Protagoras à la logique excessive de Gorgias.

Quelle que soit l'hypothèse considérée, il est impossible de maintenir l'unité de l'être : l'un solitaire et séparé n'a même pas assez d'être pour être, encore moins pour unifier; mais s'il est immanent loin d'unifier l'être, il le multiplie indéfiniment et quantitativement; en revanche, si l'un n'existe pas, rien n'est vraiment, et, à la limite, rien, absolument, n'est. Toutes ces hypothèses sont possibles, ce qui est impossible pour Platon est que le philosophe puisse adopter l'une d'entre elles, car dans aucun de ces mondes la dialectique telle qu'il l'entend n'est possible.

II. LA SCIENCE DIALECTIQUE (LE *SOPHISTE*)

La science dialectique est déterminée dans ses conditions comme dans ses procédés à l'occasion d'une entreprise de définition du sophiste. Pour capturer le sophiste et le différencier du philosophe, il faut prouver l'existence de l'image, du faux et du non-être, existence qui va transformer celle de l'être lui-même.

Le sophiste n'est pas celui qui échappe à tous les filets qu'on lui tend, il est celui qui se laisse attraper par chacun de ces filets. Il n'y a presque aucune espèce d'art qu'on ne puisse exercer en sophiste, en d'autres termes, faire semblant d'exercer. C'est pourquoi on le découvre en chaque branche de la division : le sophiste est un chasseur intéressé de jeunes gens riches (1re définition), un négociant en sciences de l'âme, aussi bien en gros qu'en détail (2e, 3e et 4e), un athlète de combats en parole, apte à contredire sur n'importe quel sujet (5e), enfin un expert en purification des âmes grâce à son art de la réfutation (6e). L'Étranger conclut que désigner par le nom d'un seul art un homme doué de ces multiples savoirs révèle qu'on n'a pas réussi à découvrir le centre où tous viendraient s'unifier. L'une de ces définitions, la cinquième, celle du sophiste comme antilogique, lui semble cependant avoir le mieux montré ce qu'il était : le sophiste peut persuader chacun de son omniscience, non parce qu'il sait effectivement toutes choses mais parce qu'il a sur tout une apparence de science. Il n'y a pas en effet que la peinture qui permette de tout reproduire en image, la parole aussi a la puissance de créer « des images parlées de toutes choses ». L'art du sophiste est un art mimétique, mais la mimétique comporte deux espèces : l'une se soucie de respecter les proportions et les qualités du modèle, l'autre doit les modifier en tenant compte de la situation de celui à qui on veut faire illusion. La première espèce d'image (*eidôlon*) est une « semblance » (*eikôn*), la seconde un simulacre (*phantasma).* Mais « paraître et sembler sans être, dire quelque chose sans pour autant dire vrai » sont des formules qui depuis toujours provoquent un embarras extrême puisqu'elles ont l'audace de supposer l'existence du faux, donc du non-être (232a-236e).

Le parricide (237a-239d, 244b-245e)

C'est pourquoi, en dépit de la crainte de paraître parricide, il faut voir s'il est possible de transgresser l'interdit du vénérable Parménide (Parménide est le « père » en ce qu'il a rompu, pour parler de l'être, avec toute forme d'engendrement) : « Car jamais ceci ne sera dompté : des non-étants existent / Mais toi, écarte ta pensée de cette voie de recherche » (frag. VII, 1-2). Le moyen adopté pour entamer la thèse est de montrer que, bien qu'elle s'appuie sur un principe de non-contradiction rigide, elle s'auto-contredit. Affirmer que le non-être est ineffable, c'est en effet se contredire deux fois : d'abord en le considérant comme une unité puisque, parlant du non-être, au singulier, ou des non-étants, au pluriel, on attribue une chose qui est, le nombre ; ensuite en disant du non-être qu'il *est* imprédicable, on lui accorde au moins assez d'être pour qu'il puisse recevoir ce prédicat-là. Que le langage « nous contraigne maintes et maintes fois à assembler l'être et le non-être » n'empêche nullement, objecte Théétète, de convenir « que c'est là l'impossibilité la plus absolue de toutes ». Le langage peut bien transgresser sans cesse l'interdit : qu'il le fasse ne serait encore, aux yeux de Parménide, que la preuve qu'il s'agit du langage frappé d'inanité institué par les mortels.

Mais le langage ne peut pas davantage parler de l'être-un, et pourtant Parménide a tenu ce langage et en a proclamé la vérité. Or il est impossible de *dire* l'être unique sans aussitôt se contredire, car ou bien « un » désigne l'être, et « un » ne signifie ni n'attribue rien; ou bien « un » signifie et attribue « quelque chose », mais alors il signifie autre chose que ce qu'il prédique et il n'y a plus un, mais deux; il en va de même si l'on affirme l'être « tout entier » (*holon*). En l'absence de signifiés distincts, tout nom ne peut avoir qu'une fonction de désignation, c'est un signe (*sèma*) qui indique mais ne signifie pas, et toute désignation ne peut renvoyer qu'à un unique référent. Donc non seulement il est inutile d'employer deux noms, « étant » et « un », ou « étant » et « tout-entier », puisqu'ils désignent la même chose, mais il est ridicule d'en poser même un puisque ce nom ne voudra rien dire. L'un absolument un ne peut se dire, tout dire impliquant l'altérité de la chose et du nom. En conséquence, ou bien le discours est fait de noms vides qui se renvoient les uns aux autres et peuvent s'identifier et s'opposer sans difficulté, précisément parce qu'ils sont des mots et ne sont que des mots. Ainsi parle Gorgias. Ou bien le discours peut dire ce qui est, mais alors la pluralité des noms doit pouvoir renvoyer à une pluralité d'êtres étant chacun un et entier, ce qui suppose que l'unité et la complétude existent. En raison de sa structure multiple, le discours ne peut pas dire l'être-un de Parménide. Celui-ci avait raison de déclarer que le discours est la seule véritable route vers la vérité, mais cette route n'est ni droite ni unique car l'être n'englobe pas plus le discours que le discours n'est extérieur à l'être : leur rapport est problématique.

Aucun argument n'a jusqu'ici démontré que l'être n'était pas (même sous un certain rapport) et que le non-être était (même en quelque façon). Il a seulement été établi que l'opposition de l'impensable et du pensable ne possédait pas l'évidence contraignante que Parménide lui prêtait. L'être est devenu du même coup aussi obscur et aussi difficile à saisir que le non-être. Cependant, puisqu'ils participent à part égale de l'aporie, on peut espérer que, si un terme arrive à devenir plus clair, il en sera de même pour l'autre. Le véritable parricide est encore à venir, et la thèse de Parménide exige une réfutation d'une tout autre ampleur.

La revue des doctrines de l'être (242b-244b, 245e-249d)

Tous ceux qui auparavant ont parlé de l'être se sont demandé combien il y a d'êtres ou ont tenté de déterminer quel il est. Pour le nombre, le désaccord règne : les uns disent que les êtres sont trois, d'autres s'arrêtent à deux (le sec et l'humide, par exemple, qui par mélanges et dissociations engendrent toutes les autres réalités), d'autres disent qu'il y a seulement un. Certains cherchent un compromis et déclarent l'être à la fois un et plusieurs, ou tantôt un et tantôt plusieurs. Pour leur critique, dit l'Étranger, on verra plus tard, et il se contente de qualifier ainsi leurs discours : « c'est une fable (*muthos*) que chacun a bien l'air de nous raconter, comme si nous étions des enfants. » Les anciens savants en science de la Nature nous ont raconté des fables ne relevant ni du vrai ni du non-vrai et ils ne méritent que le traitement désinvolte réservé à tout conteur de mythes.

Quant à ceux qui prétendent déterminer « quel » est l'être, ils commettent l'erreur d'Hippias en identifiant la question de la nature de l'être avec la question « qu'est-ce qui est ». Les redoutables Fils de la Terre ne reconnaissent d'existence que corporelle, alors que pour les Amis des Idées seules les Formes intelligibles et incorporelles existent vraiment et les corps sont des agrégats qu'ils livrent au devenir. Ils donnent donc de ce qui est deux définitions exclusives et contradictoires. L'Étranger interroge les premiers sur ce qu'il pourrait y avoir de commun entre les corps et le petit nombre de réalités incorporelles (certaines vertus) qu'ils acceptent (au moins les plus traitables d'entre eux). Le trait commun aux corps et aux incorporels est la puissance, aussi minime et éphémère soit-elle, d'agir sur quelque chose ou de pâtir de quelque chose. Il ne faut pas voir là une définition de l'être qui romprait avec l'affirmation des Formes immuables et opérerait une révolution doctrinale; il ne s'agit ni de prêter un mouvement ou une activité énergétique aux Idées, ni de transférer l'être véritable aux seules âmes. L'affirmation de l'Étranger n'identifie pas l'être à la puissance : il ne cesse de dire que l'être ne peut s'identifier à aucun autre terme. Comme toute nature, sensible ou intelligible, l'être possède une puissance d'entrer en relation : la nature de l'être a pour puissance de faire exister tout ce qui est, et sa puissance est en ce sens universelle. Mais l'être n'a pas celle de faire exister de telle ou telle façon, ou de faire exister exclusivement certaines choses. C'est son essence, sa nature propre, qui donne à chaque être sa puissance d'affecter autre chose ou d'être affecté par autre chose. Il y a donc là un critère, une marque, non une définition de l'existence.

L'erreur des Amis des Idées est de croire qu'il suffit de substituer une multiplicité quantitative d'êtres à l'unicité parménidéenne, tout en donnant à chaque être la même nature immuable et autosuffisante. Ils refusent au devenir toute existence et dénient ainsi l'être au mouvement, donc à l'âme. En plan dans leur immobilité, comment ces êtres que sont le Formes pourraient-ils alors être connus ? Car connaître, c'est agir, être connu, c'est pâtir, et l'action et la passion sont des mouvements. Là encore, cette affirmation a donné lieu à quantité de perplexités. Elle n'est pourtant scandaleuse que dès lors qu'on entend par ce mouvement une altération (non pas un déplacement, ce qui serait carrément absurde). Si c'était le cas, les Formes, altérées par la connaissance, ne seraient plus ni immuables ni toujours mêmes, et l'« ancien platonisme » s'effondrerait. Mais Platon précise que les êtres ne seront mus que *dans la mesure* où ils sont connus. En étant connue, une Forme se prête aux mouvements de l'intelligence dans son effort pour la connaître. Ces mouvements sont des mouvements dialectiques, qui relient une Forme à d'autres Formes, la divisent et la rassemblent, pas toujours d'ailleurs de la même façon. La Forme ne pâtit qu'en tant qu'elle est divisée et rassemblée; dialectisée, elle ne perd pas pour autant son identité et son immuabilité qui sont au contraire affirmées d'emblée comme les conditions de sa connaissance. En connaissant un être, l'intelligence le rend et se le rend de plus en plus intelligible, et même si elle se le rend autrement intelligible en l'abordant par des biais différents, elle suppose que ces différentes approches peuvent être intégrées et unifiées.

Refuser l'être au mouvement, à la vie, à l'âme, à la pensée, c'est aussi le refuser à l'intelligence, comme c'est également le lui refuser que de tout mouvoir en tous sens :

> Or s'il est quelqu'un qu'il faut combattre avec toutes les forces du raisonnement, c'est celui qui abolit la science, la pensée ou l'intelligence, quelle que soit la manière dont il s'y prenne (...). Au philosophe, donc, et à quiconque estime tout cela au plus haut prix, nécessité est faite, semble-t-il, par là-même, de ne pas se laisser imposer par ceux qui soutiennent soit l'un, soit même la multiplicité des Formes, l'immobilité du tout; de ne même pas prêter l'oreille à ceux qui au contraire meuvent l'être en tous sens; mais, comme font les enfants dans leur souhait, de dire, à propos de tout ce qui est immobile et de tout ce qui se meut, que l'être et le tout sont les deux à la fois. (*Soph.*, 249c-d)

Il faut rejeter à la fois les thèses qui immobilisent l'être dans une unité absolue ou dans une pluralité de Formes, et celles qui le meuvent en tous sens dans toutes ses parties. La revue des doctrines de l'être a mis en place le champ de bataille où s'affrontent les penseurs de la Nature, campé la gigantomachie qui met aux prises « matérialistes » et « idéalistes ». Tous s'y sont pris négligemment avec l'être, car aucun n'a vu que toutes les questions qu'ils posent à son propos le présupposent. Comprendre l'être, ce n'est pas dire combien *il y a* d'êtres, ou de quelle sorte ils *sont*, c'est comprendre ce que nous pouvons bien vouloir dire toutes les fois que nous articulons ce mot. La signification que le philosophe doit donner à l'être doit être compatible avec la science, la pensée et l'intelligence, car elles sont pour lui les réalités les plus précieuses. La nécessité qui s'impose à lui n'est ni empirique – l'être n'est pas un objet d'expérience – ni logique : la seule nécessité qu'un philosophe puisse se prescrire est de garantir l'existence de la philosophie en donnant à l'être une signification qui la rende, sinon possible, du moins non impossible. Ce n'est pas la philosophie qui doit se conformer à une indéterminable nature de l'être, c'est l'être qui doit être conçu de façon telle qu'il n'exclue pas la philosophie.

Le problème de la communication des Genres (251a-253b)

L'Être, en lui-même, n'est ni en Repos ni en Mouvement. Il n'est réductible à aucun des deux, et pourtant il faut dire de l'Être qu'il est à la fois immobile et en mouvement, comme il faut dire du Repos et du Mouvement qu'ils sont. Face aux « tard venus » qui soutiennent qu'il est impossible de dire multiple une même chose, l'Étranger repose le problème en ces termes : tous les Genres communiquent-ils avec tous, ou aucun avec aucun, ou certains avec certains ? Pour trancher, il faut examiner les conséquences de chacune de ces hypothèses.

Refuser qu'aucun puisse se mélanger avec aucun, c'est se condamner à ne rien dire : la manière la plus radicale « d'anéantir le discours est d'isoler chaque réalité », car « c'est par la combinaison mutuelle des Formes que le discours est né ». Mais affirmer toutes les Formes (« Forme » et « Genre » sont ici des termes interchangeables) capables de communiquer avec toutes, c'est se donner la possibilité de dire n'importe quoi de n'importe quoi, et le langage perd tout sens et toute possibilité de vérité. Reste la troisième hypothèse : certaines veulent bien se mélanger avec certaines, et d'autres non. La seule solution acceptable est celle d'une communication et non-communication sélectives. Elle garantit la distinction entre discours vrai et discours faux, car selon la première hypothèse seule l'assertion tautologique est vraie : on ne peut dire le bon que bon, et l'homme homme, et selon la deuxième même une affirmation contradictoire est tenable (par exemple « le mouvement reste en repos et le repos se meut »). En revanche, selon la troisième, est vrai le discours exprimant le consentement de deux Formes à un mélange mutuel ou encore leur refus de se recevoir, faux celui qui contraint deux Formes incompatibles à s'associer ou qui dissocie deux Formes prêtes à s'accueillir mutuellement. Le vocabulaire du consentement ou du refus reprend celui qui était employé dans le dernier argument du *Phédon* : pour une Forme, participer à une autre consiste à « pâtir » du caractère que cette dernière lui impose. Pour ne pas se perdre dans une enquête trop complexe, l'Étranger va prélever les Formes les plus importantes et examiner « ce qu'il en est de leur puissance de communication mutuelle » (254b-d). La puissance étant liée à la nature d'une chose, elle est en elle-même un principe de sélection : elle ne peut agir sur n'importe quel objet ni pâtir de n'importe quelle action.

Consonances et dissonances (253b-d)

Pour apprécier correctement, en n'importe quel domaine, accords et désaccords, un savoir est nécessaire. L'introduction de deux paradigmes, grammaire et musique, permet d'assigner analogiquement quatre tâches à la science qui s'applique, non pas aux lettres ou aux sons, mais aux Genres. Celui qui chemine dans les discours, s'il y chemine en philosophe et non pas en sophiste, rencontre quatre problèmes qui requièrent la science la plus haute. C'est elle qui guide « celui qui veut montrer correctement » 1) quels Genres consonent avec quels Genres, et 2) quels Genres ne se reçoivent pas mutuellement; elle aussi qui discerne 3) s'il en existe certains qui, les traversant tous, les tiennent ensemble, les rendant ainsi capables de se mélanger, 4) et, inversement, si, lors des divisions, il en existe d'autres qui, traversant des totalités, soient responsables de leur division. Les deux premières questions (quels Genres communiquent et quels non) touchent à la vérité et à la fausseté du discours, la troisième à sa possibilité même, et la quatrième a trait aux moyens de diviser correctement une unité complexe en une multiplicité.

Il faut donc d'abord discerner les accords ou désaccords entre Genres déterminés. « Consoner » avec d'autres signifie pour un Genre la possibilité d'être prédiqué par eux. Le problème est bien celui de la prédication mais il convient d'écarter une approche logique : la prédication est chez Platon un problème dialectique, donc ontologique, puisque la dialectique ne s'occupe que d'êtres réellement étant. Il se situe toujours dans l'horizon de la compréhension d'une Forme, il s'inscrit dans la recherche de sa définition. La question peut être simple quand le prédicat (l'autre Forme) ou bien est nécessairement lié à l'essence de la première, ou bien est exclu par elle. Elle est plus complexe et plus risquée quand se pose la question de la relation entre des Formes qui ne sont pas *essentiellement* reliées, et de même quand il n'y a pas *refus* de communiquer mais simplement *absence* de communication entre deux Formes. Consonent donc deux Formes qui ont une essence commune (la Justice est une Vertu), ou deux Formes dont l'une n'est pas l'essence mais une propriété essentielle de l'autre (le Deux est pair). Refusent de s'accueillir des Formes directement ou indirectement contraires : le Beau refuse d'accueillir le Laid, ou le Trois la Parité (voir

p. 122-125). Mais ces cas n'épuisent pas tous les cas de participation ou de non-participation entre Formes. L'alternative (qui était celle du dernier argument du *Phédon*) : ou bien s'accueillir mutuellement ou bien s'exclure ne suffit pas à expliquer la possibilité ou l'impossibilité de tous les mélanges eidétiques.

Le recours au paradigme de la grammaire permet une combinatoire plus fine, capable de rendre compte d'une part des cas où la participation ne s'opère pas selon l'essence (la Justice est belle, le Mouvement existe), et d'autre part de ceux où la non-participation se traduit par une séparation et ne met pas en jeu une contrariété (le Courage n'est pas triangulaire). Il fonde l'existence de relations plus lâches que la relation essentielle et de formes de non-communication moins radicales que celle que représente l'exclusion des contraires. De même que les voyelles circulent comme un lien à travers toutes les autres lettres et qu'il faut au moins une voyelle pour que des consonnes se combinent, de même il est possible que certains Genres « tiennent ensemble » tous les Genres. L'analogie entre voyelle et Genre universellement participé n'est qu'une analogie de fonction : la formation de syllabes, donc de mots, exige que certaines lettres aient une fonction de lien, comme le mélange des Genres exige que certains aient cette même fonction de relation. Mais il n'existe pas de voyelles universelles qui permettraient à toutes les autres lettres de communiquer, alors qu'il existe des Genres universellement participés. Cela ne signifie évidemment pas qu'en traversant tous les Genres ces Genres-voyelles permettraient à *tous* de communiquer avec *tous*. C'est justement l'hypothèse qui vient d'être rejetée au profit d'une communication sélective. L'Être, par exemple, peut communiquer avec tous les autres Genres, mais tous les autres ne communiquent pas de ce fait entre eux (le Mouvement ne se mélange pas au Repos, ni le Grand au Petit, du seul fait que tous existent). *Certains* Genres peuvent communiquer avec *tous*, et non pas *tous* avec *tous*. De tels Genres n'ont pour fonction que de rendre tous les Genres capables de communiquer mais cette communication n'est réelle qu'entre *certains* Genres (en plus ou moins grand nombre). Ces Genres qui courent à travers tous les autres sont donc les conditions générales de possibilité de toute communication mais ils ne sont la condition suffisante d'aucune communication en particulier. Ils justifient la recherche dialectique, puisque leur existence fait qu'en droit la liaison entre deux ou plusieurs Formes différentes est possible, ou plutôt n'est pas *a priori* impossible, mais seul un examen dialectique portant sur des Formes déterminées permettra de dire s'il existe ou non entre elles une véritable relation, et laquelle. Le principe général de la science dialectique est alors énoncé : « ne pas prendre pour même une Forme qui est autre ni pour autre une Forme qui est la même. ».

Les Genres-voyelles

Quels sont ces « Genres-voyelles » qui permettent aux autres de se mélanger ? À la fin du passage sur les cinq grands Genres, l'Étranger affirme : « il faut dire [...] que les Genres se mélangent mutuellement et que l'Être et l'Autre circulent à travers tous ainsi que l'un à travers l'autre » (259a). L'Être et l'Autre seraient donc les Genres participés par tous les autres. Que l'Être permette à toutes les Formes de communiquer avec d'autres, cela signifie simplement que pour pouvoir communiquer il faut bien d'abord qu'elles existent. La difficulté en ce qui concerne le Genre de l'Autre est que le prendre pour un Genre-voyelle revient à lui accorder une fonction de relation, alors qu'il semblerait plus logique d'y voir le Genre responsable des divisions. Cependant, en distinguant les êtres, l'Autre garantit d'abord l'existence d'une multiplicité de Formes à relier : sans différence, pas de multiplicité, et sans multiplicité la dialectique ne serait pas possible. Mais l'Autre est aussi ce qui relie, sa nature « se morcelle en se distribuant à tous les êtres, les reliant mutuellement... » (258d). Il faut que chaque être participe à l'Autre pour être à la fois non identique à tous les autres mais aussi pour être différent de certains autres, et relié à eux dans la mesure même où il en diffère. L'Autre confère à chaque Forme une existence distincte, ce que Hegel appelle une « différence indifférente », une simple non-identité, et il lui confère également une essence différente, une « différence différente » qui différencie positivement. La détermination précise des différences existant entre plusieurs essences est ce qui permet de dire si elles peuvent, ou non, communiquer. Les conditions de possibilité de la science dialectique résident dans *l'existence* distincte des Formes qu'elle examine et dans *les différences* reliant certaines Formes.

Possède une capacité dialectique celui qui sait par où faire passer le Même et l'Autre et qui comprend que l'identité ne fait pas communiquer et que la différence ne fait pas que séparer. L'identité de chaque Forme avec elle-même l'isole, l'altérité, en la différenciant, la relie. Le Même n'est pas un Genre-voyelle, il est ce qui confère à chaque Forme sa consistance. Toutes les Formes en participent, ainsi que toutes les choses qui tirent de ces Formes leur essence, mais non les images, qui changent au gré de nos opinions. La science dialectique implique d'abord cette reconnaissance que toute Forme est et reste même qu'elle-même ; or c'est justement cette identité qui rend problématique sa communication et qui exige que soit posée l'existence universellement participée de la différence. Platon n'abandonne pas dans le *Sophiste* son « ancienne théorie des Formes », il cherche au contraire comment des Formes éternellement mêmes qu'elles-mêmes peuvent malgré tout communiquer entre elles. Il s'agit pour lui de résoudre une difficulté, non de rompre avec une ontologie dépassée.

Diviser et rassembler

Le passage du *Sophiste* où la science dialectique se voit définie évoque simplement les Genres qu'il faut faire intervenir lors des divisions et ne dit rien des rassemblements. La dialectique n'y est donc pas cette procédure consistant à rassembler et diviser qu'on prétend être celle de Platon dans les derniers Dialogues, et dont on croit découvrir dans le *Phèdre* la formule canonique.

Tout ce qui est dit dans la *République* est que la dialectique utilise certaines Formes pour aller vers d'autres. Les hypothèses que le dialecticien prend pour points de départ ne peuvent être que des Formes, et il faut faire intervenir d'autres Formes pour en rendre raison. Une Forme ne peut être considérée comme un principe qu'à la condition d'être articulée à d'autres Formes. L'âme a l'intelligence d'une réalité quand, cessant simplement de la poser pour donner sens à la question « qu'est-ce que ? », elle se sert d'autres Formes pour rendre raison de la première et peut alors la tenir pour un principe permettant de redescendre vers d'autres Formes. Si la science dialectique circule à travers des Formes, elle n'y circule certainement pas n'importe comment, mais Socrate se contente d'affirmer sa supériorité et se dérobe devant la question de Glaucon portant sur les voies qu'elle emprunte. Le *Phèdre* est le premier Dialogue où le travail dialectique se trouve décrit comme un double mouvement, diviser et rassembler (265c-266c). Mais c'est aussi dans ce Dialogue qu'il est dit que rassemblement et division supposent un examen préalable portant sur l'unité ou la multiplicité naturelles de la réalité en question. Le « discours vrai » enseigne en effet que, pour connaître la nature d'une chose quelle qu'elle soit, il faut se demander d'abord si elle est simple ou complexe (*polueides* : multiforme); puis, si elle est simple, déterminer sa puissance d'agir, et sur quoi, ainsi que sa puissance de pâtir, et sous l'effet de quoi; si elle comporte plusieurs formes, ou espèces, on doit procéder pour chacune de la même façon (270c-d). Cet examen est également le propre de la dialectique : lorsqu'un philosophe se demande « ce que peut bien être l'homme », sa question est « que convient-il à une telle nature de faire ou de subir qui soit différent des autres ? » (*Théét.*, 174b). Si la nature est simple, il faut définir sa puissance d'agir et de pâtir, c'est-à-dire d'entrer en relation et avec quoi, mais il n'y a rien à diviser et à rassembler. Rendre intelligible la nature de quoi que ce soit consiste d'abord à découvrir son caractère simple ou multiforme et, dans le second cas (mais dans le second cas seulement), à déterminer la juste articulation de son unité et de sa multiplicité. De plus, le contexte du *Phèdre* – la question des conditions d'une bonne rhétorique – rend difficile d'admettre sans réserve que la méthode, telle qu'elle est énoncée, vaut inconditionnellement pour toute démarche dialectique, même quand il s'agit d'une réalité complexe.

Socrate vient de tenir deux discours contradictoires : dans le premier, il soutient comme Lysias qu'il ne faut pas céder à celui qui aime mais à celui qui n'aime pas, car l'amour, de sa nature possessif, tyrannique et excessif, est pour l'aimé source de catastrophes ; dans le second, il se repent et se livre à une palinodie : l'amour est un délire divin, source des plus grands bienfaits. Après quoi, par une réflexion rétrospective, il entreprend de dégager certaines règles que ses deux discours précédents ont appliquées par hasard (Socrate étant Socrate, le hasard ne peut être qu'une bonne fortune). Au début de son premier discours, il a commencé par poser qu'il faut se mettre d'accord sur l'essence de la chose avant d'en examiner les effets. Pour définir erôs, Socrate détermine alors son genre (l'appétit), le type de force déraisonnable et excessive qui est le sien ainsi que le type de force qu'il cherche à vaincre (la modération), et pour finir son objet : le plaisir que procure la beauté corporelle. Ce sont ces éléments dispersés qu'il a su voir ensemble et rassembler. La définition formulée par Socrate est synthétique, les éléments rassemblés par lui dans sa définition sont des Formes qu'il ne s'agit pas seulement d'ordonner selon une relation hiérarchique (erôs est une espèce du genre « appétit ») mais d'articuler selon des relations de nature différente : opposition dynamique et domination alternée, ou encore pulsion vers un objet déterminé. Pourtant, quand il réfléchit sur sa définition, Socrate se demande si elle a été bien ou mal formulée mais estime que même si la formulation n'avait pas été bonne elle aurait malgré tout garanti la clarté du discours et sa cohérence. Clarté et cohérence sont des qualités formelles, et bonne et mauvaise définition peuvent produire de ce point de vue les mêmes effets. Le discours rhétorique a pour but d'« enseigner », c'est-à-dire d'exposer de façon convaincante la conception, vraie ou fausse, que se fait celui qui parle de la réalité en question ; il n'a pas pour but de chercher et d'examiner ce que cette nature est en vérité. Il doit commencer par formuler une définition au lieu de s'en mettre en quête et d'y arriver, quand il y arrive, au terme de l'examen – l'exigence est proprement rhétorique (comme en témoigne le discours d'Agathon, qui, dans le *Banquet*, commence par l'énoncer, mais qui n'en est pas plus vrai pour autant). Le blâme et l'éloge requièrent en outre que dans cette définition initiale soit compris un jugement de valeur.

« L'autre sorte » de procédé consiste à pouvoir découper les espèces selon les articulations naturelles en tâchant de n'abîmer aucune partie comme le ferait un mauvais boucher sacrificateur. Chaque discours a posé son objet et en a déterminé l'unité, mais il faut prendre les deux discours ensemble pour découvrir le genre capable d'englober les deux espèces opposées d'erôs. Chacun d'eux a en effet pris une espèce pour le genre ; *erôs* nous fait certes perdre l'esprit, mais de deux manières différentes : soit en cédant à la démesure humaine de l'appétit, soit en étant en proie à une inspiration divine. Tous deux ont cependant saisi « la Forme naturelle unique », l'égarement de l'esprit (*paranoia* ou *mania*), permettant d'intégrer ces deux espèces contraires : Socrate peut remembrer l'unité générique parce qu'il a démembré correctement erôs. Pour procéder avec art, il faut donc avoir en vue l'unité commune et diviser de manière à pouvoir réunifier. L'unité plus large permet d'opérer d'autres divisions (celle de la folie en humaines maladies et délires divins, puis celle de la folie divine en quatre espèces de délires).

Si l'unité du Genre est, elle aussi, le produit d'un rassemblement, rassembler ne désigne pas la même sorte d'opération que celle décrite précédemment, où rassembler avait pour but de définir. Rassembler les espèces « gauche et droite » d'erôs en une Forme unique est une opération symétrique de celle de la division, et entre les deux il n'y a pas succession mais parfaite circularité : à la fin des *Lois* (963a-964a), l'Athénien constate que ce nom unique, vertu, comprend des réalités multiples et même contraires, mais, dit-il, une fois que l'on aura montré qu'un nom unique recouvre des unités différentes, il faudra à nouveau les rassembler, et à nouveau diviser, et ainsi de suite… Celui qui « reçoit » le multiple doit réfléchir à la manière de le « rendre » sous une forme unifiée, comme celui qui « reçoit » l'un doit réfléchir à la manière de le « rendre » sous une forme multiple. Le va-et-vient du rassemblement et de la division est constitutif de la dialectique, à condition d'entendre par rassemblement la réunion d'espèces eidétiques constituant réellement un Genre. Les « savants » d'à présent, dit Socrate dans le *Philèbe* (16c-17a), ne savent pas rassembler à temps ; soit ils vont trop lentement, énumérant un trop grand nombre d'espèces auxquelles ils n'arrivent pas à imposer une marque unique, soit ils vont trop vite et n'en ramassent pas assez, donc risquent de se tromper de Genre. S'ils ne savent pas rassembler, c'est qu'ils ne savent pas diviser, la plus grande erreur étant d'aller immédiatement de l'unité à l'illimité : l'illimité signifie en ce cas la pluralité innombrable des réalités individuelles, et passer immédiatement de l'unité de la Forme à cette multiplicité signifie qu'elle l'aurait pour unique contenu, donc ignorer les différentes espèces entre lesquelles ces individus se distribuent. Or toute Forme n'a pas pour contenu une multiplicité sensible mais toutes les Formes contiennent une multiplicité intelligible, ou au moins l'articulation intelligible de l'agir et du pâtir.

Les deux procédés décrits dans le *Phèdre* prescrivent certes de rassembler et diviser, donc d'unifier et de multiplier, puisqu'ainsi procède tout discours et toute pensée. Le rassemblement (entendu au sens large comme réunion d'une multiplicité en une unité) prend deux sens différents selon qu'il a pour but l'énoncé d'une définition de type « dianoétique » : « l'amour est… », ou selon qu'il réunit ce que la division divise. Certains traits peuvent valoir pour toute procédure dialectique : la division selon les articulations naturelles, la circularité du rassemblement et de la division – mais d'autres non. Lorsque la méthode de division est utilisée dans un contexte non axiologique et non rhétorique, on laisse à gauche dans l'indétermination, sans lui consacrer aucun développement, l'espèce non pertinente quant à la définition recherchée : qu'une espèce, alors, se retrouve à « gauche » ne signifie rien de plus, et certainement pas qu'elle est, en soi, mauvaise. D'une réflexion dialectique sur les procédés d'une bonne rhétorique ne peuvent sortir des règles valables pour toute démarche dialectique.

Comment Socrate a-t-il divisé dans le *Phèdre* ? Comment divise-t-il dans le *Sophiste* et dans le *Politique* ? En faisant intervenir des principes de division chaque fois différents, c'est-à-dire des Formes capables de scinder, à chaque étape, la totalité qui se présente. Les divisions s'effectuent soit selon l'objet, soit selon la finalité, mais aussi bien selon les différents modes d'échange, ou encore de locomotion, ou de génération, etc. Ce sont ces principes de division dont l'Étranger nous dit que le dialecticien doit les choisir à bon escient. Pourquoi fait-il, à chaque sectionnement, tel choix plutôt que tel autre? Pour aucune raison, sinon qu'il possède la science dialectique, dite dans le *Sophiste* « science des hommes libres », libres précisément de faire varier les principes en fonction desquels ils divisent et de diviser « par n'importe quelle différence », ce qui horrifie ce logicien d'Aristote (*Part. An.*, chap. 2 et 3). Tout comme la science du bon politique ne doit pas être esclave de lois codifiées une fois pour toutes, la science du dialecticien ne doit pas se soumettre à des règles extérieures et définitivement prescrites; c'est à la souplesse de son intelligence qu'est confiée la juste appréhension des principes permettant de diviser correctement. Le résultat révélera si ses choix ont été les bons.

La tâche du dialecticien (253d-254a)

Le dialecticien, s'il est un dialecticien philosophe, ne doit pas seulement distinguer entre les différents Genres, il doit discerner à quel type de multiplicité il a affaire : il ne doit pas prendre une espèce de multiplicité pour une autre car toute espèce de multiplicité ne peut pas s'unifier de la même façon. Le rapport entre le multiple et l'un n'est pas toujours un rapport de parties à tout, c'est-à-dire d'espèces à genre, et l'Étranger, dans un texte dense, difficile et controversé, distingue quatre situations dialectiques.

1) Le dialecticien peut tout d'abord percevoir « une *idea* unique complètement étendue à travers une multiplicité, dont chaque élément est posé comme séparé ». Ainsi, dans le *Ménon*, Ménon énumère une pluralité de vertus et Socrate lui demande de découvrir le caractère commun qui les traverse toutes. Ces vertus sont toutes distinctes et ne communiquent entre elles que par la médiation de l'essence de la vertu. Quand le dialecticien a affaire à une multiplicité d'unités considérées comme séparées, il sait voir qu'il y a participation à une essence unique et que seul ce mode de participation est compatible avec la séparation des unités.

2) Il peut se trouver aussi devant une pluralité de Formes qui ne sont pas seulement distinctes mais différenciées les unes par rapport aux autres. Elles ne peuvent alors être qu'« enveloppées du dehors » par une Forme unique. Ainsi, Mouvement et Repos « sont enveloppés » par l'Être, ce qui ne signifie pas qu'il les contienne comme ses espèces et en soit l'essence commune : être existant ne fait pas plus partie de l'essence du Mouvement ou du Repos qu'être beaux ne fait partie de la nature du Courage ou de la Modération. En « enveloppant » du dehors, la troisième Forme (l'Être ou la Beauté) constitue un ensemble qui n'existe que du point de vue de cette propriété. Ce n'est pas une propriété essentielle bien qu'on ne puisse pas la dire accidentelle : toutes les propriétés que possède une Forme sont nécessaires et éternelles. La propriété commune conférée par la Forme unique est une propriété nécessaire, et grâce à elle les réalités qui en participent acquièrent une ressemblance réelle en dépit de leur différence ou de leur contrariété.

3) Le dialecticien peut également percevoir « une Forme unique connectée en une unité à travers de multiples touts ». Le propre d'un tout est d'être complet, de contenir tous ses éléments, d'être parfaitement suffisant. Un tout ne peut donc avoir aucun caractère commun avec un autre tout, et on ne peut pas davantage lui imposer « du dehors » un caractère qu'il ne comprendrait pas en lui-même. Une Forme unique ne réussit à unifier ces totalités indépendantes qu'en les connectant. Pour prendre une métaphore politique, leur unité n'est pas analogue à celle d'un État englobant et maintenant ensemble une pluralité de communautés différentes et parfois hostiles, c'est une confédération, non une subordination; ainsi, l'unité de l'Art (*tekhnè*) est dans le *Sophiste* le résultat exact de l'articulation de deux totalités, celle des arts de production et celle des arts d'acquisition, mais, bien que divisé en deux touts fermés sur eux-mêmes,

l'Art reste cependant une réalité une. La seule manière pour des totalités de communiquer est d'être coordonnées en l'unité d'une essence unique dont elles épuisent à la fois l'extension et la signification.

Dans aucune des trois situations envisagées les éléments composant une multiplicité ne peuvent communiquer entre eux ; ils le peuvent seulement par l'intermédiaire d'une Forme une. Le dialecticien ne doit pas se contenter de découvrir cette Forme unique, il doit déterminer de quelle façon cette Forme arrive à faire communiquer les éléments de cette multiplicité : en les traversant, ou en les enveloppant du dehors, ou en les connectant.

4) Mais il peut aussi percevoir « de multiples Formes séparées parce que complètement discriminées ». La phrase est presque incompréhensible du fait qu'on n'y trouve aucune mention d'une unité, et pas davantage d'un processus de division. Lorsqu'il se trouve dans la dernière situation, ce que le dialecticien doit percevoir n'est pas le rapport d'une multiplicité à une unité, c'est *la multiplicité elle-même*. La séparation des éléments ne lui est pas donnée, elle est le résultat de son juste discernement. Le dialecticien doit alors reconnaître l'existence distincte d'une réalité qu'on aurait pu confondre avec une autre ou tout simplement ignorer. La réalité d'une différence serait restée inconnue et la confusion affirmée par des non-dialecticiens, ou par de mauvais dialecticiens. Il s'agit d'un processus de dissociation et non pas du tout d'une division (puisque l'unité de départ n'était pas une unité réelle, articulée, mais un mélange confus). Une fois complètement discriminées, les réalités se trouvent ainsi complètement séparées. Discriminer les Genres est ce que Socrate s'apprête à faire dans le *Sophiste* (et qu'il fera dans le *Philèbe*). Cette opération dialectique est tout aussi nécessaire que les trois autres : ne pas discriminer les Genres permettrait par exemple d'identifier Être et Mouvement (comme l'avaient fait certains Présocratiques), ou Être et Repos (comme l'a fait Parménide), ou encore Être et Même (comme le font les Amis des Idées), ou enfin Être et Autre (en identifiant l'être et la relation comme l'ont fait les Sophistes).

De même dans le *Philèbe* (23c-27c), considérant « tout ce qui existe à présent dans l'Univers », Socrate rappelle que les Anciens nous ont transmis que tout ce que nous disons chaque fois exister est fait d'un et de multiple et que limite (*peras*) et illimitation (*apeiria*) leur sont naturellement inhérentes. Toutes les choses du monde sont donc faites de processus continus inépuisables d'où provient le changement, et de structures parfaites et achevées qui s'imposent à eux. Limite et Illimité engendrent des réalités mixtes, à la fois déterminées et indéterminées. Socrate a ainsi subsumé la totalité de l'existence sensible sous trois catégories, Limite, Illimité et Mixte. On pourrait alors penser que c'est la

Limite qui, en s'appliquant à l'Illimité, est la cause de la génération des mélanges. Or Socrate estime qu'une cause est requise pour que les mélanges s'opèrent intelligemment, selon une proportion juste, et qu'il en résulte des réalités belles et biens mesurées. La Cause était un genre à discriminer, car on aurait pu la confondre avec la Limite, ce qui aurait empêché d'apercevoir la fonction « royale » de toute intelligence. C'est donc bien grâce à une opération qu'il fallait elle-même discriminer, séparer des autres, qu'est possible la position des très grands Genres.

Les cinq plus grands parmi les Genres (254b-256d)

S'il est possible d'établir comment « les plus grands Genres » communiquent ou non entre eux, la possibilité d'un mélange entre Genres, ou Formes, sera acquise pour tous les autres. Les Genres choisis sont ceux qui possèdent l'extension la plus grande et sont en ce sens les plus importants parce que les plus largement déterminants.

Selon le souhait de l'Étranger, l'Être est à la fois en Mouvement et en Repos, il est donc un troisième Genre. Chacun de ces Genres est autre que les deux autres tout en étant même que soi. Faut-il alors poser deux autres Genres, le Même et l'Autre, ou les trois premiers suffisent-ils ? Impossible, déclare l'Étranger face à un Théétète pour une fois ni très docile ni très convaincu ; supposons par exemple que l'on identifie être et être même : le Mouvement et le Repos, qui participent à l'Être, seraient alors tous deux la même chose. Il est donc possible d'être soit en mouvement soit en repos, et d'être en étant même que soi comme en ne l'étant pas. Il faut poser quatre Genres distincts, mais cela implique qu'il en existe un cinquième.

Ce cinquième genre, celui de l'Autre, est introduit le dernier et pourtant son action était présupposée par la position même d'une multiplicité de Genres : s'ils diffèrent entre eux, la Différence existe. La question, cependant, est moins celle de son existence que de son existence distincte, de sa différence d'avec l'Être, et Théétète à nouveau semble en douter. Si chaque être possède en effet sa nature propre, cette nature ne suffit-elle pas à le différencier ? On ne peut pas différer d'un autre « par soi-même » car le Même ne met aucun être en relation avec un autre, seulement en relation avec lui-même, alors que l'Autre, lui, ne se dit qu'en relation à un autre, il n'est que relativement à un autre. Chaque Genre, par exemple le Mouvement, est dit « même » en raison de sa participation au Même qui, le tournant vers soi, lui confère un « soi-même », mais participant aussi à l'Autre, il est différent des autres Genres. Les cinq Genres possèdent donc une existence distincte, chacun est autre que les autres. Ils communiquent entre eux : de chacun, du Mouvement, par exemple, on peut dire que, autre que le Repos, il *n'est pas* le Repos, et pourtant qu'il *es*t dans la mesure où il participe à l'Être; que, autre que le Même, il n'est pas le Même, tout en étant même que lui-même, et que de la même façon il est autre et n'est pas l'Autre; chaque fois, « être » est pris d'abord en son sens d'identité : le Mouvement n'est pas identique au Même, puis en son sens prédicatif : le Mouvement a pour prédicat « même » (que lui-même). On devra donc également dire que, non identique à l'Être, il *n'est pas* l'Être, et que participant à l'Être, il *est*. La conclusion inévitable est que leur participation à l'Autre rend chacun des Genres autre que l'Être, donc non étant. Quant à l'Être lui-même, il est autre que toutes les autres Formes, et « autant de fois les autres sont, autant de fois il n'est pas » (257a).

III. L'Autre et le Non-être

L'Autre est ce Genre qui oblige l'Être à être autre que ses autres, à être autre que l'Autre et que tous les autres Genres. L'Être possède, comme toute Forme, son unité propre, mais il n'a ni la puissance d'unifier tous les êtres en un seul ni celle de les intégrer dans une totalité, il a seulement la puissance de faire exister tout ce qui en participe. Il n'est pas le Genre de tous les êtres, il n'est que l'un des « Genres qui sont ». L'Autre est ce qui interdit que l'Être ne soit qu'étant, puisqu'il est aussi autre, ce qui fait qu'il ne peut être « soi-même en soi-même » que médiatement, en participant du Même. En ce sens, l'Autre est également ce qui contraint l'Être et chaque être à participer au Même, si l'Être doit véritablement être l'Être et si tel être doit véritablement être l'être qu'il est. Le logos peut alors être mis au nombre des Genres qui sont parce que la communication entre les Formes est possible et sélective, ce qui fonde sa vérité et sa fausseté; parce que l'Être et l'Autre traversent tous les Genres, ce qui garantit l'existence et la distinction de ses objets; et parce que l'égale réalité du Même et de l'Autre justifie les entrelacements qu'il opère.

Cependant, si l'Être participe au Même et à l'Autre, l'Autre, lui, ne participe qu'à l'Être et non au Même, car il n'est « lui-même » qu'en étant autre qu'un autre, et pour lui, se tourner vers « soi-même », c'est se tourner vers l'autre. Si l'Autre était « en lui-même », la chose qui y participerait pourrait également être autre « en elle-même » sans être autre qu'une autre : elle serait différente, puisqu'elle participerait de la Différence en soi, mais elle ne serait différente d'aucune autre chose en particulier. Ce qui est évidemment absurde quand on raisonne au niveau des participants l'est également quand il s'agit du Genre participé. L'Autre est, comme l'Être, un Genre universellement participé; chaque chose est autre que les autres non pas en vertu de sa propre nature mais du fait qu'elle participe à la Forme de l'Autre. Tous les étants participent de l'Autre, mais il y a en a deux espèces : « les uns se disent eux-mêmes en eux-mêmes, les autres toujours relativement à autre chose. » Ceux qui ne participent qu'à l'Autre n'ont pour être que l'altérité, totale, perpétuelle et réciproque, celle qui, excluant tout soi-même, ne permet de poser que des relations et des relations de relations, des relations sans termes reliés, des relations dont les termes sont eux-mêmes des relations, sans qu'aucun ne soit relié à lui-même (c'est à cet aspect de l'Autre que se réfèrent l'avant-dernière hypothèse du *Parménide,* 164b-165e, la thèse des « raffinés » du *Théétète*, 157 a-b, et également les ombres de la Caverne). Une seule espèce d'êtres participe donc au Même : est soi-même un être qui, étant même que lui-même, peut le rester quelle que soit la multiplicité des relations d'altérité dans lesquelles il est pris, qui possède la puissance d'être autre que ses autres sans pour autant se dénaturer. Posséder une manière d'être qui n'est que celle de l'Autre, c'est au contraire n'avoir d'autre être que d'être autre relativement à un autre : telle est la manière d'être de l'image.

*La négation (*Sophiste*, 257b-258a)*

De la pluralité et de la communauté des Genres découlent et la nécessité d'attribuer le Non-être et l'affirmation d'une pluralité illimitée de non-étants. « Non-être », à la différence de Autre, est une expression négative. Une négation, affirme l'Étranger, « ne signifie pas le contraire », elle « indique l'un des autres » de la chose niée. La réduction de la négation à l'altérité est-elle propre à ce seul terme, Non-être, ou celui-ci ne fait-il que suivre la règle commune à toute expression négative ? Quand on dit qu'une chose est non grande, ne veut-on justement pas dire le contraire, à savoir qu'elle est petite ? En fait, on pourrait aussi bien vouloir dire qu'elle est égale. En lui-même, tout prédicat négatif ne signifie pas forcément le contraire. Faut-il entendre par là qu'il serait néanmoins toujours possible de lui substituer un prédicat positif, et que disant « non grand » je veuille forcément dire *ou* petit (le contraire de grand) *ou* égal (de l'autre que grand) ? Si on suppose qu'une expression négative peut toujours être paraphrasée par un expression positive signifiant ou le contraire ou l'autre, la négation de « étant » serait une exception puisque le contraire n'est pas une des significations possibles de « non étant ». Or l'Étranger énonce une règle valable pour toute expression négative. Il faut donc admettre que la signification d'une expression négative est négative. Dire qu'une chose est non belle, c'est simplement dire qu'elle est autre que belle, juger que le prédicat beau ne lui convient pas. Un prédicat négatif ne dit rien sur la nature de la chose prédiquée : il indique *de quoi* la chose diffère, mais nullement *en quoi* ou comment elle en diffère. La négation peut tout au plus appeler une interrogation sur son sens mais elle n'est pas position implicite d'une ou plusieurs déterminations. Elle est au contraire doublement indéterminée : son sens est purement et seulement négatif, et elle laisse dans une égale indétermination le terme positif sur lequel porte la négation. Celui qui nie d'une chose qu'elle soit belle ne précise pas en fonction de quelle conception de la beauté il lui refuse cette qualité. C'est parce qu'une expression négative indique « seulement l'un des autres » que le non-être n'est pas le contraire de l'être, et l'Étranger peut affirmer « à je ne sais quel contraire de l'être, il y a beau temps que nous avons dit adieu ».

L'analogie entre la partition de la science et celle de la nature de l'Autre permet de dégager la double opération que recouvre un terme négatif. En s'appliquant à un type d'objet, la science se particularise ; l'objet découpe la partie de la science qui lui est propre et, une fois constituée, cette partie se sépare de l'ensemble et reçoit son nom. En s'appliquant au sain et au malade, par exemple, une partie de la science se détache et se nomme « médecine » et non pas simplement « science ». De même, en s'opposant au beau, l'Autre se particularise : l'opposition au beau découpe une partie de l'Autre et cette partie n'est pas anonyme, elle a pour nom « le non-beau ». La relation de la médecine avec le sain et le malade est une relation médiatisée par la science : la médecine n'est pas simplement ce qui a pour objet le sain et le malade (on pourrait en dire tout autant de la magie), elle désigne la manière d'aborder scientifiquement cet objet. De même, l'expression négative (le non-beau, par exemple) est une notion complexe et construite par deux opérations : la séparation d'une partie du Genre de l'Autre et la mise en opposition de cette partie avec un terme positif (le beau). Le beau et le non-beau ont exactement autant d'être : participer à l'Être ne confère pas plus d'être que participer à l'être de l'Autre. Cependant, si le beau a la *propriété* d'être autre, l'Autre est *constitutif* de l'existence du non-beau : beau et non-beau ont seulement *autant* d'être, non le même être.

Le Non-être

La partie de l'Autre mise en opposition avec l'Être, et avec l'être de chaque chose, a donc autant d'être que l'être qu'elle nie. L'altérité absolue, en revanche, est une pure relation d'autre à autre : pour ce qui en participe exclusivement, toute détermination et toute existence ne sont alors qu'indéfiniment relatives et provisoires. Sa puissance de différenciation et de relation n'est pas une propriété de la nature de l'Autre, elle est toute la nature de l'Autre. Comme le dit Sartre, commentant ce passage dans *L'Être et le Néant*, l'Autre « considéré en lui-même n'a qu'un être emprunté » : tout l'être que possède l'Autre, il l'emprunte à l'Être sans que cela devienne jamais dans son cas son être-même. De telle sorte que, considéré en lui-même, cet être s'évanouit, c'est l'être inconsistant, évanescent, de l'absolument relatif. Mais si l'on rapporte l'Autre à l'Être, alors se constitue le Non-être : participer à l'Autre, c'est n'avoir pour être que la relation ; participer au Non-être, c'est être en opposition avec ce qui est. Le résumé qui conclut l'ensemble de l'analyse (258a-259b) montre comment s'opère le passage de l'Autre au Non-être : l'Autre et l'Être se compénètrent mutuellement, donc l'Autre est. Sa nature est la condition de toute mise en relation, un être ne peut s'articuler à un être que si leur mise en présence se métamorphose, sous l'effet de l'Autre, en altérité mutuelle : la nature de l'Autre se morcelle en se distribuant à tous les êtres, les reliant mutuellement. Mais comme l'Autre est autre que l'Être, il est de toute nécessité Non-être. Le Non-être possède fermement sa propre nature, du Non-être on peut dire qu'il est « réellement » Non-être mais sa nature n'épuise pas pour autant la nature de l'Autre : « de la partie de la nature de l'Autre qui est en opposition avec l'être de chaque chose, nous avons osé dire que c'est cela même qui est réellement le Non-être. ».

Pour établir l'existence de l'Autre comme Genre, il n'était nullement nécessaire de passer par l'analyse de la négation : il suffisait de poser la différence de l'Être d'avec le Mouvement et le Repos, qui supposait l'Autre, condition de la multiplicité des Genres. Pour pouvoir en revanche affirmer que le Non-être est et qu'il est une « Forme une », le problème de la signification et de la constitution des expressions négatives devait d'abord être examiné, puisque, à la différence de « Autre », « Non-être » est un terme résultant d'opérations semblables. Le Non-être n'est donc que la partie de l'Autre opposée à l'Être. Il s'oppose à l'Être en tant que l'Être ne signifie que l'Être et non pas le Même ou n'importe quoi d'autre que lui. Il faut donc penser toute expression négative, y compris « Non-être », en intention ou en signification, et non pas en extension. Dire que le Non-être s'oppose à l'Être veut dire qu'il s'oppose à ce que signifie l'être, à sa nature propre, en lui-même et en chacun des êtres, il ne s'oppose pas à l'Être en tant que celui-ci s'étend à tous les êtres (auquel cas, l'Être ayant la même extension universelle ne pourrait pas découper une partie de l'Autre). De plus, le Non-être ne participe de l'Être que pour autant qu'il participe de l'Autre. Mais si le Non-être est une Forme alors que le non-beau ou le non-grand n'en sont pas, c'est parce qu'il ne *résulte* pas d'une mise en opposition, il *est* la mise en opposition (*antithesis*) elle-même. Il est une mise à distance de l'être, un recul par rapport à ce qui est (pour employer un terme anachronique, une néantisation), lesquels n'existent pas moins que l'être lui-même.

La fausseté dans l'opinion et le discours (260b-264b)

Si le Non-être est un Genre déterminé, tout se remplit nécessairement de tromperie, d'images, de copies et d'illusion. L'image trompe en ce qu'elle est triplement relative. Elle dépend en effet de la perspective propre à celui qui la produit, de l'interprétation de celui qui la perçoit, et de la nature et de l'état du milieu où elle se projette : bien qu'elle possède son être d'image, elle n'est jamais réellement ce dont elle est l'image. Sa fausseté intrinsèque est-elle cependant de même ordre que celle de l'opinion fausse et du discours faux qui affirment comme existant en quelque façon des choses qui n'existent pas ou jugent que des êtres qui ont plénitude d'existence n'existent absolument pas? Peut-être s'en trouverait-il en effet (les sophistes sont certainement de ceux-là) pour affirmer que ni le discours ni l'opinion n'ont part au Non-être. Quand donc peut-on dire qu'il y a discours? Pour nous exprimer verbalement nous disposons de deux espèces de signes : les noms et les verbes. Les seconds expriment des actions, les premiers les agents de ces actions. Une série de noms mis bout à bout pas plus qu'une série de verbes ne fait proprement un discours; il faut au minimum l'entrelacement d'un nom et d'un verbe (le *Cratyle*, 425e, 431b-c, parlait d'une synthèse de noms et de verbes). Le plus petit discours est une proposition verbale, non une proposition prédicative analysée en termes de sujet, copule et prédicat. Le sujet n'est donc pas conçu comme étant le support ou le centre de gravitation des prédicats qu'on lui attribue : il n'est pas indépendant d'eux et ancré dans sa permanence, car la relation qui unit l'agent à son action est bien plus étroite que celle qui relie un sujet à un prédicat. Il n'y aurait aucun sens à parler d'un agent sans préciser ce qu'il fait, ou à parler d'une action sans préciser qui l'accomplit : l'action et l'agent s'entre-impliquent. Mettre en position de sujet un nom signifiant un agent et non pas une substance ou un sujet logique, cela fait une différence considérable. Mettre en position de prédicats des termes exprimant des actions implique une différence qui ne l'est pas moins : toute action se localise à un moment déterminé, ce que marque justement le temps du verbe, et elle s'effectue dans le temps. La proposition verbale met en jeu une espèce de signes, les verbes, qui ne partagent ni la neutralité logique de la copule, indifférente à ce qu'elle relie, ni son atemporalité.

L'articulation syntaxique minimale engendre un discours qui possède la qualité d'être vrai ou faux. La proposition « Théétète est assis » est vraie parce qu'elle dit « à ton sujet, des choses qui sont, qu'elles sont ». Théétète est un individu singulier, qui ne se trouve être assis qu'à certains moments, non à tous. La connaissance de son état ne peut donc être qu'une opinion, elle-même fruit d'une perception présente (« Théétète avec qui à présent je discute… »); l'exemple pris par l'Étranger relève de ce mélange d'opinion et de sensation qu'il vient de nommer *phantasia* : représentation. Le *Théétète* affirmait qu'il y a des choses que seule la perception actuelle peut connaître : l'exemple choisi en fait partie. L'énoncé n'est donc ni une proposition universelle, ni une vérité éternelle : il exprime une vérité empirique qui a d'abord pour condition que Théétète soit correctement identifié, que le nom désigne bien ce « toi » avec qui parle l'Étranger et non pas n'importe quel homme ou animal qui porterait également ce nom ; ensuite que Théétète se trouve bel et bien, à ce moment là, être assis (en grec, le verbe « être assis » existe, la copule n'est présente que dans la traduction) ; mais encore faut-il également que celui qui le perçoit et le dit tel ne soit ni victime d'hallucination, ni en train de rêver. Le discours n'est vrai que d'une vérité contingente, relative, provisoire et destinée à être démentie lorsque Théétète, par exemple, se lèvera. C'est pourquoi toute application d'une analyse logique est ici parfaitement déplacée, tout comme l'appel à la participation (la proposition serait vraie parce que Théétète participe de la Forme « être assis »). Le seul critère de vérité applicable à des propositions de ce genre, c'est-à-dire à des opinions portant sur des réalités en devenir, est la perception présente. Cependant, pourquoi Platon prend-il, à ce moment du Dialogue, un exemple de cette sorte ? Sans doute parce qu'il ne s'agit pas de la vérité de ce type de propositions (dont il a déjà traité dans le *Théétète*), mais de leur fausseté. Seule l'opinion peut être vraie ou fausse. L'Étranger ne se livre pas à une analyse logique du jugement, il parle de *doxa* ; il veut prouver contre les sophistes l'existence d'opinions fausses, ce qui le conduira à définir la sophistique comme une « doxomimétique », une production de simulacres issus d'opinions fausses. Si tout discours parle nécessairement de quelque chose, ce quelque chose n'a pas nécessairement la réalité d'un être : le verbe peut manifester l'action, l'inaction ou l'existence (située à un moment du temps) d'un agent qui est ou qui n'est pas. Autrement dit, il peut parler de l'action ou de la réalité d'un non-être, mais en mettant par le simple fait de le nommer ce non-étant en position de sujet, il lui confère une réalité d'agent. En ce cas la fausseté s'identifie à la fiction. Il peut également affirmer, au sujet de quelque chose, « des choses autres comme mêmes », par exemple prendre Théétète pour Théodore – c'est la méprise –, ou « des choses qui ne sont pas comme choses qui sont », dire « Théétète vole » : il n'y a alors plus erreur sur l'agent, mais sur l'action.

Que sont ces choses qui ne sont pas qu'assure être le discours faux ? Elles sont « autres que les choses qui existent ». Ce ne sont pas des choses différentes de Théétète (il existe une multiplicité innombrable d'êtres différents de Théétète, mais ce sont justement des choses qui sont, et non pas des non-êtres), et ce ne sont pas davantage des choses différentes de l'action qui est actuellement la sienne, car « voler » n'est pas relativement à lui un non-être mais un non-rester-assis. Les choses qui, à propos de chaque étant, ne sont pas et sont affirmées comme étant sont des choses qui ne sont pas réellement et qui pourtant existent, bref ce sont des images. L'Autre a permis de conférer son être à l'image : « c'est réellement quelque chose qui n'est pas réellement. » Les choses qui ne sont pas relativement à Théétète sont toutes les choses qui, autour de Théétète, ne tiennent leur être que d'être différentes de ce qu'*est* Théétète *lui-même*. Ses autres, ce sont ses ombres, ses reflets, ses apparitions en songe, ou encore ses portraits et ses statues, mais aussi toutes les images de lui que produiront en paroles les opinions fausses et les discours faux. La fausseté vient de ce que l'on affirme que ce qui n'a pour être que d'être autre – l'image – est la chose même. Théétète vole n'est pas une proposition fausse parce que voler serait incompatible avec Théétète (un homme ne peut pas voler) : affirmer qu'il marche serait tout aussi faux. Et pas davantage parce que voler est incompatible avec être assis car cette incompatibilité ne ferait pas de voler un non-*être,* c'est-à-dire une chose qui s'oppose à ce qu'*est réellement* Théétète. L'analyse n'est pas logique mais psychologique ; entre l'énoncé et son référent il existe un troisième terme : la représentation (*phantasia*) que le sujet opinant se fait de ce dont il parle. C'est cette représentation psychique, cet état de l'âme, qui est le véritable contenu du discours. Si l'opinion est vraie, c'est que l'âme pâtit (par chance ou par bon naturel) de ce qui est ; si elle est fausse, c'est qu'elle fait être, produit ce qui n'est pas, donne consistance à une image. La proposition est fausse parce qu'elle produit l'image d'un Théétète volant, différente de ce qu'est actuellement Théétète.

Lequel, au demeurant, n'est pas plus assis qu'il ne discute. Il est tout autant ou tout aussi peu assis que l'actuel roi de France est chauve. Théétète assis et conversant est l'image produite par le discours de Platon d'un Théétète réel mort depuis longtemps, l'Étranger éléatique est, lui, une pure fiction tout comme le dialogue qui les met face à face. « Théétète est assis » n'est vrai que parce que Platon nous le fait croire et qu'il nous paraît *vraisemblable* que Théétète le soit, plus vraisemblable assurément que s'il nous avait représenté un interlocuteur volant. La sensation qui pourrait confirmer la vérité d'un Théétète assis n'a même pas d'existence passée mais elle *aurait pu* confirmer l'énoncé, ce qui n'est pas le cas de « Théétète vole ». « Théétète assis » et « Théétète volant » sont des images dont tout l'être consiste à être produit, et leur vérité n'est que vraisemblable. Seule la dialectique peut échapper à ce jeu où le faux s'entrelace au vrai et l'étant au non étant, parce qu'elle n'affirme ni ne nie mais interroge et répond ; seule elle s'exerce dans l'éblouissante lumière de la vérité parce qu'elle est la seule à ne pas se servir d'images. L'Étranger établit ainsi que la fausseté qui se mêle à l'opinion et au discours est identique à celle qui est constitutive de l'image. L'opinion vraie produit, en l'âme ou hors d'elle, une image vraie de la chose (dans l'exemple : une image censée être conforme à une sensation), la fausse produit un faux-semblant tenu pour être la chose même. Une image, même discursive, ne peut être vraie qu'en étant vraisemblable, elle ne peut que paraître vraie. La fausseté du jugement est identique à celle de l'image parce qu'elle s'oppose à la même sorte de véracité, à un vrai vraisemblable. L'opinion vraie a beau dire que ce qui est, est, elle ne dit pas la vérité. Car la vérité et les êtres ne s'affirment pas plus qu'ils ne se nient, ils se questionnent et se définissent dialectiquement. Le vrai qui est le contraire du faux n'est pas vrai en lui-même, il n'est vrai qu'en étant provisoirement le contraire du faux.

Qu'elle se produise en l'âme ou qu'elle soit produite par l'art d'un imitateur, l'image est autre que la chose même ; en ce sens, elle n'est pas réellement. Parménide et Gorgias ont tort : on peut dire ce qui n'est pas et on ne fait même la plupart du temps que cela, parler les images qu'on se fait des choses au lieu de parler des choses elles-mêmes. Le discours n'est pas faux parce qu'il dit ce qui n'est pas mais parce qu'il affirme comme existant ce qui n'existe pas et comme même que la chose le non-être de l'image, de l'apparence, du fantasme, bref de ce qui n'a d'autre être que d'être produit par un art divin ou humain. Protagoras a raison, l'homme est bien la mesure de ce qui est et de ce qui n'est pas, de l'existence, mais seulement en tant qu'elle apparaît, et le discours qui dit l'apparent comme il apparaît est vraisemblable ou faux, mais jamais vrai. Ce qui permet de réfuter Protagoras n'est pas le recours à la participation, qui rend compte des déterminations réelles de la chose, c'est la participation aux plus grands parmi les Genres. Ils permettent de distinguer les multiples étants qui gravitent autour de chaque étant (toutes les choses avec lesquelles celui-ci a la puissance d'entrer en relation, sur lesquelles il peut agir et dont il peut pâtir, et aussi tous ses états successifs si c'est une chose en devenir), des multiples non-étants qui participent seulement à l'Autre et ne sont que parce qu'ils participent à l'Autre. Ces non-êtres sont les multiples images que peut produire l'art, y compris l'art des discours, ou plutôt surtout l'art des discours, images que le discours faux affirme être au même titre que les choses-mêmes.

L'un et le multiple

La participation des Formes intelligibles entre elles pose un problème plus complexe que celui posé par celle d'une multiplicité sensible à une Forme. Elle signifie comme elle l'imposition d'un caractère commun mais elle ne s'effectue pas toujours selon la même modalité (comme c'est le cas pour la participation des choses sensibles à une Forme, aussi difficile soit-il d'en préciser la nature). Le dialecticien doit donc percevoir distinctement et adéquatement. Qu'est-ce qui peut brouiller son regard, faire obstacle à son juste discernement? L'existence même du multiple, dont les différences et les dissemblances peuvent faire perdre de vue l'unité et faire passer pour autre ce qui, d'un certain point de vue, est même. En toute multiplicité, qu'elle soit sensible ou intelligible, il faut arriver à reconnaître du même (même nom, même essence, ou même propriété essentielle ou nécessaire). S'il est capable de faire cela, le dialecticien conçoit ce même comme une Forme une et convertit la diversité pure en une multiplicité déterminée. Être même et être autre sont des propriétés possédées par tous les êtres réellement étant, mais unité et multiplicité sont des structures solidaires du langage, que le logos révèle parce qu'il est lui-même cet entrelacement. Unité et multiplicité sont la traduction dialectique de ces structures ontologiques que sont le même et l'autre. On peut, comme les sophistes, jouer à identifier immédiatement le multiple et l'un, ou, contre eux, interdire toute identification. Le propre du discours dialectique est de ne pas les identifier n'importe comment.

Il existe également un deuxième obstacle à la perception du dialecticien : l'existence d'unités confuses. Il lui faut alors percevoir que là où il ne semble pas y avoir multiplicité, une multiplicité existe et doit être dégagée. Mais le dialecticien peut affronter encore une troisième espèce de difficulté, lorsque la nature même de la chose ne comporte ni unité ni multiplicité. C'est le cas lorsqu'il se trouve face à une réalité illimitée, indéterminée, par exemple lorsqu'il a affaire, dans le *Philèbe*, à cet illimité qu'est le plaisir. Illimité (*apeiron)* ne désigne pas en ce cas une espèce de multiplicité, comme l'est celle que tout dialecticien doit « laisser aller » du simple fait de choisir des principes particuliers de division – tout ce qui n'en relève pas se trouve rejeté dans l'indéterminé –, et aussi celle qu'il rencontre au terme d'une démarche qui s'arrête avant la pluralité indéfinie des différences individuelles. C'est la nature même de la « chose » qui est illimitée, chose qui en vérité n'en est pas une mais un processus perpétuel et simultané de croissance et de décroissance, une *genesis*. Est naturellement illimité ce qui se trouve toujours en excès ou en défaut par rapport à une limite, ce qui en est la transgression en acte. L'*apeiron* n'est donc pas une matière que la limite viendrait informer, c'est un devenir que la limite vient stabiliser, un devenir « dont on ne peut assigner ni le commencement, ni le milieu ni la fin » (*Phil.*, 31a, *Parm.*, 137d). Tel est, selon Philèbe, le plaisir : il est « illimité par nature à la fois quantitativement et en intensité », sinon « il ne serait pas bon en son entier ». L'illimitation propre au plaisir est une illimitation dynamique, un refus de toute quantité déterminée, de toute mesure et de toute fin. Comment lui appliquer la dialectique, ce mouvement qui va de l'un au multiple et réciproquement?

La division est impossible : on ne peut pas commencer par diviser l'illimité, il faut d'abord lui imposer un nombre, puis à partir de là en constituer l'unité, et c'est seulement cette unité une fois constituée qui pourra enfin faire l'objet d'une division. L'exemple « égyptien » montre comment doit travailler la pensée quand elle est face à de l'indéterminé : elle doit commencer par informer l'illimité en une multiplicité, le constituer en une pluralité qui n'est pas donnée, à la façon dont la phonétique ou la musique structurent un illimité sonore (la modulation infiniment variée de la voix) en y prélevant un nombre limité de sons. Quand elle est forcée de « prendre en main » ce dont l'unité et la multiplicité sont également indéterminées, autrement dit ce qui semble déjouer les opérations dialectiques fondamentales, la pensée doit reculer d'un cran. Il lui faut d'abord instaurer et structurer une multiplicité (substituer au plaisir une multiplicité d'espèces de plaisirs), afin de poser à partir d'elle une unité articulée, donc divisible (la gamme, l'alphabet). L'indétermination de chacun des éléments peut être surmontée grâce à leur interdépendance à l'intérieur d'un tout. Loin donc d'être un procédé mécanique de rassemblement-division, la science dialectique est bien une science, non une méthode indifféremment applicable. On ne divise pas de la même façon une Forme une comme la Science, une relation comme la mesure ou une réalité illimitée comme le plaisir, et on ne rassemble pas non plus de la même façon des espèces différentes de multiplicité.

Tous ces mouvements dialectiques impliquent qu'il existe au moins une multiplicité principielle impossible à unifier, celle des grands Genres. L'Être n'est pas plus principe que le Non-être, le Même que l'Autre, le Repos que le Mouvement, ou l'Un que le Multiple : telle est la leçon du *Sophiste*, une leçon qui semble extrêmement difficile à accepter. Mais alors il faut comprendre que ce qui est au fond difficile à accepter est que le savoir soit dialectique. La dialectique est tolérable au titre d'une procédure logique et symétrique de rassemblement-division : la tenant pour une procédure, on peut présupposer que le multiple se trouvera toujours soumis au joug de l'un et que dans cette assujettissement la pensée trouvera son repos – repos que l'on peut aussi bien nommer système. Pour mettre Platon en système il suffit de réduire la dialectique à deux procédés toujours identiques, et la réduction du multiple à l'un s'opère d'elle-même si on pense de bout en bout en termes de genres et d'espèces. Or non seulement le rapport entre le multiple et l'un n'est pas toujours un rapport d'espèces et de genre, mais avec sa position de cinq très grands Genres l'Étranger affirme l'existence d'une multiplicité en quelque sorte émancipée.

Que tout multiple ne soit pas le résultat d'une division, qu'il existe une multiplicité première et irréductible qui ne *procède* pas d'une unité et ne s'y *ramène* pas, est ce qui confère à la dialectique platonicienne sa liberté : elle n'a pas à se soumettre à l'unité d'un principe unique, donc à un principe d'unité. Le philosophe s'attache toujours à l'Être mais il s'y rattache « à travers de multiples raisonnements ». Parce qu'il raisonne, et pas toujours de la même façon, il y introduit des différences sans lesquelles il ne pourrait justement pas raisonner. L'être auquel il s'attache est l'être réellement étant de l'essence intelligible, dont il pose la différence. Différencié, multiplié, cet être est celui qui convient au philosophe, c'est-à-dire à la science, à la pensée et à l'intelligence. La science dialectique est seule capable de déterminer le véritable sens de l'être – mais non pas le seul, puisque les choses sensibles et les images existent –, et cela consiste à n'en faire ni un Genre englobant ni un principe unique et suprême, mais à y voir un Genre toujours mêlé de Même et d'Autre. L'espace ouvert entre le Même et l'Autre est celui que la pensée du philosophe peut librement parcourir parce qu'elle y trouve la possibilité de son discours qui, comme tout discours, entrelace l'un et le multiple, mais qui possède, lui, la capacité de décider comment doit en vérité s'opérer cet entrelacement.

CHAPITRE VI

L'ÂME

Pour Platon, toute réalité est soit modèle soit image – sauf l'âme, qui n'est ni l'un ni l'autre. Or il n'y a pas un Dialogue qui ne s'y réfère, pas une question qui ne l'engage. En faire abstraction, c'est rendre tout problème insoluble ; ne pas en prendre soin, c'est se condamner à mener une vie insensée : « l'âme est notre bien le plus divin et le plus propre », mais « aucun d'entre nous n'honore comme il le faut son âme » (*Lois*, 726a-727a). En elle, toutes choses se trouvent nouées. En raison de sa position littéralement centrale, l'âme voit sa nature et ses fonctions se transformer et se diversifier dans de multiples contextes. Il n'y a pas, en conséquence, chez Platon de notion plus complexe que la notion d'âme. La vie et la pensée tirent d'elle leurs mouvements, le Monde sa cohésion, la cité son organisation. Tout converge vers elle et tout s'inscrit en elle. Elle est ce lien interne qui empêche la psychologie, l'éthique, la politique ou la cosmologie platoniciennes de se constituer en domaines autonomes. Toutes les catégories utilisées peuvent en effet se transporter d'un champ à l'autre : politiques, elles permettent de découvrir les structures psychiques sur lesquelles se fondent les vertus ; psychosomatiques, elles se déduisent légitimement à un Monde conçu comme l'union d'un corps et d'une âme. Âme, cité et Monde sont si étroitement imbriqués que chaque terme exerce sur les deux autres un mode de régulation : l'âme peut rétablir en elle un ordre perturbé en contemplant les révolutions régulières du Ciel, et c'est en vivant dans une cité juste qu'elle devient capable d'harmoniser les forces opposées qui la composent. Réciproquement, une cité n'est juste que si ses citoyens ont des âmes justes, et seule une âme intelligente peut percevoir la causalité intelligente à l'œuvre dans le monde sensible.

Âme, cité et Monde posent une même sorte de problèmes et, dans les trois cas, ce sont les problèmes d'unité qui sont les plus insistants. Comment, pour une âme, harmoniser ses parties, donc ses vertus? Comment, dans une cité, unifier les classes ou les types d'homme qui la constituent, comment faut-il penser le Monde pour que s'y conjuguent causalité intelligible et causalité nécessaire? Ces problèmes sont des problèmes posés à la pensée, ce ne sont pas des problèmes qu'elle se pose, et face à eux elle perd un peu de sa liberté. La pensée affronte des réalités pesantes à propos desquelles la question est toujours la même : inscrire en elles ordre et arrangement de manière à leur conférer unité et valeur, car s'il n'y a aucune prééminence dialectique de l'unité sur la multiplicité, l'unité doit prédominer quand il s'agit de réalités multiples, et quand il s'agit de vivre. Cependant, si l'analogie structurelle entre l'âme et la cité sous-tend toute la *République* de telle sorte que ce sont les mêmes principes d'organisation qui garantissent leur bonne constitution et les mêmes forces qui les décomposent et les pervertissent, il semble que le Monde, pour sa part, demande à être expliqué, non à être ordonné : qu'il soit cosmos ou chaos ne dépend pas de nous. Et pourtant, en un sens, si, car cela dépend de notre manière de le concevoir. Cosmologie et physique ont pour fondement une cosmogonie, et l'on peut se représenter l'origine du Monde soit comme un événement aléatoire et mécanique, soit comme l'effet d'une intelligence s'imposant à la nécessité.

L'âme, la cité et le Monde ont ceci de commun qu'il n'y en a pas de connaissance dialectique possible et que le discours tenu sur eux est toujours normatif. Les connaître, c'est les référer à un modèle d'ordre et juger que c'est seulement en se conformant à lui qu'ils peuvent, ont pu, ou pourront devenir pleinement ce qu'ils doivent être. Ce ne sont pas des essences, c'est pourquoi aucune nécessité interne ne les contraint à aller plutôt dans un sens que dans l'autre : une âme d'homme peut aussi bien s'assimiler au divin que mimer l'animalité la plus féroce ou la plus veule, une cité être parfaitement gouvernée qu'anarchique, et le Monde peut tourner à l'endroit s'il est guidé par un Pasteur divin, ou à l'envers s'il est abandonné à lui-même. Le principe du bon arrangement est toujours le même : le gouvernement de l'intelligence. Mais comment parler de cette puissance de l'intelligence, et surtout comment en persuader tout homme? Le philosophe ne peut que croire et tenter de faire croire à la force de la pensée, aussi son langage est-il nécessairement impur, il entrelace mythes et raisonnements, arguments et images, dialectique et rhétorique. Mais qu'est-ce qu'un philosophe?

Le philosophe

À la fin du livre V de la *République* (474c-480a) le philosophe est distingué du philodoxe et la plus grande partie du livre VI est consacrée à décrire ce qu'est et doit être l'âme d'un philosophe. Platon n'élabore pas alors un modèle d'âme ni ne peint un homme-modèle, il analyse la nature requise par cette occupation qu'est la philosophie, moyen de la disculper des accusations dont elle est l'objet et de convaincre les hommes du rôle qu'elle doit jouer dans la cité.

*Le naturel philosophe (*République*, VI, 484a-487a, 502c-504a)*

Dans le naturel philosophe, dont la définition occupe le cœur même de la *République*, la différence essentielle se conjugue avec la contingence d'un surgissement et la possibilité menaçante d'une perversion. La meilleure constitution s'identifie en effet à celle du gouvernement des philosophes : si ces derniers ne sont que des simulacres de philosophes, les vertus, l'éducation, les sciences et la constitution elle-même ne seront elles aussi que des simulacres, et les hommes seront les éternels prisonniers de ces cavernes que sont toutes les sociétés existantes. De la rectitude de cette dénomination, « philosophe », dépend la rectitude de toutes les autres, puisque seul celui qui est vraiment philosophe peut définir et dénommer en vérité. Or n'est vraiment philosophe que celui qui est par nature apte à philosopher. « Philosophe » s'applique donc non seulement à une des parties de l'âme (voir p. 195-196) mais à l'âme tout entière et au petit nombre de ceux qui possèdent une telle âme. C'est pourquoi toute la définition du naturel philosophe peut être lue aussi bien dans une perspective psychologique que dans celle, pédagogique et politique, d'une exigence sélective. Nature peut ainsi s'entendre, de bout en bout, en deux sens : comme essence, avec tout ce que cela comporte de parenté et d'exclusion, et également comme support et limite de l'entreprise éducative. Au sens d'essence (*ousia*), la « nature » du philosophe s'identifie à l'orientation de son désir ; ce désir produit nécessairement dans cette âme des effets, qui sont les qualités et les vertus du naturel philosophe. Aucun naturel n'est « bien doué » en général, un naturel n'est doué que relativement à l'occupation qui lui convient : le naturel philosophe doit présenter l'ensemble des qualités garantissant que cette activité, la philosophie, qui a ses objets propres (les Formes) et sa démarche propre (la dialectique), soit exercée convenablement. Si rien dans une nature ne peut être blâmé, rien ne peut l'être non plus dans l'occupation qui est la sienne : la définition du naturel philosophe est simultanément apologie, défense de la philosophie. Prise d'autre part en son sens restrictif, la nature signifie une limite de fait, elle indique ce qu'aucune éducation n'a le pouvoir de communiquer ni de transmettre. Cette différence impossible à acquérir ne peut se développer que sous l'effet d'une « philosophie », d'une culture adaptée et progressive. À ces deux sens du terme nature *(phusis)* correspondent donc trois sens du terme philosophie : elle est d'abord le désir qui anime et unifie totalement une nature, elle est aussi l'occupation qui lui convient seule et dont l'excellence découle de celle de celui qui s'y livre, et elle est enfin le moyen de tourner cette nature vers cette occupation, le mouvement même de la conversion (*periagôgè*) de l'âme. La philosophie comme culture tourne la philosophie comme désir vers l'occupation qui lui convient, et qui est la philosophie.

Il ne s'agit donc pas d'énumérer les qualités morales et intellectuelles que doit *acquérir* un philosophe pour le devenir, mais au contraire de montrer que s'il est philosophe il *possède* nécessairement, c'est-à-dire par nature, toutes ces vertus et toutes ces qualités. Il ne s'agit pas davantage de façonner un modèle d'homme doté de toutes les perfections mais de comprendre les effets qu'entraîne, de toute nécessité, la prédominance d'un certain désir. La possession naturelle de ces qualités est le critère permettant de choisir ceux qui sont aptes à devenir gardiens puis gouvernants, et de ce point de vue ce sont bien des conditions, mais elles se présentent tout au long comme les conséquences, en « l'âme philosophe », de la sorte de désir qui lui est propre : « ceux qu'il faut appeler philosophes, ce sont ceux qui aspirent à ce que chaque étant est en lui-même », « le propre des naturels philosophes est que toujours ils désirent (*erôsin*) un savoir qui leur rende clair un aspect de cette manière d'être (*ousia*), de celle qui est toujours et qui n'est pas soumise aux oscillations de la génération et de la corruption ». N'est philosophe que celui que détermine complètement son désir de comprendre et d'apprendre ce qu'est une « essence, dans sa totalité, et sans en laisser échapper aucune partie, petite ou grande, de précieuse ou de faible valeur » (485b). Dans l'âme adéquatement philosophe, erôs est principe et seul principe, et discerner un naturel philosophe revient à reconnaître en lui l'intensité, la continuité, la direction d'erôs : on ne peut pas remonter au delà.

Un désir qui ne résulte d'aucune habitude ni d'aucun exercice constitue une nature à laquelle il confère une différence « divine », mais erôs ne peut tirer vers le haut qu'une âme n'offrant aucune résistance insurmontable. Les déterminations négatives sont premières, un naturel philosophe n'oppose à la puissance d'erôs ni goût de la fausseté, ni cupidité, ni servilité ou bassesse, ni lâcheté; il ne présente ni difficulté à apprendre, ni mauvaise mémoire. Les vertus positives sont « nécessaires et découlent les unes des autres », mais seulement « pour l'âme qui s'apprête à saisir l'être pleinement et parfaitement ». Sans ce lien, l'aspiration du philosophe serait aspiration commune à une perfection morale ou à une sagesse indépendante de la philosophie. C'est son orientation vers l'être qui fait qu'un tel naturel déteste la fausseté et aime la vérité, et c'est cet amour de la vérité qui « mène le chœur » de ses vertus. Elles s'articulent autour de deux vertus maîtresses : tempérance et grandeur. La tempérance est la conséquence de la faiblesse des autres désirs, la grandeur « appartient à la pensée ». Elle n'a pas sa place dans une liste de vertus qu'on peut acquérir aussi bien par opinion droite (voir p. 207-209), elle est ce changement de perspective qui permet de voir de haut « le temps tout entier » et « l'essence tout entière ». La grandeur exclut cette forme de servilité qui consiste à se subordonner à soi-même comme vivant ; pour une pensée douée de grandeur, la vie humaine ne peut sembler être quelque chose d'important et la mort n'est pas à craindre : le courage s'ensuit nécessairement. Étant tout cela, il n'est donc pas possible qu'un pareil naturel soit injuste. Désirer de telle façon qu'on ne puisse plus désirer autre chose, mesurer le devenir à ce qu'est réellement l'être, discerner les différences et les ressemblances qui existent entre les Formes, ce sont des *vertus* ; en cela consistent la vraie tempérance, le vrai courage, la vraie justice. Mais ce sont des vertus qui appartiennent fondamentalement *à la pensée*. Des tempérants, des courageux, des justes sans intelligence, il en faut, c'est-à-dire des « vertueux » au sens de l'opinion droite ; mais ils ont à calculer pour être tempérants, à surmonter leur peur pour être courageux, à se conformer à des règles pour être justes. Spontanément tempérante est l'intelligence qui se détourne de ce qu'elle ne peut pas désirer ; spontanément courageuse, juste, douce, libre est la pensée qui ne se mesure qu'à l'intelligible. Ni séparées les unes des autres, ni séparables de ce qui les origine, ces vertus sont les effets naturels de la philosophie.

L'âme du philosophe doit en outre ne pas être oublieuse. S'il faut avoir une bonne mémoire pour se souvenir, il en faut une encore meilleure pour ne pas oublier et discerner ce qu'il importe vraiment de ne pas oublier. Si l'on a pu, une fois, trouver, alors on peut trouver à nouveau. Une pensée oublieuse est une pensée qui n'a pas le goût de faire l'effort de se survenir à elle-même. Grâce à la mémoire, il devient de plus en plus facile de voir où se tourner pour découvrir ce qu'on cherche. Erôs ne reste pas stérile, il produit des fruits et enfante ; à la condition que cessent parfois les douleurs de l'enfantement et qu'on s'en souvienne, on devient à coup sûr plus inventif. L'intelligence doit en outre être dotée de mesure et de grâce : la grâce naturelle de la pensée est sa capacité d'être affectée par le caractère propre (*idea*) de chaque étant, son aptitude à se laisser conduire vers ce qu'elle cherche. Sa puissance d'agir est un ajustement, sa puissance de pâtir un élan. L'unité de l'agir et du pâtir est l'unité d'un accord spontané, d'un mouvement naturellement réglé par ce vers quoi il tend : on ne conduit pas sa pensée, mais la pensée, de son propre mouvement, se laisse conduire. Elle le fait avec élégance, et l'élégance et son contraire dépendent de la perfection ou de l'imperfection du rythme. Le juste rythme ne s'identifie pas à un juste milieu entre le trop rapide et le trop lent, il est une perpétuelle harmonisation des contraires. Pour cette bonne mesure, il n'y a pas de méthode, pour cette élégance pas de recettes. S'apprendre ce qu'on ne savait pas encore est toujours à nouveau pénible, ce qui n'empêche pas la pensée de prendre plaisir à ce jeu divin qu'elle est.

Cette figure du philosophe, avec ce qu'elle comporte de splendeur et de fragilité, est une invention de Platon. Dans les textes dont nous disposons, l'adjectif *philosophos* ne se rencontre, avant lui, que deux fois. Selon Héraclite (mais s'agit-il bien d'un fragment, ou d'une paraphrase ?), « il y a grand besoin que ceux qui enquêtent sur le multiple soient hommes épris de sagesse (*philosophoi*) » (frag. 35 DK) : il y aurait là une « invective » envers ceux qui se nommaient philosophes, les Pythagoriciens, dont la polymathie, la quête d'une multitude de connaissances, est critiquée dans les fragments 40 et 129 (DK) comme n'étant qu'une apparence de sagesse (*sophia*). Toute une tradition ancienne attribue en effet à Pythagore la formation du terme *philosophos* : interrogé par Léon, tyran de Sicyone ou encore de Phlionte, sur ce qu'il était, Pythagore aurait répondu « philosophe », car il considérait que « nul n'est sage, si ce n'est un dieu » (DL, Prologue, 12). L'attribution pythagoricienne est douteuse dans la mesure où seuls ces trois fragments d'Héraclite permettraient de l'attester, toutes les autres sources appartenant à une tradition bien postérieure; or leur interprétation est largement controversée. L'origine pythagoricienne du composé *philosophos* n'est cependant pas impossible, mais l'humilité que connoterait le terme – on se dirait philosophe pour ne pas prétendre être sage – comme la subordination de la philosophie à la *sophia* sont totalement étrangères au sens platonicien.

Dans l'*Éloge d'Hélène* (§ 13), Gorgias distingue les controverses opposant des « discours philosophiques » – lesquelles « servent à montrer la vitesse de l'intelligence (*gnômè*), c'est-à-dire la facilité avec laquelle elle peut faire varier la confiance qu'accorde l'opinion » –, des « discours des météorologues qui, substituant opinion à opinion (...) font que des choses incroyables et inapparentes se révèlent aux yeux de l'opinion », et également des débats « où un seul discours peut charmer et persuader une foule nombreuse s'il a été écrit avec art, et non pas parce qu'il a été énoncé en toute vérité ». Ce texte de Gorgias, où les controverses philosophiques s'opposent aux exposés des anciens savants sur la Nature et à la rhétorique, est le seul texte pré-platonicien permettant de supposer que certains sophistes – ceux qui, comme Euthydème ou Dionysodore, pratiquaient en privé – qualifiaient de « philosophique » leur maniement du discours. Ils se prétendaient sans doute aussi philosophes, ce qui expliquerait les attaques de Platon contre les « usurpateurs » de ce beau nom.

La perversion du philosophe et de la philosophie (487a-502c)

L'adjectif *philosophos* se trouve substantivé pour la première fois dans le *Phédon*, et Socrate juge bon de préciser à maintes reprises qu'il parle de ceux qui philosophent « purement », « droitement », « réellement ». C'est donc qu'il existe des hommes qui n'ont de philosophes que l'apparence. Que peut engendrer un usurpateur ? Rien que « des sophismes, et rien de noble qui tienne d'une vraie pensée ». À l'ombre de son nom, réfugiés en elle comme dans un temple, ils accréditent l'opinion que la philosophie est le seul asile qui reste à ceux qui sont incapables d'activités nobles. Se prévalant d'une habileté dans leur petite technique, de petits hommes tombent sur la philosophie et occupent la place. S'ils le font, c'est qu'elle conserve bizarrement un prestige, elle est pleine « de beaux mots et de fascinants mirages ». Elle contient dans son nom seul – puisque c'est tout ce qui lui reste – le pouvoir de séduire et de faire peur. Sa différence est à la fois pressentie, admirée et méprisée. Pour défendre la philosophie, il faut donc accuser les philosophes, ou plutôt ceux que tous, y compris eux-mêmes, nomment tels. La philosophie, qu'on entende par là une aspiration ou une discipline, n'a jamais perverti personne (elle peut tout au plus donner des maux de tête à ceux qui ne sont vraiment pas faits pour elle, 407c), mais tous conspirent à la pervertir. Les calomnies dont elle est l'objet sont dues à l'impuissance de la foule (dont Adimante est le porte-parole) à distinguer entre le discours d'un philosophe et celui d'un sophiste.

C'est parce qu'elle est abandonnée, orpheline, que la philosophie tombe dans les bras de ses indignes prétendants et est prête à épouser le premier venu, le forgeron chauve et nain. Les rares hommes qui étaient naturellement faits pour elle ne sont pas devenus ou restés philosophes. Pour qu'une âme philosophe s'adonne à la philosophie, il faut qu'elle trouve dans la cité ses conditions d'existence. Mais aucune constitution politique existante n'est à la mesure du naturel philosophe, et « c'est pour cela qu'il se pervertit et s'altère (…). C'est une espèce incapable de conserver son caractère dans les conditions actuelles, ou plutôt elle est exilée dans des conditions de vie qui lui sont étrangères ». La philosophie ne rencontre dans certaines natures aucune résistance interne mais d'énormes obstacles viennent de l'extérieur : on mettra en effet tout en œuvre pour détourner les naturels philosophes de la philosophie, « tout », c'est-à-dire le flot du blâme et de l'éloge, la pression de l'opinion publique et de ses valeurs et si cela ne suffit pas la menace et la violence effective. Le naturel philosophe ne conservera son excellence que s'il a comme avenir le philosopher ; il ne peut dégénérer qu'à la condition que soit rompu le lien entre son désir et la vérité, ce qui advient lorsque la meilleure des natures ne s'adonne pas à la meilleure des occupations. La rupture du lien a une cause étonnante : les qualités mêmes de ce naturel contribuent à sa perversion. Car la foule les reconnaît et presse l'homme qui en est doté de les mettre à son service, autrement dit au service du pouvoir et de l'argent : « il n'est guère possible qu'un tel homme se mette à philosopher. » « Comme le mal est plus contraire à ce qui est bon qu'à ce qui n'est pas bon », un tel naturel, mal nourri et mal entouré, conserve sa différence mais « il devient extraordinairement mauvais » : non seulement il ne se mettra pas à philosopher mais il deviendra le pire des hommes. Là où est la philosophie, là est aussi erôs, qui n'est pas un appétit comme les autres, qui ne peut être que philosophe ou tyran. Le naturel philosophe peut se pervertir puisqu'erôs le peut, et à la manière dont se pervertit erôs : en gardant son intensité et sa continuité, mais en inversant sa direction. La « grandeur » même de ce naturel lui interdit d'avoir part à cette vertu d'opinion droite qui peut se passer d'intelligence et de savoir. Un naturel philosophe détourné de la philosophie ne deviendra pas « un homme de bien », pas davantage un sophiste, un rhéteur ou un médiocre disputeur, mais un tyran. Pervertis, ceux qui étaient aptes à philosopher « causent les plus grands maux aux États comme aux particuliers ». On retrouve ici l'ambiguïté propre à l'ensemble de la *République* : de même qu'il n'y a pas de vraie cause de la dégénérescence de l'État idéal et que celui-ci se corrompt du simple fait qu'il ne naît plus de philosophes, de même la perversion d'un naturel philosophe n'est pas possible en droit, mais en fait.

Loin de pervertir quiconque, la philosophie est le seul salut pour ce naturel donc pour les hommes et les États. Ce ne sont pas les philosophes qui pervertissent la jeunesse en la détournant des affaires sérieuses, ce sont toutes les constitutions politiques qui pervertissent les philosophes. Or la philosophie est ce qui anime un philosophe, son existence dépend de lui. Ainsi insérée dans le devenir, la philosophie se représente son absence d'origine comme contingence et son avenir comme possibilité de corruption. Certes, les Formes sont éternelles et immuables, la différence du savoir évidente, le Bien transcendant et la Vérité éclairante, mais tout cela n'existe et n'est intelligible que pour quelques-uns, par quelques-uns, et pourrait tout aussi bien un jour n'être vrai pour personne. Le problème de la sélection, de l'éducation et de la perversion des philosophes est bien autre chose qu'un problème politique : il signifie l'impossibilité, pour la philosophie, de se garantir contre sa disparition. Certains, pourtant, arrivent à se sauver seuls, grâce à quelques hasards propices (496b-e), mais les cités les jugent inutiles et ils ne peuvent pas aller jusqu'au bout de ce qu'ils veulent et de ce qu'ils peuvent. Dans une cité ordinaire, ils ne réussissent à exister que par miracle; en ce cas le philosophe ne peut pas l'être *parfaitement*, même s'il l'est, comme Socrate, *complètement*, faute d'une éducation et d'une cité appropriées. Socrate, à coup sûr, incarne pour Platon le philosophe; mais si la dimension socratique en reste un trait essentiel, pour lui les philosophes accomplis sont à venir. Le vrai philosophe ne peut donc choisir qu'entre l'atopie et le pouvoir. De fait, il ne choisit pas : on lui impose l'atopie, et il ne trouvera sa place dans la cité qu'à la condition de la gouverner et d'en être le législateur – ce que Nietzsche, interprétant la politique de Platon, résume ainsi : « Je tiens à la conservation de ma propre espèce. »

*Les images du philosophe (*Sophiste*, 216a-217b, 254a-c)*

L'essence de la philosophie est inséparable de l'existence d'un philosophe et son nom ne prend son sens qu'à la condition de pouvoir dissocier le philosophe de ses simulacres, de ces usurpateurs nuisibles « en ce qu'ils font de la philosophie une chose ridicule ». Dans une cité bien constituée, le philosophe aura enfin droit à son nom propre, mais pourra-t-il pour autant apparaître comme il est ? Si le sophiste est un être difficile à discerner, le philosophe ne l'est pas moins; cependant, « en ce qui le concerne, la difficulté est d'un autre ordre qu'en ce qui concerne le sophiste ». Pour ce dernier, elle tient à l'obscurité du lieu où il s'est réfugié (le non-être); le philosophe « au contraire est difficile à voir en raison de l'éclatante lumière de la région » où il réside. C'est « dans un lieu de ce genre », déclare l'Étranger, que « nous découvrirons, maintenant et plus tard, le philosophe, si nous le cherchons ». Ce lieu est la dialectique, or « les yeux de l'âme de la plupart sont incapables d'avoir la force de regarder vers ce qui est divin » : l'impuissance à saisir la nature des réalités dont s'occupe le philosophe entraîne la méconnaissance de ce qu'est réellement un philosophe. Il est toujours pris pour un autre, et Socrate, au début du *Sophiste*, dit des philosophes qu'ils « apparaissent tantôt comme des sophistes, tantôt comme des politiques, et que tantôt ils donnent à certains l'opinion qu'ils se comportent d'une façon totalement insensée ». L'ignorance ne tient pas le philosophe pour un sophiste, *ou* un politique, *ou* un fou, mais *tantôt* pour l'un, *tantôt* pour l'autre : on n'a affaire qu'à des illusions incohérentes. Mais lorsque Socrate demande ensuite à l'Étranger si, dans son pays, trois genres différents correspondent à ces trois noms, sophiste, politique, philosophe, ou deux, ou un seul, le philosophe vient dans cette série prendre la place qu'occupait le fou dans la série des trois images. La question est donc de savoir si deux des images du philosophe (sophiste et politique) constituent deux genres distincts, et s'il y a lieu de poser un troisième genre, celui du philosophe. Si ce n'est pas le cas, les images formées par la foule se trouveront justifiées, à l'exception toutefois de celle du fou. La question définitionnelle posée alors par l'Étranger : « qu'est-ce que chacun peut bien être ? » ne peut s'appliquer qu'à un genre, non à une image. Or un de ces trois genres n'a précisément d'autre mode d'existence que celui de l'image : celui du sophiste. C'est seulement après que les débordements de ce genre-image auront été endigués que les autres genres pourront devenir distincts de lui et acquérir leur consistance propre. Car pour le sophiste il ne peut y avoir qu'un seul genre : le philosophe, c'est lui, et le politique, c'est lui aussi ; c'est donc le sophiste qu'il faut commencer par définir. De même que les questions de l'être et du non-être ne peuvent être résolues qu'ensemble, celle du philosophe et celle du sophiste sont inextricables. La définition du sophiste est simultanément pour le philosophe une auto-définition. En cherchant l'un, on est toujours en train d'attraper aussi l'autre, comme s'il était justement impossible d'attraper l'un sans l'autre. Dans la sphère de l'apparaître, le sophiste prend toute la place ; visible partout, visible à tous, il repousse dans l'ombre celui dont l'élément est pourtant la lumière. Le philosophe doit donc capturer le sophiste pour affirmer sa différence – différence qui n'existe ni pour l'opinion de la plupart des hommes, ni pour le sophiste – mais il ne pourra se différencier qu'en démontrant sa capacité de *définir,* d'encercler et de contenir ce dont il diffère. Or le sophiste n'est même pas l'image du philosophe : ce qu'il mime est le *sophos*, le savant (268c). Il faut donc d'abord prendre le philosophe pour un savant pour pouvoir ensuite croire le reconnaître dans le sophiste. Apparaître comme un politique, est-ce en revanche pour le philosophe une image acceptable ? Elle ne pourrait l'être que si elle est produite par lui, mais quand il définit le politique, le philosophe ne fournit pas de lui-même une image, il constitue un genre distinct. C'est pourquoi la définition du politique ne peut être que la définition normative de ce que doit être un vrai politique au regard du philosophe. Cependant, si « philosophe » et « sophiste » sont des prédicats qui déterminent entièrement une nature – quoi qu'un homme possédant cette nature pense, dise ou accomplisse, il le fera en philosophe ou en sophiste –, ce n'est pas le cas du politique : personne n'est, par nature, fait pour s'occuper de politique.

Quant à la troisième image, celle du fou, elle ne peut donner lieu à une définition capable comme les deux autres de réduire l'équivocité dont son emploi, selon qu'il est le fait d'un philosophe ou de la foule, affecte le terme. La folie en effet n'est pas un genre mais une figure qui conjugue en elle celles de l'irrationnel, du déréglé, de l'excessif, du démesuré, et en laquelle se déchiffre l'inhumanité (infra- ou supra- humanité ?). Thalès tombant dans son puits (*Théét.*, 174a), Socrate en plan sous le porche des voisins (*Banq.*, 175a) sont jugés fous, et Calliclès reproche à ce même Socrate sa totale inadaptation à la cité et à la réalité humaine (*Gorg.*, 484c-d). L'opinion sanctionne en les qualifiant de fous des comportements et des discours dénotant soit un défaut d'ajustement à la réalité, soit un excès par rapport à ce qui est socialement tolérable, soit une incohérence et une contradiction. Qualifier un comportement ou un discours de « fou », « insensé », « absurde », est une manière de leur refuser toute signification. Mais en affirmant l'existence de délires divins, et du sien propre, le philosophe ne cherche pas à se défendre d'être fou, il revendique au contraire sa folie : s'il « est critiqué par la plupart des hommes qui pensent qu'il est dérangé, ceux-ci ne voient pas qu'il est possédé par un dieu » (*Phèdre*, 249d). Il se trouve alors associé au devin, à l'initié, au poète : dans le *Phédon*, Socrate n'est pas un plus mauvais devin que les cygnes, les philosophes sont des bacchants, et le rêve de Socrate ne cesse de lui enjoindre de composer des poèmes. La puissance divinatoire de Socrate lui permet de résister à la force d'une opinion commune ou d'une argumentation qui n'est que logiquement contraignante ; initié, il l'est aux Mystères de la réalité véritable et la réminiscence le purifie de la croyance à la seule réalité du sensible ; il se fait aussi poète et même faiseur de mythes pour célébrer la divinité de l'intelligible ou encore pour faire apparaître ce que la vie des hommes a d'absurde, oscillant entre l'hymne à Apollon et les fables d'Ésope. Possédé par la folie qui lui est propre, le philosophe rapporte la vie, l'âme, le langage, la cité et même la Nature à une unique mesure, non pas humaine mais divine. Ainsi, la bonne nature de Théétète suffit à lui faire comprendre que les choses qui sont par nature sont les produits d'un art divin : elle restitue à la Nature sa véritable nature, celle d'une *tekhnè* intelligente et providentielle (*Soph.*, 265c-e). Le philosophe évalue toutes choses relativement à la pensée et selon la place qu'elles laissent à la pensée.

Les dieux n'ayant pas donné aux philosophes la grâce de se montrer tels qu'ils sont, il faut trouver le moyen de rendre leur différence manifeste même à ceux qui ne la comprennent pas. Ce moyen, pour Platon, est l'incarnation du philosophe dans le personnage de Socrate. En construisant *son* Socrate, il donne à la philosophie la possibilité de sa manifestation et plus encore de sa séduction – séduction ambiguë, puisqu'elle peut être considérée aussi bien comme une entreprise de perversion que comme une voie de conversion (*epistrophè*). Avec un Socrate montré en action mais jamais nommé philosophe, Platon nous a légué une figure qui n'a plus jamais cessé de hanter la philosophie, en laquelle l'atopie, le délire et la démesure d'erôs s'allient, comme en témoigne l'oracle, à la plus haute figure de la sagesse humaine. Socrate est la philosophie en acte, la philosophie sujet, l'homme en qui la philosophie est incarnée au point que la question de savoir s'il est philosophe ne peut pas se poser. Comme le dit Kierkegaard, « sa situation dans la vie est réfractaire à tout prédicat » : « Mais, bienheureux homme (dit Socrate à Alcibiade en train de faire son portrait), examine un peu mieux, de peur qu'il ne t'échappe ceci : que je ne suis rien » (*Banq.*, 219a). Il n'est rien en effet que cette manière de vivre et de mourir, que cette parole qui rappelle inlassablement le rien de l'apparence, de l'opinion, des valeurs communes et des hommes qui s'en contentent. Il ne peut donc pour sa part être certain que le philosophe est bien un genre distinct, car philosophe, il l'est tellement qu'il ne peut détacher de lui-même ce prédicat pour en faire un genre. L'Étranger éléatique est assuré de cette différence, puisqu'il ne pourrait sans cela définir ni le sophiste ni le politique. Mais la puissance de la philosophie ne peut pas s'appliquer à elle-même et il lui est aussi impossible de se définir que de fournir une définition dialectique du savoir dialectique. *Sujet* ou *agent*, le philosophe ne pouvait faire l'*objet* d'une définition. Car si le philosophe-sujet s'identifie au bon et au vrai dialecticien et le naturel philosophe au « naturel dialectique » (son désir de vérité et sa capacité de réminiscence expliquant sa différence d'avec le mauvais dialecticien), le philosophe devient un acteur indispensable quand il s'agit d'imprimer une bonne direction à la vie de l'âme, de la cité et du Monde, parce qu'il est capable de diagnostiquer les causes du désordre et de l'incohérence réels ou supposés et de proposer des remèdes.

I. La condition humaine pervertie

*La Caverne (*République*, VII, 514a-521b)*

L'allégorie de la Caverne est la forme la plus célèbre d'un tel diagnostic, elle dépeint « notre nature sous le rapport de la culture ou de l'inculture ». Dans un lieu souterrain se trouvent enchaînés des prisonniers. Quelque part derrière eux et au-dessus d'eux brille un feu, et entre eux et ce feu court un chemin élevé le long duquel se dresse un petit mur. Des hommes défilent derrière ce mur, portant des objets façonnés en forme d'hommes, de vivants et de choses de toutes sortes, qui dépassent du mur et projettent leurs ombres sur la paroi à laquelle les prisonniers font face. Une entrée, étendue sur toute la longueur, laisse filtrer la lumière du jour. Mais comme les prisonniers ne peuvent pas tourner la tête, l'origine de la lumière leur reste inconnue tout comme les causes des ombres qu'ils voient (les figurines) et les manipulations des montreurs de marionnettes.

L'état initial

Le dispositif symbolise un état d'impuissance et même de démence (*aphrosunè*). Ces prisonniers sont « semblables à nous », telle est la condition des hommes dans toutes les cités existantes. L'inculture qui y règne prive leurs âmes de tous ses pouvoirs, les paralyse et fait qu'elles sont hypnotisées par des images excluant tout accès à la réalité. L'enchaînement n'est pas un état naturel, il est le produit d'une culture perverse reçue dès l'enfance, et il n'est pas propre à certains prisonniers mais à la communauté qu'ils constituent. Dans la Caverne il n'y a pas de nature : les ombres ne sont pas les images de réalités sensibles, ce sont les ombres d'objets fabriqués. L'espace de la prison n'est pas un espace cosmique ou sensible, c'est un espace social où prévalent conventions et artifices. Rien n'est naturel et rien n'est vivant, et le mouvement qui fait passer les ombres sur la paroi est aussi artificiel que les objets qui les projettent. Les prisonniers n'ont devant eux que des figures plates et décolorées, et de ce spectacle ils ne sont même pas les sujets : d'eux-mêmes ils ne voient aussi que les ombres, ceux que l'on pourrait croire spectateurs sont eux-mêmes des moments du spectacle. Ils ne voient pas sur la paroi les ombres de leurs corps (la topologie rend cela impossible) mais celles d'un « soi-même » fabriqué, image sociale à laquelle ils s'identifient et qui est la seule à laquelle ils croient pouvoir s'identifier. Ce qu'ils prennent pour leurs discussions ou pour la voix des ombres n'est que l'écho des paroles prononcées par les porteurs de figurines. Il n'y a pas dans ce lieu de connaissance de soi parce qu'il n'y a pas de « soi », pas d'intériorité qu'une voix singulière puisse exprimer. La seule « science » possible face à ce défilé d'apparences consiste à discerner une ombre d'une autre et à remarquer des séquences régulières de manière à pouvoir prévoir. Rapportant les ombres les unes aux autres, les savants de la Caverne établissent entre elles des relations et des relations de relations, confondant ainsi causalité et succession.

Dans ce lieu où sujets et objets sont indistincts et où tous ne sont que représentations, les seuls « hommes » sont les « faiseurs de prestiges » qui exhibent les figurines. Qui sont-ils ? Eux savent au moins que la réalité du plus grand nombre des prisonniers n'est que le reflet de ce qu'ils projettent. On a donné à leur sujet de multiples interprétations : ils seraient par exemple l'équivalent des démons qui, dans le *Timée*, fabriquent les vivants. Mais le terme « hommes » leur est appliqué, et à eux seuls. Pour d'autres, ce seraient des mathématiciens dont les constructions, interm édiaires entre la réalité sensible et la réalité intelligible, dégageraient les schèmes généraux de la structure des choses et du mouvement. Quelqu'un dit en effet au prisonnier délié que les figurines sont « plus réelles » que ce qu'il voyait auparavant et que sa perception est plus droite ; mais celui qui dit cela au prisonnier n'est pas un mathématicien, c'est quelqu'un qui l'oblige, en le questionnant, à dire devant chaque figurine qui défile « ce que c'est » (515d) : cette question ne peut recevoir de réponse tant que l'on reste à l'intérieur de la Caverne, elle est prématurée, et celui qui la pose est bien plus probablement un « noble sophiste ». Ceux qui défilent derrière le mur sont en effet nommés « faiseurs de prestiges » (*thaumatopoioi*), terme qui, dans le *Sophiste* (235b), est appliqué justement aux sophistes. Il ne désigne alors pas seulement ces intellectuels qui dispensaient leur enseignement aux jeunes gens riches mais tous ceux qui sont capables de produire des images, y compris des images parlées, de toutes choses, objets et valeurs, manières d'être ou de sentir. Tous les artistes, les législateurs, les hommes politiques, et aussi les « savants » penseurs de la Nature sont des « sophistes » en ce qu'ils concourent à produire une interprétation de la réalité qui sera adoptée par la plupart des membres d'une société donnée comme étant *la* réalité. Les « objets fabriqués » représenteraient donc la réalité interprétée, nommée, évaluée par certains, la somme de conventions qui font qu'à l'intérieur d'un groupe tous s'entendent en gros sur ce que signifie, par exemple, « Monde », « science », « justice », « beauté », ou « bonheur ».

Entre le plus grand nombre et les « sophistes », le rapport est toujours de manipulation et l'échappée ne peut, dans une telle société, être qu'individuelle. Elle n'est pas l'œuvre d'une réminiscence, rendue impossible du fait de la pression exercée dès l'enfance par une mauvaise éducation, les institutions de la cité et l'opinion publique. La faculté de penser ne perd jamais sa puissance mais elle peut être bien ou mal orientée, et l'éducation est l'art de l'orienter vers des choses vraies. Pour cela, il faut que quelqu'un détache un prisonnier et le force à se dresser, se retourner, marcher, lever les yeux : l'éducation ne consiste pas à « mettre la science dans l'âme » mais à arracher l'âme tout entière au spectacle du visible pour la tourner vers l'intelligible. Elle n'est pas progressive, elle suppose une violence initiale, entraîne des moments de trouble et de crise, parcourt des étapes dont chacune présente un certain danger, et elle a pour but de convertir totalement l'âme. Celui qui voit les « originaux » saisit la différence qui existe entre les originaux et les ombres, dont il comprend qu'elles ne sont que des ombres, et il n'y a pas de connaissance sans conscience de cette différence. Mais les effets en l'âme sont imprévisibles. L'homme qui a rejeté ses croyances antérieures car il a découvert le caractère fabriqué des valeurs traditionnelles sans être encore capable d'en découvrir de véritables devient « semblable à un jeune chien » (*Rép.*, 539b), il se complaît à mettre en pièces à l'aide du raisonnement tous ceux qui l'approchent, et cette dialectique mal pratiquée risque de le conduire à la misologie. C'est cette subversion des valeurs de la cité que Socrate, assimilé à un « sophiste », était accusé de produire sur la jeunesse. Si l'on contraint ensuite le prisonnier à se tourner vers le feu même, la douleur alors sera telle qu'il y a toutes les chances pour qu'il revienne « vers les choses qu'il peut discerner ». Sinon, il percevra que la cause de ce qu'il voyait auparavant n'est même pas la « réalité » des objets dépassant du mur, mais le feu ; il passera de la croyance à une causalité multiple et changeante à une cause unique. Il faut cependant insister et forcer le prisonnier à sortir.

La sortie

La sortie de la Caverne est « la montée de l'âme dans le lieu intelligible ». Socrate nous dit que ce premier moment hors de la Caverne correspond à la pensée (*dianoia*), à la troisième section de la Ligne. Celui qui est sorti commence en effet par ne voir que des reflets dont il se sert pour habituer son regard. Il est cependant impossible de maintenir le parallèle avec la Ligne où c'étaient les « originaux » des images sensibles qui servaient d'images à la pensée dianoétique. Les objets fabriqués restent à l'intérieur de la Caverne alors que les « reflets » perçus à l'extérieur sont ceux des réalités intelligibles. Là où la Ligne établissait une continuité, la Caverne marque une rupture : il ne peut y avoir continuité entre l'éducation pervertie en vigueur dans la cité et l'éducation de la pensée par les sciences mathématiques. Les ombres ne sont pas des ombres projetées par des Idées mais par des figurines qui n'en sont pas les images. La lumière qui filtre dans la Caverne est tout au plus celle de l'opinion vraie, mais l'intelligible est dehors. Celui qui raisonne d'abord sur des reflets et n'arrive pas à la perception du soleil (du Bien) peut penser que la réalité intelligible n'existe que quand il y en a des images et qu'elle n'est saisissable qu'à partir d'elles. Les connaissances risquent alors de rester partielles et spécialisées. Le lien capable d'unir toutes les connaissances manque, ainsi que le but en fonction duquel elles doivent être pratiquées. Si le prisonnier délivré arrive à voir le soleil lui-même, il verra les intelligibles purs et n'aura plus besoin d'images. Le changement de lieu, qui jusque-là était ascension pénible et difficile, rend enfin heureux : ceux « qui en sont arrivés à ce point aspirent à y séjourner ». Comme le terme de l'intelligible est le Bien, le long et pénible travail de l'éducation devient une préférence absolue, une vie qui ne s'échangerait contre aucune autre. Elle se traduit par le refus de parler de nouveau le langage commun, de partager les valeurs et les ambitions communes, en un mot par la conscience irréversible d'une différence. Pour l'âme qui aura atteint le terme de son éducation, tout aura changé de sens comme de valeur.

Il faut pourtant redescendre, et les deux passages de l'ombre à la lumière (la sortie de la Caverne) et de la lumière à l'ombre (la redescente) occasionnent ce qui semble être un même trouble; mais le premier est un éblouissement provisoire, l'œil va s'habituer à la lumière de la vérité, alors que le second est un aveuglement qui persiste ou se répète; celui qui a changé peut être forcé (quand il s'agit de ses affaires privées ou des affaires publiques) de se mesurer avec ceux restés dans la Caverne : il a toutes les chances de paraître aussi ridicule et inefficace que Socrate devant ses juges. Le philosophe dans la cité, c'est le prisonnier sorti de la Caverne et contraint cependant d'y rester : il n'est d'ailleurs jamais *réellement* sorti. Socrate insiste sur le fait que la Caverne est une image et que « Dieu sait si elle est vraie ». La sortie ne désigne qu'un événement intellectuel : de monde, il n'y en a qu'un, et tous les soins que réclament notre corps et les affaires courantes de la vie nous « clouent » à ce monde-là.

Des images dans une image

Dans la Caverne nous sommes des images dans une sombre image, mais à l'intérieur de cette image que le Démiurge constitue comme un vivant éternel parfait, le Monde, nous sommes aussi des images. L'absence à soi enferme, l'extériorité à soi est prison, mais être dans le Monde n'entraîne pas moins une perte de soi-même. Car dans ce Monde je ne suis qu'un vivant parmi d'autres, moment infime emporté par la succession des générations. Pour ne pas être ombre parmi les ombres, image parmi d'autres images, aussi irréelles et fugitives, c'est-à-dire mortelles et périssables, qu'elles le sont, il faut que l'homme non seulement se soucie de son âme, mais qu'il s'identifie à elle.

Définir l'homme, en effet, ce n'est pas définir son espèce, car l'espèce humaine est tout aussi animale que les autres. La division établie trop vite par le Jeune Socrate dans le *Politique* (262a-263e) entre les animaux et les hommes procède d'une surévaluation aussi privée de fondement que celle qui mettrait à part les Grecs et les Barbares, ou que celle que commettraient les grues si on leur demandait leur avis; à la fin du *Timée* (90d-92c), il suffit de petits changements pour passer de l'espèce homme à l'espèce poisson. Le mythe du *Phèdre* (246c-d) présente une anthropologie en quelque sorte inversée qui fait de l'espèce humaine non pas une espèce animale supérieure mais l'espèce dotée de l'âme divine la plus basse, dont les ailes ont perdu leurs plumes. Ce mythe ne substitue pas seulement à la relation entre l'homme et l'animalité une relation entre l'homme et le divin, il affirme qu'entre l'âme humaine et les âmes divines il n'existe aucune différence de nature. Une âme d'homme est seulement une âme qui n'a pas réussi à s'élever, qui, « par un sort malheureux », est devenue oublieuse et lourde et est tombée. Si la nature originelle de l'âme est d'être ailée et si la ruine des ailes est la cause de son incarnation dans une forme humaine, la condition de l'homme est essentiellement déficiente et naturellement pathologique. Être humain, c'est avoir une âme privée des pouvoirs qu'elle devrait avoir et exilée du lieu où elle devrait être. Ce n'est donc pas l'incarnation qui est pour l'âme la véritable cause de son ignorance. Toute âme d'homme est habitée par des forces folles et inhumaines et la perte du pouvoir divin des ailes permet à ces forces de se donner libre cours. Tous les hommes, depuis le philosophe jusqu'au tyran, ont en commun l'incapacité à saisir immédiatement l'intelligible, mais tous en ont aperçu quelque chose et peuvent, s'ils le désirent, s'en ressouvenir. La réminiscence est le seul lien qui relie la condition mutilée où se trouve l'âme à sa condition primitive. C'est en cela que le philosophe est nécessaire ; étant le seul dont la pensée est ailée parce que nourrie d'intelligible, il doit faire que les hommes, au lieu de se contenter d'être là puis de ne plus y être, se demandent ce que c'est qu'être un homme, et qu'au lieu de se contenter de vivre et de mourir, ils s'interrogent sur la manière dont il convient à un homme de vivre.

Lorsque l'on parle de l'être et du non-être, de l'un et du multiple, du même et de l'autre, on ne se heurte à aucun sens commun. Mais lorsque l'on parle de l'âme et du corps, de la vie et de la mort, ces notions sont lourdes d'évidences et tous croient savoir ce qu'il en est. Manifestement, le corps a des fonctions et des besoins, vivre c'est ne pas être mort, mourir c'est ne plus vivre, et quand un homme meurt son corps est privé de ce souffle vital que l'on a jusqu'à Platon appelé âme. Avant le souci de l'âme, donc, le souci de vivre, et pour la vie se conserver est son unique projet et jouir d'elle-même son seul idéal. Adhérente à elle-même et uniquement préoccupée d'elle-même, de ce qui lui est utile et agréable, cette espèce de vie est ce qui fait de nous des images inconsistantes, avides de biens illusoires et terrifiées par la mort. Vivre nous distrait de nous-mêmes, mais quel est ce « soi-même » qui donnerait à « vivre » un autre sens et une autre dimension ? Répondre que c'est l'âme n'est répondre qu'à la condition d'inventer aussi pour elle un autre sens, de lui accorder la puissance de se concentrer en elle-même et de se séparer de son corps.

II. L'ÂME ET LE CORPS

Pour Platon, l'homme est l'union d'un corps et d'une âme (*Phéd.*, 79b). Il n'est pas Descartes, ce n'est pas la distinction substantielle de l'âme et du corps qui est pour lui première, l'union est le donné initial et la séparation de l'âme un effort jamais abouti – en tout cas tant que nous vivons. Reste à savoir pourquoi il faudrait pour l'âme se désunir de son corps, pourquoi l'Athénien peut dire : « il n'y a aucun point de vue auquel l'union de l'âme avec son corps soit préférable à leur séparation » (*Lois*, 828d).

L'union de l'âme et du corps

Pourtant, le corps n'est pas mauvais en soi : le Monde, qui possède une âme et un corps, est un vivant éternel parfait dont la beauté réjouit son auteur ; les dieux et les démons, qui ne peuvent être que bons, ont un corps visible et resplendissant. À la fin du *Phédon* (110b-111c), le mythe de la « vraie Terre » est justement fait pour montrer que la beauté est la vérité des corps, que la vraie Terre (qui n'est pas un Ciel) n'est vraie que parce qu'elle est incomparablement plus belle que ces creux où nous habitons, parce que tout corps y est purement ce qu'il est et que les pierres précieuses y sont la vérité des cailloux, l'éther étincelant la vérité de l'air, le blanc, l'or et le pourpre la vérité des couleurs. Non seulement Platon n'a jamais récusé la beauté des corps mais il compose une histoire qui nous permet de l'imaginer intacte et inaltérée. La beauté corporelle s'explique dans le *Timée* par l'art d'un artisan divin, le Démiurge, grâce auquel tout corps, celui du Monde comme ceux des dieux, des hommes et des choses, manifeste la nature de l'âme qui l'anime, l'informe, le façonne ou le soigne. Solidaire de la vigueur et de la santé, la beauté est une vertu du corps de l'homme mais il ne la conserve que si l'âme ayant ce corps en charge sait prendre les moyens de la préserver, en préférant la diététique à la cuisine et la gymnastique à la cosmétique. L'âme met son corps à distance en le traitant techniquement, en substituant à une communion immédiate, vécue sur le mode de la confusion, un rapport médiatisé par la gymnastique, la danse ou la médecine, ces arts élaborés par l'âme pour la sauvegarde du corps. Le corps est ainsi symptôme de l'âme, à condition de tenir compte de la part incompréhensible de la Nécessité, génératrice d'accidents, de pathologies, de monstres. Il est à la fois ce dont l'âme doit prendre soin et ce au travers de quoi elle s'exprime. De quoi, au juste, doit-elle alors se libérer et quels moyens a-t-elle de le faire ? En quoi son union avec son corps est-elle pour l'âme cause de son oubli et de sa méconnaissance d'elle-même ?

Dans le *Phédon*, Socrate, à son dernier jour, défend qu'il y a quelque chose après la mort et de bien meilleur pour les bons que pour les mauvais. Est bon celui qui a passé sa vie dans la philosophie et qui ne peut avoir peur de mourir puisque c'est à cela qu'il s'appliquait constamment (63e-64a), car la mort n'est rien d'autre qu'une séparation de l'âme et du corps. Se séparer du corps signifie prendre conscience que les plaisirs qu'il procure sont, non pas mauvais, mais dérisoires au regard de ceux que donne la satisfaction du désir qui « aspire à ce qui est ». De plus, le corps est au principe de sensations qui ne possèdent ni vérité ni exactitude. Quand elle s'unit à lui, l'âme s'aliène, et la première cause de son aliénation est l'appétit (*epithumia*) qui la « cloue » au corps. Car ce n'est pas le corps qui emprisonne ; l'âme humaine est certes liée à sa structure, son devenir, ses affections, ses troubles, au cycle de ses besoins et de leur réplétion – liée, mais pas enchaînée. Ce qui l'englue dans son corps, c'est elle-même, son impuissance à donner autorité à ce qui est fait pour commander (sa part de raison), sa soumission aux appétits corporels. Or l'appétit est de l'âme seule : le corps ne connaît que le vide, le manque nettement circonscrit et se répétant dans une identité cyclique. Consciente douloureusement de ce vide, l'âme le dépasse et recherche son contraire, la réplétion ; usant de sa mémoire pour anticiper et de calcul pour introduire variations et raffinements, elle métamorphose le besoin, l'illimite et le multiplie en désirs. L'âme, parce qu'elle est une âme, est incapable de se restreindre à éprouver ce que son corps éprouve. Variant ses plaisirs et ses douleurs, capable d'en éprouver de faux, d'illusoires, de souffrir et de jouir du passé et de l'avenir qui n'existent que pour elle et non pas pour le corps, l'âme intériorise sa liaison au corps ; elle s'unit à un corps fictif, corps phantasmatique auquel elle attribue des désirs que le corps, par sa structure et ses limites réelles, est bien impuissant à éprouver. Il s'opère alors un inextricable mélange entre une âme qui acquiert une « forme corporelle » et un corps travaillé par les appétits psychiques ; la perversion mutuelle est inévitable et elle engendre deux effets. D'abord, l'inflation maladive des humeurs, la corruption du corps, y compris celle du corps social tout entier voué à l'économie ; ensuite l'âme, attirée par ce qui est « lourd, terreux, visible », met son intelligence au service de ses appétits de telle sorte que sa subordination au corps est en fait subordination à la partie insensée d'elle-même. Le dérèglement de l'âme engendre celui du corps, qui à son tour retentit sur l'âme. À supposer qu'une organisation corporelle soit originairement bonne, elle ne comporte pas d'autorégulation : seule l'âme peut régler le corps en se réglant elle-même. Il faut donc régler l'harmonie intérieure du corps en vue de celle de l'âme (*Rép.,* 591d). Cette affaire d'un et de multiple n'est pas celle du corps. Car le corps, lui, ne désire pas : objet de désir et jamais sujet du désir, il ne saurait transcender sa propre multiplicité ni ses propres limites.

La seconde cause de la mutilation de l'âme est que le corps, non content d'accaparer l'attention de l'âme et de lui enlever le loisir de penser, lui impose ses valeurs et ses fausses évidences, par exemple que l'agréable est bon, la sensation, science, ou encore qu'exister, c'est nécessairement être quelque part. Si l'on adopte le point de vue du corps, tout est extérieur à tout, rien ne tient à rien, ni les parties de l'espace ni les moments du temps, puisqu'un corps n'est que là où il est quand il y est; tout vaut tout, car toute valeur lui est relative et par là-même fugace. L'économie du corps est celle de la dispersion, de la discontinuité et de l'équivalence. Tant qu'elle se fond avec lui, l'âme ne peut rien apprendre; elle se confond avec lui non seulement quand elle sent mais quand elle fait de la sensation une connaissance et la seule source de connaissance. Or, si « pour l'homme, tout dépend de l'âme », « pour ce qui relève de l'âme elle-même, tout dépend de la pensée (*phronèsis)* » (*Mén.*, 88d-89e).

Lorsque Socrate décrit dans le *Philèbe* la genèse des facultés psychiques, il fait de chacune une espèce de pensée; la *phronèsis* peut être présente en certaines sensations et les rendre par là-même conscientes, mais la sensation n'est évidemment pas une espèce de pensée : commune à tous les vivants, elle représente l'union maximale de l'âme et du corps. La pensée se constitue progressivement, et ce progrès est en même temps un mouvement d'émancipation de l'âme par rapport au corps dont le premier moment est la mémoire. Celle-ci n'est que la conservation de la sensation mais en tant qu'elle n'est plus limitée au moment présent et qu'elle ouvre à l'âme sa temporalité, elle marque un premier éloignement. Les facultés psychiques sont liées de telle sorte que chacune est une condition d'émergence de la suivante : à partir de la mémoire il pourra y avoir remémoration, anticipation et représentation (*phantasia)*, qui sont des activités de l'âme seule. Ces activités contribuent chacune à séparer un peu plus l'âme de son corps, la pensée (*phronèsis*) est immanente à toutes, ce qui garantit une continuité et débouche sur des activités proprement cognitives, opinion vraie, calcul raisonné, compréhension. La continuité s'interrompt lorsqu'on passe à l'intelligence : celle-ci n'apparaît jamais comme résultant des facultés qui la précèdent. Même lorsqu'il se livre à une psychologie génétique, Platon tient à marquer où et quand se situe la possibilité d'une vraie séparation de l'âme.

Dans le *Cratyle*, Socrate donne au corps, *sôma*, pour étymologie *sèma* (voir p. 34). *Sèma*, c'est le signe, mais c'est aussi la stèle, le sépulcre « où l'âme se trouve présentement ensevelie », et les orphiques ont eu raison de dire que le corps est une prison dont l'âme doit se libérer au plus tôt. L'ambivalence de l'étymologie révèle l'ambivalence de la relation entre le corps et l'âme. Signe ou sépulcre, c'est selon. Signe, quand le corps offre à l'âme sa faculté expressive et quand l'intelligence prend la peine d'inscrire son ordre dans son corps. Mais sépulcre si l'union est intériorisée par l'âme au point que celle-ci perde toute conscience de sa différence. Le corps n'est un sépulcre que pour l'âme qui consent à s'y ensevelir. L'âme conquiert son domaine propre, l'intelligible, lorsqu'elle ne se laisse pas ensorceler par le mirage d'un corps-propre, d'un corps-sujet, dont la finitude constituerait la seule proposition possible d'existence et la seule possibilité d'ouverture au monde. À tort ou à raison, Platon a pensé que cette proposition n'était pas la seule, que la pensée rendait possible une autre manière d'être, nous dégageait d'un horizon borné par le fait de vivre donc de mourir, ouvrait un autre espace où, librement, se mouvoir – où, de question en question, engendrer toujours plus de sens. Le problème n'est donc pas celui des rapports de l'âme et du corps en général mais de la façon dont une âme vit son corps. Le corps n'est pas en soi un tombeau, mais mon corps peut l'être s'il m'impose de vivre ce rêve trouble dont seule la pensée me réveille.

L'auto-constitution de l'âme dans le Phédon

De ce fait qu'est la naissance il n'y a rien à penser, tout comme il n'y a rien à penser de cet événement qu'est mourir, et le suicide est absurde s'il prétend par son caractère volontaire donner à ce fait un sens. Pris comme des faits, naître et mourir mettent la pensée en échec, elle ne peut que les constater. En revanche, elle a pour tâche de donner à la vie et à la mort un sens, et cela dépend de la manière dont l'âme vit son union avec le corps. Mais encore faut-il déterminer ce que l'on entend par âme. Pour Homère ou pour les tragiques, l'âme « était la vie ou l'esprit du corps et elle s'y trouvait parfaitement à l'aise », écrit Rohde. Après la mort, la *psukhè* n'est plus qu'un souffle, une ombre menant chez Hadès une existence fantomatique, la même pour tous. En l'identifiant à un *daimôn*, la tradition orphico-pythagoricienne voit dans l'âme une chose divine à libérer au terme de multiples existences terrestres vécues comme autant de châtiments d'une faute originaire. Devenue objet de soins et de rétribution, capable de palingénésie, l'âme acquiert une consistance supérieure à celle du corps, mais c'est encore un principe de vie qu'il s'agit d'affranchir, non une âme personnelle et pensante. Peu convaincus par les arguments précédents de Socrate visant à établir l'immortalité de l'âme, Simmias et Cébès vont dire ce qu'est selon eux l'âme, et nous permettre ainsi de mesurer l'étonnante mutation qui advient avec Platon.

Simmias et la théorie de l'âme-harmonie (85c-86e)

Le premier estime en effet que, lorsque la question est telle qu'il est impossible d'acquérir une connaissance claire, il faut choisir parmi les opinions des hommes celles qui paraissent les moins contestables. Or affirmer que l'âme continue d'exister après la mort du corps est aussi absurde que soutenir que l'harmonie subsiste une fois la lyre détruite.

L'harmonie est chose incorporelle mais elle dépend d'éléments corporels, c'est un mélange produit par leurs multiples relations d'opposition et qui est particulier à certaines espèces d'objets (musicale, l'harmonie s'étend à l'octave, vivante, au corps animé, cosmique, au ciel tout entier avec ses sphères). Inséparable de ces objets, l'harmonie est évidemment moins durable que les éléments qu'elle harmonise : elle périt la première. La théorie de l'âme-harmonie permet d'expliquer cet état du corps qu'est la vie : il faut un dosage convenable de certaines propriétés, et quand il n'existe plus de mesure entre deux qualités opposées – quand le froid l'emporte excessivement sur le chaud, par exemple – le corps tout entier est altéré et le déséquilibre devient incompatible avec la présence de l'âme. Simmias avance ici une doctrine d'inspiration ancienne qui n'est pas très différente de celle que soutient le médecin Eryximaque dans le *Banquet*. Naissance et mort n'étaient pour Empédocle que des mots recouvrant la réalité de mélanges et de séparations, mais la doctrine présocratique s'est infléchie vers celle d'une harmonie de propriétés contraires, probablement sous l'influence du souci proprement médical d'expliquer la maladie et la mort en termes de rupture de proportion. La combinaison bien tempérée de toutes les propriétés d'un corps est la vie, c'est-à-dire l'âme. L'âme n'est qu'une propriété précaire et, comme chacun s'en rend compte, elle disparaît d'un seul coup, bien avant les « dépouilles du corps ».

L'objection de Cébès : le paradigme du tisserand (86e-88b)

Pour Cébès, contrairement à ce que vient de dire Simmias, l'âme n'est pas une chose plus faible et moins durable que le corps, et il prend pour le prouver le paradigme d'une âme-tisserand et d'un corps-vêtement. De même que le vieux tisserand a usé et remplacé une grande quantité de vêtements tout au long de sa vie et que sa disparition ne survient la première que relativement au dernier vêtement tissé, de même l'âme ne cesse d'user et de reconstituer un corps qui ne cesse de « couler ». Rien n'empêche alors de concevoir qu'une même âme, puisqu'elle use successivement un grand nombre de corps au cours d'une même vie, puisse pareillement animer et user un grand nombre de corps au cours de plusieurs vies. L'âme peut donc parcourir une série de naissances et de morts, mais en dépit de sa vigueur elle peut arriver à épuisement à force de vies successives et l'une de ses morts pourrait bien signifier sa destruction. L'ennui est que cela ne changera rien pour nous, puisqu'il nous est impossible de savoir quelle mort sera, si on peut dire, la bonne. Cébès conçoit l'« âme » comme une énergie vitale ayant à restaurer inlassablement un corps qui ne cesse de se détruire. Qu'elle vive une incarnation ou plusieurs, elle s'affaiblira graduellement et finira par périr. Curieux paradigme que celui du tisserand : il ne fait rien comprendre. Le modèle construit par Cébès n'apporte aucune intelligibilité, il est là au contraire pour nous faire entendre que c'est peut être cela, vivre, que ce peut n'être que cela, cet effort absurde, voué à l'échec (il y a du Sisyphe dans le tisserand de Cébès), et que lorsque l'âme vit son union avec son corps dans une proximité telle qu'elle s'absorbe en lui, ne se souciant que de lui et pas d'elle, il n'y a rien à comprendre. L'âme devient bien alors ce qu'en pense Cébès : une force de résistance désespérée à la dégradation du corps. Les deux interlocuteurs de Socrate proposent une vision de l'âme sensiblement identique : pour Cébès comme pour Simmias, ce qu'on appelle âme, c'est la vie.

On peut penser l'âme autrement, et c'est même cette possibilité qui constitue pour Platon le philosophe. Non que celui-ci substitue à cette lutte *pour* le corps une lutte *contre* le corps, mais parce qu'il conçoit pour l'âme la possibilité d'exister sans lui. En tant qu'elle pense, l'âme découvre son autonomie, elle se sépare du corps « autant qu'il est possible ». La restriction ne vise pas la dépendance de l'âme envers le corps car cette dépendance n'a aucun sens pour l'âme qui pense : la pensée sécrète son propre sujet, qui n'est pas le cerveau, même si le cerveau est la condition de la pensée. Quand l'âme se concentre en elle-même et sur elle-même le corps ne lui importe plus, ce qui n'empêche nullement que l'âme, qui ne s'occupe pas exclusivement ni toujours à penser et qui ne s'en tient pas toujours au régime de la séparation, soit affectée par les exigences du corps. Mais c'est la dépendance du corps envers elle, et non pas l'inverse, qui est son asservissement, car se séparer du corps, ce n'est pas le mépriser ou le martyriser, c'est simplement penser. La perspective n'est pas morale, et il est égarant d'appliquer à Platon la notion d'« ascétisme ». Il ne s'agit pas pour une âme de refuser à son corps tout soin mais de le réduire au silence. Pour cela, il faut régler ses appétits et les satisfaire, l'endurcir et l'exercer pour lui éviter d'être malade, bref s'en soucier autant qu'il est nécessaire pour qu'il laisse l'âme en paix.

III. La division de l'âme

*L'âme est-elle simple ou composée (*Phédon*, 78b-80d) ?*

L'âme s'emprisonne quand elle s'identifie à sa partie la moins bonne et la moins raisonnable. Socrate établit cependant une distinction entre ces réalités non composées que sont les essences invisibles, et les choses composées, changeantes et visibles. L'âme est dite « plus semblable » aux premières, le corps aux secondes. Il n'y aurait contradiction avec les analyses ultérieures de la *République*, du *Phèdre* et du *Timée* affirmant la nature composée de l'âme que si Platon prêtait à l'âme l'unité éternelle de la Forme, or il affirme seulement sa similitude et son affinité avec ce mode d'être. L'âme peut se laisser traîner par le corps vers des choses toujours autres « et la voilà en proie à l'errance, au trouble, au vertige »; mais elle peut au contraire s'unifier par la fréquentation constante des réalités intelligibles. Par nature elle n'est donc ni composée ni non composée, ni une ni multiple, ce n'est pas une chose mais un mouvement. L'unité n'est pas une propriété de chaque âme et de n'importe laquelle, ce qui relèverait d'une objection analogue à celle adressée par Socrate à la thèse de l'âme harmonie (93c-94a), impuissante à rendre compte de la différence entre les âmes. Certaines âmes sont gouvernées et unifiées par la partie qui en elles est « sensée », d'autres le sont par celle qui éprouve appétits, colères, peurs. La citation d'Homère (94c-d), qui viendra dans la *République* (390b) illustrer la première division de l'âme en rationnelle et irrationnelle, est un exemple de dialogue entre ces deux aspects de l'âme. La division de l'âme est déjà plus qu'en germe dans le *Phédon* puisque l'âme est en proie à des conflits. Il n'y a donc pas d'argument s'appuyant sur la « simplicité de l'âme », et le fait qu'elle puisse être éternelle bien que composée vaut aussi pour les âmes des dieux et pour celle de ce dieu visible qu'est le Monde. Lorsque Socrate affirme qu'une chose composée se décompose forcément, il ne dit pas qu'elle se décompose en ses éléments constituants, il affirme la similitude de deux processus : le composé se décomposera « de la même manière » qu'il a été, ou est, composé. Une âme qui se sera intimement mélangée avec son corps ne se séparera pas de lui de la même façon qu'une âme qui aura eu le moins possible commerce avec lui (80e-81b). L'argument ne porte pas sur la nature composée ou non composée de l'âme mais sur la façon dont elle se sera ou non unie à son corps. L'âme n'est naturellement ni simple ni composée, elle peut se faire être l'un ou l'autre. Ce n'est pas le corps qui introduit en elle la division : dans le *Phèdre,* les âmes des dieux sont composées et celles des mortels le sont avant leur incarnation; dans le *Timée,* l'Âme du Monde résulte d'un mélange et pourtant « elle a une vie perpétuelle et pleine de pensée pour toute la durée du temps » (36e). La mortalité n'est pas liée au fait de la composition, mais à un certain mode de composition.

Le *Phédon* n'offre pas de définition de l'âme, le problème de sa structure ne sera posé que dans la *République*, celui de sa fabrication que dans le *Timée*. Dans le *Phédon*, elle est littéralement en voie de constitution, elle s'arrache à la fois à toutes ses représentations antérieures et à sa dépendance envers le corps. En tenant un discours sur elle-même, elle découvre que sa puissance ne consiste pas seulement à éprouver ce que tout vivant éprouve, mais qu'elle peut, en pensant, s'apparenter au mode d'être de ce qui lui appartient en propre.

*La division de l'âme (*République, *IV, 435c-441c)*

Dans la *République*, la question est de savoir si sont présents en l'âme les mêmes caractères dominants que ceux que l'on rencontre dans les différentes cités car, sans cela, d'où ces dernières les tireraient-elles ? Pour découvrir les forces présentes en l'âme, il faut d'abord énoncer un principe logique : « il est impossible qu'une même chose consente à faire ou à subir en même temps des choses contraires, sous le même rapport et relativement à un même objet » (436b). S'il existe des conflits à l'intérieur de l'âme, on aura la preuve qu'il existe en elle des pulsions différentes qui la poussent en des sens opposés. Tout conflit ne traduit cependant pas une telle différence : il y a dans l'homme oligarchique (554a) conflit entre ses appétits les meilleurs (son sens de l'économie) et les moins bons (ses désirs extravagants). Le conflit ne révèle l'existence de forces différentes que s'il porte sur un même objet, ce qu'illustre l'image de l'archer dont l'une des mains ramène l'arc à lui alors que l'autre l'en éloigne. Ainsi, lorsqu'il arrive qu'un appétit (*epithumia*) nous pousse à boire mais que quelque chose en nous résiste et s'oppose, c'est qu'il y a en l'âme une autre force ayant le pouvoir de renverser notre acquiescement en refus, de maîtriser une pulsion déraisonnable et peut-être nuisible. Cette force est la « forme », l'« espèce » (*eidos*, Platon dit plus rarement la « partie ») rationnelle de l'âme, l'activité qui en elle réfléchit et calcule (le *logistikon*).

L'appétit

Il existe toutes sortes d'appétits, mais Socrate s'en tient ici aux plus évidents, aux désirs nécessaires dont la structure intentionnelle est la plus marquée : la faim est désir de nourriture, la soif de boisson, le désir érotique de beaux corps. Pourtant, si tout appétit a un corrélat vers lequel il est naturellement porté, il ne désire pas telle chose ou tel être, les qualités de l'objet sont accessoires, l'appétit désire n'importe quelle chose ou n'importe quel être de même genre ; c'est le mouvement naturel propre à chaque espèce de désir qui rend telle espèce d'objet désirable. Plus précisément, l'appétit n'est pas désir de boisson mais désir de boire, de se remplir. Le *Philèbe* (34d-35d) radicalise cette affirmation : l'assoiffé désire en réalité l'état que boire va lui procurer ; l'appétit est l'élan du sujet d'un état de manque vers un état contraire de satisfaction, l'objet ne constituant que l'instrument de ce passage. Sans la mémoire d'une satisfaction passée, il n'y aurait que conscience douloureuse mais non pas désir. La cause du désir n'est ni un état du corps ni une qualité de l'objet, c'est l'âme qui est la seule source de l'impulsion.

Le problème du nom propre à donner à la partie inférieure de l'âme met en évidence son caractère polymorphe, et c'est pourquoi, au livre IX (580d-e),

Socrate va changer sa dénomination. Chaque partie possède en effet une espèce de désir (*epithumia*) qui lui est propre : la partie inférieure ne peut plus s'appeler « épithumétique » puisque ce nom pourrait s'appliquer aux deux autres. Elle est baptisée « amie de l'argent », manière de dire qu'elle s'oriente vers un objet qui n'en est pas un, qui n'est qu'une médiation rendant quantitativement commensurable tout ce qui permet de satisfaire ses appétits. Car tout appétit n'est pas lié à un état physiologique : on peut, comme l'homme « démocratique », éprouver tour à tour de l'appétit pour de l'argent, du pouvoir, de beaux objets, pour l'exercice physique et même pour la philosophie. Comment rattacher cette diversité à une même partie de l'âme ? L'unité tient au statut donné à l'objet désiré, qui n'est qu'un moyen interchangeable d'assouvissement : l'appétit ne tend vers lui que pour le consommer ou se l'approprier et ainsi le nier dans sa singularité. C'est pourquoi la temporalité du désir a la forme de la discontinuité (l'homme démocratique est l'homme du « tantôt… tantôt ») et de la répétition : le désir est sans cesse renaissant et naturellement insatiable. Comme l'état désiré est toujours représenté sur le modèle d'un état passé, le désir tourne en rond puisque son passé est son avenir et son avenir son passé. Socrate voit dans cette partie de l'âme « la partie la plus folle » (*Rép.*, 577d) : une collection d'objets de satisfaction, un devenir où l'avenir ressemble toujours au passé, cela ne fait certes ni un monde ni un temps, et ne pas être au monde, ne pas vivre dans le temps est une assez bonne définition de la folie. C'est cela que signifie l'emprisonnement dans le corps du *Phédon* et, pour dire la sorte de folie propre à l'appétit, le *Gorgias* (493b) utilise une image démente : l'homme employé à combler ses désirs est semblable à celui qui cherche à remplir un tonneau percé avec une passoire.

Le cœur ardent

La partie rationnelle n'est pas la seule force d'opposition à l'appétit. Il peut également exister des conflits à l'intérieur de la partie irrationnelle, comme lorsque Leontios s'indigne de son désir de se repaître de la vue de cadavres. Ce qui parle alors est le sentiment que ce désir est indigne de lui, son « cœur », son *thumos*. Il y a un plaisir à voir des spectacles dégradants mais on peut ressentir de la colère envers soi-même si on y cède. Cette colère n'est ni rationnelle ni morale, elle a pour source le sens de ce que l'on se doit à soi-même, la distinction entre ce qui est digne ou indigne de soi. Le *thumos* était chez Homère et les tragiques ce dont procédaient les exploits, les prouesses : la force de son cœur est ce qui fait le héros. Mais là encore, par quel caractère commun unifier toutes les manifestations de l'ardeur (du *thumoeides*), la furie des enfants qui hurlent, des chiens qui aboient et la rage d'Ulysse devant la conduite des servantes de Pénélope (441a-c) ? En voyant qu'il y a en tout cela affirmation de son existence par un vivant indigné de ne pas être considéré et traité comme il le mérite. L'expression furieuse signifie à l'autre qu'on ne doit pas être négligé, elle revendique sa reconnaissance ou s'indigne de son absence; elle est aussi révolte contre l'injustice, que celle-ci soit le fait des hommes, des dieux ou du sort. Que l'ardeur prenne la forme élémentaire d'une agressivité vitale ou la forme plus raffinée de l'estime de soi, du sentiment de l'honneur, de ce qu'on se doit et de ce qui vous est dû, l'origine est la même. L'ardeur est une énergie naturelle dont la force est inégale dans les différents individus et certaines âmes en sont même quasiment dépourvues. Elle doit être éduquée, et la culture musicale, à condition de ne pas amollir le cœur à l'excès, aura pour effet de la rendre capable de s'harmoniser avec la partie « philosophe », sinon « c'est avec violence et brutalité » que l'homme se comporte. Le cœur ne tend pas vers le plaisir, il veut la victoire, les honneurs, toutes choses que l'on ne peut obtenir que par des actions remarquables et violentes. L'homme généreux ne choisit pas le renouvellement incessant du plaisir, il désire cette forme d'immortalité qu'est la gloire; en lui se manifeste un désir plus fort que le désir de vivre, au regard duquel il y a de la bassesse en tout appétit. De même que les guerriers sont, dans la cité, les auxiliaires des gouvernants philosophes, de même la partie ardente peut être dans l'âme l'auxiliaire de la raison dont elle impose les règles à la partie inférieure en lui inspirant de la crainte. L'appétit doit être maîtrisé, réfréné, l'énergie du cœur doit être éduquée.

De la partie rationnelle à la partie philosophe

Tout au long du livre IV la partie supérieure de l'âme est nommée « rationnelle » et elle ne semble exister que comme force d'opposition à la pulsion irrationnelle de l'appétit ou comme force capable d'utiliser l'énergie du cœur. Mais au livre IX elle apparaît comme ayant ses propres plaisirs et sa manière propre de désirer. Ce n'est plus alors son calcul qui s'oppose aux pulsions irrationnelles, ou, pour le dire avec Freud, la partie supérieure ne s'oppose pas au principe de plaisir comme un principe de réalité qui n'est jamais qu'un principe de moindre déplaisir, elle s'y oppose comme un principe de plaisirs plus purs, plus vrais et plus réels. La partie réfléchie de l'âme est « ce par quoi nous comprenons » et son désir propre se nomme philosophie (581b). Dirigées alors par la partie qui doit diriger, les deux autres parties de l'âme sont délivrées des plaisirs illusoires et goûtent les plaisirs qui leur conviennent : chaque partie fera et éprouvera ce qui relève d'elle, il n'y aura pas d'usurpation, et l'âme tout entière sera juste (586e). Ce n'est finalement pas la partie rationnelle, c'est la partie philosophe qui peut assurer le bien du tout et de chacune des parties parce qu'elle connaît ce qui est bon, mais aussi parce qu'elle n'est étrangère ni au désir ni au plaisir. C'est pourquoi sa vertu n'est pas la modération (*sôphrosunè*), mais le savoir (*sophia*). Structure politique et structure psychique finissent pas se correspondre : c'est la philosophie qui, dans l'âme comme dans la cité, a autorité à gouverner.

La nature de l'âme

L'union en l'âme humaine de forces contradictoires et hétérogènes en fait une réalité aussi monstrueuse que la Chimère, Scylla, ou Cerbère. Socrate en façonne au livre IX (588c-e) une image, celle « d'un animal divers et polycéphale » en lequel on verrait disposées en cercle des têtes d'animaux apprivoisés et d'animaux sauvages, capables de se transformer les unes dans les autres, aussi une forme de lion, enfin celle d'un homme, beaucoup plus petit. Dans le *Phèdre*, ce sont des chariots ailés qui représentent les âmes. Dans le *Timée* (41d-42e), seule la partie intelligente de l'âme humaine est fabriquée par le Démiurge avec les restes du mélange ayant servi à composer l'âme du Monde et celles des astres, restes dont les proportions sont approximatives. Les deux autres parties sont l'œuvre des assistants du Dieu mais rien n'est dit sur leur manière de procéder ni sur les éléments qu'ils utilisent. Ce silence est significatif : les parties irrationnelles ne sont pas des résidus, même dégradés, de l'âme rationnelle, mais il n'est pas non plus possible d'en faire des réalités composées des mêmes éléments que le corps. Timée élude la question, de telle sorte qu'aucun homme ne peut savoir exactement de quoi son âme est faite.

Ni ces images, ni ce mythe, ni l'analyse de la *République* ne nous disent ce qu'est l'âme, seulement qu'il règne en elle un déconcertant mélange. Pourtant, par deux fois, au livre X de la *République* et dans le *Phèdre*, la question de sa nature est posée. Mais chaque fois cette question est précédée par la démonstration de son immortalité.

L'immortalité de l'âme

Dans la *République* (608c-612a), Socrate développe cet argument : une chose ne peut être détruite que par son mal propre, l'âme ne peut donc pas l'être par les maux qui font périr le corps. Ses maux à elle sont la lâcheté, l'injustice, bref tous ses vices, mais même eux ne la détruisent pas car la détruire serait se détruire eux-mêmes. L'âme est indestructible, et par conséquent immortelle. Pour savoir ce qu'elle est, il faut l'examiner non pas lorsqu'elle est mutilée et défigurée, comme Glaucos le marin tout incrusté d'algues et de coquillages, mais quand elle est pure de son association avec le corps : pour connaître « la vraie nature » de l'âme « il faut regarder en direction de son désir de savoir (*philosophia*) » et « réfléchir aux objets auxquels elle s'attache » en raison de « sa parenté naturelle avec le divin, l'immortel et ce qui est toujours » (611d). La vraie nature de l'âme, en un mot, est celle qu'elle se donne quand elle pense. Quant à savoir si elle est une ou multiple, la question ne sera pas tranchée : tout dépend de ce à quoi une âme s'est occupée.

C'est encore la démonstration de son immortalité qui est première dans le *Phèdre* (245c-246a) : elle est appelée par l'affirmation de la nature divine de certains délires, divinatoire, initiatique, poétique et érotique, la philosophie faisant partie de ce dernier. Pour démontrer que les dieux accordent ce délire aux hommes pour leur plus grand bonheur, « il faut d'abord concevoir la vérité de la nature de l'âme, tant divine qu'humaine, en considérant ses passions et ses actions ». Car selon les esprits forts l'âme n'est que l'effet d'un équilibre corporel et tout délire est une humaine maladie. Le caractère divin de certains délires implique une liaison essentielle de l'âme avec ce qui est divin, or la marque distinctive du divin est l'immortalité. La démonstration de la nature divine du délire a donc pour principe que « toute âme est immortelle ». En effet 1) ce qui se meut toujours est immortel, alors que ce qui est mû par autre chose cesse de vivre quand cette autre chose cesse de le mouvoir; quand le mouvement qui anime vient du dehors, il peut commencer et s'arrêter de façon imprévisible. Seul un être qui se meut soi-même ne cesse jamais d'être mû car il ne se fait jamais défaut à soi-même, il est immortel. 2) Un tel être est source et principe de mouvement pour tout ce qui se meut. Par définition, un principe ne peut venir à être, car son existence dépendrait alors d'un autre principe et on aurait une régression à l'infini; il ne peut pas davantage être détruit, puisque s'il l'était, plus rien ne pourrait naître de lui, le ciel tout entier s'affaisserait et toute génération s'arrêterait. S'il y a mouvement et vie, et il y en a, leur principe doit être incorruptible. Le premier moment dégage la conséquence nécessaire de l'automotricité : l'immortalité. Le second part de la définition logique du principe pour établir que ce qui est cause du mouvement physique est inengendré et indestructible. Une fois démontré que ce qui est mû par soi-même est immortel, il est légitime « de dire que c'est là la manière d'être de l'âme et sa définition ». L'âme, et non pas par exemple le tourbillon éternel des atomes, est le moteur du mouvement et elle a pour manière d'être l'espèce de mouvement qui s'applique à lui-même sa propre puissance, elle est le mouvement réfléchi en lui-même et sur lui-même qui n'a pas d'autre principe que soi. Principe de tout mouvement mais surtout de cette sorte de mouvement qu'est la vie, l'âme ne peut le communiquer que de l'intérieur, en animant. L'action de l'âme consiste à animer tout ce en quoi elle entre, et elle pâtit elle-même de sa puissance de mouvoir de telle sorte que ce mouvement qui l'anime ne pourra jamais cesser d'exister et n'a jamais commencé d'exister. Elle ne peut pas animer n'importe quel corps et, dans le *Timée*, le Démiurge a pour finalité de donner au Monde un corps que son âme puisse envelopper et aux vivants des corps tels qu'une âme puisse s'y loger.

Sur son immortalité, dit alors Socrate, voilà qui suffit. Quant à dire son caractère propre (*idea*), dire « quelle elle est », cela réclamerait un exposé divin et trop long : on va donc en donner une image. Dans l'image de l'attelage ailé, tout est mouvement (*Phèdre,* 252c-254e). Le cocher qui cherche à imprimer une direction verticale à l'attelage dépend de ses propres ailes mais aussi de celles des chevaux : « l'âme tout entière est emplumée. » Le but de l'ensemble de l'attelage est celui du cocher-intellect dont le mouvement a sa source en erôs, dans le désir de se nourrir d'intelligible. L'intellect ne peut pas s'élever tout seul, l'âme tout entière doit se diriger vers la plaine de Vérité : il n'y a pas de sujet humain purement pensant qui n'aurait pas à surmonter en lui une multitude de pulsions contradictoires. Les âmes des dieux sont composées de telle manière que tous leurs éléments s'accordent à aller vers le haut mais les attelages humains sont divisés, le cheval blanc est docile au gouvernement du cocher alors que son désir tire le cheval noir vers le bas. On retrouve la tripartition de la *République*, le fait que chaque partie de l'âme possède son impulsion propre, et le principe que connaître une âme c'est savoir quelle forme de désir prédomine en elle.

L'âme principe de vie et notre âme à nous

La question de la nature de l'âme présuppose donc son immortalité, on ne parle pas de l'âme de la même façon selon qu'on la juge ou non périssable. Mais Platon parle-t-il toujours de la même âme ? On est plutôt tenté de penser que certains arguments lui donnent une nature, et que d'autres lui en donnent une autre.

Selon l'argument cyclique (*Phéd.*, 70c-73e), quand un devenir aboutit à un état contraire, il définit nécessairement l'état de départ comme un état contraire à l'état d'arrivée : si une chose devient plus grande, c'est qu'elle a été plus petite, et si elle devient plus petite c'est qu'elle était plus grande. Aucune orientation naturelle – une « croissance » biologique, par exemple – n'est ici prise en compte, le devenir ne s'effectue pas dans un temps physique irréversible ; on n'a affaire qu'à des relations purement logiques et les contraires sont des contraires relatifs. Entre les deux contraires une chose peut décrire un même parcours, mais en sens opposé. Ainsi, être éveillé, ce n'est qu'être plus éveillé par rapport à être plus endormi, et entre ces deux contraires il existe une multiplicité de degrés (on est de plus en plus éveillé, donc de moins en moins endormi). Mais peut-on raisonnablement assimiler le couple être vivant-être mort à un couple de contraires relatifs de cette sorte ? Oui, car au cours de sa vie tout vivant *devient* de plus en plus mort et de moins en moins vivant. Si devenir mort n'a de sens que relativement à devenir vivant, la réciproque doit être vraie : « les vivants naissent à partir des morts » ; si en effet les vivants naissaient des vivants, comme tous les vivants meurent, toutes choses finiraient par s'abîmer dans la mort. Tout être mort reprend donc vie, devient de plus en plus vivant et de moins en moins mort. Les contraires – plus vivant, plus mort – ne sont que des points de passage et les choses passant par eux de simples entités pouvant aller indifféremment de l'un à l'autre. Si on appelle une des ces entités « âme », la mort n'est pas pour l'âme la fin de son existence, elle en est un mode passager, un des deux pôles du parcours cyclique qui va de vivre à mourir et de mourir à revivre. Nos âmes existent donc bien « quelque part, d'où elles naissent à nouveau ». Elles existent en tant qu'elles sont considérées comme ces « choses » qui « décrivent le tournant », ne cessent de mourir et de reprendre vie, tout comme les hommes ne cessent de s'endormir et de se réveiller. Nos âmes existent dans l'Hadès, puis en reviennent et alors reprennent vie – après avoir été plus mortes. L'entité capable de faire ce double parcours, baptisée âme, est bien chose immortelle. Il semble difficile de greffer sur une telle conception, comme le fait Socrate pour conclure, une doctrine de la rétribution. Cette absurdité n'est pas le fait de Platon mais de Pindare, de la tradition qu'il reprend, et de Cébès : tous réclament sous le nom d'immortalité à la fois l'indestructibilité d'une chose et la pérennité d'une conscience singulière. L'argument cyclique vient de répondre à sa façon à la première demande.

La démarche du dernier argument (103c-107a) est plus solide mais l'âme y reçoit une définition tout aussi nominale que dans l'argument cyclique. La stratégie consiste à étendre le principe d'exclusion des contraires à « certaines choses », celles qui possèdent un contraire indirect comme la neige, le feu, ou le trois. L'âme en fait partie car, apportant toujours avec elle la vie, elle a pour contraire indirect la mort et elle l'exclut toujours. Ce qui a été démontré est donc qu'un porteur de vie, l'âme, ne peut pas rester et recevoir le contraire de ce qu'il apporte, la mort. La mort est ici une propriété que l'âme ne peut pas recevoir, tout comme le feu ne peut être dit froid. Mais l'exclusion par l'âme du contraire de ce qu'elle apporte toujours ne supprime aucunement l'alternative posée précédemment. Le feu ne deviendra jamais froid, l'âme ne deviendra jamais morte, si le froid est là, le feu n'y est plus, et si la mort est là, l'âme n'y est plus ; il y a cependant deux manières de « ne plus être là » : quand la mort s'approche, l'âme peut périr ou s'enfuir. Rien n'a rendu impossible le fait qu'elle puisse cesser d'exister. Il reste donc à prouver qu'elle est non seulement immortelle mais indestructible. Il serait absurde, affirme Cébès, de penser que ce qui est immortel, étant éternel, pourrait se corrompre. Socrate acquiesce : les Dieux, la Forme de la Vie sont éternels, donc indestructibles (106d). Il introduit les deux modes d'*existence*, celui du Dieu et celui de la Forme, dont l'éternité et l'indestructibilité sont incontestables, et conclut : « plus que tout donc (...) l'âme est chose immortelle et indestructible », « et bien réellement nos âmes à nous existeront dans l'Hadès ». Le paralogisme est évident : vient d'être démontré immortel un principe de vie baptisé âme – mais peut-on passer de là à « notre âme » ? L'âme principe de vie peut certes être incluse au nombre des choses indestructibles mais nos âmes ne peuvent jouir ni de l'indestructibilité de fait des Dieux, ni de celle, essentielle, des Formes ou des principes. De plus, l'âme de chacun ne se réduit pas à être ce qui lui apporte la vie : non seulement elle pense mais elle agit, vertueusement ou non, éprouve une foule d'émotions et de sensations, se souvient, imagine, etc. Or c'est bien la réalité de cette âme qui doit être prouvée indestructible. Car assimilée à un principe de vie notre âme à nous n'existera pas dans l'Hadès : elle cessera d'être notre âme pour devenir celle d'un autre en s'incarnant dans un autre corps (humain ou animal).

Dans les trois Dialogues où l'on trouve des démonstrations de l'immortalité de l'âme, on rencontre le même saut. L'introduction par Socrate d'une immortalité personnelle n'est-elle alors qu'une manière de parler, une retombée dans le langage de la religion traditionnelle dont il aurait pu se dispenser ? Ce serait oublier l'essentiel du *Phédon* : Socrate, au moment de mourir, affirme que la confiance du philosophe, la sienne, n'est pas déraisonnable et folle. Il ne se contente pas de croire à l'immortalité *de l'âme,* il espère que *son âme* continuera après sa mort à exister : qu'elle est indestructible. Ce qui fonde cette confiance, ce n'est pas une démonstration, que l'on ne trouve en vérité ni dans le *Phédon* ni ailleurs. Mais n'est-ce pas là le moyen pour Platon de nous indiquer la limite de toute démonstration face à une question d'existence ? On peut démontrer qu'un prédicat appartient nécessairement à un sujet, donc « immortel » à « âme », à la condition de définir celle-ci d'une certaine façon. Mais comment pourrait-on démontrer la nature éternelle, incorruptible, indestructible, d'une existence ? Tout cela, ou bien l'âme l'est par nature, comme le sont les dieux et les Formes, ou bien on ne peut qu'espérer qu'elle le soit.

Le *Timée* semble apporter une solution dans la mesure où seule la partie rationnelle de l'âme est faite immortelle, mais il crée une autre difficulté puisqu'il contredit tous les autres Dialogues (ce problème d'une immortalité totale ou partielle de l'âme n'a cessé de tourmenter les néoplatoniciens, et Plotin le résout en disant que l'élément inférieur peut être abandonné mais qu'il ne peut pas périr (*Enn.*, IV. 7, 14). De cette façon, l'immortalité de l'âme n'est plus une question, elle n'a plus ni à être démontrée ni à être conquise par une assimilation au divin, c'est un fait résultant d'une fabrication, un fait auquel il faut croire. Il ne peut en aller autrement car les seules espèces de « philosophie » possibles dans le monde selon Timée sont l'astronomie et l'harmonie. Seul le Démiurge a accès au modèle intelligible ; les hommes qui habitent l'image de ce modèle ne peuvent en appréhender la perfection qu'à travers des images visuelles et sonores. Leur unique lien avec le divin est la partie intelligente de leur âme, la même en tous les hommes. Quand la différence du philosophe disparaît, et avec elle la puissance d'erôs capable de soulever la totalité de l'âme, l'âme n'est que partiellement immortelle.

La confiance du philosophe ne se fonde pas sur une démonstration, pas davantage sur un mythe, mais elle peut s'appuyer sur une expérience, sur son expérience propre de philosophe. En pensant, l'âme s'attache à des réalités essentiellement indestructibles et elle s'y apparente, comme le dit le *Phédon* et comme le répète la *République.* Elle peut le faire parce que telles sont sa vraie nature et sa destination, destination que toute âme cependant ne reconnaît pas et qu'en fait la plupart méconnaissent. L'argument de la réminiscence, lié à celui de la parenté de l'âme avec les essences intelligibles, n'est jamais remis en question, même lors des objections de Simmias et de Cébès. Le logos ne peut pas nous conduire plus loin. L'âme qui se conçoit elle-même comme une âme pensante a bien, elle aussi, et peut-être « plus que tout », quelque chose d'indestructible. Cependant, entre les deux puissances de l'âme, faire vivre tout corps auquel elle s'unit et penser en s'en séparant, la suture n'est jamais faite.

IV. L'ÂME ET SES VERTUS

Si toute âme est une âme en tant qu'elle apporte la vie, toute âme n'en vaut pas une autre, et ce que vaut chaque âme, elle le révèle en choisissant de vivre et d'agir d'une certaine façon. Agir, c'est toujours chercher à atteindre une fin. Or les hommes font certes beaucoup plus de mauvaises actions que de bonnes, mais ils les font sans le vouloir (*Hipp. Maj.*, 296c).

Nul n'est méchant volontairement

Tous les sages ont d'ailleurs pensé ainsi (*Prot.*, 345d-e). Pour prouver que cela est vrai, il faut distinguer entre faire ce qu'on souhaite et faire ce qui paraît le meilleur (*Gorg.*, 466d-468e). Il est sans doute étrange d'affirmer que les tyrans ou les orateurs, quand ils font périr, spolient ou exilent qui bon leur semble, le font contre leur gré, d'autant qu'un tyran, par définition, n'est contraint par rien ni par personne, et nous croyons communément qu'agir volontairement signifie agir sans être contraint et sans être inconscient. Est « volontaire » (*ekôn* : ce qu'on fait de plein gré, la traduction habituelle est conservée par commodité) non pas ce qui résulte d'une décision mais le consentement à un acte dont on souhaite la conséquence ; il n'y a pas chez Platon (ni d'ailleurs chez Aristote) à proprement parler de volonté si l'on entend par là une faculté autonome : seule la raison peut s'opposer aux passions et déterminer l'acte. « Involontaire » (*akôn*) caractérise donc ce que l'on ne fait pas de plein gré, et c'est ce terme qui s'applique à la méchanceté, à la faute, à l'injustice, à l'erreur, car personne ne peut souhaiter rien de cela. Même si nous consentons à faire des choses mauvaises ou neutres, c'est toujours en vue des bonnes que nous les faisons ; vouloir, c'est nécessairement vouloir ce qui est bon pour soi. Mais la plupart du temps, on se trompe. Si la fin qui semblait bonne se révèle être mauvaise, il faut conclure que, contre toute apparence, celui qui l'a choisie ne voulait pas réellement cette fin (la thèse sera critiquée en détail par Aristote, *EN*, VII, 1-8). Ce n'est pas de son plein gré que l'injuste fait erreur (*Rép.*, 589c), le caractère mauvais de son acte n'est que le nom qu'il donne à son erreur une fois qu'il l'a découverte.

L'objection évidente est qu'il peut se produire qu'on reconnaisse le caractère nuisible de la fin et qu'on la poursuive néanmoins. Mais quand un homme dit qu'il sait que sa fin est mauvaise et qu'il la poursuit malgré tout, son prétendu savoir n'en est pas un, il se limite à une reconnaissance toute extérieure : la fin peut bien être communément ou objectivement dite mauvaise, mais subjectivement, s'il la poursuit, c'est qu'elle lui semble bonne pour lui, au moins au moment où il la poursuit. Le problème de l'incontinence (*akrasia*) est vite expédié, et cela dès le *Protagoras* (355a-c). Lorsque l'on dit qu'on a cédé, par exemple, à un désir mauvais parce qu'on a été vaincu par le plaisir, on suppose deux choses : d'abord que l'âme peut être vaincue par une force qui lui est étrangère, ensuite que le mal est quelque chose de positif, ayant une puissance propre. Or l'adversaire étranger qu'est en l'occurrence le plaisir ne peut vaincre l'âme que s'il change de nom : l'âme qui succombe à un plaisir y consent non comme à un mal mais comme à un bien, soit parce qu'il lui procure un bien immédiat, soit parce qu'elle le juge meilleur que la douleur qu'il y aurait à ne pas le satisfaire. Quand le plaisir est victorieux, c'est encore le bien (apparent) qui l'est. Le désir ne connaît que l'immédiatement agréable ou l'immédiatement utile, il ne valorise que ce qui plaît et séduit, c'est lui qui donne à la flatterie son pouvoir. Il ne désire que ce qui lui paraît bon, et ce qui lui paraît bon est le plaisir, mauvais, c'est la peine (*Lois*, 733a-d), mais on ne peut faire de plein gré que ce qu'on juge réellement bon. Tout homme croit vouloir ce qui est réellement bon pour lui, et il peut même opposer ce bien « réel » à un bien apparent, comme fait Calliclès quand il oppose ce qui est bon selon la nature et ce qui n'est bon que selon la convention (*Gorg.*, 491e-492c), mais tout homme ne prend pas les moyens ou n'a pas la capacité de déterminer ce bien réel, qui n'est compris que par l'intelligence. C'est donc par ignorance que sont mauvais la plupart de ceux qui le sont, et quand ils le sont, ils font ce qui leur plaît, non ce qu'ils veulent, car s'ils avaient l'intelligence de ce qui est vraiment bon – et ce qui est bon pour l'homme est ce qui est bon pour son âme –, c'est cela qu'ils souhaiteraient. Si le mal n'est rien, rien qu'ignorance et erreur, il a néanmoins la puissance de détourner l'âme de ce qu'elle veut et de priver l'homme du meilleur état possible, le bonheur.

La vertu

Être bon, c'est être vertueux, et la vertu est la condition du bonheur. Vertu (*aretè*) est un terme dont le sens n'est pas exclusivement moral, il désigne l'excellence d'une chose ou un être, sa capacité à bien accomplir une fonction, seul ou mieux que tout autre, que cette capacité soit naturelle (les yeux ont la vertu de voir), qu'elle résulte d'une fabrication (la vertu d'une serpette est de couper les ceps de vigne) ou qu'elle soit acquise (la vertu du juge est de reconnaître si ce que dit l'orateur est juste, *Apol.*, 18a). Ce sens fonctionnel est le dernier proposé dans le *Ménon* (78a), il est analysé dans la *République* (353b-e) et il en commande tout le livre IV. Mais, liée à une certaine forme d'idéal aristocratique et guerrier, la vertu est depuis Homère le propre du héros, de celui qui se distingue par ses hauts faits, impose sa valeur et se rend immortel. Au début des *Lois*, l'Athénien déclare que si c'est en vue de la guerre qu'on doit légiférer, et si les lois ont pour finalité d'engendrer la vertu des citoyens, alors c'est le courage, tant célébré par Tyrtée, qui serait la vertu de premier rang.

Le Lachès

Bien avant d'être critiquée dans les *Lois* (630a-631c), cette conception constitue l'arrière-plan du *Lachès*. Ce Dialogue a toujours posé à ses interprètes le problème de son unité. Une première moitié (178a-190c) est consacrée au problème de l'éducation. Deux personnages obscurs, mais fils de pères illustres, déplorent que ceux-ci n'aient pas su leur transmettre leur excellence et désirent que leurs fils ne leur adressent pas le même reproche. Puisque la vertu ne se transmet pas par l'exemple, il faut donc l'acquérir; certains leur ont conseillé le maniement des armes, l'hoplomachie, mais est-ce bien l'étude appropriée? Ils demandent l'avis de deux célèbres généraux, Nicias et Lachès : que leurs fils doivent-ils apprendre et pratiquer pour devenir meilleurs ? Nicias et Lachès émettent des avis contradictoires, et le second fait appel à Socrate qui comme à son habitude refuse de trancher, car il est inutile de discuter sur les moyens tant qu'on n'a pas déterminé la fin, et la fin de l'éducation est de rendre l'âme meilleure. Socrate se déclare donc incapable de fournir une réponse mais il veut bien interroger. Nicias sait ce que pour Socrate interroger veut dire : toute question posée par lui se dédouble, orientée vers ce qui est en question et à la fois réfléchie sur l'âme de son interlocuteur et sur la manière dont il a conduit sa vie. Lachès accepte d'être mis à l'épreuve car Socrate est l'un des rares hommes qui mette ses actes en accord avec ses paroles. Socrate opère alors la même régression que dans le *Ménon* : pour savoir comment introduire la vertu en l'âme, il faut d'abord savoir ce qu'est la vertu. Comme la question lui semble trop vaste, il suggère qu'on se limite à une partie de la vertu : il faut « évidemment » choisir le courage. La raison en est certes que le courage est lié à l'hoplomachie, mais le lien serait assez artificiel. En fait, le courage est une vertu à part (ce qu'il était pour Protagoras et ce qu'il restera jusque dans les *Lois*), il est la plus instinctive et la moins intellectuelle des vertus. En outre, selon l'idéal héroïque, il n'est pas une vertu, il est la vertu. La suite du Dialogue va justement démontrer qu'il n'est étranger ni à l'éducation ni à la réflexion et que, comme toute vertu, il est inséparable des autres.

Les deux définitions avancées par Lachès se réfèrent à l'espèce de courage qui est la sienne : être courageux, c'est ne pas fuir devant l'ennemi. Ce n'est pourtant là que la vertu de l'hoplite, la stratégie du cavalier qui se replie pour mieux attaquer est tout autant courageuse ; en outre, la guerre n'est pas le seul domaine où faire preuve de courage (il en faut aussi dans la maladie, en politique, etc.). Le courage serait alors une certaine fermeté d'âme. Mais ni la fermeté intelligente du médecin s'opposant aux désirs de son patient ni la fermeté irréfléchie de celui qui descend dans un puits sans savoir comment en remonter ne sont du courage. Si les définitions de Lachès ont échoué, c'est que pour lui il n'y a pas de courage, seulement des preuves de courage, et ces preuves sont des actes, non des paroles. À ses yeux, Socrate n'est pas courageux parce qu'il ne se dérobe devant aucune des difficultés de l'examen mais parce qu'il a tenu bon à Potidée.

Nicias prend alors le relais : il a souvent entendu dire que « chacun est bon dans les choses en lesquelles il est expert (*sophos*), mauvais dans celles où il est ignorant » : le courage est donc un savoir, une habileté, une maîtrise (*sophia*). Socrate lui montre que ce savoir ne saurait être un savoir technique mais la science (*epistèmè*) des choses qu'il faut espérer et redouter en toute circonstance (194e-195a). Toute technique procède d'un savoir, mais le médecin, qui sait que la maladie et la mort sont pour son art ce qu'il faut redouter, ne sait pas pour qui il est meilleur de vivre que de mourir ; il tient pour évident que maladie et mort sont les pires des maux, alors qu'il y a des cas où une noble mort est préférable à une vie sans honneur. Tout comme le devin, il peut prévoir mais il ne peut décider quant au bon et au mauvais. En admettant que le courage soit un savoir du bon et du mauvais, celui-ci ne peut pas se restreindre à être la connaissance des maux à venir : les maux sont mauvais de tout temps. Le courage serait donc la science du bon et du mauvais à n'importe quel moment du temps. Ce que Nicias vient de définir n'est pas une partie de la vertu, c'est la vertu tout entière. Le mouvement du *Lachès* est exactement parallèle à celui du *Charmide* : celui en qui une vertu est présente n'est pas pour autant capable de la définir car il la recherche dans des actes ou des comportements, mais celui qui se fait l'écho d'une thèse sophistique ne l'est pas davantage, car il identifie la vertu à une sorte de savoir qui n'a aucun rapport avec elle. Les définitions se révèlent successivement trop étroites ou trop larges, et si chaque Dialogue s'achève sur une définition assez vague de la vertu comme science du bon et du mauvais, aucun ne réussit à définir la vertu particulière qui était en question.

Unité de la vertu : la réponse du Phédon *(68c-69c)*

Puisqu'il se révèle chaque fois impossible de définir une vertu particulière, quel rapport concevoir entre la vertu et les vertus ? Quand il interroge à ce propos Protagoras (*Prot.*, 329c-330b), Socrate lui propose de choisir entre deux paradigmes : les vertus sont elles identiques entre elles et identiques au tout à la façon des parties d'un lingot d'or, qui sont autant de petits lingots ? Ou sont-elles comme les parties composant un visage, dont chacune est différente et remplit une fonction distincte ? En fait, aucun modèle ne convient, le premier parce que la différence entre les parties et le tout n'est que quantitative, le second parce que la dissemblance qualitative est telle qu'on ne voit pas comment la ramener à une unité essentielle commune. La réponse se trouve dans le *Phédon*. Socrate commence par dénoncer un mode d'échange incorrect aboutissant à ce qui est tenu communément pour une vertu. Ainsi, on appellera « modération » le renoncement à un plus petit plaisir en vue de jouir d'un plus grand, alors que c'en est l'exact contraire. De même, on troquera une plus grande peur contre une plus petite (la peur de paraître lâche contre la peur de mourir, par exemple), et on baptisera cela courage. Les pseudo-vertus naissent de l'inquiétude de l'avenir, tant lorsqu'il s'agit de l'échange des craintes que de celui des plaisirs : le plaisir présent ne peut pas être pour l'homme inconditionnellement un bien, comme il l'est pour tous les autres vivants. Les dénominations se font par le contraire, c'est par peur que la plupart sont courageux et par intempérance qu'ils sont tempérants : tous sont moraux par immoralité. On peut faire acte de vertu en étant mû par les passions mêmes que l'on paraît maîtriser.

Platon se livre ici à une généalogie de la morale, il démonte une falsification : les vertus issues de cette sorte d'échange sont des vertus en trompe-l'œil, qui paraissent telles par dissimulation de leur véritable origine. À ces vertus « populaires », le philosophe substitue les vertus véritables, résultats d'un échange correct. La pensée (*phronèsis*) est la seule monnaie qui vaille et contre laquelle tout doive être échangé, et si c'est à ce prix qu'on les achète, courage, modération et justice seront des vertus vraies. La pensée est le seul moyen d'acquérir (d'acheter) de la vertu et de la vendre (de l'enseigner) car elle réfléchit la peur, les plaisirs et les peines, elle détermine leurs véritables objets, elle rectifie les erreurs concernant la nature du dangereux, de l'agréable et du pénible : son travail de purification garantit l'adéquation entre la chose et le nom. Il est impossible d'être vertueux sans réfléchir, et enseigner la vertu, c'est faire réfléchir. La pensée est équivalente à la vertu et à chacune parce qu'elle n'est pas seulement un savoir, mais le savoir en tant qu'il a la force de dominer toutes les forces qui nous détourneraient de lui. « Rien n'est plus fort que le savoir » disait Socrate dans le *Protagoras* (357c), et il n'a pas changé d'avis. La pensée s'échangera contre du courage quand le temps du danger est venu, et quand c'est la tentation du plaisir excessif qui menace, elle s'échangera contre de la tempérance. Dans le cas de la vertu, le rapport entre l'un et le multiple n'est ni celui d'un genre à ses espèces ni celui d'un tout à ses parties. Une même réalité se diversifie et se particularise selon les circonstances.

Cette réalité est la pensée (*phronèsis*) sous sa forme la plus haute, mais dans ce passage elle n'est pas considérée comme une activité mais comme une valeur et une vertu. En quoi penser, saisir dialectiquement chaque essence, est-il une vertu ? La pensée ne se nomme pas vertu quand elle pense, il lui suffit alors de se nommer intelligence. Elle ne prend le nom de *phronèsis* que lorsqu'il s'agit de dire l'effet de l'intelligence en l'âme. L'effet de la science n'est pas de constituer un sujet savant mais de rendre l'âme totalement vertueuse. Il est impossible que la pensée intelligente ne modifie pas l'âme qui en est capable, et elle ne la modifie que parce qu'elle est elle-même capable d'être mesurée par l'intelligible qu'elle saisit. L'intelligence de ce qu'est la vertu ou une vertu, on le sait dès les premiers Dialogues, ne peut renvoyer qu'à la vertu de l'intelligence. Dans le *Ménon* (88c-d), Socrate affirme que si la vertu est avantageuse pour l'âme, il faut que de la pensée (*phronèsis)* s'y ajoute car c'est à cette condition que tout devient avantageux pour elle : puisque la vertu est avantageuse, elle ne peut être qu'une sorte de pensée. Quand la pensée s'ajoute, s'ajoute une dimension interne qui fait la différence entre vertu vraie et vertu apparente, et quand la vertu se spécifie, c'est la pensée qui se spécifie et devient juste ou courageuse quand elle a à l'être. Vertu et pensée ne sont pas deux totalités closes, elles sont au contraire si intérieures l'une à l'autre que la pensée pénètre chaque vertu sans en être une partie et sans occuper une place dans sa définition. Sa vertu signifie alors pour l'âme qu'elle se comprend dans tout ce qu'elle dit, désire et fait, que dans tous ses actes comme dans tous ses discours la puissance de l'intelligence se retrouve. En ce sens, la science est vertu, la vertu est science, si l'on veut bien ajouter que la science, selon un contresens si répandu qu'il en est décourageant, n'est pas la *condition* de la vertu, mais qu'elle *est* la vertu. Le savoir qu'est la vertu coïncide avec la reconnaissance, par le savoir, de sa vertu propre. Comme objet de savoir, la vertu s'évanouit puisqu'elle n'est rien d'autre que le savoir lui-même considéré sous l'angle de sa puissance et de ses effets en l'âme.

Les quatre vertus de la République *(427e-435d, 441c-443c)*

Dans le *Phédon*, il n'existe que des vertus pures et des fausses vertus. Le projet éducatif de la *République* n'aurait pas de sens s'il ne ménageait pas la possibilité d'une troisième espèce. Les vertus pures n'existent que dans les seuls philosophes, savoir et vertu ne sont indissociables qu'en eux et c'est en eux que se trouve résolue la question de l'unité de la vertu. Une cité n'est pas, loin de là, composée que de philosophes, et la plupart des hommes ne sont capables que d'opinions droites. La définition de chacune des vertus n'est requise que dans un contexte politique et n'est possible que s'agissant des vertus d'opinion droite. Chacune devient définissable en elle-même mais reste liée aux autres puisqu'elles ont toutes pour fonction de rendre bien constitué un même tout. Les définitions des vertus s'appuient, au livre IV, sur la tripartition de l'État et appellent la tripartition de l'âme. Si l'État est bien constitué, il doit être parfaitement bon : sage, courageux, tempérant et juste. Socrate emploie alors la « méthode des résidus » : si on découvre trois termes sur quatre, ce qui reste sera forcément le quatrième. La vertu la plus évidente est la sagesse (*sophia*) : c'est elle qui délibère pour régler le mieux possible l'organisation intérieure de la cité tout entière et son rapport avec les autres cités. Elle n'est présente que dans le petit nombre des gouvernants, des « gardiens parfaits » ; la cité n'est sage que par sa « tête ». De même, elle n'est courageuse que par une partie d'elle-même, celle qui sauvegarde en tout temps l'opinion engendrée par les lois au moyen de l'éducation sur les choses à craindre, opinion qu'il faut conserver au milieu des plaisirs, des douleurs et des craintes. C'est son caractère durable qui fait du courage une vertu, par opposition à l'agressivité naturelle que l'on peut trouver chez l'animal ou l'esclave. Ces deux vertus sont les plus faciles à découvrir dans la mesure où elles sont chacune le propre d'une seule classe de l'État. La troisième classe n'a pas de vertu propre, la modération n'est pas sa vertu mais ce qui doit la réfréner et la réprimer. La *sôphrosunè* retrouve ainsi son sens habituel de tempérance, de maîtrise des plaisirs et des désirs (sens absent du *Charmide*). Elle est assimilée à une sorte d'harmonie car elle assure la domination du meilleur sur le pire, elle a pour conséquence l'opinion partagée sur le point de savoir qui doit commander et obéir. L'accord n'est cependant pas obtenu par l'intelligence seule, mais aussi par la maîtrise des désirs modérés sur les désirs vicieux de la multitude. La tempérance se déploie sur la Cité tout entière, elle est présente dans les gouvernants comme dans les gouvernés mais elle résulte de la domination d'un petit nombre sur le grand nombre. La justice est ce qui reste, à savoir l'observation du principe fondateur selon lequel à chaque nature convient une seule tâche. Une cité est juste si chacun, « enfants, femmes, esclaves, hommes libres, gouvernants et gouvernés », s'occupe exclusivement de ce qui relève de lui. Ceux qui commandent sont donc des juges qui veillent à la fois à ce que nul ne soit dépouillé de ses biens et que nul n'empiète sur les fonctions d'un autre. Chaque vertu conserve ici sa signification courante, plus rien ne semble subsister des apories rencontrées dans les premiers dialogues.

Ces définitions ne seront vérifiées que si elles s'appliquent également à l'âme. Sa tripartition garantit la correspondance terme à terme entre partie de l'âme et classe de l'État. L'exposé des vertus de l'âme peut donc être assez rapide car il a été doublement préparé par celui des vertus civiles et par la découverte des parties de l'âme. Sagesse et courage veillent au salut de l'âme tout entière, la première en délibérant, le second en maintenant l'ordre contre les attaques extérieures et les bouleversements intérieurs. La modération fait que chaque partie soit telle qu'elle puisse s'accorder à chaque autre et au tout, la justice assure que chacune fait ce qu'elle doit faire quand il s'agit de commander et d'obéir. Les deux vertus totales sont des vertus de l'ordre, mais la justice est l'ordre envisagé sous son aspect hiérarchique, la modération est ce même ordre considéré comme un accord. Les trois premières vertus ont pour origine des tendances naturelles qu'une éducation appropriée transformera en vertus. La justice, qui est la vertu principale, s'enracine également dans la nature : elle respecte la différenciation naturelle des aptitudes, la hiérarchie naturelle des parties de l'âme et la priorité naturelle de l'âme sur le corps et sur toutes les forces extérieures. Socrate conclut pourtant qu'il n'a donné de la justice qu'une image (443c). La justice ne peut se limiter à veiller à ce que le cordonnier fasse des chaussures ou le charpentier des charpentes et à ce qu'ils ne s'occupent à rien d'autre ; elle s'applique d'abord à l'activité intérieure de l'âme, elle fait qu'un homme se gouverne lui-même et devient ami de lui-même. L'articulation si nettement marquée entre le sens courant et la définition donnée de chaque vertu aboutit dans son cas à en donner une formule décevante. De plus, les actions extérieures ne seront à bon droit nommées justes que si la sagesse y préside. Entendue comme une vertu hiérarchique et politique, la justice n'est qu'une image de la vraie Justice, ce que le juste est bien forcé de reconnaître quand il donne pour cause des actes justes la *sophia*. La justice n'est pas ce qui commande d'agir justement, plutôt ce qui commande de s'abstenir d'agir injustement (442e-443e) – quelque chose comme le démon de Socrate.

Il n'était pas faux, seulement insuffisant, de chercher la nature des autres vertus dans les actions qu'elles inspirent ; pour la justice, cela se révèle impossible puisque, à la source des actions justes, c'est la sagesse qu'on découvrira. La définition d'opinion droite ne peut dissimuler l'exigence que la justice porte en elle et qui force à dépasser l'expérience comme sa théorisation. À la différence des trois autres, la justice n'est pas un principe d'action ou de comportement. Normative, elle requiert l'intelligence de ce qui est vraiment juste, elle existe comme Idée ou elle n'existe pas vraiment, et si elle n'existe pas vraiment toutes les images de la justice ne sont, à différents degrés, que des images d'injustice. La justice impose la distinction entre son Idée et son image et, parce qu'elle exige la connaissance de son Idée, elle exige celle du Bien. De plus, elle implique le caractère inséparable des vertus, car si l'on peut croire qu'il est possible d'être courageux sans être tempérant ou juste, tous comprennent qu'il est impossible d'être juste sans être sage, courageux et modéré.

Le problème de la vertu n'est pas chez Platon un problème pratique, et à peine un problème moral. La question n'est pas celle de la valeur d'une action mais celle du bon ordre de l'âme, de sorte que la plupart des problèmes moraux se dissolvent et laissent place à des problèmes d'ignorance et de savoir, donc à des problèmes d'éducation. La question de l'unité de la vertu est résolue philosophiquement, puisque cette unité n'existe que chez les seuls philosophes, et politiquement, grâce à une éducation qui engendre l'inséparabilité des vertus. Mais ainsi se trouve résolu aussi le problème d'ouverture du *Ménon* ; la vertu s'enseigne au sens où l'âme, par elle-même, découvre sa vraie nature, ce qui ne s'accomplit qu'en apprenant, c'est-à-dire en se ressouvenant d'elle-même. Chez ceux qui ont un naturel philosophe, les vertus sont à la fois naturelles – selon le principe d'économie qui veut que lorsqu'un désir atteint une certaine intensité, il diminue ou même annihile la force de tous les autres désirs –, et naturellement amies. Mais ce naturel peut se pervertir et il a besoin d'une éducation appropriée pour devenir ce qu'il était fait pour être. Platon résout donc le conflit qui jusqu'à lui opposait les tenants de la thèse aristocratique (comme Pindare ou Aristophane), selon laquelle une noble nature est naturellement vertueuse, aux sophistes qui vantaient la toute puissance de l'éducation. Ces deux sources de la moralité ne vont pas l'une sans l'autre, car une nature, même noble, ne suffit pas puisqu'elle peut se pervertir, et l'éducation trouve sa limite dans la nature : il existe des incurables. Si par nature on entend la force d'un tempérament, et par éducation une acquisition dont tous sont capables, chaque terme rend l'autre inopérant. Le problème de l'enseignement de la vertu se dédouble de la même manière que celui de son unité, sa solution est philosophique ou politique, mais elle n'est politiquement possible que dans la cité que les philosophes gouvernent, et de parfaits philosophes il n'y en aura que dans cette cité.

V. LES MYTHES DE JUGEMENT

Il existe des manières de vivre qui sont meilleures que d'autres mais il n'y a pas de vérité de la vie, il n'y en a que des sanctions. Selon quels critères juger la valeur d'une vie, sa réussite ou son échec, son bonheur ou son malheur ? Si on s'en tient à la durée finie d'une vie humaine, les valeurs qu'un homme a poursuivies tout au long de sa vie sont celles qui lui serviront à la juger. C'est à le persuader de l'absence de valeur de ces valeurs que servent les mythes dits eschatologiques. Platon est le premier à opposer *muthos* et *logos* : le déesse du Poème de Parménide qualifie indifféremment de l'un ou l'autre terme la parole de vérité qu'elle prononce (frag. II, 1 ; VIII, 1 et 50). Pour Platon, le mythe n'est pas un discours rationnel, c'est un récit conservé dans la mémoire collective ou individuelle, une parole sans auteur et proche des origines, transmise par ces anciens qui étaient plus près que nous des dieux. Mais lui ne les transcrit jamais tels quels : comme il l'explique au début du grand mythe du *Politique* (268e-269c), il se livre à un « bricolage », agençant des morceaux d'un ou plusieurs mythes traditionnels pour confectionner les siens propres. Le mythe raconte une suite d'événements, ce qui implique des acteurs situés dans un espace et dans un temps. Mais cette description très vague ne suffit certes pas à saisir la nature du mythe, qui ne se définit vraiment que par sa fonction. Car si Socrate déclare qu'il n'est pas un « faiseur de mythes », s'il s'en est tenu toute sa vie au logos – comme son rêve, et peut-être Platon, le lui reprochent dans le *Phédon* –, Platon, pour sa part, en est un. Or la parole mythique n'a selon lui rapport ni avec la vérité, ni avec l'universel. Elle n'a pas pour but de délivrer de l'opinion mais au contraire d'en imposer une à l'aide d'images capables d'impressionner la partie irrationnelle de l'âme. Elle relève d'une rhétorique qui n'est pas argumentative mais affective, qui forge des images puisque se servir d'images est la seule manière d'agir sur les parties de l'âme dépourvues de raison.

Gorgias *et la raison du mythe*

C'est sans doute dans le *Gorgias* que se trouvent explicitées le plus clairement les raisons platoniciennes du recours au mythe. Socrate a soutenu, contre Pôlos, qu'il fallait davantage se garder de commettre l'injustice que de la subir, se soucier non pas de paraître juste mais de l'être, et qu'il valait mieux être châtié pour son injustice que ne pas l'être. Il a ainsi défini la manière de vivre la meilleure : vivre et mourir en pratiquant la justice et les autres vertus. Aucun de ses interlocuteurs n'a réussi à réfuter ces affirmations ; aucun pourtant ne s'est laissé convaincre, et Calliclès croit bon de rappeler Socrate à la réalité : s'il est un jour accusé injustement, il sera incapable de se défendre et de se sauver, et les paradoxes qu'il vient d'aligner ne lui seront d'aucun secours. Socrate l'accorde et compare sa situation à celle d'un médecin devant un tribunal d'enfants : assurément, ils le condamneront et lui préféreront le cuisinier, car ils confondront l'agréable et le bon (521c-522e). Mais ce n'est pas au tribunal des hommes que Socrate fait confiance pour juger sa vie. Pour tous les Calliclès de ce monde les faits sont d'impitoyables juges, les seuls que doivent reconnaître les vivants, et ces faits que sont le pouvoir, la richesse et le plaisir décident de la valeur d'une vie. Le nier, c'est refuser l'évidence, plaisanter. La « franchise » de Calliclès lui fait dire ce que les autres dissimulent par fausse honte : la société n'est ni juste ni morale, celui qui se croit heureux est heureux, fût-il le pire des tyrans, et celui qui semble l'être l'est réellement. Tout démontre que le juste est rarement heureux alors que l'injuste prospère. Entre la vie la meilleure et la reconnaissance du fait qu'elle est bien la meilleure, il y a la résistance de Calliclès, cette « pierre de touche ». Il est rebelle à toute argumentation, mais Socrate estime possible de le convaincre en lui racontant une histoire. Car l'erreur de Calliclès est de croire que l'on choisit des choses dans la vie alors qu'on choisit de vivre d'une certaine façon. Pour que la valeur de ce choix se manifeste, il faut croire que quelque chose subsiste qui en garde les traces et en subit les conséquences : l'âme. La valeur de cette âme n'apparaîtra pas lorsque, comme c'était le cas au temps de Kronos, les juges étaient des vivants jugeant des vivants le jour de leur mort : ils se laissaient impressionner par les apparences et les faux témoignages. Zeus décide alors que c'est l'homme « nu et mort » qui sera jugé par un juge lui-même nu et mort, « regardant l'âme elle-même au moyen de son âme » (523e).

Il percevra alors instantanément la culture ou l'inculture dont dépendent pour l'âme sa justice et son injustice.

Topologie infernale : le mythe du Phédon *(107d-114c) et le mythe d'Er (*République*, X, 614a-621b)*

Quand c'est de la vie qu'il s'agit, tout est affaire de jugement et de choix. Mais pour que le jugement soit juste il faut changer de monde, sortir du temps empirique et fini pour se mouvoir, non dans l'éternité mais dans un temps qui étend ou multiplie indéfiniment celui de la vie, laquelle ne se déroule plus seulement ici mais là-bas. Le monde de l'au-delà est tel que toute âme y a son lieu propre, qu'elle aura choisi sans le savoir. La géographie infernale du *Gorgias* est simple : les âmes justes et pieuses iront habiter les Îles des Bienheureux, les injustes et les impies se verront enfermées dans le Tartare. Celle du *Phédon* est plus raffinée : ceux qui auront vécu une existence moyenne, c'est-à-dire la très grande majorité, résideront sur le lac Achérousias ; les incurables seront jetés dans le Tartare d'où ils ne ressortiront pas ; quant aux auteurs de crimes qui ne semblent pas inexpiables, les meurtriers de sang-froid suivront le cours glacé du Cocyte, ceux qui auront commis des crimes violents seront emportés par le bouillant Pyriphlégéthon. Les « bons » enfin sont divisés en hommes pieux qui seront transportés à la surface de la Terre et en philosophes qui iront, délivrés de leur corps, habiter des régions encore plus belles. Tout, dans l'histoire qu'il vient de conter, dit Socrate, ne mérite pas une adhésion totale ; mais la croire, ou croire qu'il en va à peu près ainsi, est un risque qui mérite d'être couru (114d). Le risque consiste à espérer qu'on n'aura pas été philosophe pour rien, et à croire que nos âmes devront habiter des lieux qui leur ressemblent : désertiques et pourtant surpeuplés, instables et pourtant stagnants pour ceux qui sont dans la moyenne ; tumultueux et sans issue pour ceux dont l'âme ressemble à la « vague » du Tartare ; bouillants ou glacés pour ceux qu'entraîne le flot de la colère ou de la haine. La vie d'après n'est que la métaphore de celle d'ici, et il y a moins sanction des fautes que typologie des âmes. Pour échapper aux tourments d'après la mort, sans doute aussi à ceux de la vie, nul autre moyen que de vivre une vie pure, et la meilleure vie est celle qui ajoute liberté et vérité aux vertus communes. Le mythe joue comme une incantation, mais il comporte aussi une bonne dose d'ironie.

L'ironie n'est pas absente du mythe d'Er, dont la topographie est encore plus compliquée car il s'agit à la fois du jugement des âmes après la mort et du choix que les âmes qui ont accompli leur cycle de récompense et de châtiment font de leur vie à venir. Dans une prairie, au centre du Monde, siègent des juges. Deux ouvertures terrestres font, verticalement, face à deux ouvertures célestes, mais inversées comme dans un miroir. Les deux routes de droite, bénéfiques, qui montent des Enfers vers la prairie et de la prairie vers le Ciel, s'opposent aux deux routes de gauche, maléfiques, qui descendent du Ciel vers la prairie et de la prairie vers les Enfers ; ces deux routes se croisent comme deux diagonales et forment une figure en chiasme (χ). Après une description approximative des récompenses et des punitions, et la vision d'un univers gouverné par la Nécessité et par les Moires, vient ce qui est le véritable but de l'histoire. Un hiérophante jette sur les âmes devant se réincarner des billets indiquant leur tour de choisir, puis dispose devant elles une très grande variété de genres de vie, comprenant toutes les sortes possibles d'existences animales et toutes les formes de vie humaine. C'est là, commente Socrate, que tout se joue pour l'homme. Or selon Er, ce mort ressuscité pour être un messager des choses de là-bas, « rien de plus pitoyable, de plus ridicule, de plus étonnant » que le spectacle des hommes choisissant leur vie. Les vies offertes sont présentées en désordre, sans hiérarchie ni critère, car il s'agit de genres de vie et non pas de types d'âmes. Il est cependant possible de calculer les conséquences de chacun des mélanges, et celui qui en est le mieux capable est celui qui aura philosophé sainement. La philosophie constitue le seul moyen de discerner ce qui vaut de ce qui ne vaut pas, elle connaît ce qui peut seul compenser la part de disgrâce et de malheur qui est le lot de toute vie parce qu'elle sait que de ces maux-là on n'éprouvera rien de terrible. Le seul moyen, car on constate que celui qui choisit le premier s'adjuge la destinée d'un tyran qui finira par manger ses propres enfants, alors qu'il était l'un de ceux qui venaient du Ciel et qu'il avait vécu sa vie antérieure dans un État policé, pratiquant une vertu qui était fruit de l'habitude et non de la philosophie : cette vie ne lui avait finalement rien appris. Suit alors une série de métaphores : les poètes se réincarnent en cygnes ou en rossignols, Ajax en lion, et Thersite en singe. Pour Platon, au regard duquel les hommes ne sont humains que s'ils se soucient de la part divine de leur âme, cygne ou rossignol, lion ou singe, ou, comme le dit le *Phédon* des hommes bien rangés, guêpes et fourmis, ils le sont déjà, même s'ils ont extérieurement figure d'homme.

Il est notable qu'il n'y ait pas, dans le mythe d'Er, de vie de philosophe proposée au choix, et, dans le mythe du *Phèdre*, l'âme de celui qui a philosophé « loyalement » ne perd pas ses ailes et seule entre toutes les âmes elle n'est pas soumise au jugement (249a) ; nourrie de vérité, animée par erôs, elle s'envole et s'éloigne. Dans le récit d'Er, le plus grand bonheur pour l'homme se situe dans une voie moyenne, qui évite tout excès. Celui qui a choisi en premier a choisi la tyrannie ; symétriquement Ulysse, qui choisit en dernier, fait le choix de la vie d'un simple particulier vivant sans souci et il déclare que son choix n'aurait pas été autre si le sort lui avait donné le premier tour. Ce n'est pas la vie « en philosophie » qui s'oppose à celle du tyran, c'est la vie sage et modérée de l'homme qui ne s'occupe que de ses propres affaires. Car le philosophe ne choisit pas une vie, il choisit de philosopher, et sa manière de vivre n'est qu'une conséquence de ce choix. Il choisit donc en un sens de ne pas vivre, et le plaisir de penser a pour lui plus de valeur que le bonheur, même si on s'en fait une conception droite. Or tout ce que les mythes de jugement promettent à l'âme est le bonheur en ce monde et la béatitude dans l'autre ; ils tendent à persuader les hommes qu'il existe de bons juges, des sanctions justes, et que, en dépit de toutes les apparences, le juste est heureux. Mais, correctement interprétée, la véritable fonction du mythe est moins de nous faire croire à l'histoire qu'il raconte – une restriction est toujours formulée quant à sa vérité – que de nous donner à voir la désolante absurdité de la manière de vivre des hommes. Le fantastique du récit n'est que le moyen d'introduire la distance permettant d'apercevoir que rien n'est plus fantastique que les formes données par les hommes à leur existence. Le choix d'une vie est incompréhensible même pour celui qui le fait, et pourtant c'est lui qui en est responsable, non la divinité. Ce choix a été précédé d'une infinité d'autres, le moment d'un premier choix est proprement indéterminable, on a toujours déjà choisi avant de choisir ce qu'on veut faire de son âme et de soi-même. Mais qui fait ce choix, qui est responsable de préférer ce qu'il préfère sans savoir pourquoi il le préfère ? Un ignorant, certes, mais cette ignorance l'a-t-il choisie ? Et pourquoi l'aurait-il choisie sinon par ignorance ?

Il y a là quelque chose d'inexplicable, et le paradoxe socratique : nul n'est méchant volontairement, ne dit pas autre chose. Platon n'a jamais cessé de le soutenir, des premiers Dialogues jusqu'aux *Lois,* et en fin de compte, c'est lui qui sous-tend l'ensemble de sa politique.

CHAPITRE VII

LA CITÉ ET LE MONDE

I. LA CITÉ

La politique de Platon ne peut se mettre en système. Il faut tenir compte de multiples changements de perspective tout en ressaisissant la permanence d'une conception fondamentale : la *République* s'attache à une réforme de la culture et trace le plan d'une constitution modèle, les *Lois* sont destinées à fonder une cité de second rang dont elles déterminent la législation et les institutions, et le *Politique*, ce chaînon intermédiaire, définit la science que doit posséder tout bon politique ainsi que la nature de son action. Le fondement de l'autorité reste toujours le même, c'est le savoir, et le but reste identique : rendre la cité vertueuse et heureuse en totalité, même si les moyens diffèrent. Si l'on considère que ces trois ouvrages sont des ouvrages politiques au sens traditionnel du terme, l'élaboration et l'exposition d'une théorie politique occuperaient à peu près la moitié de l'œuvre de Platon. Or les trois Dialogues sont sans cesse traversés d'échappées qui servent proprement à remettre la politique à sa place. C'est évidemment la fonction des livres centraux de la *République* qui en déplacent la finalité, passant du problème de l'existence de la cité juste à ce qui en est la condition nécessaire, l'existence de la philosophie et la sauvegarde des philosophes. Selon l'Étranger, la recherche de la définition du politique n'a pour but que de nous rendre « meilleurs dialecticiens » (*Pol.*, 285c). Quant à l'Athénien des *Lois*, il indique par deux fois que ce qu'il fait est un « divertissement », sans doute parce qu'au lieu de suivre l'injonction du *Phèdre*, parler à des dieux et non à ses compagnons d'esclavage, il ne s'adresse qu'à des hommes (732e), sauf lorsqu'il ne peut empêcher son regard de se tourner vers le divin et d'en pâtir (804b). Platon, certes, s'est occupé de « politique », mais il en a radicalement étendu et approfondi la signification : sa réflexion est politique au sens où Socrate entendait ce mot lorsqu'il déclarait être le seul à s'occuper vraiment de politique car il était le seul à enjoindre aux hommes de prendre soin de leur âme. La tâche est plus difficile et complexe qu'il ne le pensait, et Platon en prend toute la mesure.

Origine et fondement de la cité

L'homme n'est pas pour Platon un animal politique, naturellement fait pour vivre avec ses semblables au sein d'une cité. « Humain » n'est ni un prédicat générique ni un prédicat essentiel, il y a toujours inclination possible vers une forme quelconque d'animalité. Cette absence de nature ou d'essence de l'homme exige une culture conçue comme moyen d'unifier en l'humanisant une espèce qui n'est pas homogène. « Tout homme est pour tout homme un ennemi et en est un pour lui-même » (*Lois,* 626e) : faire régner la paix entre les cités et rendre chaque cité amie d'elle-même suppose que soient conciliées les forces présentes en l'âme de chaque citoyen. Les deux traits fondamentaux de la politique platonicienne : la vertu comme principe et fin ultime de toute bonne constitution politique, donc le rôle décisif de l'éducation, s'expliquent par l'anthropologie sur laquelle elle se fonde.

Deux états de nature (le mythe du Politique, *269b-274d)*

Le mythe du *Politique* nous offre deux représentations opposées de l'état de nature – préfigurant, disons, celle de Rousseau et celle de Hobbes. Le Monde, réalité corporelle, ne peut se comporter toujours de la même façon, mais comme il a été doté de pensée (*phronèsis*) son changement doit être aussi réduit que possible : il conserve toujours sa rotation circulaire, seule la direction de son mouvement s'inverse périodiquement. Il ne convient cependant pas au dieu qui y préside de changer d'avis, et l'hypothèse de deux divinités gouvernant chacune un âge contraire (à la façon de Neikos et Philia chez Empédocle) doit être écartée pour la même raison que doit l'être, dans les *Lois,* celle d'une bonne et d'une mauvaise Âme du Monde (896e-897b) : ce qui est divin ne peut être que bon. La seule hypothèse possible est que le Monde est tantôt piloté par le dieu et tantôt livré à lui-même. Se succèdent donc deux grands cycles de sens contraire se répétant sans fin, coupés chaque fois par une période de troubles violents accompagnant le changement de direction. Lorsque le dieu dirige l'ensemble du mouvement cosmique, des divinités secondaires s'occupent des parties de l'Univers et pourvoient à tous les besoins des vivants. Cet âge correspond à ce que les poètes ont appelés le règne de Kronos, Âge d'or où les hommes n'ont qu'à se laisser conduire par de bons démons : ni la nature, ni les animaux, ni les hommes ne présentent aucune forme d'hostilité ou de sauvagerie, tout est donné spontanément à tous. Les hommes sont engendrés par la Terre et n'ont pas à se reproduire, les luttes, les travaux (*ponoi*), le courage ne sont pas nécessaires : le travail et la sexualité ne font pas partie de cet âge. La seule question est de savoir à quoi s'occupent ceux que le pastorat divin rend nécessairement bien réglés, et on peut hésiter : état proche d'une animalité paisible, si les hommes passent leur temps à boire et à manger et si leurs seules conversations consistent à se raconter des histoires comme celle que l'Étranger raconte à présent à leur propos, ou condition d'hommes divins, s'ils s'adonnent à la philosophie (272b-d) ? La neutralisation des besoins corporels aurait alors pour effet de ne laisser subsister qu'un seul désir, celui de savoir. En revanche, si les hommes d'alors se contentent de se divertir par des contes, la pensée n'y gagnera rien : le mythe du *Politique* fournit l'occasion de porter un jugement sur la valeur des mythes en général. Là où le *Politique* teinte d'ironie sa peinture d'un prétendu Âge d'or, les *Lois* (712a-714a) font du règne de Kronos un modèle : l'humanité y recevait alors ses lois de démons bienveillants. On ne prend pas des bœufs pour gouverner des bœufs, une différence de nature et de culture, analogue à celle qui existe entre hommes et démons, doit exister entre gouvernants et gouvernés. Toute constitution politique doit se donner pour tâche d'imiter et de restaurer ce modèle autant qu'il est possible. Faute de gouvernants philosophes, la figure mythique du Pasteur divin se trouve réhabilitée.

Sous le règne partiellement délaissé par le dieu, qui abandonne le gouvernail et se retire dans son poste d'observation, et également par tous les dieux subalternes, il faut se défendre et se dépenser pour survivre et, au début de la révolution rétrograde, les hommes, moins bien pourvus par la nature que les autres animaux et dépourvus d'arts et d'industrie, risquent de dépérir. Les deux premières étapes du mythe de Protagoras (*Prot.*, 320c-322d) sont ici reprises : l'espèce humaine, oubliée par Épiméthée, n'est pas dotée des moyens naturels de sa survie ; Prométhée la prend en pitié et lui donne le feu, donc les arts, que les hommes s'empressent d'utiliser comme autant de moyens de destruction ; pour les empêcher de s'entre-tuer, Zeus leur envoie Hermès qui donne à chacun son lot de respect social (*aidôs*) et de justice (*dikè*). Le dernier moment est absent du *Politique* : la vertu est bien la condition de l'existence sociale mais elle doit s'acquérir, aucun dieu ne l'a dispensée à la nature humaine. Le mythe de Protagoras est un mythe essentiellement politique ; l'histoire du Monde racontée par l'Étranger est une histoire naturelle dont la politique est totalement absente. Elle est inutile sous le gouvernement de Kronos, et elle n'est pas non plus le remède spécifique à un état de nature où règne la lutte de tous contre tous, car selon Platon la plupart des constitutions existantes ne font que perpétuer cet état. Quand les hommes sont livrés à eux-mêmes, la politique risque de se confondre avec le règne du plus fort, mais le politique ne peut pas davantage calquer son action sur celle du Pasteur divin, il ne nourrit pas son troupeau, il se contente d'en prendre soin. Quelle que soit la nature de la Nature, la politique n'y trouve ni sa possibilité ni sa définition car la politique est une science, et la cité n'y trouve pas davantage les éléments capables de s'y intégrer : trop apprivoisés ou trop sauvages, les hommes à l'état de nature ne sont en rien prédisposés à devenir des citoyens.

La première cité de la République *(369b-374d)*

Dans le livre II de la *République*, Socrate constitue une « première cité » dont les membres ne se groupent que pour satisfaire leurs besoins. C'est un lieu d'échanges où chaque individus n'a de commun avec les autres que son impuissance à produire les objets rudimentaires, nécessaires à sa survie. Mais le besoin (*khreia*) n'est pas un lien social, il rassemble sans unir, et la coopération renforce au contraire la différence naturelle des aptitudes : la division du travail n'engendre qu'une complémentarité, non une communauté et encore moins une « amitié » (*philia*). La cité n'est alors qu'une association de producteurs, un marché réglé seulement par le petit nombre des besoins naturels et nécessaires. C'est là une « cité de cochons », s'écrie Glaucon. Cependant si l'élargissement de la cité né de l'inflation des besoins constitue l'avènement d'une société humaine, il instaure également le passage de la paix à la guerre : il faudra une armée de métier pour conquérir le territoire nécessaire à une population sans cesse croissante en raison de la diversification des métiers et du développement du commerce. Les gardiens formeront donc une classe différente de celle des producteurs, et une hiérarchie s'instaurera. L'émergence du politique à partir de l'économique enracine la nécessité d'une organisation politique dans l'avidité illimitée, proprement humaine, des besoins (la *pleonexia*), maladie originaire que la fiction de la santé d'une cité pré-politique sert à révéler. De l'existence naturelle à l'existence politique il n'y a donc pas continuité, mais entre l'une et l'autre il n'y a pas non plus opposition : il faut une médiation éthique, œuvre de la première éducation.

*La reconstitution historique (*Lois, *III et* Timée, *21e-26d)*

Dans les *Lois*, on n'a plus affaire à une genèse théorique : l'Athénien retrace au livre III une évolution historique développant celle rapportée par Solon dans le *Timée*. L'immensité du temps écoulé, ponctué d'une multiplicité de catastrophes qui, périodiquement, forcent l'espèce humaine à tout recommencer, exclut la saisie d'une première origine empirique. Cependant, il est probable que l'histoire se fasse par cycles se répétant selon les mêmes lois. Si par exemple on part du déluge, les rescapés ne pourront être que des pâtres se trouvant au sommet des montagnes. C'est d'eux, pourtant ignorants de toute science et technique comme de toute constitution et législation, que repartira la civilisation. La description de leurs frugales conditions d'existence rejoint celle de la première cité, à ceci près qu'on y trouve une première forme d'organisation, la famille, où l'ancêtre exerce comme chez les Cyclopes d'Homère la forme d'autorité qui semble la plus naturellement justifiée. Le groupement sur les pentes de la montagne de plusieurs familles aux mœurs différentes entraînera des conflits, des compromis et l'élection de chefs et de législateurs, puis, grâce à l'oubli progressif du déluge, des communautés s'établiront de nouveau dans les plaines et surgiront enfin de nombreuses cités et des constitutions variées, dont les deux formes extrêmes sont la monarchie despotique de la Perse et la démocratie athénienne ivre de liberté. Cette reconstitution combine deux causes de la formation des cités : les conditions physiques de l'habitat, scandées par la lente descente de la montagne vers la plaine, et celle du nombre des membres du corps social, qui s'accroît à chaque étape.

Selon la perpective empirique qui est celle des *Lois*, la cité a pour origine la « maison » (*oikos)*, la famille patriarcale, ensemble de personnes libres, d'esclaves, d'animaux, de biens mobiliers et immobiliers, supposant une division minimale des tâches entre l'homme et la femme telle que la décrit Xénophon dans l'*Économique* (VII, 22-23) : le dieu a créé la nature de la femme pour les activités et les soins du dedans, celle de l'homme pour ceux du dehors. Cette origine-là n'a pas plus de valeur au regard de Platon que la première cité de la *République*. Mais Socrate y faisait ensuite déferler deux vagues : l'égale aptitude des femmes à garder la cité et à la gouverner, d'où découle pour les gardiens l'abolition de la famille et la communauté des biens, des femmes et des enfants servant à garantir la plus grande unité possible entre eux. Les deux mesures sont abandonnées dans les *Lois* comme valant seulement pour des dieux ou des fils de dieux, mais la famille y est encore considérée comme une source de division potentielle, en premier lieu parce que s'y transmettent des coutumes et des modes de vie archaïques et irréfléchis, des superstitions, ainsi que des valeurs particulières qui résistent à la loi commune; c'est pourquoi il est si important d'amener la femme, gardienne obstinée de traditions obscures, au grand jour, dans l'espace public, et de la faire littéralement sortir de la condition qui est généralement la sienne (*Lois*, 781c *sq*.). Ensuite, parce que tout maître d'une maison a naturellement tendance à l'agrandir et l'enrichir, ce qu'il ne peut faire qu'aux dépens des autres, et la transmission du patrimoine suscitera nécessairement haine et rivalité entre les différents héritiers. Enfin, la multiplicité des fondements de l'autorité, celle du père, de l'ancien, du maître, entre en concurrence avec le seul fondement véritable, le savoir – ce que voulait dire l'Étranger lorsqu'il affirmait qu'il n'y a pas de différence entre diriger une grande propriété et une petite cité (*Pol.*, 258e-259c) : la garantie de leur bonne administration est la même. Qu'elle trouve son origine dans une nature humaine malade ou dans une famille patriarcale fermée sur son affectivité, ses traditions et ses intérêts propres, la cité n'a d'existence véritablement politique que lorsque s'y instaure une hiérarchie légitime.

L'autorité doit être absolue et entière et s'étendre non seulement à la vie publique mais à la vie privée de tous les citoyens. Cette dernière comporte un grand nombre de menus actes qui se font hors du regard public et varient selon les peines, les plaisirs et les désirs de chacun, donc risquent d'introduire dans les mœurs une diversité irréductible (788a-b). La visibilité de la conduite est la garantie de sa valeur; l'invisible, le caché sont le propre de la part irrationnelle de l'individu, soustraite au contrôle de la loi, c'est-à-dire de la raison – tel est dans la *République* (359d-360d) le sens de l'histoire de Gygès : en le rendant invisible, son anneau pousse celui qui n'était qu'un homme ordinaire à commettre des crimes épouvantables. L'Athénien est bien conscient de la difficulté et même du ridicule qu'il y aurait à légiférer sur les mœurs, en particulier sur tout ce qui concerne le mariage et la sexualité. Ce sont pourtant ces coutumes non écrites, maintenues grâce à la pression sociale de la « honte » (*aidôs*), qui remplissent les intervalles entre les différentes lois comme entre les lois présentes et futures et, quand elles s'écroulent, tout le reste s'écroule avec elles. Si la tempérance règne, si l'éducation a été réussie, le législateur doit se taire et ne légiférer que lorsque la licence (l'inceste, l'adultère affiché) l'y contraint. D'où l'importance accordée dans les *Lois* (797e-798d) aux jeux des enfants : en éduquant leur sentiment de plaisir et de peine, donc en préparant l'accord entre l'affectivité et l'opinion droite, les jeux sont le premier instrument de la stabilité des lois et la garantie de la continuité des générations. Si on y apporte trop d'innovations, les enfants tiendront pour bon tout ce qui est nouveau et pour méprisable tout ce qui est ancien. La subordination, dès l'enfance, de la vie privée à des règles communes a pour but de préserver l'unité des citoyens, impossible dès lors « que les uns sont consternés et que les autres exultent à l'occasion des mêmes événements affectant la cité » (*Rép.*, 462b-c). Ces émotions contraires dérivent de la propriété privée, qui rend indifférent à l'intérêt général. Ne poursuivant que son intérêt particulier, l'individu aura des passions égoïstes et son désir de richesse le condamnera à vivre avec « une âme éternellement affamée ».

L'unité politique de la vertu

Dans la *République*, le philosophe est l'ouvrier de la vertu civile dans sa totalité (500d). À la fin du *Politique*, l'action du bon politique consiste à tisser l'unité de la cité en trouvant le moyen de faire coexister deux vertus ennemies. Les *Lois* débutent par une longue reprise des quatre vertus, curieusement amenée par le problème des banquets et de l'ivresse, en laquelle l'Athénien voit une épreuve décisive de la capacité de résistance intérieure à la démesure et au manque d'*aidôs*, et elles s'achèvent sur la question de l'unité de la vertu. Il ne s'agit nullement d'absorber la politique dans la morale mais de poser comme condition fondamentale de toute existence sociale l'acquisition minimale de la vertu. Le problème politique se pose en effet en ces termes : comment amener les individus composant une cité à lui être utiles ?

Les deux formes d'existence décrites par le mythe du *Politique* correspondent à une tranquillité bien tempérée et à une agressivité nécessaire. Le thème a sa source dans les éloges antithétiques de la « divine Tranquillité » chère à Pindare (*Huitième Pythique)*, ou au contraire des travaux (*ponoi)* qui procurent l'immortalité (c'est l'objet du célèbre apologue de Prodicos montrant Hercule à la croisée des chemins, Xénophon, *Mém.*, II), ainsi que dans le débat entre Zèthos et Amphion dans l'*Antiope* d'Euripide. Thucydide donne à l'opposition une portée politique : selon les Corinthiens (I, 70), Athènes tout entière reprend à son compte les valeurs héroïques alors que le caractère des Lacédémoniens se signale par la prudence, la lenteur, la stabilité. Cette dualité fournit sa matière à la première éducation de la *République* (410b-412b). Elle doit agir sur l'énergie propre au *thumoeides* et sur la douceur de la nature qui aspire à savoir (*philosophos)* grâce à un dosage convenable de gymnastique et de « musique » : il lui faut adoucir l'une et préserver l'autre en l'empêchant de s'amollir. Modérer l'ardeur sauvage et donner vigueur et force au désir d'apprendre revient à civiliser l'animal humain. Les deux tendances restent néanmoins contraires, et dans la *République* leur incompatibilité n'est surmontée que dans ces exceptions de fait que sont les philosophes (et les chiens de bonne race). Mais on ne peut compter ni sur une alliance naturelle, si exceptionnelle qu'elle en est improbable, ni sur l'éducation dont le pouvoir s'arrête à transformer une tendance naturelle en vertu.

Le travail éducatif n'est que préalable, et la question est reprise dans le *Politique* exactement au point où s'arrêtait l'analyse de la *République*. Avant que le politique puisse confectionner le tissu de la cité, un « cardage » est nécessaire, l'exclusion des inéducables et des incurables, car aucun bon artisan n'exerce son action sur des matériaux défectueux ; l'éducation doit ensuite tordre les fils pour assouplir la raideur des uns et renforcer la mollesse des autres, afin que le politique puisse leur assigner leur place dans la chaîne ou dans la trame. Mais à supposer même que la *paideia* ait accompli son œuvre et qu'une cité ne soit composée que d'êtres humains civilisés, la concorde n'y régnera pas nécessairement : la politique rencontre une autre sorte de division naturelle, cette fois au sens eidétique, entre deux vertus, courage et modération (306b-309b). Le simple fait d'être une vertu ne garantit pas une compatibilité spontanée avec toutes les autres. L'inimitié entre les deux vertus reflète non seulement la dualité des tendances mais celle plus originaire dont parlait le mythe : le courageux sait sous quel règne il vit, mais a le tort d'oublier l'autre ; le modéré a la naïveté de se croire toujours sous le règne de Kronos, mais ce faisant il se ressouvient de sa soumission au divin. L'ennui pour le politique est que le pacifisme ou l'angélisme des uns est tout autant conforme à la nature que la *Realpolitik* des autres. Conforme à la nature, mais également incompatible avec l'existence d'une cité.

Le politique doit instaurer un consensus sur l'égale valeur de ces vertus car leur contrariété est pour son action le principal problème : comment empêcher une différence naturelle de prendre la forme civile d'une exclusion ? Il y a en effet une propension spontanée à identifier semblable, ami, beau, donc bon, d'un côté, et différent, ennemi, laid, donc mauvais, de l'autre : l'attraction du semblable pour le semblable devient règle exclusive du jugement et ruine le sentiment d'appartenance à une même communauté. La faute politique se double d'une erreur logique : chaque espèce se prend pour le genre et les individus croient à tort qu'un genre ne peut subsumer que des ressemblances, pas des différences et à coup sûr pas cette différence maximale qu'est la contrariété. L'erreur est dénoncée dès l'*Hippias Majeur* (301a *sq.*) contre Hippias, ce tenant d'une amitié naturelle selon le semblable et d'une nature commune à tout le genre humain (*Prot.*, 337c–d). L'amitié entre citoyens ne peut être naturelle car chacune des deux vertus prétend être toute la vertu, déchirant alors la totalité dont elle fait partie (l'unité politique de la vertu prend nécessairement la forme d'une totalité, la solution du *Phédon* ne valant que pour les philosophes, voir p. 205-207). L'opposition est celle d'un conflit entre fins, or ni la paix ni la guerre ne sont des fins en soi. Mais aucun des deux partis – celui des faucons et celui des colombes – ne trouvera son salut sans l'autre. L'action politique est la seule à pouvoir effectuer ce que le *Lysis* (213b) jugeait impossible, rendre ami ce qui est ennemi. Dans ce Dialogue, Socrate avait pourtant établi un principe repris ici : ni le semblable ni le contraire ne sont « amis » du simple fait d'être semblable ou contraire, l'amitié n'est pas une attraction mécanique. Le problème, resté sans solution dans le *Lysis*, est résolu par l'Athénien : sont amis les semblables qui ont pour but commun d'accroître leur excellence et les contraires qui sont complémentaires de telle sorte que chacun y trouve son compte (*Lois*, 837a-e). La science royale doit donc utiliser un lien humain – marier des courageux à des modérées, et réciproquement – et plus sérieusement un lien divin, agissant par l'intermédiaire d'opinions vraies et rendues fermes. La vérité de l'opinion aura pour effet de tempérer le courageux, qui combattra pour une cause qu'il tiendra pour juste, et de faire que le modéré aura le courage de défendre ses opinions. L'homme royal sait qu'agir politiquement, c'est agir sur l'opinion et par elle, imposer des évaluations sociales communes en liant les citoyens par « la partie éternelle de leur âme ». Les gouvernés ne se ressouviennent de la part éternelle de leur âme que si le gouvernant est capable de les persuader qu'ils en ont une, afin qu'ils puissent se reconnaître une parenté divine (et non plus générique) avec quiconque en possède une semblable.

Si la nature humaine et la vertu constituent deux principes d'affrontement il n'existe pas de fondement naturel ou moral de l'unité politique et son fondement légal est nécessaire mais insuffisant. Le seul fondement solide est l'opinion vraie et partagée sur les valeurs, qui substitue à une affinité naturelle exclusive la croyance en une parenté surnaturelle. L'action politique ne peut opérer que sur une nature capable de se transcender deux fois : en s'éduquant à la vertu, en croyant à sa part divine. Le bon politique peut ainsi imposer aux contraires une coexistence fondée sur la croyance en leur co-appartenance à un genre qui n'est humain que pour autant qu'il est plus qu'humain.

La science politique (le Politique*)*

Mais qu'est-ce qu'un bon politique ? Selon la « troisième vague » de la *République*, la cité parfaitement harmonisée, conforme au modèle tracé « en parole », ne pourra voir le jour qu'à la condition que les philosophes gouvernent ou que les gouvernants deviennent philosophes. La même condition est rappelée dans le *Politique* et également dans les *Lois* où l'existence d'un « bon tyran » serait le moyen le plus rapide (mais peu probable) d'instaurer une cité juste. Quelles qu'en soient les modalités, le projet de Platon est littéralement révolutionnaire car il implique une subversion totale de l'ordre, ou plutôt des désordres existants. L'autorité des philosophes à gouverner est fondée sur leur savoir dialectique et leur connaissance du Bien, qui les rendent capables d'inscrire dans la cité la plus grande intelligibilité possible. Le *Politique* infléchit légèrement la thèse de la *République* en admettant une scission entre savoir et pouvoir – la cité pourra être bien gouvernée si le « prince » a à ses côtés un sage conseiller. Il n'est pourtant pas plus exact d'affirmer que Platon, devenu réaliste sur le tard, rompt avec l'idéal de la *République*, que d'affirmer que tout bon politique doit avoir un naturel philosophe et que les deux genres n'en font qu'un. Tout dépend de quoi le politique tire son inspiration : des réalités « divines », et il est philosophe; d'un conseiller, et c'est alors lui qui est le véritable politique tandis que le gouvernant ne l'est que de fait et pour le temps où il exerce ses fonctions, à l'aide d'une science qui lui reste « étrangère ».

Quelle est la nature de cette science? C'est un savoir théorique et non pas pratique, mais il diffère des savoirs « critiques » qui ont pour unique finalité la connaissance de leurs objets : la science politique est une science prescriptive (*Pol.*, 258d-260b). À l'exemple de l'architecte qui applique ses connaissances mathématiques à la construction de bâtiments et qui ne se désintéresse pas des conséquences mais dirige les ouvriers sans rien construire de ses mains, le politique ne fait rien lui-même mais commande à ceux qui ont pour capacité d'agir. Il possède la seule science auto-prescriptive parce qu'elle « sait quand il est ou non opportun de commencer et de mettre en branle les entreprises les plus importantes concernant les cités, alors que les autres sciences font ce qu'elle leur prescrit ». Ces autres sciences sont celles des auxiliaires du politique : éducateur, orateur, juge et général, dont la science royale règle les décisions et les pratiques particulières, présidant ainsi à toutes les activités importantes de la cité. Le politique ne doit pas se contenter de donner l'impulsion, encore faut-il qu'il surveille l'exécution et protège son œuvre contre la dégradation et l'altération menaçant toute réalité au monde. La science politique gouverne en ne laissant aucune pratique ayant une portée générale s'émanciper de l'autorité politique; et elle prend soin de tous les habitants de la cité en ne permettant à aucun d'agir en dehors des lois.

Les constitutions politiques

La science, qu'elle soit propre aux philosophes-gouvernants, aux bons politiques ou, dans les *Lois,* aux membres du Collège nocturne, est donc le fondement unique d'une bonne constitution. Il n'en existe qu'une, selon le principe qu'il n'existe qu'une seule bonne image d'un modèle mais une multiplicité d'images imparfaites à des degrés divers. Lorsque Socrate (dans le livre VIII et au début du livre IX de la *République*) examine les autres formes d'organisation politique, il le fait dans la perspective d'une dégénérescence progressive. Dès lors que cesse de prévaloir le gouvernement de l'intelligence, à la suite d'une erreur sur le « nombre nuptial » et les mariages qui fera que ne sera plus garantie la naissance de naturels philosophes, chacune des parties irrationnelles prendra successivement le pouvoir. Socrate se livre à une analyse politico-psychologique fondée sur la tripartition de la cité et de l'État et associant à chaque étape une forme de constitution et un type d'homme, selon deux modes de filiation parallèles. La partie éprise d'honneur donnera à son pouvoir la forme d'une timocratie tant qu'elle garde l'empreinte de la raison dont elle était auparavant l'auxiliaire, puis, se mettant au service de la partie avide d'argent, elle donnera naissance à une oligarchie. Celle-ci dégénérera en démocratie, cette « mosaïque de tous les régimes », qui fraiera enfin la voie à la tyrannie. À l'affaiblissement progressif du pouvoir de la raison correspond l'influence croissante de l'argent : plus la puissance de l'économie s'accroît, plus celle de l'autorité politique décroît. La composition tripartite de la cité cède la place à une division en deux classes, celle des riches et celle des pauvres, dont les conflits de plus en plus violents débouchent sur le seul gouvernement capable de redonner à la cité un faux-semblant d'unité, la tyrannie. Le passage d'une unité véritable à son simulacre pervers passe par des étapes caractérisées par différentes espèces de multiplicité. Les causes de la succession des différentes constitutions sont la puissance accrue de l'argent et les mécanismes de l'économie du désir, lequel, dès lors que diminue la force d'erôs philosophe, s'émancipe et prolifère anarchiquement jusqu'à mettre au pouvoir erôs tyran.

Dans le *Politique*, c'est moins la définition des différentes constitutions qui est en jeu que la disqualification des critères traditionnels afin d'arriver à une double classification hiérarchique. Il est généralement admis que la nature d'une constitution dépend du nombre des gouvernants (un, plusieurs, ou tous), et diffère selon que le pouvoir est accepté librement par les citoyens ou imposé par la contrainte, selon qu'il est aux mains d'hommes riches ou pauvres, et selon qu'il s'exerce sans lois ou conformément à elles. Mais le critère de la science est le seul à pouvoir dissocier le politique du chœur de ses rivaux et de la troupe multiforme des sophistes. En revanche, lorsque l'on en arrive aux constitutions de second rang, issues de la nécessité (300c-303d), leur classement s'opère selon le critère du nombre, et la différence entre les bonnes et les mauvaises a pour principe la conformité ou la non-conformité aux lois. Ainsi le gouvernement d'un seul s'exerçant selon des lois est la monarchie, mais sans lois c'est la tyrannie; quand les riches gouvernent en observant les lois, ils forment une aristocratie, et s'ils ne s'en soucient pas, une oligarchie; quant à la démocratie, elle se dédouble sans changer de nom selon que les citoyens obéissent aux lois ou les transgressent. Le respect ou non respect des lois aboutit à deux hiérarchies inverses : monarchie, aristocratie, démocratie dans le premier cas, et démocratie, oligarchie, tyrannie dans le second. Lorsqu'il procède à la même énumération, l'Athénien dit que ce ne sont pas là des constitutions mais des groupements dans lesquels une partie de la cité est asservie à une autre : ces bons exemples que sont Sparte et la Crète sont des constitutions mixtes, comme l'est celle qui va être proposée, mélange de monarchie et de démocratie alliant pour la répartition des charges publiques l'égalité stricte entre citoyens et l'égalité proportionnelle (*Lois*, 756e-758a). Le jugement porté par Platon sur la démocratie n'a jamais cessé d'être ambivalent.

*L'ambivalence de la loi (*Politique, *293e-300c)*

Un passage du *Politique* pose le problème de l'autorité de la loi et semble le traiter de façon contradictoire. L'Étranger affirme que la formulation écrite de lois immuables signifie la ruine de tout art, en l'empêchant d'évoluer, de se perfectionner et de s'adapter à la diversité et à la variabilité des circonstances. L'art exige la souplesse de la réflexion (*phronèsis*), non une codification rigide. Pourtant, le bon politique doit réclamer de tous les habitants de la cité l'obéissance aux lois, et le jeune Socrate juge impossible d'imaginer un gouvernement sans lois. Dans le *Criton* (50a-54d), Socrate fondait son refus de s'évader sur les reproches que pourraient lui adresser les lois d'Athènes : ce sont elles qui l'ont mis au monde, nourri, éduqué, qui lui ont conféré des droits civiques. Si elles ne lui plaisaient pas il avait toute liberté de partir où il voulait, or Socrate n'a jamais quitté Athènes, sinon pour aller la défendre, et c'est dans cette cité qu'il fait vivre ses enfants. Il a donc vécu toute sa vie sous la protection des lois athéniennes et il a envers elles une dette dont il ne peut s'acquitter qu'en respectant leur autorité. Il n'a d'autre choix que de leur obéir, ou de les convaincre si elles ne parlent pas comme il le faut. La valeur intrinsèque de ces lois n'est pas en cause, la question est celle d'une rupture de contrat et de la nécessité de payer ses dettes. Ce ne sont d'ailleurs pas les lois d'Athènes qui sont injustes, mais les hommes qui les appliquent.

Lorsque Platon met au dessus des lois le savoir du gouvernant, défend-il dans le *Politique* une « illégalité idéale » opposée à une légalité qui ne serait qu'un pis-aller? La subordination de la loi à l'intelligence du bon politique en fait certes un instrument de gouvernement parmi d'autres et non plus le lien constitutif de la cité, cependant l'Étranger est conscient qu'il est impossible que la sagesse du gouvernant s'applique à chaque moment à chaque cas particulier. L'intelligence est au-dessus des lois mais elle doit pour gouverner réclamer l'obéissance aux lois, quand celles-ci sont des expressions de la science prescriptive et non pas des décisions issues du vote d'une assemblée d'ignorants. La généralité de la loi est justifiée si le groupe auquel elle s'applique est relativement homogène, les différences individuelles pouvant être tenues pour négligeables, et sa fixité acceptable en l'absence de l'homme compétent car ce qui est incompatible avec l'intelligence, ce n'est pas la loi en elle-même, c'est son immuabilité. Dans le *Politique*, l'absence de l'homme compétent n'est que provisoire, et il fait de son savoir la loi. Dans les *Lois*, son absence est supposée définitive et son intelligence ne s'exprime plus que dans les préambules du législateur. Dans tous les cas, le bon politique doit prendre soin des lois, en les édictant et en les modifiant opportunément. Leur évolution et leur adaptation dépendent de lui seul, car un mal encore plus grand que la soumission à des lois figées serait leur modification en vue du profit ou du caprice de quelques uns.

La politique requiert donc une métrétique, elle n'existe que si existent des actions et des discours dont le savoir est le principe et non pas le hasard ou l'empirisme. L'art politique doit rendre utiles à l'ensemble de la cité les actions et les discours des citoyens, et ceux-ci ne le seront que s'ils sont bien mesurés. Or il existe deux espèces de mesure (283b-285c) : la première ne mesure que par le contraire – le plus grand par rapport à du plus petit, le plus chaud à du plus froid… – et c'est leur mise en relation qui détermine les termes : le grand ne sera jamais absolument grand, il ne sera que plus grand relativement à du plus petit. Cette mesure relative et quantitative n'est pas la seule que les arts doivent mettre en œuvre. Ils doivent déterminer ce qui est requis, convenable, opportun. La seconde espèce de mesure est tout aussi relative que la première puisqu'elle doit s'appliquer à des choses particulières en devenir, mais elle a pour référence une finalité qui transcende tout devenir : la meilleure forme possible de la chose. La juste mesure comble la distance entre les Formes et les réalités sensibles, c'est sa présence en elles qui permet d'affirmer qu'une chose participe à une Forme, est ce qu'elle doit être et mérite son nom. Tout art cherche à produire une réalité bien mesurée et l'art politique plus que tout autre. C'est le dieu, dit l'Athénien, qui est mesure (*Lois*, 716e), donc ce n'est pas l'homme comme le voulait Protagoras. Cette mesure divine et transcendante est celle de la Forme, et c'est toujours en se guidant sur son savoir du Juste que le bon politique gouverne la cité.

*Le code pénal (*Lois, *IX et X)*

Une certaine sorte de lois marque cependant le double échec de l'éducation et du législateur; il s'agit de celles qui sanctionnent les crimes et délits commis par les citoyens. Dans le livre IX des *Lois* (860c-861d), l'Athénien pose comme préambule général à son code pénal la nécessité de résoudre l'aporie suivante : comment maintenir à la fois la nécessité d'un châtiment proportionné et le principe socratique auquel il ne veut pas renoncer : « tous les méchants le sont malgré eux » (voir p. 201-203)? Depuis Dracon (621 av.) le droit athénien reconnaissait deux catégories de meurtres : les meurtres prémédités, donc volontaires et punissables, et ceux commis sans préméditation, dont l'auteur était reconnu irresponsable. L'Athénien reconnaît lui aussi la nécessité d'introduire une différence : le législateur doit distinguer entre actes volontaires et involontaires et déterminer la peine en conséquence, sous peine d'être injuste. Mais si tout acte injuste relève d'une ignorance et d'une erreur, en quoi une erreur mériterait-elle châtiment ? Il faut donc s'y prendre de telle façon que certains actes puissent être dits involontaires sous un certain rapport, mais volontaires sous un autre : c'est à quoi répond la distinction entre dommage et injustice. Les *injustices* sont toutes et toujours involontaires, mais les *dommages*, eux, peuvent être commis volontairement ou involontairement. Les dommages involontaires, commis accidentellement, ne sont pas en eux-mêmes des injustices ; réciproquement, on peut commettre une injustice sans infliger aucun dommage (promouvoir un incompétent, par exemple, est une injustice, non un dommage). Platon recoupe ici ce que le droit français actuel distingue sous le nom d'éléments « matériel », « moral » et « légal » de l'infraction. L'élément matériel, le dommage, le préjudice, doit exister pour qu'existe l'élément légal, c'est-à-dire pour que l'acte tombe sous le coup de la loi. Mais le législateur doit aussi tenir compte de l'élément moral, de ce que Platon nomme *èthos* et *tropos* : l'intention juste ou injuste. La nature juste ou injuste de l'acte dépend seulement de l'état de l'âme de celui qui l'accomplit : un même acte sera dit juste s'il est commis par un juste, et injuste s'il l'est par un homme injuste. Le juste ne peut évidemment commettre que des dommages involontaires, non des injustices ; l'injuste peut commettre des dommages involontaires ou volontaires qui, dans les deux cas, seront aussi des injustices. On pourra donc parler d'« injustices volontaires » sans contrevenir au principe socratique, puisque ces injustices ne sont dites volontaires qu'en tant qu'elles sont des dommages prémédités, mais involontaires en tant qu'elles procèdent d'états injustes en l'âme.

À quoi donc imputer l'acte ? À l'avidité du plaisir et de l'argent, à l'emportement (ce qui permet de définir des « crimes passionnels », innovation de Platon : il faudra attendre 1791 et la Constituante pour que leur spécificité soit admise), enfin à l'ignorance. Si on considère ces causes, châtier devrait signifier éduquer, ou rééduquer, l'âme du coupable. Mais à lire le « manifeste pénal » de 862b-863a, ce n'est pas si simple. Le principe est que « ce qu'on peut guérir, on doit le guérir, en assumant que l'âme a été infestée par des maladies ». Le châtiment ne porte donc pas sur un crime passé ; la référence au passé n'est pertinente que pour fixer la réparation du dommage, réparation qui ne relève d'ailleurs pas du code pénal : c'est une transaction n'ayant pour but que de rétablir le lien social (*philia*) entre l'auteur du dommage et sa victime. S'agissant du châtiment, l'accent est mis au contraire sur l'avenir. C'est déjà ce que disait Protagoras : « Celui qui inflige un châtiment raisonnable ne le fait pas en raison d'une injustice passée, car rien de ce qui est fait ne peut être défait, mais en vue de l'avenir, pour le dissuader, lui et ceux qui assistent à ce châtiment, de commettre une autre injustice » (*Prot.*, 324 a-c). Platon reprend la formule de Protagoras, le châtiment n'est pas une vengeance, son but n'est pas d'infliger au criminel une souffrance égale à celle qu'il a causée. Châtier, ce n'est pas punir, même si l'on ne peut pas châtier sans punir donc faire souffrir (cf. *Gorg.*, 525b). La victime a droit à une satisfaction et elle hante la mémoire du criminel jusqu'à ce qu'elle l'ait obtenue. La purification et l'exil imposés même dans les cas de crimes de sang involontaires correspondent à la vieille idée religieuse de la souillure (*miasma*). Mais ce n'est certes pas la fonction principale de la peine, et Platon résout ainsi le problème toujours actuel de sa finalité véritable : il faut « que la loi qui instruit et contraint amène celui qui a commis une injustice soit à ne plus jamais la commettre à l'avenir, soit à la commettre considérablement moins souvent ». Que peut donc vouloir dire que la loi instruit ? A-t-on là une première théorie de la pénalité moderne, dont Michel Foucault dit qu'« elle ne prétend plus qu'elle punit des crimes ; elle prétend réadapter des délinquants » ? Il ne s'agit nullement de réadapter : la loi fait prendre conscience au coupable de son erreur, le châtiment démontre, durement, la vérité de cette opinion vraie que la justice est avantageuse et non pas l'injustice. Mais l'Athénien est sans illusion : on ne pourra pas faire que le coupable aime la justice, mais on pourra faire au moins qu'il ne la déteste pas. Le châtiment a finalement une fonction curative assez limitée, et à vrai dire plus dissuasive que curative.

Il y a pourtant un cas où la réfutation de l'opinion fausse doit accompagner l'application de la loi, celui des crimes d'impiété. Est impie celui qui nie l'existence des dieux (l'athée), ou affirme leur indifférence ou leur corruptibilité. L'athée méconnaît l'âme, « ce qu'elle se trouve être et quelle puissance elle a », et la divinité de l'intellect : il ne fait que théoriser et pousser à la limite l'erreur constitutive de toute ignorance. La « théologie » du livre X fait partie du code pénal et, si certains arguments peuvent sembler assez faibles, c'est qu'ils n'ont pas pour but d'établir dialectiquement l'existence et la bonté des dieux mais de réfuter des croyances de manière suffisamment convaincante. Les « justes incrédules » ont de bonnes raisons de l'être devenus, étant donnée l'image des dieux que fournit la religion traditionnelle, mais ils ont de mauvaises raisons de le rester si on leur en transmet une autre. Quant aux athées pervers, dissimulés et manipulateurs, ils méritent non pas une mort, mais deux. L'ignorance n'est pas une cause comme les autres, la preuve en est que, pour la guérir, il faut joindre au châtiment la réfutation et à la réfutation le mythe. Celui du livre X est étonnant : on n'y trouve pas de sanctions, simplement, chaque âme ira là où elle doit aller, et Platon ne prend même plus la peine de distinguer entre cette vie-ci et ce qui se passe après la mort. Les âmes se distribuent automatiquement selon ce qu'elles sont, et c'est là leur châtiment, d'être ce qu'elles sont et de continuer à l'être en le sachant. Le prix à payer est de ne comprendre que trop tard ce qu'on a fait, par erreur, de soi-même.

*Vertu et bonheur (*République*, II, 358b-367e, IX, 577c-588a)*

Les lois pénales sont un moyen – certes pas le meilleur – de démontrer qu'un comportement juste est plus avantageux qu'un comportement injuste. Or, à bien lire la *République*, on s'aperçoit que définir la justice n'en est pas la finalité dernière mais constitue plutôt le moyen de la départager de l'injustice et d'en établir la valeur pour la vie des hommes. La *République* est comme une grande « mise en jugement » (*krisis*), et ce qui est convoqué en jugement est la justice elle-même, appelée à comparaître face à son adversaire, l'injustice. Juger la justice, décider de sa valeur, la défendre, est une curieuse entreprise, et ce qui complique encore la tâche est que la vie ne tient pour une valeur que ce qui lui est avantageux, ce qu'elle nomme son « bonheur ». Le rapport entre la vertu et le bonheur n'est pas un problème impossible en soi à résoudre mais il est celui qui soulève la plus forte résistance chez la plupart des hommes. Chacun en effet sera prêt à accorder la valeur supérieure de la justice alors qu'il n'en va pas du tout de même quand il lui faudra reconnaître qu'elle est plus avantageuse et rend plus heureux.

Glaucon distingue trois espèces de biens : certains sont bons en eux-mêmes, d'autres en eux-mêmes et dans leurs conséquences, d'autres seulement dans leurs conséquences. Socrate situe la justice dans la deuxième espèce, la plus belle, et Glaucon se fait alors l'avocat du diable, vante les avantages de la vie injuste et dépeint les souffrances du juste. Adimante le contredit : il rapporte d'abord le discours de ceux qui font l'éloge de la justice pour la bonne réputation qu'elle procure (Homère, Hésiode) ou pour le banquet et l'ivresse éternels qui la récompenseront dans l'au-delà (Musée). Pour ces poètes, la justice n'est donc pas bonne en elle-même mais pour ses conséquences. Certains, particuliers ou poètes, tiennent cependant un autre discours : ils admettent que la justice est une belle chose mais la jugent pénible et difficile, ce qui les encourage à penser que l'injustice n'est honteuse qu'au regard de l'opinion et de la loi et qu'elle procure en fait de nombreux bénéfices et de nombreux plaisirs ; une case est ainsi ajoutée à la classification de Glaucon : on peut désirer une chose, l'injustice, seulement pour les avantages qu'elle nous procure, même si on la juge mauvaise. Cette version de la thèse de Thrasymaque soutient donc que la justice, par elle-même, entraîne le malheur; seule l'injustice rapporte. En outre, des prêtres itinérants (orphiques), vendeurs d'indulgences, font croire que même les dieux peuvent être achetés, donc que même eux ne sont pas des juges justes. Glaucon et Adimante ont apporté les pièces du procès, en présentant comme un inventaire des opinions admises concernant le bonheur ou le malheur du juste et de l'injuste. Or, si nous voulons être heureux, conclut Adimante, il n'y a pas d'autre moyen que de choisir entre ces discours. Poètes contre poètes, mais ni les uns ni les autres ne font preuve de beaucoup d'imagination : tous les châtiments et toutes les récompenses imaginés pour les justes ou pour les injustes sont exactement les mêmes, comme l'est la représentation qui est donnée du bonheur et du malheur. Quelle raison alors de choisir la justice ?

La question des avantages de la justice est-elle identique à celle de savoir si elle rend heureux ? À regarder ceux qui sont énumérés par les uns et les autres et par Socrate lui-même au livre X (612a-614a), il faut entendre par « avantages » des bénéfices empiriques, extérieurs, alors que le bonheur, indépendant de ces derniers, serait un certain état de l'âme tout entière. On se retrouve alors avec deux conceptions du bonheur : la conception commune, pour qui il est la possession d'un certain nombre d'avantages, et la conception « philosophique » qui l'intériorise et en fait une disposition de l'âme. Si « heureux » veut dire posséder une âme en ordre où chaque partie fait ce qu'elle doit faire, la liaison entre la justice et le bonheur est une liaison analytique : dire un homme heureux est dire que son âme est juste (ce qui a peu de chance de convaincre la plupart des hommes). Pourtant, en situant la justice dans la deuxième espèce des choses bonnes, Socrate semble concevoir le bonheur plutôt comme un bénéfice de la justice, auquel cas leur liaison est synthétique, ce dont Socrate avance au livre IX trois preuves différentes. La première (576 b-550 c) procède *a contrario* : elle établit que l'homme tyrannique est le plus malheureux. Il est évident pour tous qu'une cité tyrannisée est la plus malheureuse mais cela n'empêche pas que chacun pourrait bien souhaiter être tyran. Il faut donc convaincre que l'âme tyrannique est une âme tyrannisée par sa partie la plus mauvaise et la plus folle, qu'elle est toujours insatisfaite et perpétuellement en proie à la peur. Si un homme tyrannique a la malchance de disposer du pouvoir dans la cité, sa condition est encore pire : il devient l'esclave de certains de ses esclaves, qu'il doit flatter pour s'en faire des alliés, et il est le premier prisonnier de la cité dont il a fait une grande prison. En quoi déclarer avec tant d'éloquence que le tyran est le plus malheureux prouve-t-il le bonheur du juste ? Cela sert surtout à éliminer une certaine image de la puissance : avoir le moyen de s'approprier tout ce dont on a envie, vivre une vie où le désir ne rencontre aucun obstacle sont des représentations, communes et insistantes, d'une toute-puissance dont on juge qu'elle nous procurerait le bonheur. Tant qu'on a en soi ces images, on croit forcément que le plus injuste est le plus heureux. Pour démontrer que l'est au contraire le plus juste, Socrate estime nécessaire d'ajouter deux arguments, l'un qui accorde au philosophe l'expérience la plus étendue des plaisirs, l'autre qui affirme qu'il éprouve des plaisirs plus réels. Au cours de ces deux démonstrations, il est établi que le seul bon juge de la vie humaine, et d'abord de la sienne, c'est le philosophe, que le plus juste, c'est aussi lui, et que celui qui éprouve la plus grande quantité et la meilleure qualité de plaisirs, c'est lui encore. Or, à supposer qu'il réussisse à persuader ceux qui ne sont pas philosophes, ceux-ci ne pourront jamais comprendre véritablement de quoi on leur parle. Pourquoi alors chercher à les convaincre ? Pour faire échapper la philosophie au discrédit dont, selon le livre VI, elle est « à présent entourée ». Pour cela, elle doit communiquer d'elle-même une opinion vraie, ou au moins une bonne image, car la plus grande injustice commise par les cités existantes est celle qu'elles commettent envers les philosophes, c'est-à-dire envers les plus justes. Rendre justice à la justice c'est donc rendre justice à la philosophie. Il n'y a pas de vraie justice dans la cité ou dans l'âme si la philosophie n'y a pas sa juste place.

Tous les malheurs que le juste peut subir ne découleront pas du fait qu'il est juste mais de l'injustice des autres – la justice ne peut avoir que de bonnes conséquences ; le bonheur du juste découle de la bonne constitution de son âme et du bon ordre de sa vie : le bonheur est la jouissance de l'ordre juste. Il est ce contentement continu qu'apporte une certaine manière de vivre mais qui ne se confond pas avec elle, et qui n'est distinct de ce que l'on appelle plaisir que par son unité et sa continuité. Pour le dire comme Kant : « l'agrément de la vie accompagnant sans interruption l'existence est le bonheur. » Personne, dit le Socrate du *Philèbe*, n'accepterait une vie sans plaisir : le reconnaître n'est pas énoncer une thèse eudémoniste mais constater ce fait que le bonheur pour un vivant consiste à jouir de la vie. Platon ne le conteste jamais : il se demande quelle forme doit prendre la vie pour que nous puissions justement en jouir.

L'art et la cité

*Mimèsis (*République*, II, III et X)*

Le rôle fondamental des poètes dans la représentation du bonheur et du malheur explique l'importance, déconcertante au premier abord, accordée par Platon à la critique de la poésie et des poètes. L'attaque menée tout au long de trois livres de la *République* est le point où tout admirateur de Platon risque de se sentir trahi par lui ; elle constitue une source inépuisable de critiques envers la « censure » qu'il prétend exercer et elle semble être la preuve la plus irréfutable de son « totalitarisme ». Il est en effet surprenant de voir que celui dont la tradition rapporte qu'il aurait commencé par composer des tragédies (DL, III, 5), et qui avoue être sensible au charme exercé par une poésie « capable d'émouvoir les meilleurs d'entre nous » (*Rép.*, 605c), semble réduire celle-ci à ses contenus et montrer si peu de sensibilité esthétique. Pourtant, dans l'*Apologie* comme dans l'*Ion*, Socrate reconnaissait que les poètes peuvent, s'ils sont inspirés, dire beaucoup de belles choses et, dans le *Phèdre*, le délire poétique fait partie des délires divins. En outre, la cité ne peut se passer de poètes puisque la poésie est la partie maîtresse de la première éducation : les œuvres, si elles sont belles, préparent les âmes des jeunes gens à l'action de la raison (*Rép.*, 401a-402a). Même au livre X, où le ton se durcit, et en dépit de la querelle existant de longue date entre la philosophie et la poésie, la porte reste entrouverte : si la poésie « mimétique » peut prouver qu'elle a sa place dans une cité bien ordonnée, « nous l'y ramènerons de grand cœur car nous avons conscience de l'ensorcellement qu'elle exerce sur nous » (607b).

Cela n'adoucit que très peu la vigueur de la condamnation et ne disculpe pas Platon du crime de censure. Il importe toutefois de comprendre que Platon n'attaque pas ici la poésie et la culture artistique en général pour elles-mêmes mais pour leurs effets : la force psychologique des œuvres d'art recèle un énorme danger éthique et politique. Car s'il existe une différence naturelle entre les aptitudes, si l'orientation du désir est dès la naissance déterminée en chacun, à l'intérieur de ces limites l'âme humaine est malléable ; elle prend la forme de ce que l'on déverse en elle, et ce d'autant plus qu'elle est plus jeune, d'où l'importance des contes racontés aux enfants. La mimétique est inhérente à l'âme des hommes et chacun devient ce qu'il imite. Or tous les arts, même l'architecture, même la musique (selon une théorie remontant à Lasos d'Hermione et reprise par Damon) sont des manifestations du caractère (*èthos*), ils produisent des images (parlées, sonores ou visuelles) des actions et des affections humaines ; des qualités ou des défauts intérieurs s'y manifestent qui s'impriment en ceux qui les reçoivent (401a-d). La belle comparaison de l'*Ion* (533d-534e) entre cette transmission et celle qui se propage à travers une chaîne d'anneaux aimantés dit la force de ce qui se diffuse. Toute œuvre d'art a le pouvoir d'imposer insidieusement des attitudes, des émotions, des conceptions religieuses et morales et de contribuer ainsi à la formation des hommes et des mœurs. Platon reproche à Homère et tous les poètes de raconter sur les dieux, les héros et les hommes des histoires « pleines de bruit et de fureur » où abondent la cruauté et le mensonge, le meurtre, l'inceste et l'adultère, la jalousie et la méchanceté. Que les poètes provoquent l'indignation et la pitié à l'égard des malheurs des hommes, ou au contraire suscitent le désir et l'envie d'éprouver des émotions joyeuses ou des sentiments heureux semblables à ceux qu'ils représentent, ils font appel aux aspects irrationnels de l'âme. La poésie affecte l'âme, elle exclut toute distance, elle ne fait pas réfléchir, elle ne fait pas appel à l'intelligence. Plus gravement, elle impose l'image d'un bonheur fait exclusivement de prestige social et de jouissances prises à des biens matériels. Ce n'est pas Platon, ce sont ses contemporains qui considèrent les poèmes d'Homère comme une encyclopédie contenant une foule d'informations techniques, une somme théologique et surtout un ensemble de modèles de conduite publique et privée. Ce n'est pas lui qui réduit la poésie à la brutalité de ses contenus – récits d'actions comiques ou tragiques et peintures de passions non réfléchies –, ce sont ses auditeurs et ses spectateurs qui la perçoivent ainsi. En se soumettant au jugement du plus grand nombre et en faisant de la sorte de plaisir qu'on attend d'eux leur critère, les artistes mettent au pouvoir une « théâtrocratie » et répandent l'opinion que tous s'entendent à tout (*Lois*, 701a).

Mimèsis prend un sens différent dans la classification stylistique du livre III où le terme désigne une espèce de poésie, ou lorsqu'il s'applique à l'activité du comédien et du rhapsode, ou encore à celle de l'auteur, ou enfin à l'état du spectateur qui s'identifie aux personnages représentés. Traduire toujours *mimèsis* par imitation est donc une distorsion. L'analogie établie au livre X entre la poésie et la peinture et celle entre l'image peinte et un simple reflet dans un miroir (qui semble refuser au peintre toute compétence technique, toute activité créatrice et même toute inspiration) semblent pourtant aller dans le sens d'un art compris comme une plate copie de la réalité. Le texte qui distingue entre les trois lits : celui que fait pousser comme une *idea* un dieu-jardinier (*phutourgos*), celui que fabrique sur ce modèle l'artisan menuisier, et celui que représente le peintre, donne certes aux produits de la *mimèsis* un statut de purs simulacres (596a-602b). Mais quand il représente un lit comme lorsqu'il représente un dieu, le peintre n'imite aucune réalité, visible ou invisible, il représente l'opinion qu'il s'en fait ou l'émotion qu'il éprouve devant elle : il représente l'apparent tel qu'il lui apparaît, il « fait des simulacres avec des simulacres » (*Rép.*, 605c). La comparaison entre les tableaux et des images dans un miroir ne relève donc d'aucune théorie esthétique faisant de l'art une imitation servile (ce qui serait peu probable en raison de l'admiration déclarée dans les *Lois* pour l'art très stylisé des Égyptiens), elle montre un éloignement de la réalité vraie donc l'impossibilité d'accorder la moindre compréhension du réel à de telles images. Toute image comporte une perspective qui n'est pas une affaire exclusivement technique, mais qui est en fin de compte éthique. Et c'est en cela que la *mimèsis* est dangereuse, non parce qu'elle est une « imitation », mais parce qu'elle est une expression. À travers son rejet de la poésie, c'est toute la culture de son temps que Platon refuse. De quelle vision cette culture est-elle l'expression ? Qu'est-ce qui imprime son unité à la diversité de ses manifestations ? L'hellénisme n'est pas un phénomène contingent et on ne peut en rendre compte en alignant une série de conditions matérielles et sociologiques. Si les Grecs ont fait des poètes et plus généralement des artistes leurs éducateurs, pourquoi l'ont-ils fait ? Quelle sorte de vérité sur le monde et sur eux-mêmes l'art exprimait-il, en laquelle ils se reconnaissaient ?

La vision tragique

Tout art procède de deux passions fondamentales : un attachement excessif à la vie et une aversion insurmontable pour la souffrance et la mort ; tout art à la fois les représente, les intensifie et les transmet. C'est au plus haut degré le propre de la poésie mimétique, qui « représente des hommes accomplissant des actions forcées ou volontaires, en conséquence desquelles ils se croient heureux ou malheureux ; et quand ils s'y livrent, en chaque cas, ils s'affligent ou se réjouissent » (*Rép.*, 603c). Sont représentées en fait moins des actions que des erreurs d'évaluation (sur la nature du bonheur et du malheur) et des passions, essentiellement la douleur et la joie, qui sont source à la fois des actions et des erreurs. La poésie tragique procède de l'énergie passionnelle du *thumos*, de la fureur et de l'aveuglement de vivre, et c'est aussi sur le *thumos* qu'elle agit. Par elle, « les passions d'autrui deviennent nécessairement les nôtres », toutes les passions, grâce à la violence communicative d'une vie non maîtrisée. Or, en son fond, toute poésie est tragique et, dans le *Philèbe* (48a-50b), il apparaît clairement que la comédie est une espèce de tragédie et que la tragédie, c'est la vie, privée de toute dimension transcendante et faisant d'elle-même la valeur suprême. Vérité qu'Homère, le plus grand des tragiques, met dans la bouche du valeureux Achille : « J'aimerais mieux, valet de bœufs, servir un fermier misérable qui n'aurait pas grand'chère que régner sur ces morts, sur tout ce peuple éteint » (*Od.*, XI, 489-490). La vérité enseignée par l'art est une vérité tragique. Ce qui donc pour Platon est en jeu est la vision tragique du monde, une vision purement immanente où les dieux ne sont pas divins et où les héros ne font que porter à leur paroxysme les passions et l'ignorance humaines. Si le chaos existe, si les choses ne cessent de disparaître et les hommes de souffrir et de mourir, il n'y a aucune raison de prendre cela au tragique, de s'en indigner et de croire les poètes. Il faut au contraire ne pas prendre au sérieux ce qui n'est pas digne de l'être, ce qui n'est qu'un jeu.

La vision tragique n'est pas propre à la seule tragédie ; est tragique toute perspective qui juge, sans recul ni hauteur, la vie humaine digne du « grand sérieux » : « Assurément les affaires humaines ne valent pas qu'on les prenne au grand sérieux ; cependant nous sommes forcés de les prendre au sérieux, et cela, ce n'est pas de chance » (*Lois,* 803b). Les prendre malgré tout au sérieux est ce que fait le législateur. Lorsque l'Athénien déclare dans les *Lois* qu'il est l'auteur de la plus belle des tragédies, il faut entendre qu'il s'agit d'une tragédie expurgée de tout tragique. La tragédie « la meilleure et la plus belle » (817b) est la représentation de la vie la meilleure et la plus belle. Son auteur ne se contente pas pour la créer d'un chœur et de quelques acteurs, c'est la cité tout entière qui doit célébrer ce qu'il est seul à saisir, tous les citoyens sont ses interprètes – marionnettes qui miment dans leurs vies et leurs actions l'intelligibilité de lois qu'il est seul à concevoir. La cité est ce chœur qui chante à l'unisson la divinité de l'intelligence, le bon poète lui fait chanter la beauté et l'ordre du monde. La musique remplit alors pleinement son rôle car elle est soumise au nombre et à la mesure, elle est sœur de la raison, elle y prépare l'âme et l'y apparente. Étant celui qui pénètre le plus profondément en l'âme, la musique est l'art dont la perversion a les conséquences les plus graves, puisque la seule supériorité dont puisse se prévaloir l'espèce humaine est l'aptitude « à cet ordre dans les mouvements qu'est le rythme » et à « cette combinaison des aigus et des graves qu'est l'harmonie » (664e-665a). La musique ne peut produire la bonne harmonie, le juste rythme, que si elle est bien mesurée et à la condition que tous deux « suivent le logos », ce qui ne veut pas dire s'adapter au texte mais faire qu'une modulation sonore exprime métriquement, non pas une histoire ou des sentiments, mais le *ton* même de l'âme. Ce ton peut être celui du courage – et le mode est dorique – ou être calme et bien tempéré – et le mode est phrygien. Il y a une musique des vertus qui s'oppose à la musique frénétique et tragique du *thumos*.

Platon juge l'art du point de vue de ses avantages et de ses inconvénients pour la vie, rien ne lui est plus étranger que la conception de l'art pour l'art. Mais pourquoi cette tragédie qu'est selon lui les *Lois* est-elle une tragédie ? Parce que les hommes ne sont pas les auteurs mais les acteurs de cette pièce et que la vie la meilleure et la plus belle, il faut bien la leur imposer puisqu'ils sont incapables de se l'imposer eux-mêmes – autrement dit parce que l'intelligible ne leur est pas vraiment intelligible. La vie humaine ne cessera d'être un spectacle de marionnettes pour devenir la tragédie la plus belle que lorsque l'homme ne sera plus égaré par lui-même mais seulement vaincu par la Nécessité.

II. LE MONDE

Dans le *Timée*, le Démiurge abandonne aux dieux jeunes, ses aides, la tâche de façonner les corps mortels ainsi que la partie mortelle de l'âme humaine et le soin de gouverner le vivant mortel « avec le plus de beauté et bonté possible, pour éviter qu'il ne devienne la cause de son propre malheur » (42e). Le récit entier de la genèse du Monde et le fait de le concevoir comme un vivant parfait composé d'une âme et d'un corps ont cette finalité ultime : montrer que rien en l'homme n'est naturellement mauvais, que rien dans sa constitution originelle n'est la cause nécessaire de son ignorance et de sa méchanceté puisqu'il est produit par des dieux bienveillants comme un « microcosme » analogue à un « macrocosme » très bon, très beau et très parfait. Les dieux ne sont pas responsables de la méchanceté humaine, les hommes peuvent devenir bons autant qu'il est possible à condition que gouverne en eux ce qui doit gouverner et qu'obéisse ce qui doit obéir. La valeur des hommes et de leurs cités est affaire de hiérarchie, d'une hiérarchie dont le Monde fournit le modèle accompli.

Raconter l'Histoire (le Prologue du Timée *et le* Critias*)*

Dans le Prologue du *Timée*, Socrate souhaite que la constitution dont il a dessiné le plan soit mise à l'épreuve de la guerre et acquière ainsi le mouvement et la vie. L'organisation politique et le programme d'éducation dont il a doté sa cité « en parole » prouveront leur valeur lorsque celle-ci se trouvera confrontée « en acte » à d'autres cités. Socrate prétend alors rappeler les propos tenus « hier », et il nous semble bien les reconnaître : les gardiens de cette cité divisée en trois classes doivent avoir une nature alliant deux vertus contraires, de plus il faut que leur éducation soit complète et dispensée également aux femmes ; leur mode de vie se caractérise par la communauté des biens, des femmes et des enfants, leurs mariages seront conclus de manière à entraîner la naissance d'enfants bien doués, enfin un exil discret des « mauvais citoyens » s'impose. Même si les principaux points retenus par Socrate ne figurent que dans cette œuvre, la chronologie ainsi que la différence des interlocuteurs rendent difficile de penser que Socrate résume ici la *République*. Si c'est une référence, c'est à coup sûr une référence truquée. Platon semble plutôt tracer le schéma du dialogue que ses interlocuteurs présents *auraient dû* tenir pour pouvoir enchaîner sur celui qui va suivre. Qu'il s'inspire de la *République* est évident, mais il n'en retient que les éléments nécessaires à l'existence et la formation des guerriers puisque c'est la cité en guerre qu'il propose à présent de dépeindre. On pourrait penser que ce tableau vivant est l'affaire des poètes et des sophistes, s'il n'était précisé que la condition pour parler d'hommes qui sont à la fois philosophes et politiques est d'avoir, comme eux, part à la philosophie et à la politique. Ce n'était pas le cas d'Adimante et de Glaucon, et ce n'est pas non plus celui de Socrate qui se connaît assez lui-même pour se savoir incapable de faire comme il convient l'éloge d'une telle cité.

Cependant, si la peinture de cette cité théorique en action était le récit de ses exploits à venir, ce récit serait une œuvre de pure imagination, autant dire un roman, qui ne rendrait en rien croyable le passage de la théorie à la pratique et de l'immobilité au mouvement. Il faut donc projeter l'histoire au passé ; le roman ne sera plus alors un produit de l'imagination mais de la mémoire, ce sera un roman historique – ce qu'est le récit de Critias rapportant l'histoire racontée à Solon par un très vieux prêtre égyptien, histoire dont les Grecs, ces « éternels enfants », ont perdu le souvenir. Selon ce prêtre, l'Ancienne Athènes (celle d'avant le déluge) ayant reçu ses arts et ses lois d'Athéna, déesse « amie de la guerre et du savoir », possédait la meilleure constitution politique et était à la fois la plus civilisée et la plus réellement invincible. Elle put ainsi soutenir seule une guerre victorieuse contre les envahisseurs venus de l'île Atlantide, engloutie depuis. Critias opère pour conclure un curieux renversement : le discours tenu « hier » n'était qu'une fiction (*muthos*) mais ce qu'il vient de rapporter est un discours (*logos*), et Socrate confirme qu'il ne faut pas voir là « une histoire fabriquée » mais un « *logos* véritable ». On peut néanmoins douter du crédit accordé par Platon à ce déplacement de la vérité et à cette interversion du *muthos* et du *logos*. La vérité des événements relatés par Critias dépend de l'autorité de ceux qui les lui ont transmis : tout historien doit insister sur le fait que ses sources sont dignes de foi, et Platon s'amuse ici à parodier les procédés d'Hérodote et de Thucydide. La description de l'Atlantide et le récit de son combat contre Athènes, esquissés au début du *Timée* et partiellement développés dans le *Critias* (inachevé), sont probablement une légende forgée de toutes pièces, même si certains ont cherché à apporter des preuves du contraire : il est possible qu'une île se soit engloutie à l'endroit désigné par Platon mais l'authenticité de cet accident géologique ne garantit en rien qu'ait régné l'organisation politique, militaire et culturelle imaginée par Platon.

Toute histoire, y compris celle des historiens, est d'ailleurs un mélange de réalité et de fiction reposant sur des témoignages humains et multiples, donc peu fiables, et reconstituant le passé selon la perspective de celui qui le raconte. Car l'Histoire est inséparable du blâme et de l'éloge – de ce que nous nommerions une idéologie. Le récit de Critias rejoint en ce sens le *Ménexène*, mais ce n'est plus une parodie qui sert à dénoncer la falsification inhérente à toute oraison funèbre, c'est une « fiction vraisemblable ». Elle a pour but de persuader les Athéniens que la réforme proposée n'est qu'un retour de leur cité à sa vérité originaire : ainsi, la critique est en même temps un éloge ; Athènes se trouve dédoublée puisque, ancienne, elle est un modèle positif et, actuelle, elle est l'exemple de ce qu'il ne faut pas faire (on peut se demander de quelle Athènes ce bon législateur qu'est l'Athénien des *Lois* est le citoyen). Dans le *Critias*, l'Atlantide apparaît comme une formidable puissance économique, militaire et maritime, alors que l'Athènes ancienne est une société terrienne respectant des lois traditionnelles, à l'économie essentiellement agricole et où la circulation de l'argent est réduite au minimum. Lorsque Platon représente à ses contemporains le désastre où conduisent une démocratie excessive et un impérialisme naval et commercial, caractères voisins de ceux qui conduisirent l'Atlantide à la catastrophe, il transpose l'affrontement entre Athènes et Sparte lors de la guerre du Péloponnèse, dont l'issue sanctionna selon lui la décadence d'Athènes. La vérité historique relève toujours de la fiction, mais d'une fiction vraisemblable (terme qui ponctuera toute la suite du *Timée*) qui a le pouvoir de faire croire à l'existence d'événements passés dont personne ne saura jamais comment ils se sont vraiment déroulés, et également celui d'idéaliser ou au contraire de noircir ses différents acteurs.

*La distinction ontologique (*Timée*, 27d-29d) et les deux causalités*

Une fois justifié par Socrate son silence à venir, Critias distribue les rôles : parce qu'il est le meilleur astronome, Timée prendra d'abord la parole et, partant de la naissance du Monde, il finira par la nature de l'homme. Recevant ensuite les « hommes nés de son discours », Critias supposera qu'ils sont les « aïeux invisibles » révélés par des écrits sacrés et raisonnera sur ces Athéniens passés comme s'ils étaient réellement existants (l'*Hermocrate* n'est annoncé que dans le *Critias* et n'a jamais été écrit).

L'exposé de Timée s'inscrit donc dans un contexte historique et rhétorique ; or, à l'exception de la partie cosmogonique, cet exposé se présente comme une encyclopédie des sciences de la Nature – astronomie, physique, chimie, biologie – et des sciences humaines – médecine, philosophie, sociologie. Les mathématiques y occupent une place privilégiée : les constituants des phénomènes de l'univers sensible ainsi que les proportions et les lois qui les régissent sont de nature mathématique, comme l'est le langage capable d'exprimer exactement leurs structures et leurs rapports.

Mais ce discours qui est pour nous par excellence un discours scientifique n'en est pas un pour Platon. Le *Timée* reste en cela fidèle à la déception éprouvée par le Socrate du *Phédon* (96a-100b) devant les enquêtes sur la Nature propres aux anciens savants et à sa décision d'entreprendre une « seconde navigation ». Le devenir ne peut être connu que par l'opinion jointe à la sensation irraisonnée et, quand on s'attache à des réalités en devenir, il faut se suffire d'un « mythe vraisemblable » car « ce que le devenir est à l'être, la croyance l'est à la vérité ». La science véritable se borne en effet à fournir ses principes à l'Artisan divin. Celui-ci doit partir d'une distinction ontologique (formulée maintes fois ailleurs) entre ce qui est réellement et toujours même, et « ce qui devient sans cesse mais n'est jamais ». Cependant, même les réalités sensibles ne sont pas le produit erratique du hasard : tout ce qui naît naît nécessairement sous l'effet d'une certaine cause. Quand cette cause est l'art, le bon artisan produit ce qu'il produit en prenant pour modèle ce qui est toujours même et, s'il y introduit la forme caractéristique (*idea*) et la puissance (*dunamis*) de son modèle, son œuvre est belle. Or le Monde (le Ciel, ou l'Univers) est sensible : il a donc commencé dans le temps et a une cause productrice. Il est plus vraisemblable qu'un Univers ordonné et beau procède d'une cause intelligente que du hasard. Puisque le Monde est beau, son ouvrier est bon et a dû contempler un modèle immuable et éternel : le Monde est une image de l'Idée de Monde.

De la division ontologique découle la distinction entre deux sortes de causalité et leur subordination : les causes mécaniques, qui dépendent de la nécessité, sont secondes par rapport à la causalité première, intelligente et eidétique, donc paradigmatique et intelligible. Platon s'oppose ainsi radicalement à tous les traités de ses prédécesseurs sur la Nature qui n'ont retenu qu'une seule espèce de causalité, méconnaissant celle qui est première : les cosmogonies mécanistes s'en remettent à un « hasard nécessaire » (*Lois,* 889c). Les causes accessoires ou secondes sont de l'ordre de la nécessité et « produisent leurs effets chaque fois au hasard et sans ordre » (*Tim.*, 46e). La nécessité ne s'identifie pourtant pas au hasard, car lorsqu'elles se mettent au service de la causalité intelligible les causes nécessaires sont des causes instrumentales. Ce sont, comme dans le *Phédon*, les conditions nécessaires (*sunaitiai*) pour que la cause première puisse produire son effet : les causes mécaniques sont les moyens de réaliser l'intention téléologique qui anime la causalité intelligente. À la question posée dans le *Sophiste* (265c) lorsqu'il est question de l'art de produire : les êtres naturels sont-ils produits « par une cause spontanée et dépourvue de pensée » ou par une cause « accompagnée de raison et d'une science divine parce qu'un dieu en est l'origine ? », Timée répond : les deux, la venue à l'être de notre Monde résulte d'un mélange unissant la nécessité et l'intellect. Cependant, l'intellect doit « persuader » la nécessité (*Tim.*, 48a, 56b), surmonter par conséquent une résistance qui peut être plus ou moins forte mais qui reste irréductible. La causalité nécessaire conserve une certaine faculté d'errance (48a-e), qui explique le comportement aléatoire de certains phénomènes. Le hasard est le résidu inéliminable de la Nécessité, son aspect rebelle à toute persuasion intelligente. Le Monde sensible est intelligible mais il ne peut l'être complètement puisque l'intelligence n'a pas la puissance de pénétrer entièrement les moyens dont elle a besoin pour s'exercer. Il faut distinguer ces deux types de causes, la nécessaire et la divine, pour comprendre la nature artisanale de l'action du Démiurge (68e-69a). Celui-ci n'est ni un Dieu créateur tout puissant, ni même le seul dieu : ses rejetons sont des dieux, comme le sont les astres, et le Monde lui-même est un dieu visible. S'il doit raisonner, calculer, prévoir, c'est par désir de réaliser le meilleur. Ce qui risquerait d'apparaître comme le fonctionnement d'un Intellect pur aux prises avec un chaos initial est présenté comme le propre d'un dieu dépourvu d'envie et se réjouissant à la vue de son œuvre – manière d'affirmer une fois encore que l'intelligence est inséparable de l'excellence d'une nature. La bonté du Démiurge réside en dernière analyse dans sa conviction que l'ordre vaut mieux que le désordre et dans sa décision de rendre cet ordre indestructible et éternel, bien qu'il ait été engendré (41b). Le Démiurge n'est pas cause de l'être intelligible et il n'est pas cause du devenir sensible, seulement de l'ordre et de la régularité qui s'y manifestent. La mise en ordre suppose une action de type artisanal qui se calque tour à tour sur celles du forgeron, du charpentier, du peintre…

Le corps du Monde est constitué d'« éléments », feu, eau, air et terre (hérités des « quatre racines » d'Empédocle) qui se transmutent perpétuellement en cercle, leurs condensations et évaporations, dispersions et concentrations, compressions et dilatations faisant qu'ils ne conservent jamais la même forme. Ce ne sont donc ni des réalités permanentes ni des réalités toujours distinctes, et il n'est pas légitime de dire « ceci » est feu, ou eau, car il n'y a rien qui corresponde à un « ceci », seulement un flux en perpétuelle transformation qui se donne « tel » à percevoir et à nommer tant que ses changements nous restent insensibles. Sous ou derrière cet apparaître il n'y a pas de réalité dont celui-ci serait le phénomène, donc pas de « substance » sensible correspondant au feu à laquelle rapporter tous les feux que nous percevons. Quand nous appelons « feu » ce qui chaque fois nous paraît tel, nous risquons de commettre l'erreur d'y voir la manifestation d'un élément sensible toujours même et toujours distinct des autres éléments, alors que nous devrions référer ces manifestations à leur véritable cause, eidétique et éponyme, la Forme du Feu. Cette cause donne aux phénomènes sensibles qui l'imitent leurs noms et leurs propriétés, intelligibilité relative qui permet de les connaître et d'en parler, mais elle ne rend pas compte de leur existence. Doit par conséquent intervenir un troisième genre d'être qui mérite seul d'être nommé « ceci » ; il ne doit pas son existence au Démiurge, il est aussi éternel et identique à lui-même que les Formes, il est un facteur indépendant et nécessaire à la production d'un monde d'images.

Le réceptacle

Ce troisième genre a donné lieu à nombre d'interprétations et de controverses. On peut au moins s'accorder sur le fait que c'est un postulat ontologique requis par toute réalité sensible, laquelle, pour exister, doit exister quelque part. Pour que l'image sensible cesse d'être le fantôme déficient de son modèle intelligible, il lui faut occuper une place. D'où le nom que lui donne par deux fois Timée : *khôra* (52b, d). C'est un terme d'origine géographique désignant le territoire propre à une cité et dont elle tire sa subsistance, et qui est employé maintes fois par Platon dans d'autres Dialogues et ailleurs dans le *Timée* sans plonger les commentateurs dans aucun « abyme », alors que les deux occurrences figurant dans ce passage semblent les y faire tomber. Or le troisième genre commence par recevoir d'autres noms : il est le « réceptacle » qui de tout temps reçoit ce qui se projette en lui, la « nourrice » et la « mère » de l'Univers, « ce en quoi » les images sensibles apparaissent, « ce de quoi » elles sont faites, et également un « porte-empreintes » comparé à l'excipient d'un parfum, un morceau de cire et une masse d'or, car pour pouvoir recevoir l'indéfinie diversité des formes sensibles il doit être sans forme propre, amorphe. L'obscurité ne tient donc pas à ce nom, *khôra*, qui n'est qu'un nom parmi d'autres, mais à ce qu'il nomme. Vient-elle de la confusion dénoncée par Aristote (*Phys.*, IV, 209b11-16) entre étendue et matière ? Timée dit très clairement qu'être quelque part est la seule consistance de l'existence sensible et que c'est son déploiement dans l'extériorité qui la rend à la fois inintelligible et subsistante, non sa « matérialité » (le terme *hulè*, les très rares fois où il figure dans les Dialogues de Platon, y a son sens premier de « bois de construction »). Avant Descartes, Platon pense l'étendue comme étant l'attribut principal des réalités corporelles. Le sensible ne tient pas sa quasi-existence du fait d'être senti mais du fait d'advenir en une place. La véritable difficulté est que cet être postulé a un mode d'être qui n'est ni sensible, ni intelligible. Seul un raisonnement peut l'atteindre, et pourtant il ne peut faire l'objet d'aucun discours rationnel. Le réceptacle est intelligible comme postulat mais la nature de ce qui est postulé est inintelligible, de telle sorte « qu'il participe de façon parfaitement déconcertante à l'intelligible » (51a). Appréhendé par « un raisonnement bâtard », il s'apparente à un rêve, rêve dangereux puisqu'il nous porte à croire que tout ce qui est doit nécessairement être quelque part, donc à oublier que toute réalité sensible est une image dont l'être est emprunté et dont les déterminations viennent de notre perception et de notre langage.

Le Vivant éternel

Le corps du Monde (31e-34b)

Si le Monde est visible, il doit contenir du feu, et s'il est tangible, de la terre. Pour les relier, un troisième élément est nécessaire, mais comme le Monde n'est pas plan mais solide, il requiert quatre termes et deux médiétés. Le nombre des éléments n'est donc pas le produit d'une observation mais d'une déduction mathématique. Même s'ils sont composés de réalités imperceptibles dépourvues des propriétés de leurs composés et même si trois d'entre eux sont susceptibles de transmutations, les quatre éléments sont en ce sens des « genres réels ». Avant l'intervention du dieu, ils existaient seulement à l'état de traces à peine ébauchées et étaient secoués par le mouvement dépourvu d'ordre et de mesure du réceptacle ; ce chaos initial est « l'état dans lequel on peut s'attendre à trouver absolument toutes choses quand un dieu en est absent » (53b). Le problème est évidemment de concevoir l'existence d'un mouvement propre aux éléments alors que seule l'âme est véritablement motrice. On peut simplement noter que les éléments se séparent spontanément selon leur poids, comme les différents gabarits de grains de blé sous l'action giratoire d'un crible, et penser que les soubresauts de la *khôra* ne sont pas véritablement des mouvements. Le dieu donne aux quatre éléments une forme géométrique, celle de quatre polyèdres réguliers, trois ayant pour base des triangles équilatéraux, et le quatrième un carré. Les triangles équilatéraux sont constitués de six triangles rectangles scalènes, les carrés de quatre triangles rectangles isocèles. La rotation de la sphère contrarie leur répartition définitive en quatre couches concentriques, d'où les modifications et déplacements des polyèdres, les petits cherchant à s'insérer dans les interstices laissés entre les plus gros, interstices remplis d'un fluide homogène car il n'y a aucun vide intérieur. Seuls les éléments composés d'une même espèce de triangles (feu, air et eau) peuvent se transmuter les uns dans les autres, et leurs transmutations sont soumises à des lois mathématiques. Quant à la terre, elle peut simplement se décomposer et se recomposer. La diversité entière des phénomènes dérive donc de deux espèces de triangle rectangle (scalène et isocèle), la genèse des éléments s'explique intégralement par les surfaces de deux triangles premiers, et l'ensemble de la physique est gouverné par un remarquable principe d'économie. Ce que nous nommons « matière » est mathématiquement intelligible et ne menace en rien l'unité indissoluble du corps du Monde, elle le rend au contraire « ami de lui-même ». Chaque élément a été utilisé en totalité, le Monde est unique, rien d'extérieur ne peut l'agresser ni l'altérer. Son corps est sphérique car la sphère est la figure la plus semblable à elle-même (les distances du centre aux extrémités sont toutes identiques), et le semblable est mille fois plus beau que le dissemblable; sa surface est lisse, le Monde n'ayant besoin ni d'organes ni de membres. Cet atomisme géométrique s'oppose point pour point à celui des Abdéritains pour qui les atomes sont des polyèdres et non des surfaces, qui admettent l'existence d'une infinité d'atomes de toutes formes se mouvant dans un vide illimité, et celle d'une infinité de Mondes.

L'Âme du Monde (34b-37c)

Timée remarque alors qu'il a parlé au hasard : il aurait fallu parler de l'Âme du Monde avant de parler de son corps, l'ordre de son récit ne suit pas celui de la création. Le fait de relever (et en fait d'introduire) ce désordre dans un exposé par ailleurs si rigoureux et si constamment didactique a évidemment un but : rappeler que la cosmogonie ne se situe dans aucun temps, puisque celui-ci n'a pas encore été créé, alors que le récit de Timée est soumis à la contingence d'un déroulement successif. Lorsque Timée dit l'âme « antérieure » au corps, il s'agit donc d'une priorité selon « l'engendrement et l'excellence ». L'Âme du Monde est composée comme l'est toute réalité d'Être, de Même et d'Autre. Les trois questions auxquelles, selon le *Sophiste*, il est nécessaire de répondre pour connaître quelque réalité que ce soit se métamorphosent en ingrédients, mais ceux qui entrent dans la constitution de l'Âme du Monde ne sont pas purs. Chacun des trois termes comporte en effet un aspect indivisible qui l'apparente à l'intelligible, et un aspect divisible qui l'apparente au sensible. Le Démiurge mélange donc chaque fois ce qu'est chaque terme par essence avec sa manifestation imparfaite dans le devenir, laquelle, étant une image, n'est pas véritablement, n'est jamais même qu'elle-même, donc ne peut jamais être réellement différente d'une autre. De ce mélange, qu'on pourrait appeler participation, résultent trois intermédiaires que le Démiurge mélange à nouveau. Il obtient une masse qu'il lamine et découpe dans sa longueur en deux bandes, celle du Même et celle de l'Autre. Elles ont même composition mais, une fois qu'elles sont recourbées en deux cercles croisés l'un sur l'autre en χ, chacune d'elles va tourner en sens inverse de l'autre. Le principe selon lequel ce qui différencie l'opinion droite (réservée au cercle intérieur de l'Autre) de la science (propre au cercle enveloppant du Même) est l'orientation du mouvement de l'âme vers deux genres distincts d'objets se trouve ainsi métaphoriquement représenté. L'Âme du Monde possède une fonction motrice, elle est à l'origine de tous les mouvements, intelligibles ou sensibles ; tous sont circulaires, celui du Monde comme ceux des dieux astres, ceux de la connaissance aussi bien que ceux de la transmutation des éléments, car le mouvement circulaire est « celui qui entretient le plus de rapport avec l'intellect et la pensée ». La prépondérance accordée au cercle du Même, qui contient celui de l'Autre « rebelle à tout mélange » (non parce qu'il serait mauvais mais parce que l'Autre est un principe de distinction), assure et préserve la conformité au Modèle intelligible. L'intellect inhérent à l'Âme du Monde pense et discerne ce qui est même et ce qui est autre, les réalités noétiques ne sont pas pour celle-ci des paradigmes de son action mais des objets de pensée dont elle comprend l'action causale sur les réalités en devenir. La vie de l'Âme du Monde est la vie même de la connaissance, et elle n'a pas seulement affaire aux êtres intra-mondains : pour une grande part, c'est une vie noétique, donc dialectique. L'Âme du Monde pense comme pensent nos âmes quand elles pensent, la différence étant que sa vie pensante est affranchie de toute cessation et de toute intermittence. Le Dieu étend alors cette Âme à travers le corps tout entier du Monde jusqu'à l'envelopper par elle.

Le temps (37c-39e)

Réfléchissant au moyen de rendre l'image encore plus semblable au modèle, le Dieu fabrique « cette image éternelle qui avance selon le nombre, ce nombre étant ce que nous appelons le temps ». Le temps ne peut être pensable sans ses instruments, les mouvements des sept astres errants installés sur le cercle de l'Autre. L'éternité trouve son image dans la structure régulière et invariable des mouvements du ciel, qui se traduit dans la succession périodique des « parties du temps », jours, nuits, mois, années. Cependant, pour les animaux terrestres que nous sommes, celles-ci ne sont déterminées qu'en fonction des mouvements du Soleil et de la Lune. Le temps cosmique est plus compliqué : l'apparente unité de ce que nous appelons « le temps » vient de notre ignorance du nombre qui règle les mouvements des autres planètes (39c-d). Nous prenons ainsi pour mesure du temps seulement ce qui nous apparaît régulier, négligeant ce qui est régulier sans apparaître tel. Or il n'existe pas *un* temps, mais plusieurs, inconnus de nous, tout aussi réguliers mais différemment rythmés. Les astres dits errants sont nés dans le Ciel « pour définir et garder les nombres du temps », mais ces « instruments du temps » sont plutôt les « instruments des temps ». La diversité des temps cosmiques est cependant rattrapée par l'existence d'une « grande année », car, comme ils sont homogènes, ils peuvent être englobés par un temps unique qui, à terme, ramène tous les corps célestes aux mêmes positions relatives.

Cependant, le mot *khronos* apparaît dans le texte du *Timée* avant le récit de sa création par le Démiurge : l'Âme du Monde une fois constituée « commence d'un commencement divin sa vie incessante et pleine de pensée pour la totalité du temps » (36e). De quel temps ? Il peut s'agir d'une simple anticipation du temps céleste tel qu'il sera constitué ensuite, et on a vu que le récit de Timée pouvait être un peu incohérent. Mais le temps d'une âme pensante peut-il être le même que celui qui nombre les mouvements des sphères célestes ? La seule bonne mesure temporelle pour la pensée, ce ne sont pas les parties du temps, c'est la totalité d'un temps sans parties, et Glaucon dit à Socrate que la mesure qui s'applique à « des entretiens comme celui-ci, c'est la vie entière » (*Rép.*, 450b). Notre âme ne se donne que tout le temps qu'elle peut se donner, celui de la vie, mais l'Âme du Monde peut se donner la totalité du temps. Sa vie pensante est certes liée à la vie du tout qu'elle forme avec son corps mais elle ne lui est pas identique et le temps qui mesure la seconde lui est probablement étranger. De plus, après avoir parlé des parties (*merè*) du temps, Timée mentionne également ses « formes » ou « espèces » (*eidè*) qui l'éclatent en trois dimensions – passé, présent, avenir : il faut donc aussi tenir compte de cette fracture intérieure au temps qui distingue ces espèces de non-être que sont le passé, l'avenir et tout autant le présent fugitif, dont nous disons à tort qu'il « est » alors que ce terme ne s'applique qu'à ce qui est éternel. Ces formes déterminent un temps qui n'est pas circulaire et cyclique comme le temps cosmique mais qui est le temps linéaire des vivants mortels. Ce n'est sans doute pas à présent, dit Timée, le moment opportun (*kairos*) de discuter de tout cela avec la dernière précision. Avec le *kairos* s'introduit encore une autre différenciation, purement qualitative : il existe des moments opportuns et d'autres qui ne le sont pas pour faire ce que l'on a à faire. Le temps dont pâtissent les vivants n'est pas fait de parties, mais de sa fuite qui les voue à ne jamais véritablement être pour enfin disparaître, et de l'inégale faveur de ses moments. Le *Timée* ne nous apprend donc pas ce qu'est *le* temps, il nous dit seulement que grâce à celui qui a été inventé par le Démiurge, image intelligible, mais connue seulement partiellement, de l'éternité, le Monde devient plus ressemblant à son modèle.

Les vivants (39e-44d)

La première espèce de vivants engendrés par le Démiurge est celle des dieux visibles, astres fixes, « planètes » et Terre, divinité la plus ancienne. Quant aux dieux de la mythologie, Timée renvoie insolemment aux poètes, qui, bien qu'ils s'en prétendent les descendants, tiennent sur ceux-ci des discours invraisemblables. Les âmes de ces dieux sont faites du reste moins pur des ingrédients de l'Âme du Monde et il en va de même pour la partie immortelle de l'âme humaine. Le Dieu divise cette dernière en autant de parties qu'il y a d'astres, puis en installe une sur chacun d'eux et lui enseigne la nature du tout : elles n'auront donc pas d'excuse pour leur ignorance et cette indication rapide sert à rendre possible une certaine sorte de réminiscence. L'incarnation en différentes espèces de corps est nécessaire, le Monde doit contenir les quatre espèces de vivants (divins, ailés, aquatiques et pédestres) dont les Formes se trouvent dans le modèle intelligible. La première naissance est asexuée, les suivantes procèdent d'une génération sexuée. L'âme qui aura vécu une vie juste retournera sur l'astre d'où elle venait et mènera une vie bienheureuse ; sinon, elle sera jetée dans le cycle des générations, prenant des formes de vie de plus en plus basses au fur et à mesure que sa déraison augmente. Ce cycle n'aura pas de fin avant que l'âme n'ait soumis à la révolution du Même toute la masse qui est ainsi venue s'ajouter à elle. La partie immortelle de l'âme humaine, constituée comme l'Âme du Monde des deux cercles du Même et de l'Autre, doit veiller à ressembler le plus possible à celle-ci, et elle doit pour cela commander au corps et à l'espèce mortelle qui est en elle. Deux lignes (69c) nous disent de cette espèce mortelle qu'elle a été fabriquée par les servants du Dieu, sans autre précision (voir p. 196), mais par la suite on retrouve la tripartition de la *République* : la partie mortelle de l'âme est l'ensemble de ses deux parties irrationnelles. Quant à la fabrication du corps humain, elle obéit au même principe d'économie que celui qui a été adopté à propos du corps du Monde. Des triangles choisis pour leur caractère régulier et lisse servent à faire le cerveau, la moelle épinière et celle qui est dans les os, eux-mêmes formés de cette moelle mélangée à de la terre délayée ; les triangles constituant ordinairement le feu, l'eau et la terre, additionnés d'un levain composé d'acide et de sel, forment la chair, dont la surface desséchée devient peau. Le corps humain ne se suffit pas à lui-même, il a besoin de nourriture et d'air, et Timée décrit en détail les appareils circulatoire, respiratoire et digestif. Pour ce dernier, les dieux prévoient un dispositif (les intestins) capable de ralentir la digestion et de faire échapper l'espèce humaine à une « existence de pluvier » (animal à l'appétit insatiable à cause du cycle immédiat de l'ingestion-évacuation, *Gorg.*, 493a-494b), ce qui l'aurait rendue « tout entière étrangère à la philosophie et aux Muses » (*Tim.*, 73a).

S'il y a génération, il y a nécessairement corruption. Les maladies corporelles (81e-86a) résultent toujours d'une rupture d'équilibre, soit parce qu'il y a excès (à l'excès de chaque élément correspondent quatre sortes de fièvres), soit parce qu'il y a défaut (le manque d'eau fait que le sang se charge d'humeurs agressives). Mais la finalité générale du corps humain se traduit dans la localisation des parties de l'âme : la tête, acropole de l'homme, doit se trouver en haut, c'est pourquoi cette « plante céleste » a seule le privilège de la station debout. Pour les maladies propre à l'union de l'âme et du corps (86d-90d), elles se résument à deux formes de déraison (*anoia*) : folie (*mania*) et ignorance (*amathia*). La folie a pour cause une disproportion entre l'âme et le corps ou entre leurs différentes parties, ce qui engendre un excès de sperme déclenchant une folie érotique ou un dérèglement des humeurs entraînant des passions douloureuses. Plaisirs et douleurs excessifs ne sont pas des causes de maladies, ce sont des maladies qui consistent à désirer ou fuir à contretemps et à être incapable du moindre jugement. Il faut cependant refuser l'identification entre maladie de l'âme et folie, car il faut appeler aussi maladie de l'âme l'ignorance et le vice, ce qui force à prendre en compte d'autres causes, non plus physiologiques mais psychologiques (les parties irrationnelles de l'âme) et politiques (l'éducation). L'homme que l'opinion juge être méchant volontairement est en fait un malade, et « méchants, tous les méchants que nous sommes le deviennent par l'action de deux causes tout à fait involontaires : la disposition du corps et l'éducation ». La frontière entre le normal et le pathologique s'efface, le problème n'est plus d'expliquer pourquoi les hommes deviennent fous mais de dire à quelles conditions ils peuvent cesser de l'être. Le remède est en tous les cas le même : donner au corps, à l'âme et à chacune de leurs parties la nourriture et le mouvement qui leur sont propres.

Sentir (61d-68d)

Tout comme l'Âme du Monde, l'âme humaine est étendue à travers le corps : le point d'ancrage de l'âme immortelle est la moelle cervicale, celui de l'âme mortelle la moelle épinière. La première conséquence de l'incarnation est la sensation ; un vivant n'est vivant qu'en tant que son corps est tout tissé d'âme, et c'est elle qui rend tout corps vivant sensible. La sensation est innée et son processus le même en tout vivant, ce qui ne veut pas dire que tous ressentent les mêmes impressions. S'agissant des perceptions humaines, il faut conjuguer trois perspectives : mécanique, puisque nos sensations sont les effets des actions des corps extérieurs sur notre corps, physiologique, puisque la sensibilité peut être générale ou différenciée, et psychologique, car le mouvement qui ébranle le corps va jusqu'à l'âme.

La sensation est un mouvement résultant d'un ébranlement qui se propage « en cercle » dans tout le corps. L'affection initiale peut néanmoins rester insensible si elle se trouve bloquée dans une partie du corps dont la densité absorbe le choc. Mais aucune partie d'un corps vivant n'est totalement dénuée d'âme, donc de sensibilité, sinon elle serait inanimée, morte ; son degré de sensibilité est fonction de sa mobilité, laquelle dépend de la quantité d'âme qui y est présente ; or en règle générale « aucune nature soumise à la nécessité ne peut allier en même temps un os compact et une chair épaisse avec une grande acuité sensorielle ». Plus la « quantité d'âme » et l'acuité sensible sont grandes, plus la conscience (*phronèsis*) est présente. Celle qui est dans la moelle ou les os diffère de celle qui est dans la tête, et encore plus de celle de l'âme qui parle. La *phronèsis* est donc une propriété de l'âme, mais pas seulement de l'âme pensante ; partout où il y a de la vie, il y a de la conscience, même si celle-ci, pour reprendre le mot de Bergson, est presque annulée : les végétaux eux-mêmes ressentent l'agréable et désagréable. Être plus conscient, c'est être capable de sensations plus différenciées, aiguës, variées. C'est pourquoi les dieux n'ont pas mieux protégé notre tête : cela l'aurait rendue insensible. Une vie meilleure mais brève valant mieux qu'une vie plus longue mais abrutie, la tête, siège de quatre sens, donc dotée de la sensibilité la plus fine, est de beaucoup la partie la plus fragile.

Les figures des différents polyèdres font qu'ils exercent des actions différentes sur le corps et ses organes (ils piquent, coupent, contractent). Une même excitation peut donner lieu à deux sensations différentes : les pyramides du feu, si elles viennent piquer les yeux, donneront une sensation de blancheur, mais si elles piquent la chair une sensation de chaleur. Il y a « traduction » par les différents organes sensoriels et par la chair des actions subies, et sélection de ce qui peut ou non les affecter (les molécules des quatre éléments sont trop grandes ou trop petites pour les vaisseaux de nos narines, et ce sont seulement leurs processus de liquéfaction ou évaporation qui seront perçus comme odeurs). Les capacités de sentir d'un vivant sont limitées à la fois par la nature et le nombre de sens dont il dispose et par la commensurabilité des corps physiques avec ses organes. Le monde sensible n'est tel que parce qu'il est senti par un corps animé, le monde physique est un monde sans qualités. De plus, les sensations ne sont pas données sous la condition de l'espace et du temps : sentir ne se fait qu'au présent. Pas plus que l'espace sensible n'est réellement orienté – l'opposition du haut et du bas n'acquiert de quasi-réalité que dans la locomotion, non dans la sensation –, le temps de la sensation n'est un temps orienté. Tout cela n'entraîne aucun subjectivisme : les qualités sensibles n'existent que pour autant qu'elles sont actuellement senties, mais le fait qu'elles le soient a des causes parfaitement objectives. Corps vivants et corps extérieurs sont faits des mêmes constituants élémentaires et il existe entre eux une proportionnalité, ce qui permet d'établir des connections objectives régulières entre les causes physiques de la sensation et les qualités senties. Cependant les sensations varient aussi en fonction du nombre, de l'intensité et de la vitesse des mouvements reçus, de telle sorte qu'il existe une multiplicité de « voir blanc » ou de « sentir froid ». La diversité qualitative est presque infinie et relative à l'état de notre corps, mais cela n'implique non plus aucun relativisme : les différences qualitatives entre les sensations sont physiquement et physiologiquement fondées (telle est la dernière réfutation apportée par Platon à Protagoras).

Toute sensation est qualifiée, car spontanément le corps discrimine : il frissonne s'il sent froid, non s'il voit blanc. Mais pour percevoir des qualités il faut plus que cette discrimination « agie » par le corps, il faut pouvoir distinguer et comparer. Il faut donc que s'ajoutent l'opinion et les noms que « nous avons l'habitude d'employer ». La plupart des sensations humaines sont des sensations représentatives, elles mettent en jeu ce que le *Sophiste* définit comme un mélange de sensation et d'opinion, la *phantasia* (264a). Avant l'introduction par le dieu d'une mesure mathématique, « rien ne méritait d'être appelé par les noms que nous employons maintenant » : le travail du Démiurge permet de justifier la validité des dénominations courantes. Cela n'empêche pas qu'il existe une multiplicité illimitée de qualités anonymes (les odeurs) ou innommables (les multiples nuances des couleurs ou des sons) : bien que réglé et rendu commensurable aux corps vivants et particulièrement au nôtre, le sensible comportera toujours de l'illimité en quantité comme en qualité et le langage n'a sur lui qu'une prise restreinte. Toutefois, quand ils fabriquent la sensibilité, les dieux jeunes ne fabriquent pas un instrument nécessaire à la seule connaissance sensible, ils visent une finalité plus haute, et on voit réaffirmée la supériorité de la vision et de l'ouïe, les seuls sens à avoir une orientation « philosophique » (astronomie et harmonie) et à être accessibles à la beauté, comme il était dit dès l'*Hippias Majeur*.

Divination (70a-72b)

Les hommes que recevra Critias du discours de Timée sont les produits du calcul de dieux intelligents, donc bienveillants et qui s'appliquent à faire prévaloir le rationnel sur l'irrationnel, l'immortel sur le mortel, le bon sur le mauvais. L'exemple peut-être le plus remarquable d'un tel calcul est celui qui préside à la fabrication du foie. Lorsque les rejetons du dieu procèdent à la composition de l'âme mortelle, ils imitent l'action du dieu, toujours finalisée par le meilleur, et pourtant ils sont bien conscients du caractère mauvais de ce qu'ils composent et surtout de celui qui est propre à la partie désirante, cette « bête sauvage enchaînée à sa mangeoire ». Elle pose donc aux dieux un problème. La partie désirante ne peut être conduite que par des images, ses passions n'ont pour objet que des images produites par les passions elles-mêmes. Pour réaliser le meilleur, il faut faire en sorte que ces images contiennent parfois une vérité, ce qui n'est possible que si elles proviennent de la partie intelligente de l'âme et qu'existe un organe dense, lisse et brillant capable de jouer pour elles un rôle de miroir. Par la fabrication du foie et l'institution en lui d'un « oracle », les dieux font de la divination onirique un lien entre les deux parties de l'âme les plus étrangères l'une à l'autre.

Les rêves divinatoires constituent le moyen surnaturel, et pourtant ordinaire et commun à tous les hommes, qu'ils ont inventé pour soumettre la partie désirante : elle aussi peut « toucher » une vérité mais elle ne peut pas la connaître, seulement en ressentir les effets en rêve. Quelle sorte de vérité contiennent ces songes ? La divination propre à l'âme mortelle n'est pas une perception correcte de ce qui est, a été ou sera (ce qui est le cas de rêves de l'âme rationnelle en *Rép.*, 572a), elle révèle un bien ou un mal présent, passé ou futur, qui est toujours le bien ou le mal de quelqu'un. Les images sont vraies soit parce qu'elles sont bien inspirées, donc principes d'actions droites, soit parce que l'injustice d'actions passées, présentes ou à venir, refoulée le jour, éclate lors de rêves affectant douloureusement l'âme désirante et l'un des organes les plus profondément enfouis dans le corps. Si ces images sont des signes envoyés par l'intelligence, on doit, pour les comprendre, être en pleine possession de son intelligence. La tâche de l'interprète (*prophètès*) est de dire quelle vérité singulière a été sentie par l'âme privée de son bon sens. Ces « prophètes » sont « seuls habilités par la loi à se faire juges des divinations inspirées » (*Tim.*, 72a-b). Timée passe du psychologique au social, car si n'importe quelle âme peut avoir des rêves divinatoires, n'importe quelle âme n'est pas capable de les interpréter. Seule le peut celle qui est capable de se connaître elle-même, et Socrate se livre à ce type d'interprétation dans le *Criton* (44a) et le *Phédon* (60e-61c). Les dieux ont bien découvert un remède, les rêves divinatoires produiront leurs effets physiologiques et psychologiques mais ils ne livreront leur signification qu'à celui qui réfléchit. On peut aller jusqu'à penser que, pour Platon, toute cosmologie ne serait qu'une grande entreprise de prophétie, d'interprétation des images projetées par la puissance d'un intellect démiurgique, capable, mystérieusement, de rendre sensible l'intelligible. Le savant en sciences de la Nature serait cet interprète dénué d'inspiration mais perspicace, qui sait discerner l'œuvre divine de l'intelligence au sein « de la rumeur et de l'apparence » sensibles.

Le règne cosmique de l'intelligence est peut-être une fiction, et faire de l'intelligence un principe de gouvernement politique est sans doute une fiction plus grande encore, mais seule une fiction peut mouvoir correctement cette marionnette qu'est l'homme, créature qui ne peut se passer ni de mythes, ni d'images, ni de mensonges. Le *Timée*, le *Critias* et les *Lois* sont de bons mensonges qui ne disent faux que pour imposer des croyances droites : ils procèdent d'un savoir qu'ils ne cherchent pas, n'élaborent pas, mais dont ils tirent les conséquences jusque dans les moindres détails afin de persuader les hommes que l'Intelligence peut l'emporter sur la Nécessité et le chaos. Ils démontrent ainsi l'utilité des philosophes, de ceux en tout cas qui sont assez lucides pour comprendre que pour agir sur l'animal humain, il faut lui raconter des histoires. Avec ceux qui sont probablement ses derniers Dialogues, Platon a voulu nous léguer les meilleures histoires possibles sur le Monde, la cité et l'âme des hommes.

CONCLUSION

LE BIEN

Le discours de Platon sur le Bien est, depuis l'Antiquité, d'une obscurité proverbiale, et l'interprétation néoplatonicienne avec son identification de l'Un et du Bien n'a, c'est le moins qu'on puisse dire, pas contribué à éclaircir les choses.

*La position du problème (*République, *VI, 503e-506d et* Philèbe, *11a-12b)*

Telles qu'elles ont été définies au livre IV de la *République*, les vertus sont des vertus d'opinion droite. On ignore toujours à quoi la vertu, et en particulier la justice, est bonne. Or, faute d'un savoir de ce qui est réellement bon, toute valeur est relative car aucune chose n'est bonne en elle-même mais seulement si on en use bien. Bien user d'une chose, c'est l'utiliser comme un moyen en vue d'une fin que l'on estime bonne, mais toute fin peut devenir à son tour moyen pour une autre fin. S'il existe une fin ultime (ce que le *Lysis,* 219c, nommait « le premièrement ami », *prôton philon*) capable de mettre un terme à cette régression, c'est elle que nous visons à travers toutes nos fins particulières, et cette fin est le Bien. C'est pourquoi on peut dire que « le bien est ce que toute âme recherche et en vue de quoi elle fait tout ce qu'elle fait », mais il ne suffit pas d'articuler le nom du bien ou de dire qu'il est « ce qu'il y a de plus important à connaître » pour lui donner un contenu. Chacun a sur lui une opinion, impliquée par toute sa manière de vivre et le moindre de ses actes. Les « raffinés » identifient le bien à la pensée (*phronèsis*), mais si on leur demande « la pensée de quoi ? », ils seront forcés de répondre : de ce qui est réel, vrai, donc bon. Quant à la plupart des hommes, ils ne soutiennent pas à proprement parler de thèse mais se comportent comme s'ils en avaient une en recherchant obstinément le plaisir. Il paraît alors suffisant à Socrate d'objecter que tous les plaisirs ne sont pas bons, certains pouvant être nuisibles. Si la nature du bien donne lieu à controverse, il y a pourtant un point sur lequel tous peuvent s'accorder : la plupart des hommes peuvent se satisfaire des apparences du juste ou du beau et se contenter de paraître l'un ou l'autre, mais « pour les choses bonnes, personne ne se contentera d'en posséder les apparences, chacun cherche la réalité et à ce propos ne fait aucun cas de l'opinion ». Leur âme est impuissante à saisir ce qui est réellement bon mais elle « devine que cela existe », et du même coup se révèle à elle la différence entre réalité et apparence, savoir et opinion. De même que la Beauté possède le privilège d'apparaître comme elle est, le Bien possède celui d'imposer à tous la reconnaissance d'une double différence dont il est le principe.

L'alternative, le Bien est-il le plaisir ou la pensée, est reprise au début du *Philèbe*, sans doute le plus complexe et le plus ardu de tous les Dialogues de Platon. Car on ne se débarrasse pas si aisément du plaisir, il est l'expérience qui met en échec la pensée et le langage. Imperméable à toute persuasion, il rend dérisoire tout effort pour en nier ou en démontrer la réalité et la valeur. Philèbe affirme que le plaisir est bon et qu'il est ce que tout vivant désire, puis se tait. Socrate trouve en Protarque un interlocuteur et se lance courageusement dans un long examen. Qu'est-ce qui arrive à la pensée quand elle se confronte au plaisir ? Elle peut différencier les plaisirs, les trier, les hiérarchiser, rejeter certains et en retenir d'autres, mais sous ces plaisirs il y a toujours le plaisir, sa profondeur, son éclat, ses mirages ; le plaisir est indifférent à toute dialectique, et sous le plaisir il y a la vie, acharnée à jouir d'elle-même, à s'intensifier et à découvrir en lui son unique valeur. La pensée peut alors au moins ne pas se faire morose, ou morale, ne pas « chagriner le plaisir » (23a, b). Le Socrate du *Philèbe*, à la différence de celui de la *République*, reconnaît la force de la prétention du plaisir à être le bien et il ne parvient à la rejeter qu'à l'aide de « machinations » successives permettant à la pensée d'assurer ses prises (voir p. 166-167). Mais face au plaisir celle-ci ne peut pas parler au nom de sa vérité propre, prendre de la hauteur et affirmer une autre vie, plus divine, elle ne peut que revendiquer le fait d'être elle aussi, elle surtout, un ingrédient nécessaire à la vie humaine la meilleure. Car se pose finalement à elle la question la plus simple et la plus difficile à résoudre : celle du rapport entre la vie et la pensée, et de leur suffisance. La vie a l'illusion de se suffire quand elle se fait plaisir, et la pensée dénonce cette illusion, sans être certaine d'en triompher ; la pensée est certaine de se suffire quand elle pense, mais elle ne se suffit que parce qu'il y a un plaisir de penser, et la vie reprend *son* bien. Comme dans le *République*, les deux conceptions du

Bien sont également impropres à le définir; le *Philèbe* ne va pas entreprendre de les réfuter mais de les mélanger.

I. LA VIE BONNE (*PHILÈBE*)

À la question posée par Adimante dans la *République* : « Mais toi, Socrate, quel parti prends-tu ? », Socrate refuse de répondre. Dans le *Philèbe*, il commence par soutenir la thèse des raffinés (11b) jusqu'à ce que le souvenir d'un antique discours lui suggère que la solution ne se trouve ni d'un côté ni de l'autre : aucun homme n'accepterait la sécheresse d'une vie de pensée sans plaisir, et pas davantage une vie de plaisirs dont il n'aurait aucune conscience (*phronèsis*). Ni le plaisir ni la pensée ne possèdent les caractères auxquels on reconnaît ce qui est bon : non seulement la capacité d'être choisi par tous (principal argument des tenants du plaisir), mais aussi la perfection et la suffisance (60c-61a). La vie bonne serait donc un mixte de plaisir et de pensée. L'orientation se fait d'abord vers un terme vide dont on ne sait rien sinon qu'il est un mélange.

Quels en seront les ingrédients ? Ce ne peut être le plaisir, en général, qui ressort du genre de l'illimité, n'est qu'un processus (*genesis*) et non une réalité déterminée (*ousia*), qui recouvre une multiplicité innombrable en quantité comme en qualité, et qui enfin peut être faux. Le plaisir *n'existe* que sous la forme d'une pluralité de plaisirs. Il faut donc substituer à ce qui n'est que ressenti et qui ne supporte aucune limite une multiplicité d'espèces de plaisirs, exclure ceux qui sont illusoires et discerner ceux qui peuvent ou non contribuer à la bonté de la vie. Socrate utilise pour cela deux principes : les plaisirs sont différenciés selon la noblesse de leurs lieux de naissance, corps, âme ou union des deux (46b-c), et selon l'opposition du pur et du mélangé (« pur » signifiant ici non précédé de douleur et non mêlé de douleur). Leur combinaison explique pourquoi certains d'entre eux conservent le caractère illimité du plaisir alors que d'autres, modérés et mesurés, appartiennent au genre du mixte de limite et d'illimité (52c-d). Les deux principes adoptés étant axiologiques, le classement qui en découle est hiérarchique et permet de décider quels plaisirs pourront, sans le vicier, être versés dans le mélange – les plaisirs purs de l'âme seule et de l'union de l'âme et du corps –, et quels seront exclus : les plaisirs mélangés, qu'ils soient propres à l'âme seule ou à l'union. Quant aux plaisirs nécessaires liés au corps, on ne sait trop s'ils sont admis ou non. Faut-il procéder au même tri en ce qui concerne les connaissances ? S'il existe de faux plaisirs, il n'existe pas de fausses sciences (ce serait une contradiction dans les termes), mais certaines contiennent du faux, du non *exactement* vrai, de l'imprécis (voir p. 81-82).

Toutes cependant ont leur place dans la vie bonne car aucune n'est mauvaise ou nuisible, toutes sont utiles, du moins si nous voulons « que notre vie soit une vie ». Nous savons de quoi est faite une vie bonne, et avec elle « nous avons donc trouvé une certaine route vers le Bien » (61a) : le bon mélange, composé de toutes les sciences, tous les arts, et de certains plaisirs. À quoi il faut ajouter la vérité, condition nécessaire de toute venue à l'existence et de tout maintien dans l'existence (64b). Cette vérité n'est pas celle, liée aux différents sens de pureté, qui est intégrée aux sciences et aux plaisirs et qui a servi de critère pour les hiérarchiser; ce n'est pas celle non plus qu'« aime » la dialectique, c'en est une espèce dérivée, dégradée, qui se mêle au devenir pour le faire venir à être, mais qui ne lui confère que l'être des choses en devenir.

Les trois manifestations du Bien

Une première triade, sciences, plaisirs et vérité, nous a menés « aux grandes entrées » du Bien : « Si donc nous disions qu'à présent déjà nous nous tenons aux portes du Bien et de la demeure de quelque chose de tel, peut-être affirmerions-nous quelque chose de correct en un sens ? » (64c). Sur ce seuil où Socrate se tient « peut-être », qui est celui de la demeure où réside « quelque chose comme » le Bien, ainsi qu'on pourrait le dire « en un sens », une question est posée : quelle est la principale cause de la bonté de la vie, et avec cette cause, lequel, du plaisir ou de la pensée, a le plus de parenté ? La cause est forcément le Bien, et dès le début du *Philèbe* se retrouve l'affirmation familière que, pour connaître vraiment la nature de quoi que ce soit, il n'y a qu'un seul chemin, la dialectique. Pourtant, à la fin du dialogue, la nature du Bien ne donne pas lieu à un examen de ce genre. Nous restons en plan sur le seuil car si nous avons trouvé « une certaine route » (61a), ce n'est pas « la plus belle » (16b) et elle ne peut pas nous faire entrer dans la demeure. Nous cherchons en effet à capturer le Bien à partir de la vie qu'il rend bonne : il ne pourra être saisi qu'à ses effets en elle. Si la nature du Bien se dérobe, c'est que nous ne sommes pas sur le bon chemin, même si ce chemin est en lui-même bon. Socrate se contente de nous fournir les signes auxquels reconnaître tout ce qu'on peut dire « bon ». Pour qu'un mélange soit vraiment un mélange (toute chose sensible en est un) et non un amalgame incohérent, il faut qu'il comporte « de la mesure et la nature de ce qui est proportionné » et « la juste mesure et la proportion se trouvent sans doute faire naître partout beauté et vertu » (64d-e). La beauté est le signe éclatant de la présence de la mesure mais aussi de la vérité : un devenir incessamment changeant ou un simulacre n'ont pas d'existence véritable, seul ce qui est bien mesuré en a une. Socrate pose donc une deuxième triade, celle des manifestations du Bien :

Proportion, Beauté, Vérité. De la proportion, de la beauté et de la vérité nous n'en saisissons que dans les choses mélangées : la puissance du Bien s'est réfugiée pour nous dans la nature du Beau. Socrate n'a pas divisé l'*idea* du Bien, les trois termes ne sont pas trois espèces d'un même genre, ce sont trois effets inséparables et qui s'entre-impliquent. Il nous donne du multiple à la place de l'un, mais c'est un multiple dont les unités, bien que distinctes, ne sauraient exister séparément. Le Bien ne *nous* est accessible que sous l'un de ces trois aspects, mais il est tout à fait légitime de les traiter « comme une seule unité et de les tenir pour responsables des qualités du mélange, et disons que c'est à cause de cela, qui est bon, que ce mélange l'est » (65a).

La question de savoir lequel, de l'intellect et du plaisir, a plus d'affinité avec chacune de ces manifestations ne mérite, selon Protarque, pas même discussion. Pour montrer que ce n'est pas le plaisir, celui-ci ne prend comme exemples que les plaisirs érotiques, qui sont les plus grands et les plus violents : le plaisir n'a alors pas moins de parenté avec les trois manifestations du Bien, il n'en a aucune puisqu'il possède toutes les propriétés contraires (excessif, trompeur, laid). Reviennent ainsi en force la démesure, la démence, le caractère honteux et laid de certains plaisirs. Pourtant, les plaisirs sans mesure avaient été exclus d'emblée du mélange; est-il néanmoins possible d'exclure de la vie les plaisirs érotiques puisqu'ils en sont la source même et la condition de sa perpétuation? Il faut donc admettre dans le mélange des ingrédients qui non seulement ne sont pas bons mais qui risquent de le corrompre, et qui sont pourtant nécessaires.

La hiérarchie des biens

En se manifestant sous une triple *idea*, le Bien permet d'établir une hiérarchie des biens : sa puissance entraîne des différences qui sont des différences à faire entre nos valeurs, non des différences d'intelligibilité. Le problème des valeurs que la vie doit reconnaître et préférer donne au Bien pour seule puissance d'ordonner des biens humains. Cette distribution des prix finale est totalement déconcertante. On a : 1) La mesure, le bien mesuré, l'opportun. 2) Ce qui est proportionné, beau, achevé et suffisant. 3) L'intellect et la pensée. 4) Les sciences, les arts, les opinions droites. 5) Les plaisirs purs de l'âme seule. La hiérarchie présente deux dédoublements, entre mesure et proportion (aux deux premiers rangs), et entre facultés intellectuelles et connaissances (aux deux suivants), justifiés du fait qu'il y a prééminence des causes sur leurs effets : proportion et beauté sont des effets de la mesure; quant à l'intellect et la pensée, s'ils n'obtiennent que le troisième prix c'est sans doute parce qu'ils ne sont que les nôtres, mais en tant qu'il les produisent, ils valent malgré tout mieux que les sciences, les arts et les opinions droites. Quant aux plaisirs purs de l'âme seule, ils peuvent être pris à des sciences ou à des sensations (ce qui suppose bizarrement qu'une âme seule puisse sentir). Enfin il n'y a pas de prix pour la vérité. Il est possible que son absence signifie que la vérité, n'importe laquelle, ne peut être une valeur pour la vie puisque celle-ci à besoin tout autant du nécessaire et du faux « si nous voulons trouver le chemin pour rentrer chez nous ». On comprend néanmoins pourquoi les réponses de Protarque manquent totalement de conviction, et, pour couronner le tout, Socrate dit qu'il procède par divination. Difficile, dans ces conditions, de prendre cette « divination » tout à fait au sérieux.

La fin ironique du *Philèbe* signifie que, dès lors qu'on recherche dans le Bien la cause des biens responsables de la bonté de la vie, on reste à sa porte : il est alors un principe du meilleur, qui rend de ce point de vue tous les biens comparables, leur différence n'étant qu'une différence de degré. Les hommes sont réduits à se satisfaire de cette hiérarchie floue et incomplète, ou plutôt il faut les *persuader* de s'en satisfaire. Il faut donc qu'ils choisissent de préférence des choses mesurées, proportionnées et belles, des connaissances plutôt que des plaisirs, des plaisirs vrais plutôt que des plaisirs violents, et dans cet ordre. Parmi les choses qui pervertissent l'âme et la détournent de la philosophie, dit Socrate dans la *République* (491c), il y a « tout ce qu'on regarde comme des biens ». Les biens que Socrate propose ici sont certes meilleurs et le classement qu'il en fait plus justifié. Mais quels « témoins » peut convoquer à l'appui de sa divination la « Muse philosophe » et de quel poids sera ce témoignage face à celui des bœufs, des chevaux et de toutes les bêtes (*Phil.*, 67b) ? Socrate cherche à convaincre « le premier venu » mais n'est peut-être pas totalement convaincu qu'il soit possible de le faire.

II. L'ANALOGIE ENTRE LE BIEN ET LE SOLEIL

On doit trouver la route pour rentrer chez soi, dit Protarque – mais où le philosophe est-il chez lui ? Il faut revenir à la *République*. Lorsque Socrate se refuse à dire quelle est son opinion sur le Bien, il accepte néanmoins de la suggérer en établissant une analogie entre le Bien et le soleil. Mais il rappelle auparavant que le Bien ne saurait s'identifier à la multiplicité des choses que nous disons bonnes : « nous disons qu'existe un Beau en soi, un Bien en soi, et qu'il en va de même pour toutes les choses que nous venons de poser comme multiples. En référant celles-ci à l'unité qu'elles présentent, nous posons alors chacune des réalités dans son unité et nous l'appelons “ce que cela est” » (507b). Le Bien est ici clairement compté au nombre des essences, et tout comme nous disons que c'est par le Beau que sont belles les belles choses, c'est par le Bien que sont bonnes les choses bonnes. Mais si le Bien est une essence qui, comme toutes les autres, est l'objet d'un savoir possible, l'analogie avec le soleil va à coup sûr lui donner aussi un autre statut.

*L'Analogie entre le Bien et le soleil (*République, *507c-509d)*

Faire de l'Idée du Bien l'analogue du soleil, c'est lui reconnaître une puissance qui n'est comparable à celle d'aucune autre Idée et que l'on peut seulement analogiquement et métaphoriquement montrer. Métaphoriquement, car le soleil n'est pas seulement l'analogue du Bien, il en est aussi le « rejeton » et l'« image ». Le schème de la filiation exprime une dépendance ontologique (de l'engendré par rapport au géniteur) et une ressemblance maximale (entre le fils et le père). De plus, la vision ne présente pas seulement un fonctionnement analogue à celui de la connaissance, elle est une métaphore de la connaissance – impossible d'ailleurs de parler de la connaissance autrement car, tant qu'elle s'identifie à son propre mouvement, elle n'a pas de représentation de soi. Les métaphores présentes tout au long de ce passage indiquent que l'analogie stricte ne peut être construite qu'au prix d'un artifice méthodologique, supposant une mise en parallèle du lieu visible avec le lieu intelligible et non pas une subordination (ce qui serait l'abandon de la participation). Elles rétablissent donc une continuité et remettent à l'endroit la relation paradigmatique : le visible est utilisé comme paradigme méthodologique de l'intelligible, qui est son paradigme ontologique. « La puissance de voir » n'est en fait qu'une « mimétique de l'intelligence », tout comme « la partie la plus lumineuse de l'être » n'est pas le soleil, mais le Bien.

La distinction tranchée entre lieu visible et lieu intelligible est pourtant nécessaire au fonctionnement de l'analogie : chaque élément présent dans un lieu doit trouver un élément correspondant en l'autre. « Ce que, dans le lieu intelligible, le Bien est à l'intelligence et aux intelligibles, le soleil l'est, dans le lieu visible, à la vision et aux choses visibles. » La formule établit une égalité de rapports : A est à B et à C comme a est à b et à c. Prendre la vision, et non pas un autre sens, comme analogue de la connaissance se justifie par la nécessité, dans cet unique cas, d'un troisième terme. Sans ce « troisième genre » qu'est la lumière, la présence dans les yeux de la capacité de voir sera inutile, la présence des couleurs sera invisible : à ces deux présences doit s'en ajouter une autre. La supériorité de la vision sur les sens qui n'impliquent qu'un simple contact tient à ce que le lien qui fait que la vision voit et que les visibles sont vus (508a) supprime le caractère ponctuel et contingent des rencontres. La lumière donne, en droit, tout le visible à voir, il n'est soumis à aucune autre condition que celles de la présence et de l'intensité lumineuses. Le rapport entre l'intelligence et les intelligibles ne peut pas davantage être conçu comme un contact immédiat, hasardeux et partiel. Il y a pourtant une dissymétrie : la condition de la vision échappe à la vision, ce qui donne à voir ne peut pas être vu, il faut réfléchir pour le saisir; en revanche, le rapport de la lumière avec son « maître », le soleil, est perceptivement et mythologiquement évident. Dans le lieu visible, c'est la présence et l'action de la lumière qu'il faut faire découvrir; la liaison au soleil va de soi puisqu'on le voit rayonner. Dans le lieu intelligible, les termes ayant une fonction analogue à celle de la lumière sont l'être et la vérité. Or leur lien avec la connaissance est manifeste, c'est l'action du Bien qu'il faut découvrir. Dans le premier cas, on tient les termes extrêmes (œil, couleurs), et on met en évidence l'action d'un terme médiateur (la lumière); dans le second, on tient les termes dérivés (être et vérité, science), et on montre qu'ils dépendent de l'action d'un terme premier. C'est donc la dépendance au Bien de la connaissance tout entière – sujet connaissant et objets connus – qu'il faut rendre évidente.

À cette dissymétrie s'ajoute une seconde : dans le noir, on peut dire qu'on voit « rien », mais on ne peut connaître « rien », toute connaissance est connaissance de quelque chose. La lumière peut nous faire sortir des ténèbres, l'être véritable ne nous fait pas sortir d'un néant de pensée mais de l'opinion. Il faut donc restreindre l'analogie pour pouvoir la maintenir : la distinction ne se fait pas entre perfection et privation, mais entre perfection et quasi-privation. La vision peut exercer parfaitement son pouvoir à la grande lumière du jour, alors que la vision nocturne en est presque totalement privée. Il en va de même pour l'âme : quand elle se tourne vers un objet que la vérité et l'être éclairent, elle connaît, elle est intelligente; quand elle se tourne vers ce qui naît et périt elle semble privée d'intelligence et ne forme alors que des opinions aussi changeantes que les objets sur lesquels elles portent. On peut admettre que le lieu visible puisse inclure, selon les moments, et le non-vu, et le presque visible, et le distinctement visible. Il est à coup sûr impossible que le lieu intelligible puisse inclure de l'inintelligible; mais comment même admettre que puisse s'y intégrer du presque pas intelligible ? La continuité qui permet de passer par degrés du non vu au parfaitement vu ne peut trouver sa transposition : ou bien l'intelligible l'est parfaitement et complètement, ou bien il n'est pas intelligible. Le lieu visible est celui du devenir : rien d'impossible, par conséquent, à ce que les couleurs deviennent visibles, ou obscurément visibles, ou même totalement invisibles. Mais les essences, elles, ne peuvent pas devenir intelligibles, ou presque pas intelligibles, ou encore rester totalement inintelligibles selon la plus ou moins grande intensité de l'*alètheia*. Elles ne peuvent pas devenir du tout : intelligibles, elles le sont par nature et toujours. Les opinions ne sont pas des Idées moins intelligibles, ce ne sont pas des Idées (478a). La différence de visibilité est une différence de degré qui affecte les mêmes objets; la différence d'intelligibilité renvoie à deux espèces d'objets ontologiquement différents. L'analogie rencontre ici sa limite : l'œil n'a pas le choix, il ne peut qu'attendre que le soleil brille, il est sous la dépendance des variations lumineuses. En revanche, c'est bien l'âme qui choisit de se tourner vers « ce qui est éclairé par la vérité et par l'être », ou au contraire « vers ce qui est mêlé d'obscurité ». Tout œil, s'il est vraiment un œil, est capable de voir clairement à la lumière du soleil, et Socrate insiste sur le fait que l'œil est des organes des sens celui « qui a le plus l'aspect du soleil » (il est *helioeidès*), et qu'il tient du soleil sa puissance – tout se passe comme si le soleil avait produit, pour être vu, un organe à sa semblance. Mais ce n'est pas l'âme qui est « semblable au Bien » (*agathoeidès*), ce sont « la science et la vérité ». Socrate se refuse en effet à dire que toute âme, du simple fait d'être une âme, possède une nature apparentée à celle du Bien. Elle n'en acquiert une que lorsqu'elle connaît ce qu'elle connaît « à la lumière » de la vérité et de l'être. Ce qui manque à la plupart des âmes, ce n'est pas une aptitude intellectuelle mais une orientation ontologique de cette aptitude. En ce qui concerne la connaissance, la déficience est et ne peut être que psychique, car les intelligibles, eux, sont toujours « éclairés » par l'être et par la vérité. Par la suite, la vérité figure seule comme analogue de la lumière, mais en 508d Socrate mentionne les deux termes. Il y a là une difficulté : tout au long des livres V et VI, l'être était l'objet et non pas la condition de la connaissance : on devrait donc le retrouver au rang des choses connaissables, non à celui de la Vérité. Leur association initiale est cependant nécessaire pour indiquer qu'en tant qu'elle est l'effet du Bien, la Vérité n'est pas une vérité prédicative ou propositionnelle mais une vérité ontologique, ce qui signifie en retour que l'être objet de la connaissance est le « vraiment étant » : chaque terme constitue pour l'autre une détermination interne, et *ousia* est le nom propre de ce qui résulte de leur conjugaison. Il y a un lieu visible *quand* le soleil dispense sa lumière; il y a un lieu connaissable *parce que* le Bien dispense l'être et la vérité, et les dispense *toujours*. En vertu de la ressemblance entre la cause et l'effet, science et vérité ont « la forme du Bien » encore qu'elles soient de moindre valeur et de moindre dignité que lui.

De quoi le Bien est-il cause ?

Le soleil est cause de la visibilité du lieu où il règne et il est cause *dans* le lieu visible de la naissance et de la croissance des choses sensibles. Mais que fait l'*Idea* du Bien pour qu'on puisse la dire à la fois cause *du* lieu intelligible, et cause *dans* le lieu intelligible? On voit ce qui reste à déterminer : que fait le Bien, comment est-il cause? Dans l'*Idea* du Bien est contenue la double puissance de révéler au sujet connaissant sa faculté d'intelligence et celle d'arracher les choses connues au devenir incessant en les rendant présentes sur le mode du « véritablement étant », de l'essence. En son absence, tout ne serait que défilé de simulacres, mouvement perpétuel de génération et de corruption. Lorsque l'on articule ce terme, « Bien », c'est avant tout cette puissance qu'il convient d'entendre, celle qui à la fois engendre l'intelligence en l'exigeant, rendant ainsi manifeste sa différence, et la différence d'être propre à l'essence intelligible. Lorsque nous désirons comprendre ce qui est, donc sortir de l'opinion, et saisissons quelque chose de véritablement étant, nous subissons par là même la puissance du Bien. Elle est cause non seulement du fait que les choses que nous cherchons à connaître sont connaissables, mais aussi du fait qu'elles ont être et essence. Il est aisé de comprendre en quoi le soleil, qui fait partie du monde visible, surpasse pourtant ce monde puisque sans sa lumière et sa chaleur les réalités sensibles n'existeraient et ne croîtraient pas : le soleil est à la fois une chose visible, et la cause de tout devenir sensible. Il semble raisonnable de penser que le Bien a dans le domaine intelligible le même double statut : en tant qu'il est un objet de connaissance, il est une essence, il est intelligible, et il rend bons tous les êtres qui en participent. Or pour un être intelligible, être bon c'est être vraiment, il n'y a pas de différence entre la valeur d'un objet de connaissance et sa vérité, et une réalité sensible n'est bonne que si elle se soumet à la mesure de l'intelligence. Mais le Bien est également cause de la manière d'être des objets intelligibles. « Cause » ne signifie évidemment pas l'ensemble des conditions qui, réunies, entraînent un changement (l'apparition, la disparition ou la modification d'un phénomène), une cause véritable enveloppe une « raison », elle est ce qui permet de comprendre. Le Bien est en ce sens suprêmement « cause » : il nous permet de saisir des différences, des distinctions, sans lesquelles précisément nous ne pourrions rien comprendre et nous n'aurions rien à comprendre.

Le Bien par delà l'essence

Faut-il alors considérer que cette cause éminente ne saurait être une Idée et en faire la source inconnaissable et ineffable de toute existence et de toute connaissance, comme le fera Plotin, et tout le néoplatonisme après lui? La « transcendance » du Bien serait la transcendance d'une cause créatrice, absolue et inaccessible, au-delà de l'être, et il faudrait plutôt parler alors de « l'Un-Bien », ou même de Dieu. Une interprétation de cette sorte a entre autres pour argument que Platon se dérobe toujours lorsqu'il s'agit de donner une définition du Bien : il serait si « haut » qu'il repousserait non seulement toute définition mais même toute recherche de définition, ce qui aurait l'avantage de le projeter dans l'abîme sans fond, mais après tout commode, de l'ineffable. On peut cependant noter que le « manque d'élan » invoqué alors par Socrate n'est pas dit insuffisant pour atteindre le Bien mais pour atteindre la façon dont Socrate se le représente à présent (506e).

L'inconvénient d'une telle interprétation est qu'elle va contre des déclarations explicites et réitérées. On a vu que Socrate mettait le Bien en soi sur le même plan que le Beau en soi et toutes les autres réalités du même genre, et qu'il s'entête à parler de « ce qu'est » le Bien. En outre, au livre VII, on trouve par exemple : « dans le lieu du connaissable, à l'extrême limite, il y a l'Idée du Bien qui est difficile à voir, mais quand on l'a vue » elle deviendra principe d'action, c'est elle qu'il faut considérer « si l'on veut se conduire de façon sensée, soit en privé soit en public » (517b). L'intelligence doit saisir ce qu'est le Bien en lui-même : « Celui qui entreprend, en usant de la dialectique, sans se servir d'aucune sensation, de s'élancer à travers le *logos* vers ce qu'est la chose, et ne s'arrête pas avant d'avoir saisi par la seule intelligence ce qu'est le Bien en lui-même, parvient au terme même de l'intelligible » (532a-b). L'expression « ce qu'est » est la formule développée habituelle pour désigner l'essence (*ousia*). Ou encore « celui qui ne sera pas capable de déterminer par le *logos*, en la distinguant de toutes les autres, l'*idea* du Bien, et, comme dans un combat, de se frayer un chemin à travers toutes les objections, plein d'ardeur pour les réfuter en se fondant non sur l'opinion mais sur l'essence, s'ouvrant un passage à travers toutes grâce à son *logos* infaillible, tu ne déclareras pas qu'un tel homme a un savoir du Bien en soi ni d'aucun autre bien, mais que, s'il en touche par quelque côté une image, c'est par une opinion, non par un savoir » (534b-c). L'intelligence peut définir en la différenciant de toutes les autres l'Idée du Bien, et cela en procédant « selon l'essence ». De plus, le discours rationnel, le *logos*, mentionné dans deux de ces citations, est la voie « infaillible » qui conduit au « savoir du Bien en soi ». Platon ne dit jamais du Bien qu'il est inconnaissable ou indéfinissable, il affirme clairement tout le contraire.

Pourtant, une phrase fameuse du livre VI (509b) affirme que le Bien « n'est pas une essence, mais, par delà l'essence, il la surpasse encore en ancienneté et en puissance ». On peut penser que cette déclaration annule toutes les autres, trop terre à terre, et qu'elle détient une vérité que Socrate n'explicite pas parce qu'elle est au delà de tout discours. Ces deux lignes ont certes quelque chose d'énigmatique, et ce ne peut être, en l'occurrence, qu'interprétation contre interprétation. Comment en effet comprendre cette phrase unique et dont Glaucon se moque, mais sur laquelle se sont construites des philosophies entières ? Peut-être d'abord en la replaçant dans son contexte et en accordant au Bien un double statut analogue à celui du soleil. Ensuite, en prenant ensemble les trois points énoncés par Socrate : le Bien n'est pas une essence, il est par delà l'essence, il la surpasse en ancienneté et en puissance. On pourrait alors penser que le Bien n'est pas une essence *dans la mesure* où il est par delà l'essence, cette expression étant spécifiée par « en ancienneté et en puissance ». Le Bien n'est pas une essence parce qu'il « procure » l'essence, et s'il la surpasse, c'est sous le double rapport de l'ancienneté et de la puissance. Il ne peut pas être *seulement* une essence parmi d'autres, parce qu'il est « plus ancien » : étant la condition de toute pensée, il est antérieur à tout objet de pensée. Outre son antériorité, ou plutôt sa priorité, le Bien possède une puissance supérieure à celle de toute autre essence. Toute essence a la puissance de conférer son essence ou ses propriétés à une multiplicité de choses, et le Bien possède aussi cette puissance-là (c'est pourquoi on peut parler de l'*idea* du Bien) : c'est par le Bien qu'il existe des biens. Mais il est également la cause éminente, et non plus formelle, par laquelle toutes les essences existent et sont connaissables par l'intelligence. Sa plus grande ancienneté et la nature de sa puissance le situent donc « au delà » de l'essence, ce qui ne veut pas dire qu'il n'en est pas du tout une mais que, d'un double point de vue, il excède ce qui est entendu sous ce mot. Ancienneté et puissance déterminent la signification du terme « par delà » et la restreignent. Le Bien a donc un double statut selon qu'on l'envisage dans ce qu'il est ou dans ce qu'il peut. On refuse évidemment cette possibilité si on le situe « par delà l'être » : la transformation de la formule « par delà l'essence » (*ousia*) en « par delà l'être » (*on*) se propage de Plotin à Proclus jusqu'à Heidegger. Or le Bien est dit « la partie la plus brillante de l'être » (518c), « le plus excellent parmi les êtres » (532c) : la distinction entre son être et sa puissance est légitime. Si sa *puissance* est cause première des essences et de leur intelligibilité, s'il est donc par delà l'essence, *ce qu'il est* est cause de la bonté de toutes les choses bonnes. Quand les gouvernants « auront vu le Bien en soi, ils le prendront comme paradigme pour mettre en ordre la cité, les particuliers et eux-mêmes », dit ce même Socrate un peu plus loin. Cette fonction éthico-politique du Bien est maintenue tout au long des livres VI et VII, mais ce n'est là que l'action du Bien dans le lieu visible. Doit-il, pour l'exercer, jouir de la transcendance d'un Principe absolument impensable ?

Le Bien, terme et achèvement de la dialectique

Une chose est indiscutable : dans la *République*, la question du Bien est toujours liée à celle de la dialectique, qui reconnaît dans le Bien à la fois son principe et sa fin, ce dont elle dérive et ce vers quoi elle tend. Si l'action du Bien peut rester inaperçue de la plupart, elle ne peut pas échapper au dialecticien qui n'est ce qu'il est et ne fait ce qu'il fait que parce qu'il en pâtit. Le Bien est « ce que toute âme recherche », mais sa connaissance, à supposer qu'elle soit possible, semble être réservée aux seuls dialecticiens philosophes. Visé par tous, il est manqué par la plupart, ce qui est à coup sûr scandaleux (scandalisé, Aristote l'a été : voir *EN,* I, 6). Quand nous sommes aux portes du Bien, nous cherchons des causes capables de relayer sa puissance et de l'introduire sous forme de biens multiples dans le breuvage de la vie. Si on reste sur le seuil, on ne peut que *deviner* que la maison n'est pas vide ; seule la pensée dialectique permet de *savoir* qu'elle ne l'est pas. Elle seule comprend pleinement la puissance du Bien comme ce qui donne sens à son amour du vrai et comme ce dont elle tire son pouvoir de le chercher et de le trouver. L'intelligence comprend que le Bien est cause à la fois de son désir de comprendre « ce que c'est » et du fait que l'objet de ce désir existe. *Telos* de la dialectique, le Bien lui est nécessairement intérieur : c'est seulement de l'extérieur, en image et métaphoriquement, qu'on se le représente comme un principe transcendant. Le Bien n'est une énigme que si on reste à l'extérieur de la dialectique : à l'intérieur, il est ce que l'intelligence dialectique comprend d'abord comme *sa* cause et *sa* fin. Bien et dialectique sont alors conçus comme deux puissances, et il faut être à l'intérieur de l'une pour comprendre l'autre. Quand la puissance dialectique se déploie, le Bien agit, et s'il garantit à la pensée que l'orientation de son désir est bonne et que les essences qu'elle pose existent vraiment, la pensée est en retour la preuve décisive de l'existence du Bien : il est ce qui donne sens à toutes les questions qu'elle pose. Mais la question du Bien n'est pas seulement posée par la pensée, elle est, dans la pensée, la question du sens qu'il peut y avoir à désirer penser et à penser, sens dont aucune définition ni aucune connaissance déterminée n'est possible, puisque toute définition et toute connaissance le supposent, le produisent, et y aspirent.

Le Bien de Platon n'est peut-être que la réponse, réponse que la pensée philosophique ne cesse de s'efforcer de donner, à la question du sens. Le monde, celui des choses naturelles comme celui des hommes, est impuissant à répondre à cette question mais, quand il est pensé par un philosophe, s'ouvre pour lui la possibilité d'acquérir un sens et de se faire autrement monde.

BIBLIOGRAPHIE

Le nombre d'ouvrages et d'articles consacrés à Platon a subi une croissance exponentielle, en particulier dans le monde anglo-saxon. La bibliographie qui suit, sélective et aussi succincte que possible, ne mentionne que les principaux ouvrages et signale, chapitre par chapitre, les livres et articles présentant différentes interprétations des points qui y sont traités.

Pour compléter cette bibliographie, on pourra se reporter à H. Cherniss, « Plato 1950-1957 », *Lustrum* 4 et 5, 1959 et 1960 ; et à L. Brisson, « Platon 1958-1975 », *Lustrum* 20, 1977 ; L. Brisson et H. Ioannidi, « Platon 1975-1980 », *Lustrum* 25, 1983 ; « *Corrigenda* à Platon 1975-1980 », *Lustrum* 26, 1984, p. 205-206 ; « Platon 1980-1985 », *Lustrum* 30, 1988, p. 11-294 ; « *Corrigenda* à Platon 1980-1985 », *Lustrum* 31, 1989, p. 270-271 ; « Platon 1985-1990 », *Lustrum* 34, 1992 ; L. Brisson et F. Plin, *Platon, 1990-1995 : bibliographie*, Paris, Vrin, 1999. Les bibliographies de L. Brisson sont classées par ordre alphabétique des noms d'auteurs et comportent un index thématique et un index par Dialogues.

Un index complet a été établi informatiquement par L. Brandwood, *A Word Index to Plato*, Leeds, Maney and Son, 1976.

I. Œuvres de Platon

1. *Œuvres complètes*

Platonis Opera, ed. J. Burnet, 5 vol. Oxford, 1900-1910 (texte grec seul ; quand la linéation est indiquée, elle renvoie à cette édition). *Platonis Opera, recogn. brevique adnotatione critica instrux*. E.A. Duke *et al.*, t. I, Oxford, 1995 (nouvelle édition d'Oxford en cours, certaines corrections ont été apportées au texte établi par Burnet).

Platon. Œuvres complètes, Paris, Les Belles Lettres, « Collection des Universités de France », t. I à XII, 1920-1983. [Certains vol. parus en édition de poche (trad. seule) chez Gallimard, collection « Tel ».]

Platon. Œuvres complètes, trad. nouvelle et notes par L. Robin, avec la collab. de J. Moreau [pour le *Parménide* et le *Timée*], 2 vol., Paris, Gallimard, « Bibliothèque de la Pléiade », [1940-1942], 1950.

2. *Éditions, traductions et commentaires d'œuvres séparées*

Les nouvelles traductions parues aux éditions GF-Flammarion, annotées et accompagnées d'une introduction, donnent pour chaque Dialogue une bibliographie utile. Ont paru jusqu'ici :

Alcibiade, par C. Marboeuf et J.-F. Pradeau, 1999.

Apologie de Socrate – Criton, par L. Brisson, 1997. Voir aussi :

BRICKHOUSE, T.C., and N.C. SMITH, *Socrates on Trial*, Oxford, Clarendon Press, 1988.

Banquet, par L. Brisson, 1998. Voir aussi :

ROSEN, S., *Plato's* Symposium, New Haven, Yale Univ. Press, 2 nd ed., 1987.

Cratyle, par C. Dalimier, 1998.

Euthydème, par M. Canto, 1989. Voir aussi :

NARCY, M. *Le Philosophe et son double. Un commentaire de l'Euthydème de Platon*, Paris, Vrin, 1984.

Gorgias, par M. Canto, 1987. Voir aussi :

DODDS, E.R. *Plato:* Gorgias, Oxford, Clarendon Press, 1959.

Ion, par M. Canto, 1989. Voir aussi :

FLASHAR, J., *Der Dialog* Ion *als Zeugnis platonischer Philosophie*, Berlin, Akademie Verlag, 1958.

Lachès – Euthyphron, par L.-A. Dorion, 1997. Voir aussi :

ALLEN, R.E., *Plato's* Euthyphro *and the Earlier Theory of Forms*, London, Routledge and Kegan Paul, 1970.

CHATEAU, J.-Y., *Euthyphron de Platon,* traduction et commentaire, Paris, Éditions Pédagogie Moderne, 1979 ; nouvelle éd. corr., Paris, Vrin, 2003.

Lettres, par L. Brisson, 1987.

Ménon, par M. Canto-Sperber, 1991. Voir aussi :

BLUCK, R.S. *Plato's* Meno, edited with an Introduction, commentary and an appendix, Cambridge, Cambridge Univ. Press, 1961.

BRAGUE, R., *Le Restant. Supplément aux commentaires du* Ménon *de Platon*, Paris, Vrin-Les Belles Lettres, 1978.

Parménide, par L. Brisson, 1994. Voir aussi :

ALLEN, R.E., *Plato's* Parmenides, Translation and analysis, Oxford, Blackwell, 1983.

CORNFORD, F.M., *Plato and Parmenides, Parmenides' Way of Truth and Plato's* Parmenides, transl. with an introduction and a running commentary, London, Routledge and Kegan Paul, 1939.

WAHL, J., *Étude sur le* Parménide *de Platon*, [1926], Paris, Vrin, 1951[4].

Phédon, par M. Dixsaut, 1991. Voir aussi :

GALLOP, D. *Plato. 'Phaedo',* Translated with notes, Oxford, Clarendon Press, 1975.

LORIAUX, R., *Phédon*, comm. et trad., 2 vol., Gembloux, Duculot-Namur, Presses Univ. de Namur, 1975.

Phèdre, par L. Brisson, 1989. Voir aussi :

GRISWOLD, Ch.L., *Self-Knowledge in Plato's* Phaedrus, New Haven-London, Yale Univ. Press, 1986.

Philèbe, par J.-F. Pradeau, 2002. Voir aussi :

DIXSAUT, M., avec la collab. de F. Teisserenc, *La Fêlure du plaisir, Études sur le Philèbe de Platon*, 2 vol., Paris, Vrin, 1999.

GOSLING, J.C.B., *Plato.* Philebus, Translated with notes and commentary, Oxford, Clarendon Press, 1975.

Politique, par L. Brisson et J-F. Pradeau, 2003. Voir aussi :

ROSEN, S., *Plato's* Statesman, *The Web of Politics*, New Haven-London, Yale Univ. Press, 1995.

SKEMP, J.B., *Plato's Statesman*, A Translation of the *Politicus* of Plato with introductory essays and footnotes, London, Routledge and Kegan Paul, 1952, 2nd ed. with Postscript, Bristol, 1987.

Protagoras, par F. Ildefonse, 1997. Voir aussi :

TAYLOR, C.C.W., *Protagoras,* Oxford, Clarendon Press, 1976.

TRÉDÉ, M. et P. DEMONT, *Platon. Protagoras*, trad nouvelle, introduction et commentaires, Paris, Le Livre de Poche, 1993.

La République, par G. Leroux, 2001. Voir aussi :

ADAM, J., *The* Republic *of Plato*, edited with critical notes, commentary and appendices, Cambridge, Cambridge Univ. Press, 2 vols.,1902, 2 nd ed. with an Introduction by D.A. Rees,1963.

BLOOM, A., *The* Republic *of Plato*, transl. with notes and an interpretative essay, New York, Basic Books, 1968.

HÖFFE, O., (ed.), *Politeia*, Berlin, Akademie Verlag, 1997.

PACHET, P., *La République* (trad. seule), Gallimard, « Folio », 1993.

Sophiste, par N.-L. Cordero, 1993. Voir aussi :

AUBENQUE, P., (sous la dir. de) *Études sur le* Sophiste *de Platon*, Napoli, Bibliopolis, 1991.

ROSEN, S., *Plato's* Sophist. *The Drama of Original and Image,* New Haven-London, Yale Univ. Press, 1983.

Théétète, par M. Narcy, 1994. Voir aussi :

BURNYEAT, M., *The* Theaetetus *of Plato*, Indianapolis, Hackett, 1990 ; *Le* Théétète *de Platon*, trad. de M. Narcy, Paris, P.U.F., « Bibliothèque du Collège International de Philosophie », 1998.

CORNFORD, F.M., *Plato's Theory of Knowledge: The* Theaetetus *and the* Sophist *of Plato,* transl. with a running commentary, London, Routledge and Kegan Paul, 1935.

Timée-Critias, par L. Brisson, 1992. Voir aussi :

CORNFORD, F.M., *Plato's Cosmology. The* Timaeus *of Plato,* transl. with a running commentary, London, Routledge and Kegan Paul, 1937.

MARTIN, T.H., *Études sur le* Timée (texte, trad. et commentaires), 2 vol., Paris, Lagrange, 1841, réimp. Paris, Vrin, 1981.

Pour les autres Dialogues, voir :

BOLOTIN, D., *Plato's Dialogue on Friendship. An Interpretation of the* Lysis, Ithaca-London, Cornell Univ. Press, 1979.

HAZEBROUCQ, M.-F., *La Folie humaine et ses remèdes : Platon,* Charmide *ou De la modération,* trad., notes et comm., Paris, Vrin, 1997.

HORBER, R.G., « Plato's *Lesser Hippias* », *Phronesis* 7, 1962, 121-131.

3. *Commentaires néoplatoniciens*

On peut ajouter les grands commentaires néoplatoniciens qui nous sont parvenus :

DAMASCIUS LE DIADOQUE, *Commentaire du* Parménide *de Platon,* texte établi par L.G. Westerink, trad. de J. Combès et A.-Ph. Segonds, Paris, Les Belles Lettres, vol. I- , 1997- .

– *The Greek Commentaries on Plato's Phaedo,* vol. II, *Damascius*, éd et trad. anglaise de L.G. Westerink, Amsterdam-Oxford-New York, North-Holland Publishing Company, 1973.

– *Damascius. Lectures on the Philebus,* éd. et trad. anglaise de L.G. Westerink, Amsterdam-Oxford-New York, North-Holland Publishing Company, 1959, repr. 1982.

OLYMPIODORE, *The Greek Commentaries on Plato's* Phaedo, vol. I, *Olympiodorus,* éd. et trad. anglaise de L.G. Westerink, Amsterdam-Oxford-New York, North-Holland Publishing Company, 1973.

– *Olympiodorus' Commentary on Plato's* Gorgias, transl. and notes by H. Tarrant, K. Lycos and R. Jodeson, Leiden, Brill, 1998.

PROCLUS, *Commentaire sur le* Premier Alcibiade, éd. et trad. par A.-Ph. Segonds, 2 vol., Paris, Les Belles Lettres, 1985-1986.

– *Lezioni sul* Cratilo *di Platone,* éd. G. Pasquali (Leipzig, Teubner, 1908) et trad. italienne de F. Romano, Università di Catania, « Symbolon » 7, 1991.

– *Commentaire sur le* Parménide, éd V. Cousin [1864], reimpr. Hildesheim, G. Olms, 1961 ; *Proclus' Commentary on Plato's* Parmenides, trad. anglaise de G.R. Morrow et J.M. Dillon, Princeton, Princeton Univ. Press, éd. corr. 1992.

– *Commentaire sur la* République, trad. de A.J. Festugière, 3 vol., Paris, Vrin, 1970.

– *Commentaire sur le* Timée, trad. de A.J. Festugière, 5 vol., Paris, Vrin, 1966-1968.

II. TEXTES ANCIENS

EMPÉDOCLE, DÉMOCRITE et GORGIAS sont cités d'après H. Diels, *Die Fragmente der Vorsokratiker, griechisch und deutsch*, 6e éd revue par W. Kranz avec des Nachträge, 1951-1952 ; trad. de J.-P. Dumont, *Les Présocratiques*, Paris, Gallimard, « Bibliothèque de la Pléiade », 1988.

ARISTOTE, *Métaphysique,* trad. et notes par J. Tricot, 2 vol., Paris, Vrin, [1932], nouv. éd. 1953.

– *Physique,* trad. de P. Pellegrin, Paris, GF-Flammarion, 2000.

– *Topiques*, t. I, livres I-IV, texte établi et traduit par J. Brunschwig, Paris, Les Belles Lettres, « Collection des Universités de France », 1967.

– *Éthique à Nicomaque*, traduction, introduction, notes et index par J. Tricot, Paris, Vrin, [1959], 1979[4].

– *Aristotelis Fragmenta Selecta, recognovit brevique adnotatione instruxit* W.D. Ross, Oxford, Oxford Classical Texts, 1955 ; trad. angl. de W.D. Ross dans *The Works of Aristotle,* vol. XII : *Select Fragments,* Oxford, Clarendon Press, 1952.

DIOGÈNE LAËRCE, *Vies et Doctrines des philosophes illustres,* trad. sous la dir. de M.-O. Goulet-Cazé, Paris, Le Livre de poche, 1999.

GORGIAS, *Traité du non-être,* dans B. Cassin, *Si Parménide... De Melisso Xenophane Gorgia,* Édition critique et commentaire, Lille-Paris, Presses Universitaires de Lille, 1980.

PHILOLAOS, *Philolaus of Croton. Pythagorean and Presocratic*, A Commentary on the fragments and testimonia with interpretive essays by C.A. Huffman, Cambridge, Cambridge Univ. Press, 1993.

PARMÉNIDE, *Le Poème*, éd. et trad. D. O'Brien en coll. avec J. Frère, dans *Études sur Parménide*, sous la dir. de P. Aubenque, vol. I, Paris, Vrin, 1987.

THUCYDIDE, *Histoire de la guerre du Péloponnèse*, éd. et trad. J. de Romilly, L. Bodin, et R. Weil, Paris, Les Belles Lettres, 1953-1972.

XÉNOPHON, *Les Mémorables*, introd. générale et Livre I, texte établi par M. Bandini et traduit par L.-A. Dorion, Paris, Les Belles Lettres, 2000.

III. OUVRAGES GÉNÉRAUX SUR PLATON

1. *Ouvrages généraux*

BRISSON, L., *Lectures de Platon,* Paris, Vrin, 2000.

CHERNISS, H., *Aristotle's Criticism of Plato and the Academy*, New York, Russell and Russell, 1944.

– *The Riddle of the Early Academy*, Univ. of California Press, 1945 ; *L'Énigme de l'Ancienne Académie,* trad. et introd. de L. Boulakia, avec un Avant-propos de L. Brisson, Paris, Vrin, 1993.

CROMBIE, I.M., *An Examination of Plato's Doctrines*, vol. I : *Plato on Man and Society,* London, Routledge and Kegan Paul, 1962 ; vol. II : *Plato on Knowledge and Reality, ibid.,* 1963.

DIÈS, A., *Autour de Platon. Essais de critique et d'histoire* [1927], Paris, Les Belles Lettres, 1972.

DIXSAUT, M., *Le Naturel philosophe, Essai sur les Dialogues de Platon*, [1985] 3e éd. corr., Paris, Vrin, 2001.

– *Platon et la question de la pensée, Études platoniciennes 1*, Paris, Vrin, 2000.

– *Métamorphoses de la dialectique dans les Dialogues de Platon*, Paris, Vrin, 2001.

FESTUGIÈRE, A.J., *Contemplation et vie contemplative selon Platon*, [1936], Paris, Vrin, 1975^4.

FRIEDLÄNDER, P., *Plato*, [1928-1930, 1960^2], English transl. by H. Meyerhoff, based on the 2nd ed., 3 vols., New York, Pantheon Books, 1 : *Introduction*, [1958], 1969^2 ; 2 : *The Dialogues, First Period*, 1965 ; 3 : *The Dialogues, Second and third Periods*, 1969.

GAISER, K., *Protreptik und Paränese bei Platon. Untersuchungen zur Form des platonischen Dialogs*, Stuttgart, Kohlhammer, 1959.

GOLDSCHMIDT, V., *Les Dialogues de Platon : Structure et méthode dialectique*, Paris, P.U.F., 1947.

HEGEL, *Leçons sur Platon*, texte inédit 1825-1826, éd., trad. et notes de J.-L. Vieillard-Baron, Paris, Aubier-Montaigne, 1976.

JOLY, H., *Le Renversement platonicien. Logos, Epistèmè, Polis*, [1974], Paris, Vrin, 1994.

KAHN, Ch.H., *Plato and the Socratic Dialogue. The Philosophical Use of a Literary Form*, Cambridge, Cambridge Univ. Press, 1996.

KRÄMER, H.J., *Arete bei Platon und Aristoteles, zum Wesen und zur Geschichte der platonischen Ontologie*, Heidelberg, C. Winter, 1959.

NIETZSCHE, *Introduction à la lecture de Platon,* trad. partielle d'O. Berrichon-Sedeyn, Paris, L'éclat, 1991

RIGINOS, A.S., *Platonica. The Anecdotes Concerning the Life and Writings of Plato*, Leiden, Brill, 1976.

RITTER, C., *Platon* : *sein Leben, seine Schriften, seine Lehre,* 2 Aufl., München, C.H. Beck, 1910.

ROBIN, L., *Platon* [1935], Paris, P.U.F., 1997.

SCHLEIERMACHER, F.D.E., *Schleiermacher's Introductions to the Dialogues of Plato* [1836], trad. anglaise de W. Dobson, New York, Arno Press, 1973.

SHOREY, P., *The Unity of Plato's Thought,* Chicago, Univ. of Chicago Press, 1960.

VLASTOS, G., *Platonic Studies*, [1973], 2nd ed. with corr., Princeton, Princeton Univ. Press, 1981.

WILAMOWITZ-MOELLENDORFF, U. von, *Platon* [1919], I : *Sein Leben und seine Werke*, 5 Aufl., Berlin, Weidmann, 1959 ; II : *Beilagen und Textkritik*, 3 Aufl., Berlin, Weidmann, 1962.

2. *Recueils d'articles*

Studies in Plato's Metaphysics, R. E. Allen (ed.), London, Routledge and Kegan Paul, 1965.

Plato. A Collection of Critical Essays, G.Vlastos (ed.), 2 vols., I : *Metaphysics and Epistemology* ; II : *Ethics, Politics and Philosophy,* New York, Doubleday Anchor, 1971.

Patterns in Plato's Thought, J. Moravcsik (ed.), Dordrecht, 1973.

Exegesis and Argument, E.N. Lee, A.P.D. Mourelatos, R.M. Rorty (eds.), *Phronesis*, Supplementary Vol. I, Assen, 1973.

Platon, sous la dir. de M. Canto, n° spécial de la *Revue Philosophique de la France et de l'Étranger* 4, oct.-déc. 1991.

The Cambridge Companion to Plato, R. Kraut (ed.), Cambridge, Cambridge Univ. Press, 1992.

Methods of interpreting Plato and his Dialogues, J.C. Klagge and N.D. Smith (eds.), *Oxford Studies in Ancient Philosophy Supplement*, Oxford, Clarendon Press, 1992.

Polis und Kosmos. Naturphilosophie und politische Philosophie bei Platon, (dir.) E. Rudolph, Darmstadt, Wissenschaftliche Buchgesellschaft, 1996.

Plato, G. Fine (ed.), 2 vols., 1 : *Metaphysics and Epistemology* ; 2 : *Ethics, Politics, Religion, and the Soul,* Oxford, Oxford Univ. Press, 1999.

IV. ÉTUDES SUR DES THÈMES TRAITÉS DANS LES DIFFÉRENTS CHAPITRES

IV. 0 : *Authenticité et chronologie*

ALLINE, H., *Histoire du texte de Platon,* Paris, « Bibliothèque de l'École des Hautes Études » 118, Paris, 1915, réimpr. Slatkine, 1984.

BRANDWOOD, L., *The Chronology of Plato's Dialogues,* Cambridge-New York-Portchester (NY), Cambridge Univ. Press, 1990.

SOLMSEN, F., « The Academic and the Alexandrian editions of Plato's Works », *Illinois Classical Studies*, 1981, 102-111.

YOUNG, C.M., « Plato and computer-dating », *Oxford Studies in Ancient Philosophy* 12, 1994, 227-250.

IV. 1 : *Écrire des Dialogues*

Platonic Writings, Platonic Readings, Ch.L. Griswold (ed.), New York, Chapman & Hall - London, Routledge, 1988.

DERRIDA J., « La pharmacie de Platon », [1968], repr. dans *La Dissémination*, Paris, Seuil, 1972.

DESCLOS, M.-L., « La fonction des prologues dans les Dialogues de Platon. Faire l'histoire de Socrate », *Recherches sur la philosophie et le langage* 14, 1992, 15-29.

DIXSAUT, M., « Qu'appelle-t-on penser ? Du dialogue intérieur de l'âme selon Platon », repr. dans *Platon et la question de la pensée*, 45-70.

DUPONT-ROC, R., « *Mimèsis* et énonciation », dans *Écriture et Théorie Poétiques*, Paris, 1976, 6-14.

GADAMER, H.G., *Dialogue and Dialectic : Eight Hermeneutical Studies on Plato*, transl. by P.C. Smith, New Haven-London, Yale University Press, 1980 [réunion et trad. angl. de plusieurs articles de Gadamer].

KAHN, Ch.H., « Platon a-t-il écrit des dialogues socratiques ? », *Bulletin de la Société française de philosophie* 74, 1980, 45-80.

RICHARD, M.-D., *L'Enseignement oral de Platon, Une nouvelle interprétation du platonisme,* Paris, Editions du Cerf, 1986.

SCHAERER, R., *La Question platonicienne, Étude sur les rapports de la pensée et de l'expression dans les Dialogues*, [1938], « Mémoires de l'Université de Neuchâtel » 10, 1969.

STRAUSS, L., « La persécution et l'art d'écrire », trad. d'E. Patard dans *Leo Strauss : art d'écrire, politique, philosophie, Texte de 1941 et études*, L. Jaffro, B. Frydman, E. Cattin et A. Petit (éds.), Paris, Vrin, 2001.

TIGERSTEDT, E.N., *Interpreting Plato*, Uppsala, Almquist & Wiksell International, 1977.

IV. 2 : *Parler une langue*

Language and Logos, Studies in ancient Greek philosophy, presented to G.E.L. Owen, M. Schofield and M. Nussbaum (eds.), Cambridge, Cambridge Univ. Press, 1982.

BOYANCÉ, P., « La doctrine d'Euthyphron dans le *Cratyle* », *Revue des Études Grecques* 54, 1941, 141-175.

BRANCACCI, A., *Oikeios Logos, La filosofia del languaggio di Antistene,* Napoli, Bibliopolis, 1990.

– « *Protagoras, L'orthoepeia* et la justesse des noms », dans *Platon, source des Présocratiques. Exploration,* M. Dixsaut et A. Brancacci (éds.), Paris, Vrin, 2001, 169-190.

BURKERT, W., « La genèse des choses et des mots : le papyrus de Derveni entre Anaxagore et Cratyle », *Les Études Philosophiques* 25, oct.-déc. 1970, 443-455.

CASERTANO, G., *L'eterna malattia del discorso*, Napoli, Loffredo, 1991.

DIXSAUT, M., « Isocrate contre des sophistes sans sophistique », dans *Le Plaisir de parler, Études de sophistique comparée*, B. Cassin (éd.), Paris, Éditions de Minuit, 1986, 63-85.

– « La rationalité projetée à l'origine, ou : De l'étymologie », repr. dans *Platon et la question de la pensée*, 155-174.

GAISER, K., *Name und Sache in Platons* Kratylos, Heidelberg, Winter, 1974.

GENETTE, G., « L'Éponymie du nom ou le Cratylisme du *Cratyle* », *Critique* 28, 1972, 1019-1044.

GOLDSCHMIDT, V., *Essai sur le* Cratyle, *Contribution à l'histoire de la pensée de Platon,* Paris, [1940], Vrin « Reprise », 1986.

KAHN, Ch.H., « Les mots et les formes dans le *Cratyle* de Platon », dans *Philosophie du langage et grammaire dans l'Antiquité*, Bruxelles-Grenoble, 1986, 91-103.

LORAUX, N., « Cratyle à l'épreuve de στάσις », *Revue de Philosophie Ancienne* 5, 1987, 49-69.

SCHOFIELD, M., « The dénouemenent of the *Cratylus* », dans *Language and Logos*, 61-81.

WILLIAMS, B., « Cratylus' theory of names and its refutation », dans *Language and Logos*, 83-94.

IV. 3 : *Savoir*

Les Paradoxes de la connaissance. Essais sur le Ménon *de Platon,* M. Canto-Sperber (éd.), Paris, Odile Jacob, 1991.

Science and the Sciences in Plato, J. P. Anton (ed.), New York, Caravan Books, 1980.

BURNYEAT, M.F, « Knowledge is perception: *Theaetetus* 151d-184a », dans *Plato* (Fine) 1, 320-354.

– « Protagoras and self-refutation in Plato's *Theaetetus* », *Philosophical Review* 85, 1976, 172-195.

– « Plato on the grammar of perceiving », *Classical Quarterly*, NS 26, 1976, 29-51.

CAMBIANO, G., *Platone e le techniche*, Roma & Bari, Laterza, nouv. éd. revue et corr. 1991.

CASSIN, B., *L'Effet sophistique,* Paris, Gallimard, 1995.

CHERNISS, H., « Plato as a mathematician », *Review of Metaphysics* 4,1951 ; repr. dans *Selected Papers* (L. Tarán ed.), Leiden, Brill, 1977, 222-252.

COOPER, J.M., « Plato on sense-perception and knowledge (*Theaetetus* 184-186) », dans *Plato* (Fine) 1, 355-376.

CORNFORD, F.M., « Mathematics and dialectic in the *Republic* VI-VII », *Mind* 41,1932, 37-52 ; repr. dans *Studies in Plato's Metaphysics*, 61-96.

GOLDSCHMIDT, V., *Le Paradigme dans la dialectique platonicienne*, Paris, P.U.F., 1947.

IRWIN, T.H., « Plato's Heracliteanism », *Philosophical Quarterly* 27, 1977, 1-13.

KERFERD, G.B., « Plato's account of the relativism of Protagoras », *Durham University Journal* 42, 1949, 20-26.

LAFRANCE, Y., *Pour interpréter Platon, La ligne en* République *VI, 509d-511e. Bilan analytique des études (1804-1984)*, Montréal-Paris, 1986.

– *La Théorie platonicienne de la doxa*, Montréal-Paris, Les Belles Lettres-Bellarmin, 1981.

LEE, E.N., « "Hoist with his own petard", ironic and comic elements in Plato's critique of Protagoras (*Tht.* 167-171) », dans *Exegesis and Argument*, 225-261.

MUELLER, I., « Mathematical method and philosophical truth », dans *The Cambridge Companion to Plato*, 170-199.

PENNER, T., « Socrates on the strength of knowledge : *Protagoras* 351b-375e », *Archiv für Geschichte der Philosophie*, 79, 1997, 117-149.

PRITCHARD, P., *Plato's Philosophy of Mathematics,* Sankt Augustin, Academia Verlag, 1995.

ROBIN, L., *Les Rapports de l'être et de la connaissance d'après Platon*, cours professé en Sorbonne l'année 1932-1933, éd. par P.M. Schuhl, Paris, P.U.F., 1957.

ROBINSON, R., *Plato's Earlier Dialectic* [1941], 2nd ed., Oxford, Clarendon Press, 1953.

SEDLEY, D., *The Midwife of Platonism : Text and Subtext in Plato's* Theaetetus, Oxford, Clarendon Press, 2004.

SOUILHÉ, J., *Étude sur le terme* ΔΥΝΑΜΙΣ *dans les Dialogues de Platon,* Paris, Alcan, 1919.

WIELAND, W., *Platon und die Formen des Wissens*, Göttingen, Vandenhoeck & Ruprecht, 1982.

WOODRUFF, P., « Expert knowledge in the *Apology* and the *Laches* : what a general needs to know », *Proceedings of the Boston Area Colloquium in Ancient Philosophy III*, J.J. Cleary (ed.), Lanham [MD], Univ. Press of America, 1988, 79-115.

IV. 4 : *Essences et Formes*

BLUCK, R.S., « Forms as Standards », *Phronesis* 2, 1957, 115-127.

BRISSON, L., « Participation et prédication chez Platon », *Revue philosophique*, 1991, 557-569.

BROCHARD, V., « Les *Lois* de Platon et la théorie des Idées », dans *Études de philosophie ancienne et de philosophie moderne*, Paris, Vrin, 1926, 151-168.

BRUNSCHWIG, J., « Le problème de la "self-participation" chez Platon », dans A. Cazenave et J.-F. Lyotard (éds.), *L'Art des confins, Mélanges offerts à Maurice de Gandillac*, Paris, 1985, 121-135.

CHERNISS, H., « The philosophical economy of the theory of Ideas », [1936], repr. dans *Studies in Plato's Metaphysics*, 1-12 ; trad. franç. dans *Platon. Les Formes intelligibles*, J.-F. Pradeau (éd), Paris, P.U.F, 2001, 153-176.

CORNFORD, F.M., « The doctrine of eros in Plato's *Symposium* », dans *Plato* (Vlastos) 2, 119-131.

DIXSAUT, M., « *Ousia, eidos* et *idea* dans le *Phédon* », repr. dans *Platon et la question de la pensée*, 71-91.

– « De quoi les philosophes sont-ils amoureux ? Sur la *phronèsis* dans les Dialogues de Platon », repr. dans *Platon et la question de la pensée*, 93-119.

FINE, G., *On Ideas*: *Aristotle's Criticism of Plato's Theory of Forms,* Oxford, Clarendon Press, 1993.

LEE, E.N., « The second "Third Man" : an interpretation », dans *Patterns in Plato's Thought*, 101-122.

MARKUS, R.A., « The dialectic of eros in Plato's *Symposium* », *Downside Review* 73, 1955, 219-230 ; repr. dans *Plato* (Vlastos) 2, 132-143.

MORAVCSIK, J.M.E., « Reason and *eros* in the "ascent"-passage of the *Symposium* », dans J. Anton and G. Kustas (eds.), *Essays in Ancient Greek Philosophy*, Albany, State Univ. of New York, 1971, 298-302.

– « The "Third Man" argument and Plato's theory of Forms », *Phronesis*, 8, 1963, 50-62.

NATORP, P., *Platons Ideenlehre,* Leipzig, [1903], 1921 ^{2}. [Interprétation néo-kantienne ; dans la même ligne, J. Moreau, *La Construction de l'idéalisme platonicien*, [1939], réimp. Hildesheim, Olms, 1967.]

PECK, A.L., « Plato's *Parmenides* : some suggestions for its interpretation », *Classical Quarterly* N.S. 3, 1953, 126-150, et N.S. 4, 31-45.

ROBIN, L., *La Théorie platonicienne des Idées et des Nombres d'après Aristote*, Paris, Alcan, 1908.

– *La Théorie platonicienne de l'amour*, Paris, Alcan, 1908.

ROSS, W.D., *Plato's Theory of Ideas*, Oxford, Clarendon Press, 1951.

RYLE, G., « Plato's *Parmenides* », *Mind*, N.S. 48, 1939, 129-151 et 302-325 ; repr. dans *Studies in Plato's Metaphysics,* 97-147.

SCOTT, D., *Recollection and Experience: Plato's Theory of Learning and its Successors,* Cambridge, Cambridge Univ. Press, 1995.

SOUILHÉ, J., *La Notion platonicienne d'intermédiaire dans la philosophie des Dialogues,* Paris, Alcan, 1919.

VLASTOS, G., « Reasons and causes in the *Phaedo* », *Philosophical Review* 78, 1969, 291-325 ; repr. dans *Plato* (Vlastos) I, 132-166 et *Platonic Studies*, 76-110.

– « Plato's "Third Man" argument (*Parm.* 132a1-b2) : Text and logic », *Philosophical Quarterly*, 19, 1969, 289-291 ; repr. dans *Plato* (Vlastos) I, 132-166 et *Platonic Studies*, 342-365.

– « A note on "Pauline Predication" in Plato », [1974], repr. dans *Platonic Studies*, 404-409.

IV. 5 : *L'un et le multiple*

ACKRILL, J.L., « ΣΥΜΠΛΟΚΗ ΕΙΔΩΝ », *Bulletin of the Institute of Classical Studies* 2, 1955, 31-35 ; repr. dans *Plato* (Vlastos) I, 201-209.

– « Plato and the copula : *Sophist* 251-259 », *Journal of Hellenic Studies* 77, 1957 ; repr. dans *Plato* (Vlastos) I, 210-222.

– « In defense of Platonic division », dans *Ryle : A Collection of Critical Essays*, O.P. Wood and G. Pritcher eds., Garden City, N.Y., Anchor Books, Doubleday, 1970, 373-392.

DIÈS, A., *La Définition de l'être et la nature des Idées dans le* Sophiste *de Platon,* [1909], Paris, Vrin, 1963.

DIXSAUT, M., « La dernière définition du sophiste (*Soph.* 265b-268d) », repr. dans *Platon et la question de la pensée*, 271-309.

GOMEZ LOBO, A., « Plato's description of dialectic in the *Sophist* 253d1-e2 », *Phronesis* 22, 1977, 29-47.

HAMLYN, D.W., « The communion of Forms and the development of Plato's logic », *Philosophical Quarterly* 5, 1955, 289-302.

HEIDEGGER, M., *Platon: Le Sophiste* [1924-1925], trad. J.-F. Courtine *et al.*, Paris, Gallimard, 2001.

KERFERD, G.B., « Le sophiste vu par Platon : un philosophe imparfait », dans B. Cassin (éd.), *Positions de la sophistique*, Paris, Vrin, 1986.

LEE, E., « Plato on negation and Not Being in the *Sophist* », *Philosophical Review* 71, 1972, 267-304.

LORENZ, K. et J. MITTELSTRASS, « Theaitetos fliegt », *Archiv für Geschichte der Philosophie* 48, 1966, 113-152

LOHR, G., *Das Problem des Einen und Vielen in Platons* Philebus, Göttingen, Vandenhoch und Ruprecht, 1990.

MORAVCSIK, J.M.E., « Being and meaning in the *Sophist* », *Acta philosophica Fennica* 14, 1962, 23-78.

– « Forms and dialectic in the second half of the *Parmenides* », dans *Language and Logos*, 135-153.

– « ΣΥΜΠΛΟΚΗ ΕΙΔΩΝ and the genesis of ΛΟΓΟΣ », *Archiv für Geschichte der Philosophie* 42, 1960, 117-129.

– « Plato's method of division », dans *Patterns in Plato's Thought,* 158-180.

O'BRIEN, D., *Le Non-Être, Deux Études sur le* Sophiste *de Platon*, Sankt Augustin, Academia Verlag, 1995.

OWEN, G.E.L., « Plato on Not-being », dans *Plato* (Vlastos) I, 223-267.

– « Plato and Parmenides on the timeless present », *Monist*, 50, 1966, 317-340 ; repr. dans *Logic, Science and Dialectic*, 27-44.

SANTA CRUZ, M.I., « Division et dialectique dans le *Phèdre* », dans *Understanding the 'Phaedrus',* Proceedings of the IInd Symposium Platonicum, L. Rossetti ed., Sankt Augustin, Academia Verlag, 1992, 253-256.

SAYRE, K., « A maieutic view of five late Dialogues », dans *Methods of interpreting Plato and his Dialogues*, 221-243.

STENZEL, J., *Studien zur Entwicklung der platonischen Dialektik von Sokrates zu Aristoteles,* [Breslau, 1917] 2 Auf., Leipzig-Berlin, 1931 ; trad. angl. par D.J. Allan, *Plato's Method of Dialectic*, Oxford, Clarendon Press, 1940.

TREVASKIS, J.R., « The sophistry of noble lineage (Plato, *Sophistes* 230a5-232b9) », *Phronesis* 1, 1955, 36-49.

– « The μέγιστα γένη and the vowel analogy, *Soph.* 253 », *Phronesis* 11, 1966, 99-116.

WIGGINS, D., « Sentence, meaning, negation, and Plato's problem of Not-Being », dans *Plato* (Vlastos) I, 268-303.

IV. 6 : *L'âme*

ALLEN, R.E., « Anamnesis in Plato's *Meno* and *Phaedo* », *Review of Metaphysics* 13, 1959-1960, 165-174.

BETT, R., « Immortality and the nature of the soul in the *Phaedrus* », dans *Plato* (Fine) 2, 125-450.

BRÈS, Y., *La Psychologie de Platon*, Paris, P.U.F., 1968.

BRISSON, L., *Platon, les mots et les mythes*, [1982], Paris, La Découverte, 1994.

BURNET, J., « The Socratic doctrine of the soul », *Proceedings of the British Academy* 7, 1916, 235-259.

COURCELLE, P., « Colle et clou de l'âme (*Phédon* 82e-83e) », dans *Connais-toi toi-même*, II, Paris, Études augustiniennes, 1975, 625-645.

DEMOS, R., « Plato's doctrine of psyche as a self-moving motion », *Journal of the History of Philosophy* 6, 1968, 133-145.

GUÉROULT, M., « La méditation de l'âme sur l'âme dans le *Phédon* », *Revue de Métaphysique et de Morale* 33, 1926, 469-491.

GUTHRIE, W.K.C., « Plato's views on the nature of the soul », *Recherches sur la tradition platonicienne. Entretiens sur l'Antiquité classique*, t. III, Genève, Fondation Hardt, 1957, 3-22.

IRWIN, T., *Plato's Ethics*, Oxford-New York, Oxford Univ. Press, 1995.

MULLER, R., *La Doctrine platonicienne de la liberté*, Paris, Vrin, 1997.

O'BRIEN, D., « The last argument of Plato's *Phaedo* », *Classical Quarterly* N.S. 17, 1967, 198-231, 1968, 95-106.

PIGEAUD, J., *La Maladie de l'âme. Étude sur la relation de l'âme et du corps dans la tradition médico-philosophique antique,* Paris, Les Belles Lettres, 1981.

ROBINSON, Th.M., *Plato's Psychology,* [1970], *Phoenix,* Suppl. vol. 8, Toronto, 1995.

ROHDE, E., *Psyché. Le Culte de l'âme chez les Grecs et leur croyance à l'immortalité [1893-94],* trad. A. Reymond, Paris, Payot, 1928, réimp. Bibliothèque des Introuvables, 1999.

SARRI, F., *Socrate e la nascita del concetto occidentale di anima,* [1976], Milano, Vita e pensiero, édition augmentée, 1997.

SANTAS, G., « Plato's Protagoras and Explanations of Weakness », *Philosophical Review*, 75, 1966, 3-33 ; repr. dans G. Vlastos (ed.), *The Philosophy of Socrates,* Garden City (NY), Doubleday Anchor, 1971, 264-298.

STEINER, P.M., *Psyche bei Platon*, Göttingen, Vandenhoeck und Ruprecht, 1992.

SZLEZÀK, T.-A., « Psyche-Polis-Kosmos. Bemerkungen zur Einheit des platonischen Denkens », dans *Polis und Kosmos*, 26-42.

VERNANT, J.-P., *L'Individu, la mort, l'amour: soi-même et l'autre en Grèce ancienne,* Paris, Gallimard, 1989.

IV. 7 : *La cité et le Monde*

1. *La cité*

BRISSON, L., « De la philosophie politique à l'épopée, le *Critias* de Platon », *Revue de Métaphysique et de Morale* 4, 1970, 402-438.

BRUNSCHWIG, J., « Du mouvement et de l'immobilité de la loi », *Revue Internationale de Philosophie*, 1980, p. 511-540.

– « Un détail négligé dans la caverne de Platon », dans *La Recta Ratio*, Mélanges en l'honneur de Bernard Rousset, Paris, 1999, 65-77.

DEMONT, P., *La Cité grecque archaïque et classique et l'idéal de tranquillité,* Paris, Les Belles Lettres, 1990.

DIXSAUT, M., « Une politique vraiment conforme à la nature », dans *Reading the 'Statesman', Proceedings of the IIId Symposium platonicum*, Ch. Rowe (ed.), Sankt Augustin, Academia Verlag, 1995, p. 253-273.

DOMBROWSKI, D.A., « Plato's noble lie », *History of Philosophical Thought* 18, n° 4, hiver 1997, 565-578.

FERGUSON, A.S., « Plato's simile of Light, Part I. The similes of the Sun and the Line. », *Classical Quarterly* 15, 1921, 131-152 ; Part II. « The allegory of the Cave », *ibid.,* 16, 1922, 17-28.

FERRARI, G., « Plato and poetry », dans G. Kennedy (ed.), *The Cambridge History of Literary Criticism, Cambridge*, 1989, 92-148.

GILL, Ch., « Plato's Atlantis story and the birth of fiction », *Philosophy and Literature* 3, 1979, 64-78.

HALLIWELL, S., *Plato :* Republic 10, with translation and commentary, Warminster, 1988.

– *The Aesthetics of Mimesis: Ancient Texts and Modern Problems,* Princeton, Princeton Univ. Press, 2002.

HAVELOCK, A., *Preface to Plato*, Cambridge Mass., Harvard Univ. Press, [1963], 1994[7].

JANAWAY, C., *Images of Excellence, Plato's Critique of the Arts*, Oxford, Clarendon Press, 1995.

KLOSKO, G., *The Development of Plato's Political Theory,* New York, Methuen, 1986.

KRAUT, R., « Return to the Cave ; *Republic* 519-521 », dans *Plato* (Fine) 2, 235-255.

LORAUX, N., *L'Invention d'Athènes. Histoire de l'oraison funèbre dans la cité classique*, Paris-La Haye-New York, Mouton, Éd. de l'EHESS, 1981.

MORROW, G.R., *Plato's Cretan City: A Historical Interpretation of the* Laws, [1960], Princeton, Princeton Univ. Press, 1993.

MURDOCH, I., *The Fire and the Sun : Why Plato banished the Artists,* Oxford, Clarendon Press, 1977.

NESCHKE-HENTSCHKE, A., *Politik und Philosophie bei Platon und Aristoteles. Die Stellung der 'Nomoi' im platonischen Gesamtwerk und die politische Theorie des Aristoteles,* Frankfort a.M., Klostermann, 1971.

POPPER, K.R., *The Open Society and its Enemies,* vol. 1: *The Spell of Plato*, London, Routledge, 1945 ; trad. (partielle) de J. Bernard et Ph. Monod, *La Société ouverte et ses ennemis,* t. 1 : *L'Ascendant de Platon,* Paris, Seuil, 1979.

ROSEN, S., « La querelle entre la philosophie et la poésie », dans *La Naissance de la raison en Grèce*, J.-F. Mattéi éd., Paris, P.U.F., 1990, 391-403.

SAUNDERS, T.J., *Plato's Penal Code: Tradition, Controversy, and Reform in Greek Penology*, Oxford-New York, Clarendon Press, 1991.

STRAUSS, L., *Argument et action des* Lois *de Platon* [1975], trad. d'O. Berrichon-Sedeyn, Paris, Vrin, 1990.

VIDAL-NAQUET, P., « Le mythe du *Politique*, les ambiguïtés de l'âge d'or et de l'histoire », (dir.) J. Kristeva, J.-C. Milner, N. Ruwet, *Pour E. Benveniste*, Paris, Seuil, 1975, 374-390.

WHITE, N.P., « The ruler's choice », *Archiv für Geschichte der Philosophie*, 68, 1968, 22-46.

2. *Le Monde*

BRISSON, L., *Le Même et l'Autre dans la Structure Ontologique du* Timée *de Platon,* Un Commentaire systématique du *Timée* de Platon, [1974], Sankt Augustin, Academia Verlag, 1994².

CHERNISS, H., « A much misread passage of the *Timaeus* », *American Journal of Philology*, 75, 1954, 113-130.

DERRIDA, J., *Khôra,* Paris, Galilée, 1993.

LEE, E.N., « Reason and rotation: circular movement as the model of mind (*nous*) in later Plato », dans W. Werkmeister (ed.), *Facets of Plato's Philosophy*, *Phronesis,* supp. vol. 2, Assen-Amsterdam, Van Gorcum, 1976, 70-102.

MOREAU, J., *L'Âme du Monde de Platon aux Stoïciens*, [1939], réimp. Hildesheim, Olms, 1965.

MORROW, G., « Necessity and persuasion in Plato's *Timaeus* », *Philosophical Review* 59, 1950, 147-164 ; repr. dans *Studies in Plato's Metaphysics*, 421-437.

O'BRIEN, D., *Theories of Weight in the Ancient World, II, Plato, Weight and Sensation*, Paris, Les Belles Lettres - Leiden, Brill, 1984.

– « Perception et intelligence dans le *Timée* de Platon », dans *Interpreting the Timaeus-Critias*, Proceedings of the IVth Symposium Platonicum,

T. Calvo et L. Brisson (eds.), Sankt Augustin, Academia Verlag, 1997, 291-306.

STEEL, C., « The moral purpose of the human body. A reading of *Timaeus* 69-72 », *Phronesis* XLVI, 2001, 105-128.

VLASTOS, G., *Plato's Universe*, Oxford, 1975.

Conclusion : le Bien

BALTES, M., « Is the idea of the good in Plato's *Republic* beyond being ? », *Dianoemata. Kleine Schriften zu Platon und zum Platonismus*, Stuttgart und Leipzig, Teubner, 351-371.

BRISSON, L., « L'approche traditionnelle de Platon par H.F. Cherniss », dans *New images of Plato. Dialogues on the Idea of the Good*, G. Reale and S. Scolnicov (eds.), Sankt Augustin, Academia Verlag, 2002, 85-97.

DIXSAUT, M., « L'analogie intenable », repr. dans *Platon et la question de la pensée*, 121-151.

GADAMER, H.G., *Platons dialektische Ethik*, Leipzig, 1931, trad. de F. Vatan et V. von Schenke : *L'Éthique dialectique de Platon, Interprétation phénoménologique du* Philèbe, Paris, Actes Sud, 1994.

– *Die Idee des Guten zwischen Platon und Aristoteles,* [1978], trad. de P. David et D. Saatdjian : *L'Idée du Bien comme enjeu platonico-aristotélicien*, Paris, Vrin, 1994.

GAISER, K., « Plato's enigmatic lecture On the Good », *Phronesis* 25, 1980, 5-37.

NUSSBAUM, M., *The Fragility of Goodness: Luck and Ethics in Greek Tragedy and Philosophy,* Cambridge, Cambridge Univ. Press, 1986.

TABLE DES MATIÈRES

DU MÊME AUTEUR

Le Naturel philosophe. Essai sur les Dialogues de Platon, Paris, Vrin -Les Belles Lettres, 1985, 3e éd. corr., Paris, Vrin, « Tradition de la pensée classique », 2001 ; édition en poche, Paris, Vrin, 2016. Traduction italienne *La natura filosofica* par C. Colletta, Napoli, Loffredo, 2003.

Platon et la question de la pensée. Études platoniciennes I, Paris, Vrin, « Histoire de la philosophie », 2000.

Métamorphoses de la dialectique dans les Dialogues de Platon, Paris, Vrin, « Bibliothèque d'histoire de la philosophie », 2001.

Platon. Le désir de comprendre, Paris, Vrin, « Bibliothèque des philosophes », 2003. Traduction arabe d'Habib Jerbi, Tunis, Centre National de traduction, 2011.

Nietzsche. Par-delà les antinomies, Chatou, Les Éditions de la Transparence, 2006, 2e éd. revue et augmentée, Paris, Vrin, « Bibliothèque d'histoire de la philosophie », 2012.

Platon et la question de l'âme, Paris, Vrin, 2013.

Platon-Nietzsche. L'autre manière de philosopher, Paris, Fayard, 2015. Traduction anglaise *Plato-Nietzsche : Philosophy the Other Way* par K. Quandt, Washington, AcademicaPress, 2017.

Ouvrages collectifs dirigés par l'auteur :

Jeanne Delhomme, Paris, Cerf, « Cahiers de la nuit surveillée », 1991.

Contre Platon.

– vol. 1 : *Le Platonisme dévoilé*, Paris, Vrin, « Tradition de la pensée classique », 1993.

– vol. 2 : *Renverser le platonisme*, Paris, Vrin, « Tradition de la pensée classique », 1995.

Querelle autour de La Naissance de la tragédie, textes choisis et annotés par M. Dixsaut (textes et lettres de Nietzsche, E. Rohde, U. von Wilamowitz-Möllendorf, Richard et Cosima Wagner, Ritschl), Paris, Vrin, « Tradition de la pensée classique », 1995.

La Fêlure du plaisir. Études sur le Philèbe de Platon.

– vol. 1 : *Commentaires,* Paris, Vrin, « Tradition de la pensée classique », 1999.

– vol. 2 : *Contextes,* Paris, Vrin, « Tradition de la pensée classique », 1999.

La Connaissance de soi. Études sur le traité 49 de Plotin, Paris, Vrin, « Tradition de la pensée classique », 2002.

(et Aldo Brancacci) *Platon, source des Présocratiques. Exploration*, Paris, Vrin, « Histoire de la philosophie », 2002.

(et John Dillon) *Agonistes. Essays in Honour of Denis O'Brien*, Aldershot, Ashgate, 2005.

Études sur la République *de Platon.*

– vol. 1 : *De la justice. Éducation, psychologie et politique*, Paris, Vrin, « Tradition de la pensée classique », 2005.

– vol. 2 : *De la science, du bien et des mythes*, Paris, Vrin, « Tradition de la pensée classique », 2005.

Traductions :

Platon. La République, livres VI et VII, traduction, introduction et commentaire, 1980, 2e éd. corr., Paris, Bordas, 1986.

Platon. Phédon, introduction, traduction nouvelle et notes [1991], 2e éd. corr., Paris, GF-Flammarion, 1991.

Platon. Le Politique, introduction, traduction (texte grec en vis-à-vis) et commentaire avec D. El Murr, M.-A. Gavray, A. Hasnaoui, É. Helmer, A. Larivée, A. de la Taille et F. Teisserenc, édition en poche, Paris, Vrin, 2018.

IMPRIMERIE F. PAILLART, B.P. 30324, 80103 ABBEVILLE – (16054)
DÉPÔT LÉGAL : 3e TRIMESTRE 2018